Liane Laschtuvka-Reyes

**Wollen wir so leben?**

Liane Laschtuvka-Reyes

# Wollen wir so leben?

Von gesellschaftlicher Programmierung
zu archaischem Wesen

Impressum

1. Auflage
© Projekte-Verlag Cornelius GmbH, Halle 2012 · www.projekte-verlag.de
Mitglied im Börsenverein des Deutschen Buchhandels

Satz und Druck: Buchfabrik Halle · www.buchfabrik-halle.de

ISBN 978-3-86237-887-6
Preis: 20,00 Euro

# Inhaltsverzeichnis

Einleitung

**TEIL 1**    19
So, wie wir sein sollen: Leben in der modernen Welt

| | |
|---|---:|
| **Kapitel 1 – Die Armut des modernen Lebens** | 20 |
| Die Illusion der Wohlstandsgesellschaft | 20 |
| Das moderne Leben als neue Religion | 24 |
| Die Aushöhlung der Grundrechte | 32 |
| Die Rückentwicklung der Persönlichkeit | 55 |
| | |
| **Kapitel 2 – Die soziale Unterversorgung** | |
| **des modernen Menschen** | 63 |
| Bindungsverlust durch die Zerstörung der Ordnung | |
| von Zeit und Raum | 63 |
| Die Unfähigkeit, sich einzufühlen | 68 |
| Gefährdete Schwangerschaften | 82 |
| Familienalltag in der modernen Gesellschaft – | |
| Zwischen Überforderung und Selbstverwirklichung | 89 |
| Jugendliche auf der Suche nach Zugehörigkeit | 105 |
| | |
| **Kapitel 3 – Rundumversorgung in der Massengesellschaft** | 114 |
| Der Ameisenstaat | 114 |
| Die Auflösung von Familie | 122 |
| Vereinzelung als Prinzip | 124 |
| Geld ersetzt Beziehung | 129 |
| Die Uniformierung unserer Kinder | 136 |

## TEIL 2
So, wie wir waren: Lebensformen in der Menschheitsentwicklung
143

### Kapitel 4 – Die Grundordnung der Lebensformen — 144
Jäger und Sammler — 146
Nomadische Lebensweise — 150
Der Ackerbauer — 166
Konflikte zwischen sozialen Ordnungssystemen — 178

### Kapitel 5 – Unsere Vorfahren: Die Kelten — 182
Der Ursprung: Ein Leben in Frieden und Selbstbestimmung — 186
Keltisches Wissen: Meister in Handel und Handwerk — 194
Traditionelle europäische Lebensweise — 196
Was blieb von keltischer Lebensweise? — 203

## TEIL 3
So, wie wir sind
215

### Kapitel 6 – Der Ursprung – In Verbindung mit der Natur — 216
Sich lebendig fühlen – In Beziehung sein — 217
Unsere innere Natur — 221
Die Trennung von der äußeren und inneren Natur — 225
Naturkräfte als Bildekräfte der Seele — 227
Naturräume als Lebensräume für den Menschen — 235

### Kapitel 7 – Dörfliche Selbstversorgung im persönlichen sozialen Netz — 238
Subsistenzwirtschaft und Gemeinwesenökonomie — 238
Soziale Infrastruktur: Das Persönliche Soziale Netz — 247
Sozialer Raum für Familie — 256

**TEIL 4** 263
So, wie wir sein werden: Geteilte Zukunft – Geteilte Macht
Herrschaft der Technik oder
Partnerschaft von Mensch und Natur

**Kapitel 8 – Herrschaft der Technik über den Menschen** 265
Der Raubtierkapitalismus 268
Die Rollen in der modernen Gesellschaft: Lohnarbeiter,
  Konsument und Betreuungsbedürftiger 278
Die Versorgungsgesellschaft 281

**Kapitel 9 – In der Krise: Reaktionen und Möglichkeiten** 292
Verleugnung und Weigerung auf Seiten der Regierungen 292
Parallelgesellschaft und Teilung in Oben und Unten 297
Die soziale Krise 300
Der Verlust von demokratischen Strukturen 306

**Kapitel 10 – Nachhaltigkeit heißt Umkehr zu regionalen Organisations- und Entscheidungsformen** 310
Die Bürgergesellschaft 310
Eigenarbeit – Selber machen 324
Gemeinschaftsbildung in der modernen Gesellschaft 335
Das globale Dorf 341
Regionale Lebensgemeinschaften 350

Schlusswort 360

Literatur 365

# Einleitung

Alle paar Tage gehe ich zu einem benachbarten Landwirt, um Milch zu holen. Ich bin eine der wenigen, die noch Milch direkt vom Bauern holen. Die Menschen trauen der frischen Milch nicht. Sie hat zwar den vollen Sahnegehalt und ist viel billiger als die Milch aus dem Regal, trotzdem fahren sie lieber in den Supermarkt und kaufen abgepackte, pasteurisierte und homogenisierte Milch. Bei einem Test gab man Kälbern diese verarbeitete Milch zu trinken. Sie starben!

Regional ist das Voralpenland Bayerns, wo ich wohne, traditionell Milcherzeugerland. Milch, Käse, Butter, Joghurt und Quark gehören hier zu den Grundnahrungsmitteln. In den Alpen sind die Kühe im Sommer noch auf den Weiden hoch oben auf der Alm. Das Leben mit den Tieren bestimmt den Alltag der Almbauern. Inzwischen reißen sich vielbeschäftigte Berufstätige darum, hier ihren Urlaub verbringen zu können. Unten, im Voralpenhügelland, hat heute der Landwirt seine Kühe oft in einem modernen Stall, in dem sie, zwar auf Beton, doch frei herumlaufen können. Es gibt auch noch einige Kühe mit Hörnern, die im Milchstand im Gegensatz zur vorsorgenden Beteuerung von Landwirtschaftstechnikern auch keine Probleme haben.

Da gibt es das Phänomen Milchverträglichkeit. Es gibt Menschen, die vertragen auch noch als Erwachsene Kuhmilch, währenddessen es viele Menschen gibt, die eine Milchunverträglichkeit haben. Eine allergische Reaktion kann allerdings gerade mit der Bearbeitung der Milch zusammenhängen. Frisch von der Kuh, kann sie von vielen Menschen gut vertragen werden. Unwissenheit führte früher dazu, dass in der Ernährungswissenschaft davon ausgegangen wurde, dass Milchtrinken für alle gesund sei. Förderung dazu war z. B. die kostenlose Schulmilch. Heute dreht sich das Blatt und man bemüht sich, Speisen ohne Milch zu bereiten. Ein Teil der Menschen steht auf dem Standpunkt, Milch ist für das Kalb gut, nicht für den Menschen. Genetisch gibt es jedoch Unterschiede. Es hat sich herausgestellt, dass Nachkommen von Völkern, die seit Jahrtausenden von der Viehzucht leben, daran angepasst sind, Milch verdauen können und von Milchprodukten profitieren.

Der Laie fragt sich, warum die Milch direkt von der Kuh nicht zu trinken ist, was ist richtig, was entspricht dem Menschen, was passt für uns. Dazu müssten wir wissen, wie wir eigentlich sind. Waren wir schon immer so oder sind wir erst so geworden? Warum können die Kühe ihre Hörner nicht behalten, dürfen nicht mehr draußen weiden. Warum ging es früher seit Jahrtausenden, warum heute nicht mehr? Niemand weiß eine überzeugende Antwort darauf. Die Kühe können sich ihr Fressen nicht mehr selber suchen. Niemand wird sagen, Kühe mögen das lieber oder die Hufe der Kühe seien in der modernen Zeit besser an Beton angepasst. Das einzige Argument ist, es sei nicht wirtschaftlich und verursache mehr Arbeit. Das kann mich persönlich nicht wirklich überzeugen! Ist das der vielgepriesene Fortschritt, Wohlstand? Für wen, sicher nicht für die Kühe.

Symbol für die Tradition der Viehhaltung ist die Kuh. Als heiliges Tier hat sie in Indien überlebt – als ewiges Stieropfer in Spanien. In der Steinzeit ist das Urrind neben Hirschen und Wildpferden der Begleiter des Jägers, in einer Zeit, in der jeder, Mensch wie Tier, genug Raum hatte, um das eigene Leben nach den Bedürfnissen seiner Art zu gestalten. Die tiefe Verbundenheit des Menschen mit dem Rind zeigen die ältesten Zeugnisse von künstlerischem Ausdruck, die Zeichnungen in den Steinzeithöhlen in den Pyrenäen.

Es ist ein Irrtum zu meinen, das Leben von Tieren und Pflanzen habe nichts gemein mit unserem modernen Leben. In dem vorliegenden Buch geht es nicht um das Thema Tierschutz. Der Umgang des Menschen mit dem Tier sagt etwas aus über den

Menschen und seine Auffassung von Leben. Bei uns ist es üblich, Tiere zu benutzen, ihr Leben zu beschneiden, sie zu verstümmeln, sie in Gefängnissen zu halten. Zu gleicher Zeit halten wir uns für zivilisiert, über der Natur stehend, intelligent und gebildet. Wir sind der Meinung, wir als Menschen könnten zugleich nach einem Grundgesetz leben, das Würde, Freiheit und Selbstbestimmung als zentrale Prinzipien benennt. Welche Vorstellung vom Menschsein steckt hinter diesen Gedanken! Ist der Mensch wirklich etwas ganz anderes, unterscheidet er sich so grundlegend vom Tier? Wie ist er eigentlich wirklich, können wir das überhaupt herausfinden? Gibt es den modernen Menschen, der glücklich und gesund leben kann zwischen Asphalt, Lenkrad und Handy, so wie es die moderne Huftierkuh auf Beton ohne Hörner gibt?

Eine Erkenntnis wird immer klarer: Nein, es gibt eine unlösbare Verbindung unter allen Lebewesen. Ich bin der festen Meinung, dass unsere eigene tierische Natur, die die genetische Basis unseres Menschseins ist, mit jedem Tier leidet. Auch der Mensch ist Natur, allein schon gemäß den physikalischen Gesetzen, den chemischen Bestandteilen und biologischen Abläufen und Reaktionen. Daher reagiert unsere vitale Basis auf den Zustand unserer natürlichen Umwelt. So führen eine Kasernierung von Tieren und die Vergewaltigung des Bodens zwangsläufig zu einem Bruch mit den gesundheitserhaltenden Funktionen unseres eigenen menschlichen Organismus. Damit sind wir denselben Strukturen hilflos ausgeliefert und überliefert an eine künftige Massengesellschaft, in der der Mensch – ähnlich dem Tier und der Pflanze – gebraucht und missbraucht werden wird.

Die Geschichte der Kuh Yvonne ist mehr als eine Episode. Hier lief es anders als mit Bruno, wo die alte Bärenjagd noch einmal auflebte, aus dem modernen Menschen noch einmal der Steinzeitjäger hervorbrach, dem es nur darum ging, die Bestie zur Strecke zu bringen. Die urtümlichen instinktiven Reaktionen, die hier zutage traten, lassen tief blicken. Im Endeffekt geht es dem Menschen auf der Schwelle zur Zivilisation darum, das Tier in sich zu besiegen, die eigene tierische Natur zu überwinden. Nur, was wären wir ohne unsere tierisch-genetische Basis? Betrachtet man das Bild von Yvonne, wie sie mit Elan, voller Energie und urtümlicher Kraft gegen das Seil anrennt, das sie hält, so sieht man die ursprüngliche Energie der Kreatur, die trotz jahrtausendealter Domestikation hervorbrechen kann. Das gibt Hoffnung dafür, dass auch unsere eigene gequälte Natur doch noch genug Reserven enthält, um in unsicheren Zeiten Wege zu finden aus einer wie auch immer gearteten Krise, indem wir im eigenen Urgrund Widerstandskräfte finden, modern benannt als resiliente Verhaltensweisen.

Erschreckend ist im Alltag jedoch immer wieder das Handeln von Menschen, die mit Natur zu tun haben. Auffallend ist hier, dass die Umwelt, die Pflanzen, der Boden nur rational und als Material gesehen werden. Der Mensch hat die Fähigkeit verloren, sich selber in Beziehung zu fühlen mit den Pflanzen um ihn her. Besonders am Thema Baumschutz wird deutlich, wie entfremdet der Normalbürger ist von einem Lebewesen, dem großen Baum, der ihm in der Menschheitsentwicklung wohl Wiege und Lehrer gewesen ist, denn der Mensch kommt aus dem Wald, die Länge seiner Arme und Beine haben ihren Ursprung in einem Leben in den Wipfeln zwischen Himmel und Erde ...

Im Alltag erlebe ich immer wieder dieselbe Situation. In der Diskussion, ob ein Baum gefällt werden soll oder nicht, sind schnell die Fronten klar: Auf der anderen Seite die Ordnungshüter in Gestalt von Bürgern, denen das Laub zu viel Arbeit macht und die Angst haben, dass ihnen der Baum auf das Haus fallen könnte. Mit vollem Ernst fragen sie: »Sie wollen doch auch nicht, dass Ihnen ein Ast auf den Kopf fällt!« Auf diese Frage fällt mir zunächst gar nichts ein, weil das für mich kein Thema ist. Ich habe diese Angst einfach nicht. Ja, ich habe noch immer, nach 30 Jahren Fahrpraxis, leichte Angst beim Autofahren, ich könne von der Straße abkommen. Eigentlich bräuchte es dazu nicht viel, eine kurze Ablenkung ... Aber dass mir im Wald, beim

Spazierengehen oder in meinem Garten ein Ast auf den Kopf fallen könnte, ist mir noch nie eingefallen. Ich kann dies nicht verstehen, und wenn, sind das natürliche Möglichkeiten, die ich akzeptieren kann, nicht vergleichbar mit den unnatürlichen Gefahren, denen man täglich ausgesetzt ist, z. B. wenn man auf die Straße geht.

Unsere hiesigen Vorfahren, die Kelten, hatten höchstens die Angst, ihnen könne der Himmel auf den Kopf fallen. Möglicherweise spiegelt dies eine kollektive Erfahrung aus der Vorzeit wieder, als einmal ein Meteorit im Chiemseegebiet niederging. Zum Thema Bäume gab es damals eine ganz andere Haltung. Sie wurden geachtet und bestraft wurde, wer einen Baum ohne Not verletzte.

## Wie kam dieses Buch zustande?

Die offensichtlichen und verborgenen Widersprüche in unserem konkreten Alltag, wie an diesem Beispiel der Kuh, führen zu Fragen, die mich schon immer beschäftigt haben und nicht loslassen auf dem Weg zum Verständnis, wie alles zusammenhängt, welche Bedingungen dazu führen, dass Menschen so denken und handeln und auf diese Weise auch eine Welt erzeugen, die sie selber eigentlich ursprünglich nicht beabsichtigten. Soziale Missstände und Ungerechtigkeit, Krankheit, Leid fallen nicht vom Himmel, sondern sind ein Ergebnis von Entscheidungen von Individuen. Dabei trägt jede noch so kleine Entscheidung bei und bestimmt damit die Richtung, wohin wir gehen und wie unsere Zukunft aussehen wird.

Diese Fragen bewegen mich schon seit vielen Jahren. Hinweise, Antworten, Widersprüche sammelten sich zu den verschiedenen Bereichen unseres Lebens, waren Themen in Seminaren, Vorträgen, wurden diskutiert in Foren. Ein entscheidender Teil zum Thema Familie und Schwangerschaft stammt aus den dreizehn

Jahren, in denen ich in der Schwangerschaftsberatung mit Frauen in Not und Gewissenskonflikten arbeitete. Ergebnisse formierten sich, die nun endlich gesammelt im vorliegenden Band dargestellt werden.

Also, woher kommt nun diese Einstellung, woher die Ängste. In unserer Gesellschaft gibt es inzwischen genug andere reale Gefahren für Leib und Leben, Tatsachen, die man ernst nehmen sollte, rein statistisch gesehen. So begann ich zu forschen: Wie ist der Mensch eigentlich, wo sind diejenigen, die ein Gefühl haben für dieses Land, denen es Heimat ist, denen wichtig ist, was damit geschieht. Was bringt Menschen dazu, ihre Umwelt auszubeuten, rücksichtslos zu sein gegenüber ihren Mitmenschen, mitzumachen bei dem »immer schneller, weiter und mehr«. Werden die Menschen, wie man sagt, immer klüger oder, so scheint es, doch eigentlich immer dümmer, lebensunfähiger, kränker, obwohl sie immer länger leben. Was geschieht, wenn es so weitergeht? Waren Menschen schon immer so oder gab es eine Zeit, in der der Mensch noch in Harmonie mit der Natur lebte, das Leben angenehm und harmonisch war?

Der moderne Mensch weiß augenscheinlich selber nicht, wie er eigentlich ist, was er ist und wozu er da ist. Das Fehlen des Identitätsgefühls ist direktgehend ein Kennzeichen des modernen Menschen. Ansonsten wäre es nicht so wichtig, sich ständigen Beurteilungen und Bewertungen anderer auszusetzen. Gesellschaftlich besteht ein Zwang zur Einteilung der Bevölkerung, schon der Kinder, in Bessere und Schlechtere. Das Einteilungsmittel sind die Schule sowie der Berufsabschluss. Es wird seit Jahrzehnten ein Maßstab angelegt unter Berufung auf Gleichberechtigung und Chancengleichheit. Ständig werden Menschen festgelegt nach bestimmten äußeren Kriterien. Sind wir so?

Aber: In einer globalisierten Welt können Menschen nicht mehr unterschieden werden nach staatlicher Zugehörigkeit, auch nicht nach Religion. Die ursprünglichen Völker haben sich inzwischen so sehr vermischt, dass Rassen- oder Schichtzuordnungen von Menschen nichts mehr aussagen und nur Missverständnisse erzeugen können. Die Unterschiede der Menschen sind vorhanden. Aber sie gehen quer durch die Nationen und Hautfarben. Die heutige Zeit überwindet Grenzen, auch die Grenzen von Stammeszugehörigkeit oder Staaten. Was zählt, ist der Mensch in seiner Einmaligkeit, das Individuum. Dieses hat sich befreit aus traditionellen Bindungen wie Volkszugehörigkeit oder Religionen. Sogar die eigene Familie stellt nicht mehr den Ort dar, in dem man in jedem Fall die eigene Identität findet. Auch Familie ist inzwischen abwählbar und optional.

Leider neigt der moderne Mensch dazu, andere in Schubladen zu sperren. Er meint dadurch, Verhalten vorhersagen zu können und so mehr Sicherheit zu bekommen. So spricht man von Ausländern, Deutschen, Italienern, und versäumt, den einzelnen Menschen zu sehen. Denn Tatsache ist, als Menschen haben wir im Allgemeinen dieselben Grundbedürfnisse. Wir wollen Wertschätzung, Anerkennung, einen Platz für uns selber und mit anderen in Harmonie und Frieden leben. In der jetzigen Zeit geht es genau darum, den einzelnen Menschen hinter all seinen Erscheinungsformen zu sehen und bereit zu sein für eine Begegnung. Dann erlebe ich auch, wo er anders ist. So kann ich auch erkennen, dass ich vielleicht mit dem Türken um die Ecke viel mehr gemeinsam habe als mit vielen deutschen Bürgern. So kam ich auf den Gedanken, die Lebensformen der Menschheitsentwicklung als Urformen darzustellen, die heute vermischt in allen Völkern präsent sind. So kann es sein, dass in einer Familie die Nomadenmentalität mit der Bauernmentalität streitet in der Meinung, man habe eine gemeinsame Lebensform.

Aufgabe von Schule sollte es sein, den Horizont zu erweitern und das Verständnis zu wecken für die Welt, nicht, um Informationen zu sammeln, sondern um Zusammenhänge zu verstehen. In diesem Zusammenhang täte es Deutschland gut, sich mit anderen Lebensweisen zu beschäftigen. Nicht, um sie erneut zu katalogisieren, zu wikipedisieren, in Filmen zu digitalisieren oder als neues Tourismusziel zu ökonomisieren. Nein, die rationale, wissenschaftliche Distanz muss überwunden werden, der Mensch muss vom Fernseher zum Naheher werden. Es geht um Begegnung ... und ... haben wir nicht inzwischen genug ausländische Mitbürger, die hier direkt neben uns und vor unseren Augen versuchen, ihr Anderssein zu leben. Wollen wir wirklich lauter deutsche Ausländer oder ausländische Deutsche, die es hier nicht mehr aushalten vor lauter Deutschtum? Die Parallelgesellschaft ist eine Chance für ein sterbendes Deutschland, sterbend, weil die Ursubstanz verloren geht vor lauter Gleichmacherei. Auch Deutschland ist ursprünglich ein Völkergemisch, wie wir aus der Zeit der Völkerwanderung wissen.

Im Jahr der Artenvielfalt wird ins allgemeine Bewusstsein gehoben, dass die tierische und pflanzliche Vielfalt auf unserem Planeten ein Zeichen unseres Reichtums ist, der Ausdruck von evolutionärer Kreativität der Lebensformen und zugleich Ressource für unser Überleben in der Zukunft. Pflanzen werden gerade wegen ihrer speziellen Fähigkeit und Anlagen, die eine bestimmte Gruppe herausgebildet hat, akribisch dokumentiert, untersucht, gesammelt. Die Industrie schickt ihre Biologen aus, um in Dschungelgebieten seltene und noch nicht bekannte Sorten zu finden, die bestimmte Eigenschaften haben, die Landwirtschaft züchtet, die Biologie setzt alles daran, spezielle Lebensformen zu erhalten. Ökologie ist das Thema Nummer eins der fortschrittlich denkenden Menschheit. Allerdings bezieht sich dies vorwiegend auf die tierischen und pflanzlichen Lebewesen. Das Bewusstsein für die Vielfalt der Lebensformen, die der Mensch im Laufe seiner Entwicklung hervorgebracht hat, ist dagegen noch sehr schwach ausgeprägt. Noch vor nicht langer Zeit frönte der Mensch einem kolonialistischen Denken, und wo man heute versucht, den Wolf und die Wildkatze wieder anzusiedeln und ihnen länderübergreifende Korridore zu schaffen, vertreibt man gleichzeitig eine Volksgruppe, die Roma, aus einem Land, Frankreich.

Bestimmte menschliche Lebensformen werden von Staaten wie auch von religiösen Gemeinschaften noch immer verabsolutiert und bekämpft. Toleranz gilt vielerorts als Fremdwort, im Gegenteil, es gilt noch immer das Primat bestimmter Lebensvorstellungen, das andere diskriminiert und zu Anpassung oder Flucht zwingt. Auf politischem Gebiet gibt es zwar den Minderheitenschutz und die Völkerrechtskonvention der UN, konkret fehlen aber oft Maßnahmen, dieses Recht umzusetzen.

Die Erkenntnis hat sich noch nicht durchgesetzt, dass die Menschheit heute nur überleben kann, wenn sie sich ihrer Errungenschaften bewusst wird. Völker auf der ganzen Welt haben seit Jahrtausenden Formen entwickelt, die es ihnen erlauben, in ihrem speziellen Lebensraum unter ganz bestimmten Bedingungen zu leben. Hier sind als Erstes Fähigkeiten von Bedeutung, die dazu führen, in Frieden und Wohlbefinden zu leben. Ähnlich der akribischen Art, in der die Biologie die tierischen Lebensformen dokumentiert, muss sie die menschlichen Lebensformen erfassen. Die entsprechenden Fachgebiete müssten dazu zusammenarbeiten, denn es betrifft alle Geisteswissenschaften, dazu Biologie und Medizin. Es geht um die Ressourcen auf sozialem Gebiet, die die Grundlagen für jedes Zusammenleben darstellen. Hierfür bräuchte es zum Ersten die Achtung vor dem Anderssein anderer Menschen, zum Zweiten die Wertschätzung von Seiten der Politik und die Erkenntnis auf Seiten der Wissenschaft, dass das soziale Miteinander das Steuerungsorgan ist für alles Lernen und Verhalten, damit auch für Gesundheit und Zukunftsfähigkeit im Sinne von Nachhaltigkeit.

## Danksagung

In vielen Seminaren und Forschungsgruppen über all die Jahre hinweg arbeitete ich zusammen mit den Teilnehmern an den hier behandelten Themen. Dabei ging es immer um konkretes

Wissen und Erkenntnisse für den Alltag in der Familie, mit den eigenen Kindern, dem Engagement im Beruf und dem Leben am Wohnort. Bedanken möchte ich mich hiermit bei allen Mitstreiterinnen, die sich den eigenen Fragen stellten und ohne die dieses Buch nicht zustande gekommen wäre. Neben vielen anderen möchte ich vor allem nennen: Birgit Garnweidner, Claudia Lichtenwimmer, Gertrud Wagner, Marianne Mayer und Sandra Lindpointner. Unsere Kinder spornten uns durch Konfrontation und Herausforderungen zu weiteren Forschungen an, stellvertretend ein Dank an meine Tochter Adelaide Reyes. Wegbegleiter und Mutmacher waren insbesondere Hans-Wolfgang Reichhold, Karin Lein, Angelika Filser, Brigitte Gabelberger, Helga Kneisl und Hermann Backhaus.

Die Grundlagen für meinen Glauben, dass im Grunde alles erklärbar ist, legte mir mein Vater Dr. Erich Laschtuvka, und die Kreativität und die physische wie auch psychische Beweglichkeit in jeder Beziehung verdanke ich meiner Mutter Hilde Backhaus.

# TEIL 1

So, wie wir sein sollen: Leben in der modernen Welt

»*Ich weiß davon, dass man die Welt leben und gewähren lassen soll. Ich weiß nichts davon, dass man die Welt ordnen soll. Sie leben lassen, das heißt, besorgt sein, dass die Welt nicht ihre Natur verdreht; sie gewähren lassen, das heißt, besorgt sein, dass die Welt nicht abweicht von ihrem wahren Leben. Wenn die Welt ihre Natur nicht verdreht und nicht abweicht von ihrem wahren Leben, so ist damit die Ordnung der Welt schon erreicht.*«

(Dschuang Dsi 1969: 116)

## Kapitel 1
# Die Armut des modernen Lebens

## Die Illusion der Wohlstandsgesellschaft

Seit circa 20 Jahren besteht eine Tendenz dazu, dass Reiche immer reicher werden, während eine größere Schicht von Armen entsteht, die keine Chancen haben, ihre Verhältnisse zu verändern. Die Ergebnisse des 3. Armuts- und Reichtumsberichtes der Bundesregierung besagen, dass 13 % der Bürger in Deutschland als arm gelten, weitere 13 % können sich nur durch das Kindergeld oder das Arbeitslosengeld II über Wasser halten. Jedem ist bekannt, dass Kinder in Deutschland als Armutsrisiko gelten. Bei der hohen Scheidungsquote müssen Menschen heute damit rechnen, in die Armutsfalle zu geraten. Hans Uwe Otto spricht davon, dass eine »Erziehung in Armut ... unter diesen Umständen zu einer Erziehung zur Armut« werden kann. Inzwischen gibt es ganze Generationen, in denen Armut sozial vererbt ist, Eltern, Großeltern von Sozialhilfe lebten. 8 % der Bürger leben in solchen Strukturen, an denen seit Jahrzehnten jede übliche Arbeitsförderungsmaßnahme ohne großen Effekt vorübergeht. Dies sind auch die Menschen, die über das normale Maß hinaus gesundheitsgefährdet sind.

Auf Grund des ständig gepriesenen Wohlstands müsste ein Bürger eines wirtschaftlich gut dastehenden Landes eigentlich vor Gesundheit strotzen, nicht nur zufrieden, sondern auch glücklich, alle Vorteile des Staates nutzend, seine Tage in Ausgeglichenheit verbringen. Betrachtet man jedoch die hohen Kosten für das Gesundheitssystem, so liegt der Schluss nahe, es gäbe nirgends so viele kranke Menschen wie in einer zivilisierten Gesellschaft. Bekannt ist die Geschichte einer kanarischen Insel, auf der es bis vor kurzem kein Krankenhaus und kaum Ärzte gab. Die Frage kommt auf: Hatten sie keine Krankenversorgung, weil sie so arm waren, oder hatten sie diese nicht, weil sie sie nicht brauchten? Die Antwort war: Es gab vorher eigentlich kaum Erkrankungen. Bekannt war jedenfalls, dass mit der Versorgung mit mehr Ärzten die Zahl der Erkrankungen sprunghaft anstieg. Es gibt auch das marktwirtschaftliche Prinzip: Anwesenheit schafft Bedarf. Festzustellen ist jedenfalls, dass es in nicht zivilisierten Gesellschaften keine Zivilisationskrankheiten gibt.

Das moderne Leben unterscheidet in verschiedene Bevölkerungsgruppen. Je nach finanziellen Voraussetzungen können die Segnungen der Moderne genutzt werden oder auch nicht. Im Alltag unterscheiden sich Personen mit sozialen Verpflichtungen von Personen, die diese nicht haben oder sie nicht übernehmen. Ein immer tieferer Graben bildet sich so zwischen Menschen, die für Kinder oder/und alte Eltern sorgen müssen, und Personen, die sich für niemanden verantwortlich fühlen als für sich selbst. Das Spezielle ist, dass Individuen ohne soziale Verpflichtungen in der modernen Gesellschaft ihr Leben so führen können, dass sie sich in Harmonie mit der allgemeinen Ordnungsvorstellung fühlen. Sie haben klare Arbeitszeiten, genug Freizeit, um ihre persönlichen Angelegenheiten erledigen und sich erholen zu können, genug Geld, um wegzugehen, kulturelle Angebote in Anspruch zu nehmen und an Urlaubsfahrten teilzunehmen. Die moderne Lebensform ist ausgelegt auf den kinder- und elternlosen Angestellten, der sein Leben der Erwerbsarbeit widmen kann. Alle übrigen Notwendigkeiten und Lebensvollzüge sind dann geregelt über die Sozialversicherung und soziale Dienste im Alter.

Die Struktur der Gesellschaft wurde geschaffen von Männern, die zu Hause Frauen hatten, die selbstverständlich ohne jeden Lohn 24 Stunden an sieben Tagen in der Woche präsent waren. Die Hausfrauenehe war unausgesprochene Voraussetzung und gesellschaftliche Vorstellung. Konrad Adenauers Ausspruch »Kinder kommen sowieso« zeigt jetzt seine verderblichen Folgen:

Es gibt zu wenige Kinder, weil das Erfolgsmodell Deutschland die Ausbeutung der Frau zur Grundlage hatte. Die Konflikte, die sich daraus ergeben, werden nicht in der Politik ausgetragen, sondern in der Küche jeder Familie, jeden Haushalts …, mit fatalen Folgen: Jede dritte Ehe wird geschieden. Wenn im Bereich der Wirtschaft in einem Unternehmen solche Misserfolge zu verzeichnen wären, würde der ganze Geschäftszweig sofort aufgegeben werden. Ein Unternehmensprojekt mit Namen Familie würde sterben. Nicht so in diesem unserem Fall. Ganz einfach: Da man Gesellschaft aufteilt in verschiedene Lebenswelten und im Bereich der eigenen Freizeit jeder machen kann, was er will, fühlt sich der Staat trotz Auftrag in der Verfassung, den Schutz der Familie zu gewährleisten, nicht zuständig für Familie. Sonst wäre es nicht möglich gewesen, eine unerfahrene junge Ministerin auf diesen Posten zu setzen. Auf der ganzen Welt sind diejenigen, die zum Thema Familie etwas zu sagen haben und gehört werden, weise alte Frauen und Männer, nur bei uns nicht. Weiterhin ist es nach gesellschaftlicher Maxime Privatsache, ob man sich bindet, schwanger wird, Kinder haben möchte. Übersehen wird, dass die Lebensbedingungen jedoch leider nicht mehr Privatsache sind. Die Umwelt für Familie sowie die Alltagsstruktur in einer modernen Gesellschaft sind familienfeindlich. Als Erstes vernichtete sie die hausinternen Arbeitsplätze durch die Umstrukturierung des Haushalts: Waschen, Kochen, Einkaufen geht jetzt anscheinend nebenher. Früher gab es noch einen Haushaltstag. Nun ist der gesamte Haushalt nur mehr im Rahmen der Statistik existent. In Realität gibt es ihn nicht mehr, da dafür keine Zeit akzeptiert wird. Kinderbetreuung wird nur honoriert, wenn man diese in einem Kindergarten als Erzieherin ableistet, die Versorgung pflegebedürftiger Eltern und auch Schwiegereltern ist selbstverständlicher Zusatzjob der Frauen.

Die schleichende Entmündigung von Eltern ist schon so weit fortgeschritten, dass man gerne sein Kind möglichst früh abgibt, um in Ruhe seinen Job machen zu können und Geld zu verdienen.

Das Leben zu Hause wurde der modernen Frau dermaßen vergällt, dass sie inzwischen wirklich froh ist, außerhalb des Hauses in einem Beruf arbeiten zu können. Dass auf diese Weise nur wenige Notkinder zur Welt kommen, ähnlich den Nottrieben der Bäume bei Krankheit, wird übersehen. Diese werden noch dazu auf der einen Seite als Einzelkind in der Familie verhätschelt, auf der anderen Seite durch Fremdbetreuung in großen Gruppen vernachlässigt. Nicht umsonst hat die Natur einer Frau ermöglicht, zwar mehr Kinder zu bekommen als eines, aber die Zahl begrenzt auf weltweit durchschnittlich 5 bis 6 Kinder. In einem Kindergarten kommen 25 Gleichaltrige auf eine Erzieherin plus Kinderpflegerin. Kann man das als Fortschritt bezeichnen?

Seit Jahren steigen die Kosten für die Jugendhilfe. Eltern werden von allen Seiten angegriffen, es wird bemängelt, sie würden schlecht, zu wenig und falsch erziehen. Eine entsprechende Förderung, wie sie Kinder brauchen würden, ist in den modernen Familien jedoch nicht mehr möglich. Die moderne Familie ist ausgeräumt, bereinigt von Bereichen und Tätigkeiten. Übrig bleiben Vorbereitungstätigkeiten für die eigene Anstellung, Zuarbeit zum Schulbesuch. Der Lebensmittelpunkt ist verloren gegangen. Ersatz für das fehlende Leben sind der Fernseher und der Computer. Auf diese Weise holt sich der Freizeitler Leben ins Haus. Er kann schauen, ohne gefragt zu werden, muss sich nicht auseinandersetzen, geht Konflikten aus dem Weg. Horst Opaschowski spricht von der Wohlstandsverwahrlosung (Opaschowski 2010: 42). Die Begründung für die Ganztagsschule ist, dass die Kinder sonst am Nachmittag nur vor dem Fernseher sitzen würden. Dass die Situation der Familien, so wie sie bei uns ist, nicht naturgegeben ist, sondern das Ergebnis von Industrialisierung und Modernisierung des Alltags, ist kein Thema. Es kann nicht sein, dass Missstände dadurch beseitigt werden, dass man den ganzen Bereich, hier die Institution Familie, aufgibt.

Wir sind dabei, die Gesellschaft umzuformen in Richtung noch mehr Konsum und Betreuung. Um die Gesellschaft endgültig umbauen zu können zu diesem Lebensmodell, braucht es eben Tageseinrichtungen für Kinder und alte Menschen, und dies flächendeckend. Mittels Fremdbetreuung ist das leidige Konkurrenzthema zwischen Familie und Beruf auch endlich gelöst. Niemand kann sich mehr herausreden, er könne einem Beruf nicht nachgehen, weil er ja Familie habe oder alleinerziehend ist.

## Das moderne Leben als neue Religion

> *»Gott sagt klar: ›Du sollst die Hungernden speisen, die Nackten kleiden, die Toten begraben, die Gefangenen besuchen.‹ Alle diese Werke sind uns auch heute ›verboten‹ durch die wirtschaftliche Struktur, in der wir leben und die dazu gemacht ist, die Hungrigen verhungern zu lassen, die Reichen reicher, die Armen ärmer zu machen. Wir leben in einer Welt, in der wir die Schöpfung Gottes nicht lieben können, sondern sie kaputtmachen müssen. Wir können die Gerechtigkeit nicht lieben, wir müssen die Weltbank oder den Internationalen Währungsfonds unterstützen. Diejenigen also, welche die Verelendung weitertreiben und die Hungertoten auf dem Gewissen haben.«*
> (Sölle 1995: 189 f.)

Es herrscht eine klare Vorstellung darüber, wie sich der heutige Mensch verhalten, für sein Leben sorgen soll. Diese Vorstellung ist Glaubensinhalt und Basis der modernen Welt. Damit ersetzt sie die bisherige offizielle Religion, gleich welche. Dies wird jedoch nicht wahrgenommen. Noch immer sind Menschen der Meinung, wir lebten nach christlichen Vorstellungen.

Die neue Religion sind die Gesetze der modernen Wirtschaft. Sie wird nicht hinterfragt und hat einen Absolutheitsanspruch, der ähnlich einer Sekte die ganze Welt missionieren möchte. Hier sind klare Verhaltensweisen gefordert, die der moderne Mensch innehaben sollte. Wie man sieht, gibt es auch einen Kleidungskodex, der genaue Vorschriften über Schnitte und Farbkombinationen vorsieht, die bis zu den Socken reichen und den Anspruch des Islam bezüglich des Kopftuchtragens weit in den Schatten stellt. Vereinzelt gibt es noch afrikanische Stammesführer, die in ihrer traditionellen langen Kleidung zu offiziellen Besprechungen erscheinen. Meist jedoch treffen sich bei Wirtschafts- und politischen Treffen verschiedener Länder auf der ganzen Welt Männer in Anzug mit der obligatorischen Krawatte. In den Gesprächen geht es dabei nicht um menschliche Werte, Demokratie o. Ä., sondern vorrangig um Einfluss, Handel mit Waren, Ausbeutung der Bodenschätze, landwirtschaftliche Produkte. Es geht um Macht. Daran sieht man, dass es weltweit übergreifende Normen und Verhaltenskodizes gibt, denn ohne die gibt es keine erfolgreiche Verhandlung. Die Mächtigen der Welt sind sich über alle weltanschaulichen Traditionen hinweg einig. Grabenkämpfe zwischen Christentum und Islam haben dabei keinerlei Bedeutung und nur die Funktion, von den eigentlichen Schlachtfeldern abzulenken. Die Mächtigen der Welt haben längst ihre eigene Religion kreiert, die die bekannten Religionsgemeinschaften leicht in die Tasche steckt mit Hilfe von Finanzargumenten. Ihre Tempel sind die Einkaufszentren, ihr Medium das Fernsehen. Ob der Imam vom Minarett singt oder der Pfarrer von der Kanzel predigt, beide dienen nur der Beruhigung des Gewissens des Einzelnen, der als Hauptbeschäftigung seine Gewinne macht und privat dem Fernsehen lauscht. Hier sind alle gleich, und es ist Nebensache, ob jemand kein Schweinefleisch isst oder sich koscher ernährt. Vor dem Fernseher sitzend, verdrücken alle Chips und Coca-Cola. Es geht um die Herrschaft über die Massen mit Hilfe der Grundbedürfnisse Wasser, Grundnahrungsmittel und Energie. Es geht um die Macht über die Weltmärkte. Wer das nicht verstehen möchte, wird mit Waffengewalt dazu gezwungen. Auch demokratische Politiker reden dann davon, dass die Interessen der Wirtschaft gewahrt werden müssten, das heißt der Zugang zu Ressourcen, Bodenschätzen erhalten werden muss, im Zweifel erzwungen mittels Waffen.

Die Beschäftigung des Bürgers, also die Lohnarbeit, hat hier nur geringe Bedeutung. Deshalb sind die interessanten Projekte die Großprojekte. Hier werden im Vergleich wenige Arbeitskräfte benötigt, aber große Maschinen. Zugleich spielt hier die Weltbank mit in Verbindung mit Geberländern, die zugleich den Auftrag erhalten für das Projekt und die damit auch den Profit abschöpfen. Das nennt man dann Entwicklungshilfe! Die Mächtigen der einzelnen Staaten helfen sich gegenseitig, damit alle mitspielen können am Ausverkauf der ganzen Welt.

Es geht hier nicht um die Darstellung von, sondern um die Grundprinzipien, die die moderne Welt erst zur modernen Welt macht. Das Denken der führenden Wirtschaftsmächte wird beherrscht von diesen Prinzipien. Es sind Wertentscheidungen, die den einzelnen Firmeninhaber zum Global Player macht. Unglaublich ist, dass dies Menschen sind, die unser Bildungssystem durchlaufen haben, normalerweise ein Gymnasium, eine Hochschule. Es ist das Ergebnis unserer Bildung! Bisher hat keine Regierung darüber nachgedacht, dass 13 Jahre Schulbildung doch etwas Sinnvolles bewirken sollten. Es kann doch nicht sein, dass dies der Endpunkt des Bemühens ist.

Die Regierung ergeht sich immer weiter in den höchsten Lobreden über unsere Wirtschaft. Es hat den Anschein, als möchte sie damit verhindern, einmal kurz innezuhalten. Denn dann würde man nachdenken. Man würde die Stimmen derjenigen hören, die hier keine Chancen hatten, die nicht dabei sind, die abgehängt wurden. Und weiterhin meint man, dieses System exportieren zu müssen als Erstes per Schulbildung.

Der moderne Zeitgenosse fühlt sich in einem ständigen Stresszustand. Der Inhalt seiner Gedanken besteht aus Vorstellungen, wie etwas zu sein hat, Vorhaben, die erreicht werden wollen, kreisen um die Hindernisse und Lösungswege. Ärger und Frust geben ihren emotionalen Rhythmus dazu. Die Konzentration ist darauf ausgerichtet, Fehler zu vermeiden, sich nach Vorgaben zu richten, Pläne zu erfüllen. Das Gefühl »Ich bin nicht okay« ist der Antrieb für alles Denken, Bemühen, Anstrengen und sicher ein Kennzeichen des modernen Zeitgenossen. Jede Arbeit wie Bildung wird begründet mit der Notwendigkeit, weiterzukommen, etwas zu gewinnen, mehr zu erreichen. Dahinter steht die Vorstellung, so wie man ist, nicht richtig zu sein. Die grundlegende Struktur unseres Bildungswesens geht immer davon aus, dass das menschliche Wesen, wenn es sich frei ohne pädagogisch-professionelle Vorgaben und Rahmen verhält, nicht lernt, nichts tut, sich in eine negative Richtung entwickelt. Dieses defizitäre Menschenbild kommt aus unserer religiösen Tradition.

**Die traditionelle Religion als soziales Herrschaftsinstrument**
Die verfehlte Ausprägung unserer traditionellen Religionen, gleich ob Judentum, Christentum oder Islam, schuf den Boden für die moderne Religion des Konsumismus. Alle drei Religionen wurden so verändert, dass sie Herrschaft und Macht stützten. Glaubenssätze wurden so geformt und eingesetzt, dass dadurch Menschen lenkbar wurden. Genau dieser Mechanismus ist es, der in der Moderne zum Wirtschaftsimperialismus führte.

Gemäß der Bibel ist der Mensch ein Ebenbild Gottes. Im Laufe der Jahrhunderte setzte sich jedoch im Bewusstsein des Normalbürgers etwas ganz anderes fest: eine Haltung des Beurteilens, Wertens allen Dingen, der Welt gegenüber, aber vor allem gegenüber dem Menschen, dem anderen und, was am schlimmsten ist, sich selber gegenüber. Beherrscht wurde der Mensch durch das Denken, so wie man ist, nicht in Ordnung, schlecht zu sein, ein ewiger Sünder, entfernt von Gott, ohne Schutz und Führung ausgesetzt den Unbilden und Gefahren der bösen Welt. Die Kirche spielte mit dieser Unsicherheit und Not des Menschen und sorgte dafür, dass ein Bewusstsein der Gottkindschaft keine Chance bekam und der Glaube an das Böse, die Sünde im Menschen aufrechterhalten blieb. Nur so blieb der Mensch klein, mit wenig Selbstbewusstsein und konnte von den verschiedensten Kräften beherrscht werden.

Dieses Vorgehen ist kein Spezifikum der christlichen Religion. Überall werden Religionen auf diese Weise missbraucht von Interessen Herrschender. Normen werden aufgestellt, Gesetze, die eigentlich von Menschen erdacht waren, werden vergöttlicht.

Völlig unsinnige, aus weit vergangener Zeit stammende Regelungen, die damals vielleicht einen Sinn hatten, werden von manchen Gruppen noch heute akribisch eingehalten. Die Frage stellt sich, was den Einzelnen dazu bringt, an Bräuchen festzuhalten, die sich gegen die Gesundheit richten, die den Einzelnen einschränken und das Leben erschweren.

Der erste Schritt der Kolonialisierung, nach dem Sieg über die »Wilden«, war die Christianisierung. Diese wurde durchgesetzt mit der Beschulung. Schule war also ein Mittel der Zivilisierung und diente der Vernichtung einer Lebensform. Eine neue Lebensart hielt Einzug: das sogenannte christliche Abendland, das sich auszeichnete durch die Herrschaft von Fürsten über Bauern, Abgaben und Kontrolle über Kleidung, Verhalten und Denken. Plötzlich gab es unzüchtiges Benehmen und Bekleidung, der Körper wurde sündig. Ist es das, wovon die modernen Politiker immer sprechen, wenn sie von Aufklärung reden, dass man erkennt, dass Nacktheit Sünde ist, dass der Mensch, so wie er von Gott auf die Welt gesetzt wurde, schlecht ist, mit all seinen natürlichen Anlagen, Bedürfnissen und Wünschen? Dass Natur vernichtet werden muss und ersetzt? Die Reglementierung, Unterdrückung und Kontrolle wurde als Voraussetzung angesehen, um als guter Christenmensch zu gelten. Dass daraufhin die Statuten der Französischen Revolution als große Errungenschaften gefeiert wurden, ist verständlich. Plötzlich zählte »Gleichheit, Freiheit und Brüderlichkeit«, etwas, was in anderen Lebensformen gang und gäbe ist. Aber man kann nicht davon reden, dass die Aufklärung anderen Völkern fehle, wenn man nicht erforscht, ob sie sie überhaupt nötig haben! Denn den Boden für die Notwendigkeit von Aufklärung bilden die Christianisierung und die damit zusammenhängenden Erziehungs-, eigentlich Verbildungskampagnen im Mittelalter. Vor einer Aufklärung bedarf es zunächst einer Verklärung der Wirklichkeit, also einer Verdunklung. Nicht umsonst spricht man vom dunklen Mittelalter.

Für die Völker vor der Christianisierung war der Mensch, so, wie er ist, in Ordnung. Er hatte seine Würde, seine Akzeptanz. Natürlich hatten Stammesvölker ihre Normen, ihre Ordnungen, die durchgesetzt wurden. Aber jeder Mensch, jedes Individuum wurde anerkannt, hatte seinen Platz, seine Berechtigung im sozialen Gefüge, wenn es sich an die sozialen Normen hielt. Keinem Kleinkind wurde eingetrichtert, dass es von Natur aus böse und schlecht sei. Die katholische Kirche bemühte sich dagegen darum, dem Menschen von Anfang an klarzumachen, dass der Mensch von Grund auf schlecht sei. Der eigene Körper wurde verteufelt, sexuelle Bedürfnisse, Gefühle unter das Diktat einer Kirche gestellt, die vorgab, über die Einrichtung des »Auge Gottes«, eine eigentlich sehr moderne Einrichtung, ähnlich der Webcam, bis ins Innere des menschlichen Gehirns und dessen Gedanken blicken zu können. Der im Grunde sündige Mensch wurde geschaffen mit dem Ergebnis, dass es noch heute den Menschen des christlichen Abendlandes an natürlicher Würde und Selbstbewusstsein fehlt. Die Angst, nicht richtig zu handeln, das Misstrauen sich selber gegenüber, das den modernen Menschen quält, ist die Auswirkung des jahrhundertelangen Erziehungskonzeptes des Christentums. Damit entfremdete sich der Mensch als geistiges Wesen von seiner leiblichen Existenz. Diese Beziehungsstörung in sich selbst verursacht die weiteren Störungen in seiner Beziehung zum Nächsten und zur Natur.

Die Religion als Herrschaftsmittel wurde eingesetzt, um Macht zu erhalten, die Gesellschaft in Schichten zu unterteilen, bei denen jede ihre bestimmten Rechte und Pflichten hatte, sowie Mann und Frau auf bestimmte Rollen festzulegen. Familie entstand erst im Zuge der Romanisierung der Lebensbereiche, die Hausfrau und Mutter wurde idealisiert und zugleich auf bestimmte Verhaltensweisen festgelegt. Der Deutsch-Evangelische Frauenbund hatte in seiner Bücherei noch ein Werk mit dem Titel »Maienzeit. Album der Mädchenwelt«, in dem ein C. Braun Folgendes über die Rolle der Mutter schreibt:

> »*Es gibt keinen schöneren Beruf für das Weib als den einer Hausmutter. Wohl den jungen Mädchen, die gut vorbereitet an den Altar treten und mit freudigem Herzen zuversichtlich das Gelübde der Treue ablegen können! … Sich selbst verleugnen und nur im Geiste der alles umfassenden, alles verzeihenden, alles duldenden Liebe zu leben, ist des Menschen höchster Wert und von ihm am schwersten zu erfüllen. Für sich selber nur wenig, alles für andrer Glück zu thun, nicht für sich da sein, sondern nur zum Besten andrer, das ist … möglich, insbesondere aber einer von edlem Christengefühl und von Liebe zu den Ihrigen durchdrungenen Hausmutter. Wie viel wird von ihr gefordert! …*
>
> *Sie hat für ihr ganzes mühevolles Leben keinen anderen Lohn, als das Bewusstsein, ihre Umgebung beglückt zu haben … Sie hat ihr Schicksal in die Hand des Mannes gebunden, dem sie Treue gelobt. Wie ihr Los auch fällt, sie muss mit ihm zufrieden sein.*
>
> *Eine Mutter gehört sich nicht selbst, sie sorgt für ihre Kinder und lebt in ihnen … Niemand weiß es, was sie leidet, wer spräche davon … Sie hält sich für die Schuldnerin aller andern und glaubt, sie könne nie genug tun, während sie doch die Wohltäterin eines jeden geworden; oft ist schmerzlicher Undank die einzige Vergeltung, die ihr zu Teil wird.*«
>
> (Braun: 178 f.)

Die jahrhundertelange Normierung und Rollenzuschreibung für Frauen ist noch heute spürbar. In dem Moment, in dem eine Frau eine Familie gründet, beginnt das unbewusste Rollenverhalten aktiv zu werden. Auch wenn andere zu ihr sagen, sie solle mehr auf sich schauen, kann sie nicht über ihren Schatten springen. Sie kann die alten Programme noch heute nicht abstreifen. Dies ist das Ergebnis der religiösen Programmierung im Sinne einer christlichen Erziehung. Das Bemühen, alles richtig zu machen, den Wünschen der Familie zu entsprechen, das ständige Schuldgefühl, nicht alles, was möglich ist, für die Angehörigen getan zu haben, die Angst, die familiären Pflichten nicht zu erfüllen ... Noch heute verfolgt ein ständiges schlechtes Gewissen Mütter und führt im Grunde zu genau dem oben beschriebenen Verhalten.

Jahrhundertelang wurde dem Menschen eingetrichtert, Gott würde ihn nicht lieben, wenn er sich nicht den Normen entsprechend verhalte. Schon immer benutzten Herrschaftssysteme religiöse Begründungen, um Menschen gefügig zu machen. In Bezug auf die Frau ist ihnen das auch gelungen. All die emanzipatorischen Bewegungen führten nicht dahin, die Frauen im Allgemeinen zu mehr Selbstbewusstsein zu führen, um ihre Rechte gegenüber dem Partner und der Gesellschaft einzufordern. Trotzdem liegt es auch in der Verantwortung des Einzelnen, sich Angst machen zu lassen, an den strafenden Gott zu glauben. Noch immer meinen Menschen, sie könnten einen Gott gnädig stimmen, wenn sie Gesetze um der Gesetze willen einhalten. Das Bild des liebenden Gottes, das im Neuen Testament vermittelt werden soll, ist damit nicht vereinbar. Jesus selbst hat die Gesetzesgläubigkeit des Judentums kritisiert. Derjenige, der das Gesetz über die Liebe stellt, benutzt die Religion und damit Gott zu seiner eigenen Rechtfertigung. Im Grunde glaubt er nur an sich, sein Ego, seine Vorstellungen und an seine Ängste. Er ist vollkommen verschlossen anderen Menschen gegenüber, beziehungsunfähig, meilenweit entfernt von einem lebendigen Gott.

# Die Aushöhlung der Grundrechte

In der modernen Gesellschaft sind dem Menschen zwar Rechte verfassungsmäßig garantiert, aber das, was herrscht, ist nicht »Freiheit, Gleichheit und Solidarität (Brüderlichkeit)«, sondern Fremdbestimmung, Ungleichheit und Vernachlässigung. Der Wahlspruch »Freiheit, Gleichheit, Brüderlichkeit« der heutigen Französischen Republik wurde auch bei uns so populär, dass man diese Begriffe als Kernbegriffe für unsere Grundrechte nahm.
Es geschieht eine Verwechslung von Begriffen. Vernachlässigung wird mit Freiheit begründet. Beispiel: Alte Menschen wollen gemäß mehrerer Umfragen so lange wie möglich zu Hause wohnen bleiben. Die Gesellschaft versteht dies als die Freiheit des Einzelnen und meint, dies wäre ein Zeichen von Selbstbestimmung. Weit gefehlt. Es ist der Ausdruck einer verfehlten Lebensplanung, denn kein Mensch möchte alleine leben, schon gar nicht im Alter, wenn er beginnt, Unterstützung zu brauchen. Der Widerspruch erscheint dann auch bei der nächsten Frage, von wem sie sich am ehesten Unterstützung wünschen würden. Die Antwort ist, von den eigenen Kindern. Gerade wenn man von anderen mehr abhängig wird, braucht man doch einen vertrauten Bereich, Menschen, die man schon lange kennt, auf die man sich verlassen kann. Man zieht sich zurück auf vertraute Strukturen. Das sind die eigene Wohnung und die bestehenden Beziehungen. Auf Grund der beruflichen Situation haben diese Menschen jedoch oft Beziehungen vernachlässigt. Auf der anderen Seite sind die eigenen Kinder auch beruflich bedingt an einen anderen Ort gezogen. Der Alltag wird nicht mehr gemeinsam bewältigt. So muss die Tochter jede Woche 100 km zu ihrem alten Vater fahren, um dessen Angelegenheiten zu regeln, während sie zugleich selber als Altenpflegerin arbeitet, Familie mit Mann und zwei Kindern und ein Haus hat. Die Antwort der alten Menschen ist ein Zeichen von sozialer Armut und Vernachlässigung von Seiten der Gesellschaft. Alternativen sind nicht vorhanden. Es ist

eigentlich sehr traurig, wenn man am Ende eines Lebens in der Wohlstandsgesellschaft auf das materielle Funktionieren zurückgeworfen wird, denn das ist das Einzige, was das Sozialsystem gewährleisten kann. Die Strukturen, die das soziale Miteinander erhalten hat und ermöglichte, sind vor Jahrzehnten systematisch zerstört worden von einer Politik, die Mobilität, Erwerbsarbeit und Fremdbetreuung von Kindern und alten Menschen fördert und damit die sozialen Netze zerstört. Das ist kein Systemfehler, das ist die normale Struktur unserer modernen Gesellschaft.

**Freiheit**
Im Grundgesetz bezieht sich Freiheit auf die freie Entfaltung der Persönlichkeit, Glaubens- und Gewissensfreiheit, Meinungsfreiheit, Informationsfreiheit. Eine Voraussetzung für Selbstbestimmung und damit für Freiheit in unserem Land, ist ein gesichertes finanzielles Grundeinkommen zu haben. Dieses hat man nur über Erwerbsarbeit oder leistungsloses Einkommen. Für ein gutes Verdienst ist ein Schulerfolg Voraussetzung. Momentan hackt man auf den Eltern herum und bezichtigt sie der Unfähigkeit zur Erziehung, würde sie am liebsten als Hilfslehrer verpflichten. Tatsache ist, dass bei uns das Geld die Freiheit, das heißt die Möglichkeiten gibt, Nachhilfe zu organisieren, Teilzeit zu arbeiten, um die Kinder am Nachmittag zu unterstützen, Bildungsreisen mit ihnen zu machen, Kulturveranstaltungen zu besuchen. Freiheit bedeutet Sorglosigkeit. Diese hängt bei uns am Geld. Aber nur wenn Stress sich in Grenzen hält, ist ein Familienleben möglich, das für alle Mitglieder Lebensraum und Entwicklungsmöglichkeiten bietet, in dem Eltern die innere Bereitschaft aufbringen, ihre Kinder zu unterstützen. An dieser Idealvorstellung des modernen Lebens hängen die Menschen in unserem Land.

Dieser Kreislauf ist ein funktioneller Bestandteil der modernen Lebenswelt. Das Problem ist, dass dieser Kreislauf die eben beschriebene Lebenswelt erhält, zugleich aber andere Formen des Lebens ausschließt und daher nicht für alle Menschen passend ist.

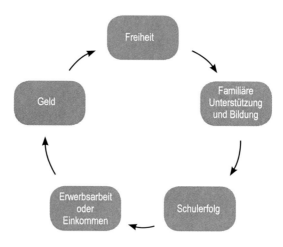

Der Prozess der Einengung des eigenen Handlungsspielraumes ist ein Kennzeichen unserer Gesellschaft, die sich in Richtung Massengesellschaft hin entwickelt. Zuerst werden Themen, die vorerst in der Großfamilie bearbeitet und gelöst wurden, durch die Zerstörung der sozialen Netze zu Problemen. Für diese sah sich dann die Gemeinde als zuständig an. Damit wird dem einzelnen Bürger ein ganzer Bereich genommen, in dem er sich selber erfahren und bewähren konnte. Es gibt jetzt hier keine Freiheit mehr, sich zu beteiligen, zu entscheiden und zu handeln. Damit wird der Mensch eingeengt auf seine persönlichen vier Wände. Alles darum herum geht ihn nichts mehr an, und wenn er etwas nicht für richtig findet, muss er sich mit Ämtern und Zuständigen herumschlagen, die selber nur von Berufswegen mit der Sache zu tun haben und dies in ihrer bezahlten Arbeitszeit tun, während das bürgerschaftliche Engagement für die eigenen Belange in der Freizeit zu erfolgen hat. Da der Versuchsengagierte sich nun mit rechtlichen Aussagen und einem Fachvokabular auseinandersetzen muss, gehen ihm bald die Lust und Zeit aus. Die Welt ist verkehrt geworden. Zuständig für die eigene Wohnumgebung ist doch eigentlich der Bewohner, nicht der Angestellte im Landratsamt.

Dieser müsste sich doch darum bemühen, in normaler deutscher Sprache Dinge zu erklären und dem Bürger in jeder Hinsicht entgegenkommen. Man hat zwar das Recht auf freie Meinungsäußerung, aber nicht das Recht darauf, auch vom anderen verstanden zu werden. Der Amtsinhaber hat nicht die Pflicht, in normalem Deutsch zu sprechen und sich darum zu bemühen, den anderen zu verstehen. Was Wunder, wenn der Normalmensch dann, anstatt spazieren zu gehen, in den Fernseher schaut!

Wohlfahrtsverbände oder Firmen entstanden auf Grund der Probleme, die die Zerstörung des persönlichen sozialen Netzes mit sich brachte. Die Frage war: Kann man Profit daraus schlagen oder braucht es Zuschüsse, wie bei sozialen Themen. Man darf nicht vergessen, dass in früheren Zeiten fast alle lebensnotwendigen Dinge und Tätigkeiten in der Großfamilie geleistet wurden und geleistet werden konnten. Das bedeutet, dass hier alle Kenntnisse und Fähigkeiten vorhanden waren, die eine Grundversorgung ermöglichen. Es ist klar, dass damals Jugendliche die volle Auswahl hatten und sich durch eigenes Mittun schon früh ihre Talente und Vorlieben herauskristallisierten. Die Zukunft war vorhanden, weil der Jugendliche gebraucht wurde. Heute sind Jugendliche überflüssig, weil für alles gesorgt ist, weil der Einzelmensch in einem System von Pflichten und Versorgung steckt, das einen immun macht gegen Kontaktwünsche anderer Menschen. Heute braucht niemand mehr den anderen, den Nachbarn, auch nicht im Alter, da es ja Rente und Pflegeversicherung gibt und auf Anruf jede Dienstleistung ins Haus kommt. Die entsprechenden Verbände sollten sich schämen, ein solches System zu errichten und aufrechtzuerhalten. Wie schon öfter betont, ist ein Wohlfahrtsverband sinnvoll für Notfälle und Notsituationen. Als Dienstleister steht er in Konkurrenz zur Nachbarin und zerstört persönliche soziale Netze. Zugleich zerstört er die sozialen Kompetenzen, die lebensnotwendig sind für die Bewältigung unseres Alltags. Neben dem Kartellamt muss es in Zukunft auch ein Amt geben, das die Eigenarbeit des Menschen schützt. Zum Dritten fördert er eine Konsum- und Versorgungsethik, die Menschen in soziale Armut bringt, da sich niemand mehr um den Nächsten kümmert. Auch hier bräuchte es die Unterstützung von nachbarschaftlichen Strukturen. Fehlt dies, dann setzt sich eine Notspirale in Gang, die immer mehr abwärts führt in eine zunehmende Abhängigkeit von Versorgungssystemen. Freiheit ist dann kein Thema mehr, da keine Fähigkeit mehr da ist, Freiräume überhaupt noch nutzen zu können. Das Schlimme ist, dass der hilfsbedürftige Mensch den Nachbarn nicht einmal mehr sieht. Er nimmt die Möglichkeit nicht wahr, den anderen anzusprechen.

Einfach wäre es, man würde einfach eine parallele Lebenswelt einrichten für diejenigen, die hier nicht mitmachen wollen oder können. Es gibt das Beispiel einer alternativen Lebensgemeinschaft: das Ökodorf Siebenlinden. Hier gibt es z. B. eine Gruppe, die ganz ohne Elektrizität und Benzinmotoren lebt. Es wurden Häuser gebaut mit alten Handwerkstechniken, mit Handsägen Holz bearbeitet etc. Dies als Lebensform hat in dieser Gesellschaft nur eine Berechtigung, wenn sie dies als Geschäftsmodell für eine neue touristische Attraktion in Zusammenarbeit mit dem örtlichen Museum versteht. Dafür würde man dann wahrscheinlich auch Geld von der Bank bekommen. Menschen, die dies als echte Lebensform ansehen, werden von der Allgemeinheit als verrückt betrachtet. Diese Reaktion ist nicht unwichtig. Solche Reaktionen sind gang und gäbe gegenüber Menschen, die nicht dieses Hamsterrad verfolgen und an dieses glauben. Niemand kann sich Strukturen entziehen, die einen rundum bestimmen und beschneiden zum scheinbaren Vorteil einer finanziell gut dastehenden Minderheit, denn auch diese ist in diesem System gefangen.

Den höchsten Wert hat bei uns der Arbeitsplatz oder die erfolgreiche Selbständigkeit. Hier ein Beispiel, das mir vor kurzem von einem Landwirt erzählt wurde, der mit der Landjugend eine Rundreise durch Bolivien machte. Einem Campesino dort wurde ein Angebot gemacht, gegen Entlohnung ein paar

Stunden eine bestimmte Tätigkeit zu machen. Er zögerte und sagte: »Muss ich das? Ich überlege mir das noch.« Gemäß unserer Propaganda sind die Menschen in Bolivien sehr arm. Wir müssen sie bemitleiden. Wir hier sind überzeugt davon, dass sie bemitleidenswert sind. Gemäß unserer Lebensform müsste man sagen: »Schön blöd, da sieht man es wieder. Sie sind nicht in der Lage zu arbeiten, wollen aber alles haben und jammern dann.« Viele Menschen unseres Landes würden dem hier gemachten Angebot zustimmen. Nur wenige kämen auf die Idee, darüber nachzudenken, woher dieser bolivianische Bauer eigentlich die innere Haltung hat, in Freiheit über das Angebot nachzudenken. Es ist nicht leicht, systemkritische Gedanken zuzulassen und frei zu assoziieren. Dann müsste man zugeben, dass er mehr Freiheit besitzt als unsereiner.

Ein ähnliches Beispiel erlebte ich selber, als ich in einer kleinen Andenstadt weit hinten in den Bergen von Peru einige Monate bei österreichischen Entwicklungshelfern lebte. Ich hatte an einem Webkurs teilgenommen, der von einer Campesinofrau geleitet wurde. Eines Tages kam ein Campesino, der weit oben in den Bergen lebt, zu uns herunter in die Kleinstadt und bat darum, dass ihm jemand einen Schal weben möchte. Die anwesenden Frauen, zu einem Teil rein indianisch, zum anderen Teil gemischt, eher städtisch orientiert, reagierten darauf nicht. Der Campesino kam an einem anderen Tag wieder mit seiner Bitte. Er wollte natürlich auch mit Geld bezahlen. Niemand fand sich, der ihm diesen Dienst erbringen wollte. Nachdem er mir leidtat und ich diese Situation unmöglich fand, erklärte ich mich bereit, ihm einen Schal zu weben.

Die Vorstellungen, die wir vom Leben haben, sind für uns selbstverständlich maßgeblich. Nirgends werden unsere Prioritäten in Frage gestellt. Für die Menschen in Südamerika gelten wohl andere Prioritäten. Hier zählt nicht als Allererstes das Geldverdienen. Ich weiß, dass die Menschen in diesem Kurs auch kein Zeitproblem hatten. Sie waren einfach nicht so abhängig von

Geld wie wir hier. Sie hatten die Freiheit, sich zu entscheiden und ohne dieses Geld auszukommen. Können sie dann als arm bezeichnet werden?

Ein Teilnehmer einer Talkrunde im Fernsehen zum Thema Integration bemängelte eine ganze Liste im Verhalten von Migranteneltern: Sie würden ihre Kinder nicht regelmäßig in den Kindergarten geben. Wenn z. B. eine kranke Tante gepflegt werden muss und die Mutter aus diesem Grund das Haus nicht verlassen kann, bleibt das Kind dann zu Hause. Welch eine unmögliche verwerfbare Handlung im Sinne dieses Politikers. Der Druck auf Migranten, die hiesigen Prioritäten anzunehmen, ist immens. Kaum jemand kann diesem entkommen, wo es schon die deutschen Eltern nicht können. Vom sozialen Standpunkt aus ist es wesentlich sinnvoller, für die kranke Tante zu sorgen, als das Kind gestresst herumzukutschieren. Die Grundlagen des Lebens sind noch immer soziale Verhaltensweisen. Dieser Politiker hat ganz bewusst nicht ein Beispiel gebracht von der eigenen Großmutter. Für ihn gibt es ganz klare Grenzen des sozialen Verantwortungsbewusstseins. Die Tante, wenn sie alt, alleine und krank ist, kann einen Pflegedienst beauftragen oder ins Krankenhaus gehen. Dies sind die programmatischen Lösungen unserer Gesellschaft. Zu kurz gedacht und nicht zukunftsträchtig!

<u>Kleidungssitten</u>
Die Kleidung des modernen Bürgers ist weniger Ausdruck von Kreativität und Wohlbefinden als Selbstdarstellung der finanziellen Möglichkeiten, Zeichen, dazuzugehören durch Anpassung an Modetrends.

Die Maxime der Freiheit konnte die christlich eingeprägten Wurzelüberzeugungen im menschlichen Geist nicht ausreißen. Trotz sexueller Revolution und Auflösung von Kleidungsnormen sind die Menschen gehemmt, verdrängen weiterhin die Sexualität, ganz gleich, ob außerhalb oder innerhalb der Ehe. Dass Sexualität schlecht ist, wird als genetische Überzeugung weitervererbt. Bei uns braucht keine Frau Angst zu haben, wenn sie im Minirock und mit hochhackigen Schuhen über die Straße geht. Die meisten Männer verwenden nicht einmal einen Blick darauf, auch wenn diese Frau dies gerne wollte. Ein Verhüllen nach arabischem Vorbild zieht hier eher die Blicke auf sich. Denn, wie man weiß, erregt Verhüllen die Neugier. Man möchte wissen, was sich darunter verbirgt, eine Junge, eine Alte, eine Dicke, eine Dünne? Mode spielt mit den Reizen und damit auch mit dem gezielten Verhüllen. Die Phantasie wird eher angeregt. Wenn man auf den ersten Blick sieht, mit wem man es zu tun hat, ist das Interesse schnell dahin. Bei einer leicht angezogenen Frau in Deutschland sieht man zwar die Haut, aber auch ihr Alter, ihre körperliche Unbewusstheit und Prüderie in der Art ihrer Bewegungen. Manchmal wäre es für einen Betrachter angenehmer, sie würde sich mehr verhüllen. All ihr Sosein zu sehen, ist so manches Mal eher peinlich. Sie kann nicht gehen, schlurft und schleppt sich dahin oder hetzt von Einkauf zu Einkauf, braun und ausgemergelt zwischen Hausfrauenpflichten und Fitnesscenter. Unter ihrem teuren modischen Outfit stechen einem die Rippen entgegen, sodass man nicht umhinkann, sie mitleidig anzustarren mit der inneren Frage, warum sie ihren Körper und sich selbst so misshandelt. Zugleich erstarrt man angesichts der besenartigen lilagesträhnten Frisur, die nicht zu einem normalen Beruf wie dem einer Verkäuferin passt. Der verhärmten braunen Faltigkeit des Gesichts würden auch ein paar Kilo guttun, um den Eindruck von Verbissenheit und Verbohrtheit, das das harte Kinn vermittelt, zu kaschieren. Deutlich wird ein unbeugsamer Wille der dreißig- bis sechzigjährigen Frauen, dem Alter zu trotzen, indem sie sich durch Joggen und Walken durch die Straßen und den Alltag hetzen. Die Sprache ist schnell und abgehackt, so wie ihre Bewegungen, begleitet von erzwungenem Lächeln und der Standardaussage: »Keine Zeit, aber alles im grünen Bereich.«

# Gleichheit

> »*Lieben wir unsere Sitten, die es nicht dulden, dass einer viel mehr hat als der andere oder einer sehr vieles und der andere gar nichts. Damit wir nicht im Herzen werden wie der Papalagi, der glücklich und heiter sein kann, auch wenn sein Bruder neben ihm traurig und unglücklich ist.*«
> (Tuiavii 1977: 47)

Das Grundgesetz benennt hier die Gleichberechtigung der Geschlechter, das Verbot der Benachteiligung auf Grund von Abstammung, Herkunft, Glauben und politischer Meinung. Seit 1977 gibt es das Partnerschaftsgesetz, demnach ist die Aufgabenteilung in der Ehe nicht mehr nach Geschlecht festgelegt. Für die gemeinsamen Kinder sind beide Elternteile grundsätzlich gleich verantwortlich.

Im Alltag ist Gleichberechtigung ein Ziel, in der Praxis jedoch herrscht Wettbewerb vor, der Kampf um den Arbeitsplatz, um die bessere Note, um Kunden und Interessen. Als Angestellter ist jeder eingebunden in Hierarchien, in denen anscheinend noch nie jemand etwas von einem partnerschaftlich-wertschätzenden Umgang gehört hat. Die propagierte gängige Lebensweise ist die des Krieges jeder gegen jeden, des Fressens und Gefressenwerdens, ein sehr primitives Konzept, das Arme, Kranke und Dumme produziert und einen großen Teil der Menschheit ausschließt. Erst seit der globalen Wirtschaft sind so viele Menschen in anderen Teilen der Welt arm und hungern, mit steigender Tendenz. Unternehmen holen sich Bodenschätze und Waren aus Ländern, deren Bewohner arm sind. Sie erhalten dafür zu wenig, um satt zu werden und ein menschenwürdiges Leben zu führen.

Es ist die Lebensweise der Industrienationen, die Ungleichheit produziert, die die einen arm macht, die anderen reich. Dabei nehmen sich die Reichen die Freiheit, sich zu nehmen, was sie wollen, indem sie den anderen eben nicht als Bruder betrachten.

Wir exportieren also nicht Demokratie, sondern Strukturen, die Mächtige bevorzugen und durch Ausbeutung bei den Betroffenen Hass oder Resignation erzeugen. **Ungerechte Strukturen sind der Boden, auf dem Aggressionen gedeihen.** Proteste richten sich dann in einem solchen Fall gegen die Oberen, gegen die Mächtigen, gegen die, die solch ein System aufrechterhalten. Ziel der Proteste ist jedoch oft nicht, demokratische Verhältnisse zu bekommen, sondern auch ein Stück vom Kuchen zu ergattern. In Libyen reden die Demonstranten von Demokratie, fragt man aber näher nach, was diese genau wollen, so hört man, sie wollen Arbeit, eine sichere Anstellung, einen angemessenen Verdienst. Sie wollen eine Lebensform haben, die sie aus dem Fernsehen kennenlernen, genauso wie der frühere Osten der BRD. Sie wollen ein Auto haben, einkaufen können und abends vor ihrem Flachbildschirm Chips essen und Coca-Cola trinken. Zugleich sind sie der Meinung, dies alles habe nichts mit Religion zu tun und sie könnten, wo es beliebt, auf das Christentum schimpfen. Und zugleich meinen sie, sie könnten ihre bisherigen Normen behalten, die vor allem Männer fördert und Frauen den Platz am Herd zuweist. Der Zusammenprall von Lebensweisen wirkt wie das Zusammenstoßen von Erdplatten zwischen den Kontinenten. Folgen sind Erdbeben, die alles zusammenbrechen lassen.

Dass unsere westliche Lebensweise nur möglich ist auf Grund von Kreditgeschäften und Zinsen, dass diese Zinsen von Geringverdienern in jahrzehntelanger Fronarbeit hart erarbeitet werden müssen, widerspricht in eklatanter Weise der Forderung nach Chancengleichheit. Die Ursache dafür, dass terroristische Vereinigungen im Nahen Osten vermehrt Zulauf bekommen, liegt gerade in der fehlenden Chancengleichheit vor allem der Jugend. Gesetze, die Wohlhabende fördern und damit noch reicher werden lassen, beruhen auf struktureller Gewalt, dem gegenüber der Einzelne hilflos ist.

Dies alles hat für den Allgemeinbürger, egal ob in Deutschland, in Arabien, in Brasilien oder in China, nichts mit Ethik oder Religion zu tun. Erkannt wird nicht, dass die Religionen im Allgemeinen längst abgewirtschaftet haben oder Handlanger geworden sind, Instrumente der Mächtigen, die hinter der sichtbaren Realität die Fäden ziehen und ihre Geschäfte abwickeln. Religionen sind im Allgemeinen nichts anderes als Lokalkolorit, was bedeutet, dass der amerikanische oder japanische Tourist in Bayern Kirchen mit Zwiebeltürmen besichtigen möchte und keine Moschee, in Ägypten dafür jedoch eine Führung durch eine Moschee bucht und kein christliches Gotteshaus. Prioritär geht es um die Lebensweise, nicht um die Religion.

Lebensweisen sind keine Konsumartikel, die frei wählbar in den Regalen stehen. In einer Kleinstadt in den hinteren Anden in Peru gab es eine gewisse Zeit Fernsehen. Auf Grund von technischen Schwierigkeiten konnte das Angebot nicht aufrechterhalten werden. Auf meine Frage, was damals anders war, bekam ich zur Antwort, die Menschen seien damals am Abend zu Hause geblieben, um fernzusehen. Seit dies nicht mehr funktioniert, seien sie abends wieder auf den Straßen, treffen sich, unterhalten sich. Dies sei besser.

### Aufgabe von Bildung: Chancengleichheit
Als das Ziel von Bildung wird heute angesehen, einen Beruf zu erlangen und fähig zu sein, eine Erwerbstätigkeit zu ergreifen und bis 67 durchzuhalten. Dies ist das wichtigste Ziel des Bürgers, des Heranwachsenden, der Eltern für ihre Sprösslinge. Als braver Staatsbürger ist man ein sich bemühender, das Schulkind unterstützender Elternteil. Eltern, die hier nicht mitziehen, sich nicht als Hilfslehrer benutzen lassen, werden mit Missachtung bestraft und durch Druck auf das Kind gefügig gemacht.

Was ist Realität? Jeden Tag werden Kinder trainiert in richtiger Wahrnehmung. Beurteilung und Bewertung ist die Grundlage der Wahrnehmung. Das Ergebnis ist erschreckend und nachhaltig. Da nur Einser- und Zweierschüler sich als gut ansehen, betrachten mehr als die Hälfte der Schüler ihre Leistungen als eher schlecht. Dieses Selbstbild ist die Grundlage für die Zukunft. Zugleich lernt man, an ein hierarchisches System zu glauben, das festlegt, Beurteilungen von anderen anzunehmen. Das gesamte Leben wird man sich nach anderen innerhalb einer Hierarchie richten, die einem sagen, was richtig und was falsch ist. Dies ist ein Relikt aus dem Mittelalter, wo es darum ging, Bürger in Griff zu bekommen. Gefördert wird es heute durch die Wirtschaftsform, die nur mit hierarchischen Strukturen funktioniert. Sogar die Geisteswissenschaften, die Universitäten funktionieren nach hierarchischen Prinzipien. Psychologen, Pädagogen, Theologen geben diese Strukturen unreflektiert in ihrer beruflichen Praxis weiter und benutzen ihre Kenntnisse, um Menschen im Glauben an Vorgesetzte und Macht zu lassen. Recht hat, wer publiziert, einen Doktortitel vorweist.

Schulbildung verharrt in alten Konzepten und hat nicht begriffen, dass es 5 vor 12 ist. Mit dem Untergang der Kirche sowie der Dorfgemeinschaft in der modernen Gesellschaft fehlen die normativen Kräfte. Der Mensch hat keine Maßstäbe mehr, die ihm ein Zusammenleben ermöglichen. Die Jugend braucht dringend Maßstäbe und Werte.

Zu einer Zeit, als die Religion über das Innenleben des Einzelnen noch Macht hatte und die Institution der Familie Werte vermittelte, reichte es aus, in der Schule Stoff zu vermitteln und Techniken wie Lesen und Schreiben. Heute ist dies eigentlich nachrangig. Inhalte sind in der Informationsgesellschaft gut organisiert. Alle Informationen sind leicht zu finden, in der Situation, in der man sie braucht. Ein Jugendlicher, der plötzlich versteht, dass er gute Rechtschreibung braucht, lernt dies innerhalb einiger Monate stressfrei und motiviert. Heute geht es um das Wozu. Was brauche ich wozu. Wenn Inhalte falsch angewandt werden, können sie mehr kaputt machen als dienlich sein.

Die Wirtschaftskrise belegt, wozu bestausgebildete Menschen in der Lage sind, wenn Ökonomie ohne Werte vermittelt wird. Die Kommentare und Interviews, die in dieser Zeit in den

Medien erschienen, zeigen, dass die meisten Professoren an den Hochschulen weiterhin nicht verstehen, dass Ökonomie nicht eine wertfreie Wissenschaft sein kann und dass es im Grunde um den Menschen geht. Der menschliche Aspekt der Wirtschaftswissenschaften ist immer vorhanden, entweder als Gier, Wunsch, mehr zu haben als andere, Erfolg zu haben, was heißt, sich mit anderen zu vergleichen. Dazu braucht es immer den erfolglosen Mitmenschen. Bestimmend für die Ökonomie der Moderne ist das Menschenbild. Weiterhin ist der normale Bürger in Mitteleuropa davon überzeugt, dass er im Grunde von Geburt an dumm und schlecht ist. Nicht anders kann man sich erklären, warum jedes Kind Förderungen braucht, Mütter ständig ihre Kinder vergleichen, darauf achten, dass es in der vorgegebenen Norm bleibt.

Die Auswirkungen sind bis heute in der wissenschaftlichen Betrachtungsweise aller Fachbereiche zu sehen. Man geht davon aus, dass der Mensch an sich nicht zu Erkenntnis fähig ist, dass er von Grund auf dumm ist, lebensuntüchtig. Deshalb braucht es Schule, und dies ist ein Argument für den Zwang gegenüber Eltern, Kinder in die Schule zu schicken, gleich, wie diese beschaffen ist. Auch wenn die Eltern den Eindruck haben, dass diese konkrete Situation dem eigenen Kind mehr schadet als nützt, werden sie nicht in der Lage sein, einen Nachweis darüber zu erbringen.

**Wettbewerb und Konkurrenz: Kriegszeiten**
Wer es noch nicht mitbekommen hat: Wir leben in Kriegszeiten, allerdings nicht von Völkern gegeneinander, sondern von jedem gegen jeden. Schon in der Grundschule werden Kinder trainiert im richtigen Denken: Wünsche werden programmiert Richtung Eigennutz, Vorteil haben, Konkurrenz. Ich muss besser sein, der andere soll schlechter sein. Ich werde ihm nicht helfen, ich darf ihm nicht helfen. Nicht Selbstachtung steht im Vordergrund, sondern die Macht des Faktischen. Lehrer sind vielleicht lieb und nett. Aber dann machen sie Druck, der Stoff muss

durchgenommen werden. Gewalt greift um sich. Kinder haben keine Alternative, als sich zu beugen oder zu verweigern. Ein Nein wird nicht akzeptiert. Da hört die Nettigkeit auf. Priorität hat die Macht, nicht das Verständnis. Hier beugt sich die Pädagogik den Strukturen, der Lehrer wider besseres pädagogisches Wissen dem Diktat des Kultusministeriums. Kinder lernen, sich selbst zu zwingen. Sie versuchen es mit allen Mitteln, da der Lehrer ja nett ist und man ihm einen Gefallen tun will. Wenn auch die Mutter vom Kind verlangt, gute Noten zu haben, wird sich das Kind verbiegen, bis es ihm gelingt. Da aber die Noten ja nicht vom Kind gemacht werden, sondern die Institution der Schule eine Notenverteilung festlegt, die gute und schlechte Schüler darstellen soll, wird so manches Kind durch die Dauerfrustration zur Verzweiflung gebracht. Diese Negativerfahrungen führen zu einem geringen Selbstbewusstsein und niedriger Selbstwirksamkeitserwartung mit der Folge, im Leben weniger oder keine Chancen nutzen zu können. Nicht der Stoff ist das, was über die Schulzeit hinaus nachhaltig wirkt. Es ist das soziale Lernen, das sich positiv oder negativ auf das ganze Leben auswirkt. In unserer Gesellschaft gibt es keine Alternative. Niemand gibt dem Kind eine Wahl. Es muss das tun, was verlangt wird, auch wenn es das nicht kann.

Wenn die Forderung Priorität hat vor der menschlichen Liebe und Wertschätzung, bleibt nur Gelingen oder Tod. Dies ist der Krieg, den Kinder täglich führen. Tod bedeutet, dass ein Kind sich aufgibt, da es die Forderungen nicht erfüllt. Es ist sein psychischer Tod. Ab jetzt wird es nur noch funktionieren. Das verleugnete Leben wird sich bei ihm äußern in Verhaltensschwierigkeiten und Krankheiten. Für sein weiteres Leben wird es unfähig sein, eigene Entscheidungen zu treffen und Verantwortung zu tragen. Diesen Kampf fechten Kinder tagtäglich aus.

Warum eigentlich ist man der Ansicht, dass Eltern kein Bildungsprogramm vermitteln? Wie kommt man eigentlich dazu? Woher kommt das?

Türkische Mütter in Deutschland bemühen sich darum, dass ihre Kinder hier deutsch aufwachsen. Zugleich geben sie ihre eigene Kultur nicht mehr weiter. Ihre Kinder können weder Türkisch lesen, kennen keine Lieder mehr, keine Tänze. Sollen sie später, so wie wir, in der VHS Flamenco und Tai-Chi, in Kursen ihre eigenen Tänze lernen? Warum erhalten wir Fähigkeiten, Kulturen nicht, wenn sie noch da sind. Muss erst alles zerstört werden, damit man erkennt, was man verloren hat, und dies nachher wieder mühsam und kostenintensiv renaturiert wie die Bäche, die durch die Dörfer fließen, zuerst eingerohrt unterirdisch, dann wieder mäandernd?

### Chancen für Arbeit und Beschäftigung in der Moderne

Wenn es in den anderen Ländern unsere Verhältnisse gäbe, würden wir nur mehr von dem leben, was auf unseren Äckern wächst. Und das ohne Sojazufütterung für unsere Schweine und unser Geflügel. Denn die Löhne wären nicht zu bezahlen. Nur: Bei uns gäbe es wieder genug Arbeit! Es gäbe auch wieder einfache Arbeiten. Die Firmen würden hierbleiben, sich allerdings verkleinern, da der Export wegfallen würde.

Auch bei uns leben Menschen auf diese Weise. Für die Allgemeinheit teuer erkauft, leben Menschen von Sozialhilfe. Bisher geleugnet, ist inzwischen auch bei uns für arbeitswillige, gut ausgebildete Menschen eine für sie untragbare Situation, wenn Lebensvorstellungen nicht erfüllbar sind. Der Staat und die Öffentlichkeit beharren weiter auf einem Lebensmodell, das für einen bestimmten Teil der Bevölkerung nicht mehr zutreffend sein kann. Hier das Beispiel von einer Frau und ihren sieben, inzwischen zum Großteil erwachsenen Kindern. Was machen diese beruflich?

- Tanja, 36 Jahre, die Älteste, ist angestellt im öffentlichen Dienst.
- Thomas, 33 Jahre, hat einen Abschluss als Architekt, ist seit 4 Jahren arbeitslos.

- Karl, 31 Jahre, studierte Informatik, machte vor einem Jahr seinen Doktor, wurde arbeitslos auf Grund der Streichung von Forschungsgeldern, sucht eine neue Arbeit, inzwischen beschäftigt bei einer Zeitarbeitsfirma.
- Norbert, 29 Jahre, studierte Informatik, machte eben den Abschluss. Da er keine Stelle fand, studiert er weiter zum Master. Er arbeitet nebenbei bei einer Firma, die den Lohn nur verspätet auszahlen kann.
- Michael, 25 Jahre, studiert Maschinenbau. Er suchte nach einer Praktikumsstelle, ohne Erfolg.
- Peter, 19 Jahre, machte eine Lehre bei der Bahn, wurde nicht übernommen. Er sieht als einzige Möglichkeit, weiter auf die Schule zu gehen.
- Maria, 16 Jahre, beginnt gerade die Ausbildung an der Musikfachschule.

Eltern mit ein bis zwei Kindern können den Eindruck gewinnen, nur bei ihnen gibt es Probleme mit dem Einstieg ihrer Kinder in den Beruf. Sie sehen ihren Fall als Einzelfall an, in der Meinung, im Allgemeinen ist bei anderen alles anders und besser. Im hier beschriebenen Fall kann man dies so nicht mehr sagen. Das Argument, dass durch eine bessere Ausbildung und höhere Qualifikation eine berufliche Tätigkeit eher zu erringen ist, erweist sich als nicht stichhaltig. Die Chancen werden immer weniger für die vielen, die sie suchen. Zwischen denen, die eine Anstellung haben, und denen, die auch gut ausgebildet, aber ohne Erwerbsarbeit sind, bildet sich eine neue Kampflinie. Die neue Intelligenz hängt dazwischen: Wofür studieren, wenn ich sowieso keine Chance bekomme …, aber warum nicht studieren, wenn ich momentan sowieso keine Chance habe? Chancenlosigkeit trifft heute Menschen mit und ohne Ausbildung. Bisher befasst sich anscheinend niemand mit den Strukturen, die so viel Frust bringen und Geld kosten. Es geht nichts daran vorbei, eine gerechte Verteilung von Lohnarbeit ist nötig!

### Zugang zu Ressourcen der Grundversorgung und der sozialkulturellen Evolution

Die Antwort des Staates auf die Forderung des Bürgers nach Grundversorgung sind finanzielle Hilfen sowie Arbeitsmöglichkeiten in Form von Lohnarbeit. Erst wenn man sich genug Geld angespart hat, hat man über den Ankauf von Grund und Gütern, wie einer Wohnung, das Recht auf die Nutzung von Grund und Boden. Da die Einkommensverteilung nicht gleich ist und die Chance, eine entsprechende Arbeit zu finden, von den sozialen Strukturen abhängt, wird eine soziale Schicht erzeugt und gesellschaftlich erhalten, die besitzlos ist und die Besitzenden durch ihre Mietzahlungen ernährt. Dazu zählen auch alle, die ihr Haus noch abzahlen. Es gibt bei uns kein Recht auf Wohnung oder die Benutzung von Grund, um sich selber Gemüse anzubauen. Alles ist zunächst an Geld gebunden. Es gibt noch den Begriff des Gemeingutes, das die, die am Ort wohnen, nutzen können. Dies würde Teilhabe erklären und mit Sinn füllen. Susanne Elsen spricht von dem Recht auf Teilhabe am Erbe der Natur und der sozialkulturellen Evolution. Es kann nicht sein, dass Ernährungsgewohnheiten und Anbaumethoden zerstört werden dürfen, indem man ortsangepasste Gemüsesorten verbietet und alles vereinheitlicht. Die Art und Weise, mit Feldfrüchten umzugehen, gehört zur kulturellen Eigenart und Lebensweise, die geschützt werden muss.

Menschen muss das Recht zugestanden werden, so viel Grund zu haben, dass sie sich und ihre Familien ernähren können, Zugang zu Wasser und die Möglichkeit, Energiesysteme einzurichten. Dies muss unabhängig von finanzwirtschaftlichen Abläufen für alle möglich sein. Die eigenständige Erwirtschaftung und Herstellung ist Arbeit, die jedem zur Verfügung steht. Dies müsste man als das Recht auf Arbeit verstehen.

### Solidarität (Brüderlichkeit)

Das Grundgesetz spricht hier von Versammlungsfreiheit, Vereinigungsfreiheit sowie vom Asylrecht. Allerdings geht es beim Begriff

Solidarität eigentlich darum, in Gemeinschaft zu leben. Dies ist nur möglich, wenn ein gemeinsames Eigentum vorhanden ist. Es gibt keine echte Gemeinschaft ohne gemeinsames Eigentum in Form von Nutzungsrechten. Gemeineigentum gibt es seit alters her in den politischen Gemeinden, die öffentlichen Raum für ihre Bürger für eine bestimmte gemeinsame Nutzung zur Verfügung stellen können. Grundsätzlich besteht auch die rechtliche Möglichkeit, Güter wie Grund und Boden, Naturschätze und Produktionsmittel zu vergesellschaften.

Geschichtlich wurde bei uns Gemeineigentum in der Vergangenheit immer mehr aufgelöst, sodass schließlich heute nur mehr das Privateigentum sowie Firmeneigentum übrig bleiben. Durch die Auseinandersetzung zwischen Kapitalismus und Kommunismus wurden alle Ansätze zur Sozialisierung von Eigentum als sozialistisch gebrandmarkt und als eine Einengung von persönlicher Freiheit strikt abgelehnt. Damit einher ging die Zerschlagung des persönlichen sozialen Netzes und damit der grundlegenden Selbstorganisationsstruktur des Individuums. Solidarität ist in der modernen Gesellschaft praktisch nicht mehr vorhanden. Dass damit ein wichtiges Prinzip für die Existenz von Demokratie verlorengegangen ist, wird politisch zwar bejammert, aber in seiner Tragweite nicht erfasst. Jedes politische Handeln fußt auf einer Kultur der Diskussion und Auseinandersetzung mit anderen Menschen über Lebensbedingungen und äußere Strukturen. Dafür braucht es die gemeinsame Reflexion mit dem Ziel von Verstehen und Veränderung. Ohne Gemeineigentum, ohne gemeinsame materielle Grundlagen fühlen sich Menschen nicht verbunden mit dem anderen, sehen es nicht als ihre Aufgabe an, sich gegenseitig zu unterstützen. Verlorengegangen ist die Erfahrung, dieselbe Situation zu erleben und sie ändern zu können. Inzwischen hat sich der Mechanismus der Individualisierung durchgesetzt. Der Single fühlt sich nur verpflichtet, sich um seine individuellen Angelegenheiten zu kümmern. Für alles andere wird selbstverständlich erwartet, dass es eine staatliche

Stelle gibt, die sich dafür als zuständig ansieht. Auf diese Weise entsteht unsere moderne Armut. Niemals käme ein Nachbar z. B. darauf, seinen eigenen ungenutzten Garten zur Benutzung zur Verfügung zu stellen, dem Nachbarkind ein Mittagessen zu kochen, wenn die alleinerziehende Mutter später von der Arbeit kommt, oder seine Hilfe anzubieten, wenn er sieht, dass ein alter Mensch nicht zurechtkommt. Ratschläge kann bei uns jeder als Antwort bekommen, konkrete Hilfe nicht. So erfährt er, dass er einen Antrag stellen kann oder dass die Pfarrgemeinde ehrenamtliche Besuchsdienste hat. Was wirklich fehlt in unserem Grundgesetz, ist die Betonung des Miteinander, die Pflicht des Staates, die gegenseitige Selbsthilfe zu fördern, und das Verbot, nachbarschaftliche familiäre Strukturen zu zerstören.

Der im Grundgesetz benannte Schutz von Ehe und Familie hat sich im Alltag zu seinem Gegenteil entwickelt, mit der Folge geringer Kinderzahl und der Weigerung von immer mehr Menschen, ihre alten Eltern zu versorgen. Der Staat wird's schon regeln!

### Multikulti ade

Das Thema Migration ist heute ein Schwerpunkt in den Medien und in der Politik. Aber wie geht es den Menschen, die hierher nach Deutschland kommen? Das System beherrscht jeden, der in seinen Herrschaftsbereich kommt. In dem Moment, in dem ein Ausländer aus einem nicht entwickelten Land zu uns kommt, beginnt der Prozess der Angleichung. Da muss keiner, angefangen von Sarrazin bis zum katholischen Bischof, Angst haben, dass Integration ausbleibt.

In einer modernen Gesellschaft ist es nicht mehr möglich, was Deutsche aus Pommern noch heute in Brasilien schaffen: Seit Jahrzehnten ein eigenes Dorf nach deutschem Vorbild zu bewahren. Auch in Peru gibt es ein Tal, in dem Tiroler seit einem halben Jahrhundert alles detailgetreu wie in der Heimat erhalten. Überall dasselbe: Die Frauen der ersten Generation können nicht oder kaum die Sprache des jeweiligen Landes, so wie bei uns die türkischen Frauen auch. Die Enkel der Einwanderer sprechen die Landessprache, aber nicht mehr die Sprache des Herkunftslandes. Integriert wird bei uns nicht in die deutsche Kultur, schon gar nicht in die christliche. Bei der Diskussion zum Thema Migration hält man sich leider an Nebenschauplätzen auf, denn unsere deutsche Kultur war schon immer vielfältig. Deutschland besteht aus verschiedenen Völkern, unterscheidet sich besonders in den Volksbräuchen regional sehr und bildet Parallelgesellschaften zur sich selbst als besonders kultiviert bezeichnenden Oberschicht. Heißt Integration, Mitglied im regionalen Schützenverband oder in der Soldatenkameradschaft zu sein? Sind nicht das eigentlich die zu kritisierenden Parallelgesellschaften?

Traditionell gab es in Deutschland wie im ganzen Europa feudale Strukturen, die sich jetzt fortgesetzt haben. Die Besitzenden, heute Finanzkräftigen, hatten schon immer die Macht. Die sogenannte deutsche Kultur ist nicht mehr als Lokalkolorit für Touristen aus Übersee. Vom ehemaligen mittelalterlichen christlichen Abendland als einem Königtum von Gottes Gnaden, von Hexenverfolgungen und Kreuzzügen ist glücklicherweise nicht viel mehr übriggeblieben als eine Erinnerung. Das eigentliche Christentum war noch nie abendländisch. Auf dem Weg nach Norden verlor es seine entscheidenden Charakteristika, die da sind Nächstenliebe und die Botschaft der Erlösung für alle, die an Gott glauben. Das jedoch ist genau das, woran es dem modernen Menschen mangelt: Er glaubt nicht an einen Gott, sondern an die Supermarktkette und an den Stromanbieter. In Zeiten von Arbeitslosigkeit, im Alter und in Not hofft er auf den Sozialstaat. Er liebt sich selbst, sorgt sich um sich selbst, pflegt sich selbst, bildet sich und kämpft um gute Noten und beruflichen Aufstieg im Sinne der Konkurrenz der Wettbewerbsgesellschaft.

Die Aufständischen in Nordafrika im Frühjahr 2011 wollen eben auch alle dieses: Einen Arbeitsplatz, die Krankenversicherung, Geld, um sich all die Waren in den Einkaufsparadiesen kaufen zu können und vor den anderen gut dazustehen. Dabei sind sie der Meinung, sie könnten ihre Religion behalten! Weit gefehlt, kein Problem! Niemand muss sich Sorgen machen darum, dass der Islam zu stark werden könnte! In christlichen wie in islamischen Kirchen in modernen Gesellschaften sitzen nur mehr die alten Frauen, denn schon längst gibt es einen neuen Glauben und einen neuen Gott. Die Kanzeln sind die Computer, die neuen Rituale das Einkaufengehen, statt fünfmaligem Gebet geht der Blick abwechselnd in den Geldbeutel, auf den Kontostand. Die Gebetsrichtung ist dorthin im Wohnzimmer, wo der Flachbildschirm steht. Das gemeinsame Mekka aller Religionen ist Disneyland und als Glaubensbekenntnis betont man das allein selig machende Gesetz der freien Marktwirtschaft und des Konsums.

Die Tragik ist, dass Zuwanderer voller Enthusiasmus mit ihrer Großfamilie nach Deutschland einreisen, wo dies auf Grund deutscher Herkunft möglich ist. Nach einigen Jahren des solidarischen Sparens und gegenseitigen Unterstützens jedoch lösen sich die Heranwachsenden aus dem Familienkreis. Der Prozess der Individualisierung beginnt und damit die Angleichung an die hiesige Umwelt. Der Rückhalt, den die Großfamilie ursprünglich gab, verliert sich parallel mit den Konflikten zwischen Lebenswelten, denn die neue Welt bietet Freiheiten, die manchen Vorstellungen der Herkunftsfamilie widersprechen. Da sich der junge Erwachsene auf Grund des eigenen finanziellen Einkommens nicht genötigt sieht, zurückzustecken, löst er sich zusehends mehr aus dem Familiengefüge. Besonders Männern fällt es schwer, ohne die ständigen Ermahnungen von Seiten der eigenen Mutter und Tanten einen soliden Lebensstil zu entwickeln. Die theoretische Freiheit in unserem Land erfordert ein Bewusstsein für Verantwortung und die Folgen des eigenen Verhaltens. Für Menschen, die bisher unter starker Kontrolle einer weitläufigen Familie gelebt haben, bedeutet Individualisierung, sich nach spontanen Impulsen verhalten zu können, da ihnen niemand Vorhaltungen macht. Das ist auch der Grund, warum viele Ehen zwischen Deutschen und Ausländern wieder zerbrechen.

Es ist schlichtweg unmöglich, die eigene Kultur in einer freien Gesellschaft zu bewahren, da die eigenen Kinder in diese andere Gesellschaft hineinwachsen. Erst wo Kinder ein Bewusstsein erlangen von der eigenen Aufgabe, selber Verantwortung zu übernehmen, können sie aus alten und neuen Werten für sich einen sinnvollen Mix gestalten. Diese Aufgabe haben alle Menschen, die in der modernen Gesellschaft aufwachsen, unabhängig von ihrer Herkunft. Wir alle kommen aus einer Vergangenheit und waren in bestimmten Traditionen verhaftet. Diese bestand aus Regeln und Geboten, denen der Mensch unterworfen war, ohne dass er die Möglichkeit hatte, etwas zu ändern.

Die Zeiten sind für alle Menschen auf der Erde reif, selber Verantwortung zu übernehmen, die alten Gesetze auf den Prüfstand zu stellen und frei zu entscheiden, in Anbetracht der Notwendigkeiten und Vorstellungen von einer friedvollen harmonischen Welt, dem, was dem Zusammenleben der Menschen auf der Erde mit der Natur dient.

Begegnungen zwischen Kulturen
Solange jedes Volk sein Stammesgebiet hat, gibt es keine großen Streitigkeiten und Schwierigkeiten. Unsere globale Ausbreitung durch die zunehmende Mobilität bewirkt das Zusammentreffen unterschiedlicher Kulturen, Lebensweisen, Vorstellungen. Heute überlagern sich die verschiedenen Bereiche, zusätzlich versucht die jeweilige Religion, einen Rahmen zu gestalten, Normen zu etablieren. Ein Nebeneinander von Vorstellungen ergibt sich. Menschen können nur miteinander kommunizieren, wenn sie sich einerseits auf gemeinsame Grundlagen beziehen können, zum Zweiten, wenn sie sich in den anderen einfühlen, um Unterschiede feststellen zu können. Dazu bedarf es einer menschlichen Grundhaltung.

Es gibt fünf Gründe, die Menschen motiviert, auf andere zuzugehen:
- Traditionen in Form von Gastfreundschaft,

- Berechnung, die Vorstellung, einen Gewinn von dem neuen Kontakt zu haben,
- Notsituation,
- Altruismus,
- Neugier.

Was nichts kostet, ist nichts wert! Ein schöner Kirchplatz in einem kleinen Dorf mit zwei großen Bäumen war von einem auf den anderen Tag zerstört. Die Bäume weg. Nach zwei Jahren die Diskussion, Entscheidung, der Kirchplatz solle gestaltet werden. Das Dorf hat zwar Schulden, aber es gibt Zuschüsse, große Bauarbeiten rücken an ... Am Ende, nach mehreren Monaten Umleitung, ist kaum etwas zu bemerken außer der frisch geteerten Straße. War das wirklich nötig? Es sind unsere Steuergelder!

Einige Indianer in Nordamerika haben es geschafft. Sie sitzen in den entscheidenden Gremien und entscheiden mit über das Schicksal ihres Volkes. Sie wurden Rechtsanwälte, absolvierten Hochschulen, um an die politischen Steuerungen zu kommen. Aber, der Weg durch die Institutionen ist lang und hart. Währenddessen lebt der Großteil ihrer Stammesbrüder und -schwestern in Reservaten ohne Sinn und Ziel. Die Lebensart des weißen Mannes nahmen sie an: Fernsehen und Alkohol trinken, Einkaufen im Supermarkt. Die Jugendlichen werden gewalttätig.

Süd- und nordamerikanische Ureinwohner haben sich in Verbänden zusammengeschlossen. Sie diskutieren diese Probleme. Sie haben erreicht, dass anerkannt wird, dass es auch eine andere Lebensweise gibt als die moderne. Sie können belegen, dass das Kriterium der Nachhaltigkeit bei ihrem Lebensstil zu 100 % erreicht wird. Sie weisen darauf hin, dass die meisten Nahrungspflanzen das Ergebnis der jahrtausendealten Züchtungen ihrer Bauern sind: die Kartoffel in Peru, der Mais in Mexiko. Sie verfügen über das pharmazeutische Wissen der Ethnomedizin, das Mittel für alle regionalen Krankheiten kennt, und sind bereit, ihr Wissen zu teilen. Ihre Art und Weise von Zusammenarbeit gebietet es jedoch, ihr Wissen nur an Menschen weiterzugeben, die ohne Profitinteressen zum Wohl aller Notleidender handeln. Leider machten viele Urwaldschamanen sehr negative Erfahrungen mit Ausländern. Diese sehen den Dschungel und dessen Bewohner weiterhin als Ressource und benutzbare Reserve, die man einfach für sich nehmen und benutzen kann nach eigenem Gutdünken. Dieses imperialistische Gebaren zeigt nur, wie unmoralisch die moderne Welt ist. Wären in all diesen Ländern demokratische Verhältnisse so wie bei uns, so würden wir für jede Kartoffel, jede Tomate, jedes Maisprodukt Anteile an mittel- und südamerikanische Staaten zahlen. Deutschland würde für jedes Brot an den Nahen Osten zahlen. Die Kosten für Medikamente wären unbezahlbar.

## Die Rückentwicklung der Persönlichkeit

*»Das Nützlichkeitsdenken hat wohl zu gewaltigen technischen Triumphen geführt. Aber diese Triumphe werden zu ebenso vielen Niederlagen, wenn das Zweckdenken alle Erlebnisbereiche überflutet und die Ehrfurcht vor dem Höheren hinwegschwemmt; wenn es dazu führt, dass der Mensch sein eigenstes Wesen verfehlt und nur Unwesentlichem lebt, wenn das Opfer, das einer solchen Technik als Spende auf den Altar gelegt werden muss, die Erosion der Persönlichkeit ist. Woher kommen die Millionen Nullen, die die Masse bilden? Wie viele Persönlichkeitswerte mussten hier erst gleichgeschaltet werden? Ein Prozess, dem der technisch infiltrierte Wesenskern des Menschen nur noch schwer Widerstand zu leisten vermag.*
*Was auf dem Fließband liegt, wird genormt. Selbst zum Objekt zu werden auf solchem Fließband, wird heute von der Masse ohne Seelennot akzeptiert.«*

(Demoll 1960: 7)

Der moderne Privatmensch hat sich zum Konsumenten entwickelt. Praktisches Wissen ist nicht wirtschaftsfördernd. Die Konsequenzen sind fatal. Das hier Beschriebene legt nahe, eine Verbildung und zunehmende Unbildung des modernen Menschen anzunehmen. Folgende Anzeichen sind dafür hinweisend.

**Der Verlust des natürlichen persönlichen Lebensumfelds**
Die direkte Umgebung des Wohnumfelds ist geprägt von Straßen, Straßenrändern, an denen regelmäßig alles, was wächst, abgeholzt oder gemäht wird. Da der moderne Bürger hauptsächlich auf Straßen unterwegs ist, ist die Umgebung von Straßen der einzige tägliche Kontakt zur Natur.

Der heute geltende Jugendwahn ist in allen Bereichen zu finden. Deutlich wird hier die Lebenseinstellung des modernen Menschen am Beispiel Baum und Natur. Verjüngung ist angesagt und an sich schon genug Argument. Er ist sogar im Bereich der Waldwirtschaft anzutreffen, besonders im Umgang mit Bäumen. Man kann viele Kilometer fahren, ohne einen großen stattlichen Baum in freier Landschaft oder im Wald anzutreffen. Man hat den Eindruck, die Besitzer beobachten akribisch das Dickenwachstum ihrer Bäume und zack, schon sind sie weg. Auf Nachfragen bekommt man die Antwort: Der ist ja schon alt oder der ist krank oder das wirtschaftliche Argument, er sei hiebreif. Dabei werden die Kriterien immer mehr heruntergeschraubt. Wo früher eine Buche mit 80 Jahren umgeschnitten wurde, wird sie es heute mit 40. Übersehen wird, dass das alles Auswirkungen hat auf den Menschen und sein Bild von Natur. Menschen bekommen dann einen Eindruck davon, wie ein Baum aussieht, auszusehen hat. Wo eine Ansammlung von nur lauter Stangerln von 10 bis 20 cm Durchmesser den Namen Wald bekommen, muss man sich nicht wundern, dass niemand mehr in die Natur hinausgeht. Auch hat niemand Interesse daran, dass er bei einem Spaziergang plötzlich auf die Verwüstung einer vollständig gerodeten Fläche stößt. Wer das einmal erlebt hat, lässt die Ausflüge sein in die sogenannte

Natur, die augenscheinlich als reiner Nutzwald missbraucht wird. Inzwischen sind bezüglich Natur die Wirtschaftlichkeit und Verwertbarkeit oberste Maxime, und es erhalten diejenigen das meiste Gehör, die wirtschaftliche Macht verbreiten. So werden Erholungsräume um Städte reduziert und industriell überfrachtet. Dass dies Stresspotential birgt in einer Zeit, in der jede Minute kostbar ist, in der Mensch Mensch sein kann, wird übersehen. Zum Menschen gehören die Zeit und das Alter. In der Naturbegegnung ist einer der wichtigsten Faktoren der große stattliche Baum. Es ist der erwachsene Baum, der uns schon in unserer Landschaft fehlt. Für den Betrachter erscheint so inzwischen der gerade erwachsene Baum schon als alter Baum, ähnlich wie der fünfzigjährige Arbeitnehmer als alter Mensch angesehen wird.

**Vernichtung von Bildungsräumen durch die Ausräumung familiärer Lebensinhalte**
Das folgende Schema erscheint in diesem Buch drei Mal. Zum einen verdeutlicht es das soziale Netz persönlicher Beziehungen, zum Zweiten den Ersatz durch das Geldsystem und zum Dritten hier im Folgenden die Vernichtung von Bildungsräumen.

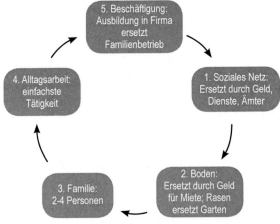

*Schema: Der familiäre Haushalt als Wirtschafts- und Versorgungseinheit*

Lernen geschah ursprünglich im Kreislauf des sozialen Netzes. Alle fünf Bereiche waren Lernfelder, in denen Kinder bis zum Erwachsenenalter alles lernten, was sie für das soziale Miteinander, für das Leben in der Gemeinschaft und die Selbstversorgung mit Grundnahrungsmitteln etc. brauchen. Die Regelschule war eine sinnvolle Ergänzung für Bildungsinhalte, die im Sinne der humanistischen Bildung die Persönlichkeit erweiterte. Heute ist diese Form überholt. Im Falle nötiger Stundenstreichungen im Lehrplan werden heute als Erstes noch immer Haushaltstätigkeiten, Sport und Gartenarbeit beseitigt, obwohl wir die Fähigkeiten aus diesen Bereichen in Zukunft am nötigsten brauchen werden.

Von fünf Lernfeldern wurden vier in die öffentlichen und privaten Bildungsinstitutionen ausgelagert. Die Familie selbst ist dadurch völlig verarmt. Ihr fehlen die sie haltenden Strukturen des sozialen Netzes und der Alltagsarbeit. Ohne diese hat sie zu wenig Kohäsionskräfte und fällt, wie wir erleben, auseinander. In München sind die Hälfte der Haushalte schon Singlehaushalte.

Innerhalb der Kleinfamilie reduziert sich die Komplexität der sozialen Beziehungen. Man muss sich nicht mehr mit den Problemen und Anliegen von mehreren Leuten beschäftigen. Bei zwei Erwachsenen ist es einfacher, den Alltag abzustimmen, auf individuelle Notwendigkeiten einzugehen. Eine Großfamilie ist für das moderne Arbeitsleben einfach unpraktisch und inkompatibel. Im modernen Kleinfamilienhaushalt sind die ehemals festen sozialen Strukturen, Rituale, Feste überflüssig oder auf Grund der Entfernung unmöglich einzuhalten. Das Gefühl von gegenseitigen sozialen Verpflichtungen geht dadurch verloren. Dies ermöglicht für den Bürger zunehmend Flexibilität für die Erfordernisse von Arbeitsstellen und Arbeitsamt.

Störend sind hier weiterhin die Kinder. Übereinstimmend sehen hier Regierungen der EU die geeigneten Maßnahmen in ganztägiger Kinderbetreuung, da dies langfristig immer noch billiger ist als die gut ausgebildete Mutter zu Hause. Dass dies

Folgen hat, wird übersehen. Kritik wird weiterhin an den Eltern geübt, da erwartet wird, dass die ursprünglichen Aufgaben von Familie, wie z. B. soziale Kompetenzen, trotz mangelnder Zeit und Möglichkeiten weitervermittelt werden. Das ist nicht möglich in einer Alltagsstruktur, in der sich Vater und Kinder abends beim Abendessen für eine Stunde sehen, ansonsten meist die Mutter wegen ihrer Teilzeitbeschäftigung nachmittags zu Hause, für die Organisation des Haushalts und der Familie zuständig ist. Die Allzeitservicestruktur verhärtet die Rollenzuweisung an eine Mutter, die für das perfekte Abendessen zu sorgen hat, was z. B. in Frankreich bedeutet, dass es Vorspeise mit verschiedenen speziellen Salaten, ein französisches Gourmet-Hauptgericht mit Nachspeise geben muss, da es zum Standard gehört. Mit aller Macht wird von Familien versucht, noch ein wenig Kultur beizubehalten, auf Kosten einer völlig überarbeiteten weiblichen Familienverantwortlichen, die mit 50 Jahren schon chronisch krank ist und nur noch mit Hilfe aller Methoden der modernen Medizin durchhält. Sie selber kommt zuletzt. Eine Tradition, die Frauen seit Jahrhunderten verfolgt, an die sie glauben, der alle emanzipatorischen Bewegungen nichts haben anhaben können. In dem Augenblick, in dem die Frau schwanger wird, aktualisiert sich ein soziales Gen, das die Familienangehörigen in den zentralen Blickpunkt der werdenden Mutter erhebt und sie selber als verantwortlich für das Wohlergehen bestimmt, wobei sie selber zurücksteckt. Diese Norm ist mitteleuropäisch und völlig unbekannt in allen anderen Ländern. Es ist eine Lebensvorstellung, die aus vergangener Not erwuchs, und ein Zeichen von sozialer Not. Heute fußt der Großteil des wirtschaftlichen Erfolges in Deutschland auf dieser Bereitschaft der deutschen Mütter, zurückzustecken.

Der Bumerang kam schon vor 20 Jahren, als Frau nicht mehr bereit war, sich zu opfern, und Familienplanung als Verhütung nutzte. Trotzdem ist die Einstellung noch allgemein verbreitet, dass Kinder Opfer bedeuten, eine Vorstellung, die z. B. jeder

Peruanerin völlig fremd ist. Kinder sind Freude, auch wenn die materielle Situation völlig unpassend ist.

**Die Verarmung der Alltagswelt**
Die moderne Lebensweise führt dazu, dass viele der Fähigkeiten, die der Mensch in früheren Zeiten entwickelte, nicht mehr gepflegt und gefördert werden:

Soziale Kompetenzen innerhalb der Familie, die innerhalb einer Gruppe von Menschen eingeübt werden.

Zubereitung der Nahrung. Der Zeitmangel führt dazu, dass in der Familie Fertigkost verwendet wird. In Schränken und Kühlschränken sind Lebensmittel nur in Verpackungen zu finden. Kinder sind nicht in der Lage, frisches Gemüse zu handhaben. Der Bezug zur Ernährung geht vollkommen verloren. Der Unterschied zwischen Lebens- und Nahrungsmitteln ist inzwischen unbekannt.

Herstellung der Nahrung. Gärten sind oft nur mehr Hobby, keine Notwendigkeit. Damit verlieren sich die Fähigkeiten, selber Nahrung zu produzieren und haltbar zu machen. Kinder wissen nicht mehr, wo Früchte, Gemüse herkommen, wie die Pflanze aussieht, von der sie stammen. Sie verlernen Techniken des Anbaus, Wissen über Fruchtbarkeit, Erde.

Alltagstechniken von Herstellung und Reparatur in Haus und Garten. Überall kann man sehen, wie sich alte, früher noch funktionierende Strukturen immer noch zurückentwickeln. Ein Beispiel ist die traurige Veränderung, die eine alte Siedlung in Garching an der Alz bisher erleiden musste. Berühmt ist sie als gartenstädtische Siedlung des Berliner Architekten Otto Rudolf Salvisberg.

Ursprünglich 1922 von der ortsansässigen Firma für ihre Arbeiter gebaut, hatte das Evangelische Siedlungswerk die Siedlung übernommen, dann im Jahre 2000 abgestoßen, verkauft an einen Großinvestor. Auch die Gemeinde hatte Grund mit einigen Gärten abgekauft und wollte diese als Bauland nutzen. Die Siedlung stand inzwischen unter Denkmalschutz. Dadurch konnte das Vorhaben der Gemeinde nicht umgesetzt werden. Das ursprüngliche Konzept der Firma sah vor, ein Wohnen für eine menschenfreundliche Lebensweise zu ermöglichen, das alle Infrastruktur beinhaltete. Das hieß, dass zu jeder Wohnung ein Garten von circa 130 qm mit Gartenhaus gehörte, mit der ausgewiesenen Absicht, den Familien zu ermöglichen, ihr Gemüse selbst anzubauen und auch Kleinvieh zu halten. Zur Siedlung gehörten eine Schule, eine Turnhalle, verschiedene Läden, wie ein Lebensmittelmarkt und auch Metzger. Leider waren viele Wohnungen sehr klein, an die 45 qm groß, in denen trotzdem oft Familien mit mehreren Kindern lebten. Betagte Bewohner, aber auch türkische Frauen, die seit 30 Jahren hier wohnen, bedauern die Veränderungen und schwärmen von alten Zeiten, von dem Leben, das hier herrschte. Sie beklagen, dass das nachbarschaftliche Zusammenleben sehr gelitten hat, Wohnungen leer stehen, Bewohner einziehen, die nicht auf die Wohnung schauen, und vieles verkommt, weil die zwei angestellten Hausmeister nicht durchkommen. Der neue Besitzer renoviert beim Auszug eines Mieters eine Wohnung nach der anderen, aber das Miteinander geht verloren.

Geht man heute durch die Anlage, wechselt der Charakter der Gärten je nach Interessen und Vorstellungen der Besitzer mit viel Blumen und Gemüse, aber manchmal auch einfach nur genutzt als Naturwohnzimmer zum Treffen und Grillen. Dazwischen liegen immer wieder verlassene Gärten und Häuschen. Ein Haus wurde in Zusammenarbeit mit dem Gartenbauverband renoviert, die anderen sind zum Teil nicht verpachtet. Seit Jahren diskutiert die Gemeinde das Thema und eine mögliche Nutzung. Sie kann sich nicht entschließen, den zu ihr gehörenden Bereich zu renovieren.

Unverständlich ist, dass vor 80 Jahren eine Firma das Wissen darüber hatte, was Menschen, ihre Arbeiter brauchen, und dass diese Firma entsprechend investierte. Was damals überall üblich war, nämlich Werkswohnungen zu bauen und die Infrastruktur zu fördern, ist heute undenkbar. Damals brachten Firmen den

Bewohnern den Wasseranschluss, heute würden sie ihn absperren und teuer verkaufen. Heute ist der Verdienst besser, die Arbeitsschutzbedingungen und Arbeitszeiten auch. Allerdings ist das auch nötig, da inzwischen über Steuern und Abgaben alle Annehmlichkeiten und die Versorgung beim Staat liegen und Familien selber ihren Wohnraum teuer finanzieren müssen. Kann dies alles als Fortschritt angesehen werden? Geht man durch diese Siedlung, so fühlt man sich in eine andere Welt zurückversetzt, die Gärten strahlen in sich Ruhe und Gelassenheit aus. An allen Ecken jedoch sieht man den Verfall, die Vergangenheit, die Auflösung.

Der örtliche Heimatpfleger Herr Helmut Meisl in einem Informationsblatt des Heimatbundes Garching: »Auch wenn sich die sogenannten SKW-Gärten in Garching an der Alz heute teilweise in einem bedenklichen Zustand präsentieren, ist der ursprüngliche Charakter einer ›gartenstädtischen Siedlung‹ noch gewahrt. Der Besucher wird das architektonische Konzept erkennen und dessen Charme durchaus nachempfinden können. Bleibt zu hoffen, dass dieses städtebauliche Potential rechtzeitig erkannt und nicht den Verlockungen kurzfristiger finanzieller Vorteile geopfert wird.«

# Kapitel 2
# Die soziale Unterversorgung des modernen Menschen

## Bindungsverlust durch die Zerstörung der Ordnung von Zeit und Raum

> »Zweifellos droht uns durch den Verfall genetisch verankerten sozialen Verhaltens die Apokalypse, und zwar in einer besonders gräßlichen Form.«
> (Lorenz 1973: 66)

### Lebensmittelpunktverschiebungen

Konrad Lorenz spricht vom Verfall sozialer Verhaltensweisen, wenn äußere Regulatoren, wie bestimmte natürliche Umweltbedingungen, wegfallen. Bei Untersuchungen bei Haustieren, auch bei wildlebenden Fischen, die in Gefangenschaft weitergezüchtet werden, treten oft soziale Störungen auf. Gerade Brutpflegehandlungen können leicht gestört werden mit der Folge, dass die Brut nicht mehr richtig betreut wird. Er behauptet, dass die Domestikation bestimmte instinktive Verhaltensweisen beeinträchtigt. Dazu gehören Mutterliebe wie auch der selbstlose und mutige Einsatz für Familie und Sozietät. (ebenda: 61 f.)

Ursprünglich galt der Wohnort, wo sich alle Familienmitglieder regelmäßig trafen, als Lebensmittelpunkt. Durch die Auflösung der sozialen Netze haben die Partnerschaften zu wenig Halt. Einen Mittelpunkt gibt es nur, wenn mehrere Personen miteinander in regem Kontakt stehen, viel miteinander tun. Dabei muss das Tun mit lebensnotwendigen Bedürfnissen und deren Erfüllung zusammenhängen.

Wo lebensnotwendiges Tun immer mehr von äußeren Anbietern abgedeckt wird, lösen sich die Beziehungen auf. Emotionen können in unserer Realität keine verlässliche, feste Bindung gewähren. Wo der eine den anderen nicht im Alltag braucht, gerät die Beziehung in eine Beliebigkeit. Die Notwendigkeit, Auseinandersetzungen miteinander auszutragen und sich auf den anderen wirklich in seiner Widersprüchlichkeit einzulassen, ist nur gering vorhanden. Unstimmigkeiten können vermieden werden durch Kontaktvermeiden und sporadische Treffen, »nur, wenn es passt«. Wo freundschaftliche Beziehungen bisher auf dieser Basis bestanden, dass man sich nur trifft, wenn jeder Lust darauf hat, so werden sich die Beziehungen zwischen Mann und Frau auch dahingehend entwickeln, dass jeder seine Wohnung und sein Leben unabhängig vom anderen hat, um die Notwendigkeit von Auseinandersetzungen zu vermeiden.

Der frühere Lebensmittelpunkt löst sich auf, wenn er für den Einzelnen immer mehr zu einer hotelähnliche Schlafstätte wird. Für alle Bedürfnisse ist inzwischen gesorgt, Leben gibt es hier nur mehr im Fernseher. Wünscht man mehr Leben, so tritt man einem Fitness- oder Robinsonclub bei.

### Zeitmangel frisst Beziehung

> *»Es gibt Papalagi, die behaupten, sie hätten nie Zeit. Sie laufen kopflos umher, wie vom Aitu Besessene, und wohin sie kommen, machen sie Unheil und Schrecken, weil sie ihre Zeit verloren haben. Diese Besessenheit ist ein schrecklicher Zustand, eine Krankheit, die kein Medizinmann heilen kann, die viele Menschen ansteckt und ins Elend bringt.«*
>
> (Deloria 1977: 62)

Zeit ist das alles strukturierende Moment im modernen Leben. Die Zeit des modernen Menschen ist festgelegt durch Termine. Es gibt keinen Raum für Spontaneität, Unverhofftes. Auf die Frage »Hast du Zeit, können wir uns mal wieder treffen?« gibt es die bestimmenden Äußerungen: »Ich habe keine Zeit, weil ich das und das zu erledigen habe. In dieser Woche geht es gar nicht mehr. Wir müssen einen Termin vereinbaren. Ich kann es noch nicht sagen. Rufen wir uns doch nächste Woche zusammen ...!« Und so weiter! Kennzeichen des modernen Menschen ist, dass er nicht in der Gegenwart, sondern in der Zukunft lebt. Wenn er dies ein Arbeitsleben lang eingeübt hat, bleibt ihm in der Rente nur, an die Vergangenheit zu denken. Er hat verlernt, sein Bewusstsein auf die Gegenwart zu richten. Die Fähigkeit, aufmerksam zu sein ohne Absicht und Ziel, hat er nie gelernt, besser gesagt, sie ist ihm abhandengekommen. Ein Baby an sich lebt ja in der Gegenwart in der Verbindung mit allem, was da ist. Dies gibt ihm Anregungen, Feedback, fordert heraus zu Reaktionen und später als Kleinkind zu Aktionen. So geschieht Lernen. Die Grundlage dafür ist die Beziehung im Jetzt zu allem, was da ist. Ein Leben in der Zukunft, in Planungen, Vorhaben erfordert zunächst den Abbruch der Beziehung zu allem, was jetzt ist, zum Mitmenschen, zu der Pflanze, die mich umgibt, dem Tier. Man klinkt sich aus, verschwindet sozusagen mental aus der Gegenwart. Aber nur im Jetzt ist Beziehung möglich.

Die moderne Gesellschaft schreibt dem Einzelnen nur eine Bedeutung zu, sofern er Leistung erbringt, die finanziell gemessen werden kann. Jede andere Tätigkeit wird vernachlässigt. Der Slogan »Leistung muss sich bezahlt machen« ist ein Schlag gegen jene, die sich tagtäglich für Angehörige engagieren, die unbezahlte Alltagsarbeit machen, also vor allem Frauen. Da ein Tun ohne finanzielle Anbindung Zeit und Engagement benötigt, steht es fortwährend in Konkurrenz zu Zeit und Aufmerksamkeit fressenden Erfordernissen der Erwerbsarbeit. In jedem Augenblick fragt sich der erfolgsorientierte Bürger, ob er sich jetzt dieses Abschweifen der eigenen Aufmerksamkeit leisten kann und antwortet meist darauf mit einem Nein. Nein, es ist noch das und das zu tun, also gibt es jetzt kein Rumhängen, Schmökern, Blödschauen, einfach nur Dasitzen, ohne etwas Bestimmtes zu tun.

Der Erfolg des Fernsehens ist gerade aus dem Grund so immens, weil es sich der Mensch nicht zugesteht, ohne zielgerichtete Konzentration Zeit Zeit sein zu lassen. Die vom Zuschauer unabhängige eigenständige Bildabfolge hat die Funktion eines Mantras, der religiösen Gebetslitaneien übernommen. Nur mittels der Anwesenheit des laufenden Computers oder Fernsehers wird man befreit von der ständigen Mahnung der eigenen Gedanken, die einem das Soll und Muss, die Appelle und Kritiken in Endlosschleife wiederbringen. Das Gehirn ist in ständiger Aktivität. Es ist zweifelsfrei fleißig, unverdrossen aktiv und wiederholt ständig die eigenen Aufträge und vor allem Kritiken über das, was anders werden soll und anzustreben ist. Dass dies in Zukunft, wenn das Gewünschte erreicht ist, dann besser ist, wird kritiklos vorausgesetzt.

**Burnout**
Nach Untersuchungen der AOK sind zwischen 2004 und 2009 die Burnout-Fälle um 800 % gestiegen. Als Hauptgründe werden angegeben Zeitdruck, gefolgt von Stress und Überforderung. Grund dafür wird in der Zunahme der Verdichtung der Arbeit gesehen. Hauptsächlich betroffen sind hier Angestellte der sozialen Dienste, Menschen, die in der Krankenpflege arbeiten, Sozialarbeiter und Callcenter-Mitarbeiter.

Der Mensch der Moderne ist zu jeder Zeit in der Verpflichtung, die Verwendung seiner Zeit zu rechtfertigen. Es sind nicht mehr die Natur in ihren Jahreszeiten, das Wetter oder das Licht, das die Sonne spendet, Bedingungen, die früher für das Verhalten zuständig waren und die Tätigkeit des Alltags bestimmten. Früher waren die Entscheidungsmöglichkeiten weniger. Meist war es klar, dass jetzt, heute, das und das zu tun war.

Auch der Speiseplan war bestimmt vom momentanen Angebot im eigenen Garten. Denn diesen hatte, außer in den Städten, jeder. Einkaufen war eine zusätzliche Möglichkeit, nicht die einzige.

Nein, Fortschritt bedeutet auch, von diesen Bedingungen unabhängig zu sein. Der Mensch errichtete sein eigenes Ordnungssystem, das darauf ausgerichtet ist, sich nicht von der Natur beeinflussen zu lassen. Wenn im Winter so viel Schnee fällt, dass die Schulbusse nicht fahren können, ist das eine Besonderheit, Freude für Kinder, Ärgernis für berufstätige Eltern, Aufgabe, sich noch mehr anzustrengen, für Busunternehmen, Verwaltung, Gemeinden, um dies künftig zu vermeiden. Wichtigstes Ziel ist Planbarkeit, denn nur so kann Fortschritt gemessen, der menschengemachte Maßstab für das Leben aufrechterhalten werden und sich der Mensch beweisen, dass er Herr ist über die Materie, also auch die Natur.

Die Zeitordnung, die Verpflichtungen werden nicht mehr durch die Natur vorgegeben, sondern vom Arbeitgeber, von der Firma, vom Bedarf des Marktes, von den Ansprüchen der Kunden. Vom Wesen her ist der Mensch nicht dazu in der Lage, ständig zu planen, alles im Blick zu haben, alle Auswirkungen und Wechselwirkungen zu übersehen. Die Wissenschaft bemüht sich, die Forschungsgelder nehmen zu, trotzdem geht es ja eigentlich um den Einzelnen in seinem Alltag, nicht um wissenschaftliche Erkenntnisse. In Zeiten des freien Marktes stehen den Menschen viele Möglichkeiten zur Verfügung. Er hat jedoch nicht das Wissen und auch oft nicht die Wahl, z. B. bezüglich der eigenen Ernährung, über das zu entscheiden, was seiner Gesundheit nutzt oder eher schadet. Firmen haben nicht Gesundheit oder Wohlstand des Kunden im Blick, sondern den eigenen Profit. So kam es, dass Nestlé Milchpulver an Arme in Afrika verkaufen konnte, sie dazu brachte, zu glauben, dass das besser sei als die Muttermilch. Momentan geschieht dies zum Thema Wasser.

Die Menge von Möglichkeiten überfordert den Einzelnen in seinem Alltag. Der Mensch ist auf ein Handeln im Rahmen von Beziehungen angewiesen. Das zeichnet gerade Leben aus, dass es immer aus dem Gesamten her agiert. Jede Wildpflanze wächst dort, wo sie durch ihre Umgebung eingeladen ist und in Wechselbeziehung zu ihr steht. Der moderne Lebensalltag zeichnet sich dadurch aus, dass er sich herausgetrennt hat aus dem lebendigen Gefüge. Der moderne Mensch sucht sich dort eine Wohnung, wo er eine Anstellung findet. Er kann überall wohnen, ohne Bezug zur Landschaft, die sein Haus umgibt, zu den Menschen, die seine Nachbarn sind, zu dem Land, der Nation. Das Ideal des modernen Lebens ist die Unabhängigkeit und Selbständigkeit. Im Unterschied zum Nomaden lebt er als Individuum, nicht gebunden an eine Großfamilie oder an ein persönliches soziales Netz.

Als Berufsgruppe sind Pädagogen, vor allem Lehrer, gefährdet, an Burnout zu erkranken. 20 % aller Lehrer in Deutschland gelten als ausgebrannt, weiteren 30 % droht ein Burnout. Jeder zweite geht in Rente, bevor er das entsprechende Alter erreicht hat. (Welt am Sonntag Nr. 21 vom 21. Mai 2011)

An der beruflichen Situation des Lehrers sieht man, dass Vorstellungen, Anforderungen und Aufgaben nicht mit den realen Bedingungen zusammenpassen und Menschen untergehen in einer unmenschlichen Struktur. Schlimm daran ist, dass niemand die Verantwortung dafür übernehmen möchte und dass zugleich Schüler Schäden erleiden durch Lehrer, die ihre Frustrationen tagtäglich ausleben müssen.

## Die Unfähigkeit, sich einzufühlen

Der Neurowissenschaftler Joachim Bauer weist in seinen Forschungen nach, dass Beziehung nur dort möglich ist, wo der Mensch sich in andere einfühlen kann. Dabei reagiert der Mensch nicht nur auf andere Menschen. Einfühlung geschieht nach Bauer bei allen Säugetieren. Es ist eine Art der Wahrnehmung, bei der ein Lebewesen automatisch mitbekommt und damit mitfühlt, wie es dem anderen geht. Joachim Bauer beschreibt, wie Gefühle aktiviert werden, ohne dass der Einzelne dies verhindern kann.

Dagegen ist es nur dem Menschen, nicht dem Tier möglich, seine Aufmerksamkeit so zu steuern, dass er sich nicht mit den Gefühlen des anderen beschäftigen muss. Dies nennt man Selbstkontrolle und man hat es in den vergangenen Jahrhunderten als ein wesentliches Kennzeichen für ein kulturell höher gestelltes Menschsein betrachtet. Am wichtigsten ist einem Staat die Fähigkeit zur Selbstkontrolle, eben das Nichteinfühlen in den anderen leidenden Menschen bei Soldaten sowie beim normalen Bürger, der trotz Drangsal ruhig, besonnen und unbeeindruckt bleiben soll. Unsere Form von Wissenschaft beruht zu einem nicht unwesentlichen Teil auf der unausgesprochenen Übereinkunft, sich nicht einzufühlen. Damit geschieht alle Forschung ohne das dem Menschen natürlich gegebene Wahrnehmungsorgan, das Gefühl, damit verbunden die Empfindung. Erst durch den Verlust der dem Menschen eigenen Fähigkeit konnte die Ratio einen solchen Aufstieg nehmen.

Es ist ein Zeichen einer tiefen persönlichen wie auch gesellschaftlichen Störung, wenn der Mensch als sogenannte Krone der Schöpfung dazu gebracht wird, sich nicht in ein anderes Lebewesen einzufühlen. Die Priorität der Ratio führt dazu, dass sich eine Schwangere durch Argumente des Arztes verunsichern lässt, ihrem eigenen Leib und seiner Fürsorge nicht mehr vertraut und aus Angst eine spezielle Untersuchung machen lässt. Aus rationalen Gründen sind medizinische Vorsorge und Maßnahmen in Ordnung, jedoch nicht durch eine vom Arzt oder durch Pseudoaufklärung induzierte unechte Verunsicherung. Später dann, wenn das Kind da ist, gibt die Mutter dem Druck nach, frühzeitig wieder ihre Arbeit aufzunehmen. Sie fühlt sich gezwungen, ihr Kind in die Krippe oder in den Kindergarten zu geben. Argumente bekommt man zu hören, dass es nicht anders ginge, es nun mal sein müsse etc. Dabei ist weiterhin sie diejenige, die man für diese Entscheidung verantwortlich macht und die sich mit dem schlechten Gewissen herumplagt. Es sind die Normen einer Gesellschaft, die einen bestimmten Lebensstandard vorschreiben, die es einem Vater verbieten, seiner Neigung als Hausmann und Erzieher seiner Kinder nachzugeben und die familiäre Alltagsarbeit der Berufstätigkeit vorzuziehen. Männer überlassen dieses Thema weiterhin der Frau und entziehen sich damit der gesetzmäßig geregelten gleichen Verantwortung. Die durchgängige Berufstätigkeit von Mann und Frau wird in den Medien ständig als normal und erstrebenswert dargestellt mit der gleichzeitigen Forderung nach Krippen- und Kindergartenplätzen. Die Forderung nach Krippen hatte ursprünglich eine andere Grundlage: Es ging darum, Frauen bei einer ungeplanten Schwangerschaft eine Alternative zur Abtreibung bieten zu können. In diesem Zusammenhang haben Krippen ihren Sinn und sind notwendig. Sie sind nicht dafür gedacht, durch zeitliche Freistellung von Eltern der Familie ein Mehreinkommen für das Zweitauto plus Urlaub zu ermöglichen. Hier haben Kinder das Nachsehen. Das soziale Beziehungslernen beginnt damit, dass das einjährige Kind erlebt, wie sich Mutter oder Vater abwendet und es alleinlässt. Es erlebt, wie die Eltern sich weigern, sich einzufühlen, das Leid nicht wahrnehmen, nicht ernst nehmen. Die Grausamkeit, die in dieser Phase Mutter und Kind erleben, ist psychische Gewalt. Erzieherinnen in Krippen schildern dies als dramatische Abläufe tagelangen Weinens und Trauerns, was sich auch über Wochen hinziehen kann, und erleben es als tiefen Missstand, durch den sie sich selber in ihrer beruflichen Tätigkeit in Frage gestellt fühlen. Psychosozial stellt dieses Erlebnis für das Kleinkind eine Grunderfahrung dar, die das Beziehungsverhalten für das weitere Leben grundlegend prägt. Es lernt, dass sachliche Gründe Beziehungen brechen, dass es gegenüber anderen wie auch sich selber gegenüber hart sein muss. Darauf hinweisen muss ich, dass eine solche Zumutung im Verhältnis gesehen werden muss und für Notzeiten angebracht ist. Es kann jedoch nicht sein, dass seelische Grausamkeit zum gesellschaftlichen Standard wird und sich eine solche Gesellschaft nach außen als menschlich und vorbildlich darstellt.

Schon von Anfang an wird der Mensch in unserer Gesellschaft mit Gefühllosigkeit konfrontiert, was dazu führt, dass im Allgemeinen der Deutsche von Angehörigen anderer Länder, besonders von Südamerikanern, als kalt bezeichnet wird. »Los alemanes son frios«, heißt es regelmäßig. Das Nichteinfühltraining ist Teil der schulischen Erziehung, des geheimen Lehrplans in der Regelschule. Kinder sitzen nebeneinander und werden dahingehend trainiert, sich nicht wahrzunehmen, nicht aufeinander zu achten. Das Sein des anderen wird als Störung interpretiert, um die Aufmerksamkeit auf die Lehrkraft zu fokussieren. Selbst das Spüren wird verboten, da der andere ja auf Tuchfühlung sitzt. Für die noch ganzheitlich ausgerichtete Persönlichkeit des kleinen Kindes bedeutet dies einen immensen psychophysischen Stress. So ist es bei uns wirklich möglich, dass ein Schulverweigerer mit Polizeigewalt aus dem Elternhaus abgeholt wird, gegen seinen eigenen Willen und gegen den Willen der Eltern. Dieses Kind erhält damit eine Lektion über die Macht des Gesetzes, die ein psychisches Trauma erzeugen wird und damit sicher sein ganzes Leben bestimmen wird. Sind nicht auch Polizisten irgendwo Menschen und somit persönlich dafür verantwortlich, was sie ausrichten? Heißt Vollzug wirklich, kein Gefühl mehr zu haben und alles zu tun, was angeordnet ist? Das hatten wir doch schon einmal! Schlägt das Schulgesetz das Recht auf Selbstbestimmung? Argumentiert wird rational. Einfühlung gibt es nicht.

Später im Arbeitsleben trainiert man dann, den anderen als Gegner zu sehen, ihn zurückzudrängen, zu mobben, und Chef kann nur werden, wer die wirtschaftlichen Argumente vor menschliche stellt und Mitarbeiter mitleidlos entlassen kann. Niemand darf sich aus diesem Grunde wundern, wenn Menschen bereit sind, gegen andere auch physisch gewalttätig zu werden, denn wir leben in einer Gesellschaft, in der wir einem täglichen Training in psychischer Gewaltduldung ausgesetzt sind. Täglich müssen wir Nachrichten hören, die über Krieg, Verletzung, Tötung, Angriffe berichten, und sehen noch dazu eindrückliche

Bilder. Joachim Bauer wies nach, dass es keinen Unterschied macht, ob wir Ereignissen in unserer Nähe ausgesetzt sind oder diese im Fernsehen sehen. Emotional gesehen macht es keinen Unterschied, ob es dazu irgendwelche Argumente gibt, seien sie gut oder schlecht. Das Leid kommt im Unbewussten an, denn die emotionalen Gehirnregionen arbeiten für sich ungestört und unbeeindruckt. Rationale Argumente und Sichtweisen lenken nur ab. Gewöhnung bedeutet nur, sein Mitfühlen, das jedoch weiterhin geschieht, immer mehr abzugrenzen, sodass es einem nicht mehr bewusst wird. So gelingt es, wenn auch nur oberflächlich, hart zu werden gegenüber den Gefühlen anderer, ihn nicht ernst zu nehmen, das Leid nicht zuzulassen, wegzuschauen. Das war die psychische Grundlage, auf der die Geschehnisse im Dritten Reich passieren konnten …, und wir haben hier noch nicht viel dazugelernt. Noch immer lernen wir, dass Grausamkeit gerechtfertigt sein kann, wenn jemand gute Argumente hat, wie etwa das schon ältere bekannte Experiment zeigt, das an einer Universität in den USA gemacht wurde: Studenten sollten über einen Computer nach bestimmten Kriterien Stromschläge an andere Studenten austeilen, deren Reaktionen sie auch sahen. Natürlich gab es keine echten Stromschläge, die Studenten jedoch waren der Überzeugung, sie würden durch Knopfdruck Stromschläge aktivieren. Die Forschungsleiter waren entsetzt über die Ergebnisse, nach denen die meisten der Studenten relativ unbeeindruckt die Anweisungen befolgt hatten. Dies ist das Ergebnis des hiesigen Sozialisationsprozesses und weist auf die Schatten in unserer sogenannten aufgeklärten Gesellschaft hin.

Die Psychotherapie besagt, dass der Mensch nur dann so handeln kann, wenn er auch sich selber gegenüber ähnlich kalt sein kann. Das bedeutet nicht unbedingt, dass der Mensch als Ganzes keine Gefühle hat, sondern, dass er Bereiche in sich hat, in denen er völlig gefühllos reagieren kann. Bekannt ist dies bei Partnerschaftstrennungen. Wo zu Anfang der Beziehung jeder dem anderen seine ganze Aufmerksamkeit und Liebe gab, kann es sein, dass nach einer Trennung ein Kampf gegeneinander über das Gericht ausgefochten wird mit dem Ziel, dem anderen zu schaden und ihn fertigzumachen. Dann ist plötzlich jeder der Überzeugung, der andere wäre sein Feind und schon immer schlecht gewesen. So ist anzunehmen, dass es in der Psyche eines jeden Menschen Kriegsschauplätze gibt, an die sich selbst der Betroffene nicht gern hinwagt.

Wo die Fähigkeit sich einzufühlen verkümmert ist, fehlt ein Regulativ, ein Wahrnehmungsorgan für andere Lebewesen. Dieses ist jedoch ein wichtiges Beurteilungskriterium für Situationen. Bei uns ist es üblich, Anweisungen zu befolgen. Im beruflichen Bereich gibt es eigentlich kein Gefühl. Der Beruf, die Wirtschaft ist an und für sich ein grundgesetzfreier Raum, eher zu vergleichen mit der früheren Sklaverei. Verlangt wird, Pläne zu erfüllen, sich selbst dahin zu bringen, dies ohne zu viel Murren und Ablehnung zu tun. Der berufliche Umgang mit Lebewesen, sei es Mensch, Tier oder Pflanze, ist normiert, bestimmt von rationalen Erwägungen und Entscheidungen. Die Vorstellungen hinter den Argumenten sind jedoch überhaupt nicht rational. Normalerweise werden die den Maßgaben zugrundeliegenden Prämissen nicht diskutiert, oft nicht einmal wahrgenommen.

So kann man für jede Berufsgruppe aufzeigen, inwieweit sie ihre Angestellten dazu zwingt, unmenschlich und gefühllos zu handeln. Im Beruf der Sozialarbeit z. B. ist es üblich, Sozialarbeiter dort einzustellen, wo Menschen unangenehm auffallen. Der Wunsch der Politiker und wahrscheinlich des Umfelds ist, das auffallende Verhalten zu beseitigen. Dabei geht es nicht darum, den Betroffenen zu verstehen, ernst zu nehmen. Es geht nicht um die Selbstbestimmung dieser Personen, nicht darum, ihre Persönlichkeitsentwicklung zu fördern, damit sie lernen können, ihr Leben selbst in die Hand zu nehmen. Die entsprechenden Personen sollen ihr Verhalten ändern, beruhigt werden, sich eingliedern in allgemeine gesellschaftliche Strukturen. Es geht darum, die als offiziell anerkannte Lebensweise zu verbreiten, andere dazu zu zwingen, diese auch zu übernehmen. Damit werden die Sozialarbeiter jedoch zu sozialen Hilfspolizisten. Sozialarbeiter sind auch keine menschlichen Drogen, die unzufriedene und leidende Zeitgenossen mit schönen beruhigenden Gesprächen und Anträgen einlullen sollen. Es ist nicht Aufgabe der Sozialarbeit, Störungen in der Gesellschaft einfach zu beseitigen, wie ein Arzt zur Beseitigung der Beschwerden ein Medikament gibt. Ein Sozialarbeiter, der die Not des anderen wahrnimmt und sich wirklich Gedanken macht darum, was geschehen müsste, um diesem Menschen zu helfen, wird nicht lange an dieser Arbeitsstelle bleiben. Entweder wird er krank oder er überarbeitet sich und wird dann auch wieder krank oder er kündigt.

Für Lehrer trifft dasselbe zu. Ein Lehrer, der seinen Auftrag ernst nimmt und sich wirklich dafür einsetzen möchte, alle Kinder mit ihren jeweiligen Begabungen zu fördern, überfordert sich. Er sieht nicht, dass die Rahmenbedingungen es nicht zulassen, sich jedem Kind zu widmen, da die Zeit fehlt und der Unterrichtsstoff nicht auf eine individuelle Betreuung eingerichtet ist. Das Problem ist, dass er täglich erlebt, dass das System Ungerechtigkeit produziert und dass Kinder darunter leiden, zum Teil existentiell. Auch der Lehrer muss sich von seinen Gefühlen verabschieden, möchte er Lehrer bleiben. Er versteckt sich hinter seinem Lehrerstatus, einer altehrwürdigen Autorität, die selbstverständlich immer recht hat, hinter Noten, Pflichten, Regeln und verteilt Schuld, natürlich an das Kind und die Mutter. Vergessen wird immer wieder, dass alle Schüler miterleben, wie mit den Klassenkameraden, die als schwach eingestuft werden, umgegangen wird. Das ist es, was Kinder dann in das Erwachsenenleben mitnehmen als soziales Verhalten, das sich tief einprägt. Auf Autoritäten hören, die Hierarchie achten, sich nicht stören lassen vom Nachbarn, egal, was mit ihm los ist. Kinder lernen am Modell. Das Modell Lehrer ist zumeist hart, kalt und erbarmungslos. Was wird wohl nach 10 Jahren Desensibilisierungstraining gegenüber Menschen herauskommen? Was sind das Verhaltenslernen und die Einstellungen des Schulabgängers?

### Arbeitsmoral: Pflicht kommt vor Mensch

Später werden dies gute Angestellte, die morgens pünktlich aus dem Haus gehen, ohne einen Gedanken daran zu verschwenden, ob die alte Nachbarin in ihrer Wohnung alleine klarkommt. Sicher sind sie im Flur, wenn sie ihr begegnen, höflich und entgegenkommend. Aber jeder kennt seine Grenze, seine Zuständigkeit, so, wie man es sein Leben lang gelernt hat. Selbstverständlich kommt man seinen Pflichten im Beruf peinlichst genau nach und fühlt sich gut dabei. Der heutige Arbeitnehmer fühlt sich anständig, ordentlich und ist mit sich und seinem Leben zufrieden, wenn er genug Geld verdient, ein Haus hat, für die Alterssicherung vorgesorgt hat. Die Aufmerksamkeit ist gerichtet auf das Bankkonto, so wie früher auf die Schulnoten, an Menschen außerhalb der Kernfamilie verschwendet man keinen Gedanken. Wie der Banknachbar in der Schule, so ist der nebenan wohnende Nachbar nicht Teil der eigenen Angelegenheiten. Das Nichtmitfühlen ist Teil der deutschen Psyche geworden. Wir erfahren ja auch eher etwas von Menschen aus fernen Ländern als von den eigenen Nachbarn. Kommt doch einmal ein Gefühl des Mitleids auf, so wendet es sich an Menschen, die möglichst weit weg wohnen.

Das Fehlen des Mitfühlens hat schwerwiegende Folgen für den Menschen selbst. Wie man andere behandelt, so behandelt man auch sich. Mitleidlos peitschen sich so manche Zeitgenossen durch ihren Alltag, beherrscht nur von einem Gedanken: Zu schaffen, was sie sich vorgenommen haben. Dabei ist es nicht so, dass die Pläne und Vorhaben alle das Ergebnis reiflicher Überlegung und eigener Entscheidung sind. Weit gefehlt. Von klein auf getrimmt zur Erledigung von Pflichten und Aufgaben, die andere einem gaben, sehen es viele als ihren einzigen Lebenssinn an, die gestellten Aufgaben zu erfüllen. Auch auf Nachfragen hin können sie keine Antwort darauf geben, warum sie selbst meinen, dass dies nötig wäre. Die Antwort, dass man das eben so macht, dass sich das so gehört, befriedigt nicht. Ein großer Teil der Aufgaben, die sie anscheinend selbstständig erledigen, ist deshalb nicht unbedingt sinnvoll, sondern wird nur getan, weil man es eben so macht. Jedes Nachfragen erntet großes Erstaunen bis hin zu erbosten Reaktionen, was einem wohl einfalle und wie man dazu komme, so etwas überhaupt infrage zu stellen. Bei Arbeiten, die mit technischem Gerät zu tun haben, ist es nicht weiter schlimm, wenn ohne weiteres Nachdenken gehandelt wird. Die meisten Arbeiten haben jedoch irgendwie mit Lebewesen zu tun, sei es, dass mit Menschen umgegangen wird, mit Tieren, Pflanzen oder Erde. Der Arbeiter fühlt sich in Ordnung, wenn er sein Einfühlungsvermögen außen vor lässt, er fühlt sich sogar gut, wenn es ihm gelingt, einfach nur seine Arbeit zu tun, ohne rechts und links zu schauen. Die Frage nach Wirkungen und Folgen oder Begleiterscheinungen gibt es nicht. In der Arbeit hat die Aufgabe in Form einer Pflicht Vorrang vor dem Menschen. Vielfach sind Menschen erwünscht, die eben nicht rechts oder links schauen. Für Vorgesetzte ist es meist unangenehm, wenn der Untergebene zu viele Fragen stellt. So lernen Gymnasiasten schon in der Schule, die richtigen Fragen zu stellen und damit den Schein eines interessierten und kritischen Schülers abzugeben.

Die Psychologie von Arbeitshaltungen oder ihrer soziologischen Wirkung ging, soweit ich weiß, bisher an der wissenschaftlichen Forschung vorüber. Dabei ist es von großer Bedeutung, ob ein Berufstätiger seine Tätigkeit auch vor sich selbst verantworten kann oder ob er nur das macht, was ihm aufgetragen wird, ob er damit seine eigenen egoistischen Bedürfnisse befriedigt oder die der Firma und ob er einen Nachteil für Beteiligte bewusst in Kauf nimmt, wie es studierte Ökonomen im Rahmen ihrer Finanzspekulationen bis jetzt machen. Beim Rundumhören fällt auf, dass Arbeitnehmer im Allgemeinen keine Skrupel haben, auch Tätigkeiten zu verrichten, die eigentlich ökologischen Anschauungen widersprechen. Es wird wohl gejammert, trotzdem führen Leute alles Unsinnige und auch Menschen oder die Umwelt Schädigende ohne Murren aus. Bei dem Studium eines Faches sollte man zumindest mögliche Folgen des eigenen professionellen Handelns überblicken können.

So neigt der Arbeitnehmer in unserem Lande dazu, über ethische und moralische Bedenken hinwegzusehen, sofern er sie überhaupt noch hat und nicht schon als privaten Luxus zu Hause gelassen hat. Anpassung und Disziplin werden falsch verstanden als Unterordnung und Selbstverleugnung. Dass das dann zu Fehltagen, Unglücksfällen und Krankheitstagen führt, ist die logische Folge eines Lebensstils, der das Leben außen vor lässt. Das Thema Entfremdung wurde von Karl Marx grundlegend bearbeitet. Seit dem Beginn der Industrialisierung haben sich die Menschen über mehrere Generationen hinweg daran gewöhnt, ihr Leben in Arbeit und Privatleben zu trennen. Wer jetzt von einer möglichen Vereinbarung von Familie und Beruf spricht, zeigt nur, dass er sich mit der geschichtlichen Entwicklung diesbezüglich nicht befasst hat. Die Menschen selber fühlen sich nicht unter Zwängen und sind der Meinung, ihnen ginge es heute besser als zur Zeit von Fürsten und Königen.

> *»In der Vorstellung sind ... die Individuen unter der Bourgeoisieherrschaft freier als früher, weil ihnen ihre Lebensbedingungen zufällig sind; in der Wirklichkeit sind sie natürlich unfreier, weil mehr unter sachlicher Gewalt subsumiert.«*
>
> (Ottomeyer 1977: 59)

Arbeitsbeziehungen, die wie etwa Bedienstete früher direkt von Menschen abhingen, waren insofern menschlicher, da die Oberen auf die Untergebenen individuell eingingen, insofern jeder auch Chancen hatte. Heute ist man anonymen Prozessen ausgeliefert. Das ist es, was Ottomeyer als sachliche Gewalt beschreibt, »der stumme Zwang der ökonomischen Verhältnisse besiegelt die Herrschaft des Kapitals über den Arbeiter.« (ebenda: 58) Leben heißt in Beziehung sein, und das bedeutet mitfühlen, mitdenken, offen sein für den anderen. Wenn sich der Nächste verstanden fühlt, wird er nicht erst zum Sozialfall. Hilfe braucht, wer in seiner nächsten Umgebung niemanden hat, der mitfühlt, zuhört ...

**Die fehlende Beziehung zu sich selbst**
Gut funktionierende Menschen haben den Schwerpunkt ihrer Aufmerksamkeit auf die Pflichten gelegt, die Aufgaben, die sie von anderen bekommen. Von klein auf lernen sie, es allen recht zu machen, die Männer, ihr Selbstbewusstsein über den beruflichen Erfolg zu finden, die Frauen, die allgemeinen Vorstellungen zu erfüllen, von denen sie meinen, das wären ihre eigenen. Da schon dem kleinen Kind die eigene innere Stärke genommen wurde, sucht der Heranwachsende nach dem Halt der Gruppe. Ursprünglich hatte die Schule den Sinn, dem Menschen Halt zu geben, Regeln zu vermitteln für das öffentliche Leben, den Menschen zu guten, anpassungsfähigen Arbeitern zu machen. Dazu brauchte es den schwachen, unsicheren Menschen, der sich nicht wehrt, der nicht selber weiß, was für ihn gut ist. Inzwischen haben wir eine Gesellschaft von Individuen. Jetzt bräuchte die Gesellschaft wieder Menschen, die mit dem Allein-Leben zurechtkommen können, die eigenen Schwierigkeiten selber bewältigen können. Jetzt rächt sich die bisherige Erziehung zu Anpassungsbereitschaft und Funktionieren.

Die Basis des schwachen Menschen ist seine fehlende Beziehung zu sich selber. Inzwischen hat beinahe schon jeder Bürger einmal psychotherapeutische Sitzungen besucht, die seit einigen Jahren vom Hausarzt verschrieben werden können. In allen Methoden geht es für den Patienten hauptsächlich um das Eine: Dass jemand den eigenen Gedanken zuhört, ohne sie zu kritisieren oder ihnen ständig zu widersprechen. Stundenlang gibt der Patient alles von sich, was ihm einfällt, alles, was schon längst einmal hätte gesagt werden müssen, befreit sich über das Reden von Ärger, Trauer, aber auch von Wünschen und Illusionen. Das Ergebnis des Desensibilisierungstrainings ist, dass sich der Mensch nicht mehr selbst zuhören kann. Als Folge davon kennt er sich nicht. Er kennt seine Bedürfnisse nicht, da diese niemand hören wollte, hat seine Wünsche verloren, da sie keine Perspektive hatten. Ersatzweise übernahm er die Vorstellungen der Umgebung und verfolgte sie, als wären es seine eigenen. Auf der Suche nach einer Partnerschaft konnte er nicht zu seinen eigentlichen Wünschen stehen, da er diese nicht kannte. Partner, die versuchten, ihre vorgestellten Rollen zu spielen, fanden zu keiner wirklichen Beziehung und konnten Probleme nicht überwinden.

Die Suche zu sich führt über viele Wege. In den letzten beiden Jahrzehnten versuchten Menschen, vor allem Frauen, im Rahmen von Kursen und Fortbildungen die Fäden zu entwirren, indem sie sich vor allem auf Methoden einließen, die mit dem Körper arbeiteten. Bewegung in der Natur, Laufen, Sport, Schwimmen, Tanz, aber auch Methoden aus dem Osten wie Tai-Chi, Yoga, Meditation und Selbstverteidigung fanden regen Zulauf und Anklang. Die Stärke und das Wissen sind über das Körperbewusstsein zu finden. Therapieformen, die mit dem Körper arbeiteten, zeigten einen rascheren Erfolg als Methoden, die nur auf der Ebene der Sprache blieben. Eine dieser Methoden ist die Funktionelle Entspannung nach Marianne Fuchs, die die Ebenen verbindet, sodass Beweglichkeit und Stärke, die körperlich erfahren werden, auf die Psyche übertragen werden können. Der Bewusstseinsprozess richtet sich auf Vorgänge, die zugleich körperlich und geistig erfahren werden können. Dies hat zur Folge, dass der Betreffende mit einem neuen Selbstbewusstsein in Erscheinung treten kann. Auf den Körper achten heißt sich selbst zuhören, die eigenen Reaktionen ernst nehmen, sie zulassen, akzeptieren. Es gibt eine Sprache des Körpers, die wir vergessen haben, die wir in der Schule über all dem Deutsch, Englisch und der Mathematik verlernt haben, ohne die wir aber nicht mit unserem eigenen Körper kommunizieren können. Wenn wir unseren Körper nicht verstehen, dann erkennen wir die eigenen körperlichen Bedürfnisse nicht, es entstehen Mangelzustände, Beschwerden, die chronisch zu Krankheiten werden. Wer den Grund für die Krankheit nicht versteht, weiß dann keinen anderen Weg als zum Arzt zu gehen, von dem er dann erhofft, er könne als Dolmetscher dienen. Aber der Arzt weiß auch nicht, was einem persönlich fehlt und gibt ein allgemeines Mittel, das das Problem meist unterdrückt. Sich selber verstehen bedeutet, für sich selbst sorgen, die Verantwortung für sich übernehmen. Damit werden Überlastungen vermieden, die eigenen Kräfte und Energien können besser eingesetzt werden. Der Mensch arbeitet nicht gegen, sondern mit dem eigenen Körper, ist dadurch leistungsfähiger, allerdings auch besser in der Lage, »nein« zu sagen in Situationen, die er nicht verantworten kann. Ziel der Körperarbeit ist, dass der Einzelne seine innere Ausgeglichenheit wiedererhält und diese auch in schwierigen Situationen selber wiederfinden kann. Diese besteht aus einem dynamischen Gleichgewicht zwischen Außen und Innen, zwischen den Anforderungen, die die Umwelt an ihn stellt, und seinen eigenen Bedürfnissen und Wünschen. Das regelmäßige Achten auf die eigene körperliche Befindlichkeit verhindert Überforderung und Stressreaktionen. Dies beugt stressbedingten Kommunikationsproblemen, Krankheiten und Unfällen vor. Auf psychischer Ebene stärkt inneres Ausgeglichensein das eigene Selbstbewusstsein und das Vertrauen in sich selbst.

**Die Entscheidung, den anderen zum Sozialfall zu machen**
Diese Frage stellte der Journalist Josef Joffe, der Herausgeber der Wochenzeitung »Die Zeit« am 15.05.2011 im Presseclub der ARD. Thema: Der Rettungsschirm für Griechenland. Die allgemeine Einstellung der Politik ist: Natürlich muss man helfen. Man macht sich dabei aber nicht bewusst, dass man damit zugleich ein Land als arm erklärt. Dass dies keine logische Folge ist, sondern ein Ergebnis einer Sichtweise, einer Vorstellung von Lebensweise, zeigt diese Fragestellung. Es ist keine Tatsache,

sondern eine Frage der Definition, der Vorstellung von Leben. Ein Land, wohin jährlich tausende von deutschen Urlaubern kommen, um ihre Freizeit zu verbringen, das Wertvollste, was man als Mensch heute hat, nämlich Zeit, ist reicher als wir. Reich an Landschaft, Natur, an einer Atmosphäre der Ruhe und Gelassenheit, Gastfreundschaft der Menschen, einer Lebensart, die uns offensichtlich abgeht, die wir brauchen, um wieder zu gesunden. Der Erholungsurlaub, den wir bevorzugt in anderen Ländern verbringen wollen. Warum? Ein hohes Bruttosozialprodukt hängt, ohne dass wir uns dessen bewusst sind, ab von unserer täglichen Bereitschaft, uns dem Stress in der Arbeit und den Verpflichtungen des Alltags auszusetzen. Deshalb brauchen wir unbedingt den Jahresurlaub. Wir setzen Standards, die von keiner EU Regierung diskutiert oder in Frage gestellt werden. Bestimmte Verhaltensweisen und Lebensbereiche werden hier ausgeschlossen, andere vorgezogen. Viele Kinder zu haben bedeutet für eine Familie in Griechenland inzwischen auch heute nicht mehr Reichtum. In Deutschland ist ein Kind ein Armutsrisiko. Wenn das familiäre soziale Miteinander nicht verstanden wird als die Grundlage für sozialen Reichtum, ein Umfeld, das Grundlagen legt für ein soziales Miteinander, für soziale Kompetenzen, geht man am Wesentlichen vorbei. Wenn dies nicht als eine Grundkompetenz für Bildung wahrgenommen und gewürdigt wird und Zeit und Räume für die Begegnung zwischen Menschen immer mehr beschnitten werden, erzeugt man wirkliche soziale Armut. Diese ist dann der eigentliche Sozialfall. Ein Sozialfall wird geschaffen von der Umgebung. Ein Sozialfall sind Menschen, die nicht mehr eingebunden sind in ein soziales Netz, die alleine sind und daher angewiesen auf überregionale Strukturen wie Versicherungen und Versorgungen. Finanzieller Mangel macht keinen Sozialfall, fehlende soziale Beziehungen sind es, die einen Menschen zum Sozialfall machen. Das ist der wirkliche Sozialfall, den wir speziell in Deutschland züchten!

# Gefährdete Schwangerschaften

*»Vielleicht sind wir im Begriff, eine Gesellschaft zu schaffen, in der immer mehr Menschen unfähig sind, Liebe und Fürsorge für Kinder und Verwandte aufzubringen.«*

(Schirrmacher 2008: 76)

Erst vor einigen Jahren wurde die Politik sich dessen gewahr, dass ein Riesenproblem auf die Gesellschaft zukommen wird, nämlich die zunehmende Alterung der Gesellschaft. Der sich nach oben verjüngende Pilz der Bevölkerungsentwicklung ist eher ein Bauch mit dem kleinen Kopf oben. Welches sind nun die Gründe für diese demographische Entwicklung? Warum in einer Wohlstandsgesellschaft nach Ende der Aufbauphase nach einem alles zerstörenden Krieg sich Frauen nun gegen Kinder entscheiden, wird nicht entsprechend untersucht. Auch wenn sozialwissenschaftliche Institute auf mehrere Einzelgründe hinweisen, es Ergebnisse aus Modellprojekten im Rahmen von Schwangerschaftsberatungsstellen gibt, reagiert die Politik nicht. Ähnliche Ergebnisse auf medizinischer Ebene in Bezug auf Gesundheitsgefährdungen durch eine neue Seuche würde ein ganz anderes Echo auslösen. Das Thema Kinder ähnelt dem Umgang mit der Atomkraft: Es wird schon alles gut gehen. Lassen wir es mal so laufen. Die Auswirkungen einer verfehlten Bevölkerungspolitik sind ähnlich tiefgreifend und langwierig. Dass unsere Lebensform maßgeblich dazu beiträgt, dass man unter Familienplanung hauptsächlich Verhütung versteht, ist eigentlich klar. Niemand jedoch zieht die Folgerung daraus, diese Lebensform einmal näher unter die Lupe zu nehmen im Hinblick auf ein Zusammenleben mit Kindern.

### Sind Kinder planbar?
Eine Frau ist ungefähr vom 15. bis 55. Lebensjahr fruchtbar. Auch nach dem Klimakterium kann sie in Ausnahmen schwanger

werden, da immer noch Eier vorhanden sind. Rein statistisch gesehen, ist es unwahrscheinlich, dass eine Frau in dieser langen Zeit nur circa zweimal oder gar nicht schwanger wird. Vor allem ist es kaum möglich, dass Verhütung so lange funktioniert. Folglich ist es eher eine Ausnahme, wenn eine rationale Familienplanung durchgeführt werden kann. Dem entsprechen die statistischen Zahlen, die belegen, dass mindestens 65 % aller geborenen Kinder ungeplant sind, die hohe Zahl der Schwangerschaftsabbrüche und die Tatsache, dass jede 7. Partnerschaft unfruchtbar ist.

Vor allem die Technikgläubigkeit unserer Zeit verhindert, sich ernsthaft mit dem Problem auseinanderzusetzen, da vermittelt wird, dass Familienplanung medizinisch-technisch machbar ist. Oft wird die Verantwortung von sich weg auf Pille oder Arzt geschoben, in der Meinung, jemand anders wüsste besser, was ich als Frau/Mann machen kann. Frau/Mann hat dann die Aufgabe, die Technik richtig anzuwenden. Wenn es nicht klappt, fühlt sich Frau/Mann schuldig, unfähig. Gerade Pädagogen und Mediziner erwarten, dass Menschen bei uns doch entsprechend »aufgeklärt« und fähig sein müssten, die angebotenen Methoden und Mittel entsprechend sorgfältig anwenden zu können. Dem widerspricht die Tatsache, dass Frauen in der Konfliktberatung fast alle trotz Verhütung schwanger wurden; Schwangerschaften ohne jede Verhütung sind hier eher selten. Das Wissen, das wir über Fruchtbarkeit und die Entstehung von Leben haben, ist in der modernen Welt gering und bezieht sich vornehmlich auf Informationen über physische Vorgänge. Deutlich wird hier, dass auf allen Ebenen das Wissen um den psychischen Anteil des Vorganges fehlt.

Die moderne Gesellschaft an sich stellt für Kinder schon eine Gefahr dar. Diese beginnt bei der Verhütung einer Schwangerschaft. Der rechtliche Schutz für Kinder beginnt erst bei der Geburt. Erst dann ist das Jugendamt zuständig. Vorher gibt es das Mutterschutzgesetz sowie die Strafandrohung bei einem Schwangerschaftsabbruch. Der Raum der Familie an sich erfährt keinen

Schutz von Seiten der Gesellschaft. Selbst die Familienministerin hat erkannt, dass es in einer Gesellschaft wie der unsrigen möglich sein muss, dass Frauen ihren Kinderwunsch erfüllen können. Die Kinderzahl pro Frau sinkt weiterhin. Der Grund dafür ist, dass Frauen die Verwirklichung ihres Kinderwunsches hinauszögern und so lange verhüten, bis die äußeren Bedingungen und der Partner passen. Das Zeitfenster, in dem Frauen eine Schwangerschaft wünschen oder zulassen, wird immer enger. Mit 35 Jahren wird eine Frau schon als Spätgebärende angesehen. In der Zeit bis zum Alter von 28 Jahren hat die Ausbildung und die Etablierung im Beruf Vorrang vor dem Kinderwunsch. Ein Einkommen reicht oft nicht mehr zum Unterhalt einer Familie, so braucht es die Lohnarbeit beider Partner. Die Vorstellung vom modernen Leben, das die Gesellschaft unreflektiert verbreitet, beinhaltet eine genaue Planung einer Schwangerschaft und die Notwendigkeit, dass auch die Frau mitverdient. Eine ungeplante Schwangerschaft gibt es hier nicht und gilt als Notlage. Daraus ist zu ersehen, dass das Konzept, wie man in dieser Gesellschaft leben kann, nicht funktioniert. Eine Gesellschaft, die in ihrem Gesellschaftskonzept einen solchen Kardinalfehler begeht, muss versagen, was jetzt auch geschieht. Gerade in dem Alter, in dem Frauen fruchtbar sind, kollidiert die Lebensplanung mit der Anforderung, sich im Beruf zu bewähren. Die Wahrscheinlichkeit, dass eine Schwangerschaft ungeplant eintritt, ist daher sehr hoch.

**Schwangerschaftskonflikt als unterlassene Hilfeleistung von Seiten der Gesellschaft**
Ein Fünftel der Frauen wird trotz Verhütung schwanger. Die Frauen, die in die Beratung kommen, berichten, dass sie fest davon überzeugt gewesen waren, dass ihre Methode der Verhütung funktioniert. Frauenärzte sehen deutlich, dass die Psyche einen entscheidenden Anteil dabei hat, trotz Verhütung schwanger zu werden. Die Erfahrung zeigt, dass jedes chemische Mittel auch außer Kraft gesetzt werden kann. Wie gesagt, ist es kaum möglich,

dass bei einer Frau, die mindestens 30 Jahre, von 15 bis 45 Jahre, schwanger werden kann, Verhütung durchgängig funktionieren kann. Kaum jemand macht sich bewusst, dass sogar bei sachgemäßer Anwendung der Pille im Laufe dieser 30 Jahre rein statistisch 15 von 100 Frauen ungewollt schwanger werden. Insofern ist die Einstellung nicht vernünftig, anzunehmen, es könne ja nichts passieren. Die meisten Frauen (42,3 %), die sich in einem Schwangerschaftskonflikt sehen und einen Abbruch in Erwägung ziehen, sind zwischen 18 und 25 Jahre. Die Schwangerschaftsberatungsstellen führen Statistiken über die Gründe, die Frauen für einen Abbruch angeben. Diese haben sich seit ca. 15 Jahren nicht geändert. Aus dem Jahresbericht der Schwangerschaftsberatungsstelle in Mühldorf am Inn, deren Träger Donum Vitae ist, geht Folgendes hervor.

Die Aussagen für 2010 in einem bayerischen Landkreis waren:
- Die meisten Frauen geben an, sie würden sich psychisch oder/und physisch überfordert fühlen (94 %).
- Als zweiten Grund geben Frauen an, Angst vor Verantwortung, vor der Zukunft zu haben (77 %).
- Erst als dritter Grund werden finanzielle Probleme oder Schulden genannt (72 %).

Die konkreten Gründe, aus denen sich die Frau überfordert fühlt, können unterschiedlich sein, wie z. B.
- eine Gefährdung der Ausbildung oder beruflichen Zukunft durch die Schwangerschaft (67 %),
- Schwierigkeiten in der Partnerbeziehung (57 %),
- fehlende Kinderbetreuung (53 %)
- oder ein Leben als Alleinerziehende (38 %).

Es geht nicht darum, einer Mutter zu helfen, damit sie nicht überfordert ist, sondern darum, dass jeder Teil seine Pflichten wahrnimmt und erfüllt. Dabei ist das soziale Netz klar definiert. Hier hat jeder seine Aufgabe. Heute wird der Kindsvater von der Firma vereinnahmt, die Frau bleibt alleine mit der Alltagsarbeit im Haus. Wo Frauen als Mütter Pflichten anderer übernehmen, haben Kinder keinen Platz. Mit allen Mitteln wird dann versucht, eine Schwangerschaft zu vermeiden. Moralische Bedenken der Frau gegen einen Abbruch werden in dem Maß weniger, wie Verantwortliche sich ohne Gewissensbisse und moralisches Schuldgefühl ihren Verpflichtungen entziehen. Warum soll dann eine Frau ihre Verpflichtungen und die Last des anderen mittragen? In dem Maß, wie die Gesellschaft und die Väter ihre Pflichten übernehmen, werden auch Frauen bereit sein, ihren Teil zu tragen. Nicht gesehen wird außerdem, dass das Umfeld Frauen dazu drängt, sich selber Gewalt anzutun in Form eines gewaltsamen Eingriffs in ihre leib-seelische Ganzheit.

Schwangerschaftsabbruch
Nicht gesehen wird, dass das Thema Schwangerschaftskonflikt jede Frau irgendwann einmal zwangsläufig betrifft. Durchschnittlich jede 7. Frau macht in ihrem Leben einen Schwangerschaftsabbruch. Innerhalb der 30 Jahre, in der eine Frau schwanger werden kann, ist ihr Umfeld, sind Freundinnen, Bekannte oder sie selbst mit dem Thema konfrontiert. Würde die Öffentlichkeit, die Frauen, sich dessen bewusst sein, so würde sich vielleicht etwas ändern zugunsten der Ungeborenen.

Schwangerschaftsabbruch ist im Allgemeinen ein Tabu. Im Jahre 2010 wurden in Deutschland 110 431 Schwangerschaftsabbrüche vorgenommen. (Daten des Statistischen Bundesamts Deutschland). Dies wären die Einwohner eines ganzen Landkreises. Das Landesamt für Statistik in Bayern beziffert die Schwangerschaftsabbrüche im Jahre 2010 in Bayern auf 11 542. Zum Vergleich: Geburten (2009) gab es 103 710. Das bedeutet, dass in Bayern eine von 10 Schwangerschaften abgebrochen wird. In einer Stadt von z. B. 24 000 Einwohnern gibt es in einem Jahr durchschnittlich 198 Geburten und 22 Schwangerschaftsabbrüche. Das ist eine ganze Kindergartengruppe. Ein Landkreis mit 100 000 Einwohnern hat zurzeit durchschnittlich 827 Geburten. Dabei werden 92 Schwangerschaftsabbrüche vorgenommen.

Fast alle Frauen, die sich in einem Schwangerschaftskonflikt fühlen, lassen sich in einer staatlich anerkannten Schwangerschaftsberatungsstelle beraten. Kaum jemand erfährt etwas von ihrem Problem, oft nicht einmal der Kindsvater. Die Frauen sind es, die sich schuldig fühlen, die Gesellschaft drängt sie noch immer in die Schuldecke, denn der Tatbestand ist noch immer strafbar. Mit Beratungsnachweis ist der Abbruch einer Schwangerschaft weiterhin eine Tötung, jedoch straffrei. Von einer Schuld der Gesellschaft wird nirgends gesprochen. Kein Landrat fühlt sich persönlich betroffen, wenn er erfährt, dass in seinem Landkreis in jedem Jahr (!) 100 Kinder keine Chance zum Leben bekamen. Aber keine Frau spricht darüber. In 10 Jahren sind es in diesem Landkreis 1 000 Frauen, die mit der Frage leben, wie es gewesen wäre, wenn sie das Kind ausgetragen hätten. Ihr ganzes Leben lang werden sie daran erinnert. Sie zählen die Jahre, wissen zu jeder Zeit, wie alt das Kind gerade gewesen wäre. Sie müssen damit leben, dass sie vielleicht kein Kind mehr bekommen, dass sie im Alter dann alleine sind. Sie werden immer darüber nachdenken, ob es nicht doch möglich gewesen wäre, dieses Kind zu bekommen. Auch die Kindsväter begleiten diese Gedanken ein Leben lang. Wer noch ein Kind bekommt, auch der wird immer denken, dass es eigentlich ein Geschwisterchen gehabt hätte. Es ist eine Täuschung, wenn die Gesellschaft dies als individuelles Problem behandelt. Es ist eine Last, die die gesamte Gesellschaft trägt, die sich nicht bewusst damit auseinandersetzt, die es den einzelnen Frauen überlässt und die Last der Verantwortung abgibt. Eine Frau braucht immer ein soziales Umfeld, das sie trägt, einen sozialen Rahmen, eine Gemeinschaft. Eine Gesellschaft, die ihr die Anerkennung, Zeit, Wärme und Unterstützung versagt, gefährdet jede Schwangerschaft. Das wird nirgends so deutlich wie beim Thema Schwangerschaftsabbruch. Die fehlenden Kinder sind ganze Schulklassen, leere Räume, die im Bewusstsein der Menschen existieren, ohne benannt zu werden. In der gesamten Demographiediskussion wird dieses Thema tunlichst vermieden. Auch ein fehlendes Kind verursacht Kosten! Spätestens dann, wenn es für die eigenen Eltern weder in die Sozialversicherung einzahlt, noch Kinder bekommt, noch seine Eltern versorgen kann. Niemand fragt die Großeltern, denen die Enkel fehlen, wenn sie alt sind.

### Familienplanung heißt Verhütung

Auffallend war all die Jahre, dass die Erfahrung mit dem ersten Kind eher davon abhält, ein zweites zu bekommen. Die Schwierigkeiten, die Frau mit Kind in unserer Gesellschaft hat, sind so groß, dass die Partner sich eher an Verhütung halten. Unverständlich ist, dass die jahrzehntelange Einnahme der Antibabypille von Frauen bisher ohne Protest toleriert wird. Durch die ständige hormonelle Fremdbestimmung geschieht eine Selbstschädigung mit enormen Folgen auch auf die Psyche, was den Frauen im Allgemeinen nicht bewusst ist. Die Pille erzeugt im Körper der Frau einen Zustand, der eine Schwangerschaft vortäuscht. Es ist nicht verständlich, warum die Meinung herrscht, dass dies keine Auswirkung hat auf die Psyche. Eine schwangere Frau verhält sich und fühlt sich völlig anders als eine nicht schwangere Frau. Eine Schwangerschaft hat starke Auswirkungen auf das Verhalten zum Partner. Man kann nicht ausschließen, dass die vermehrten Trennungen zu tun haben mit dem Missverhältnis, das durch die hormonelle Dauerbeeinflussung der Frau entsteht.

In unserer Gesellschaft besteht die Vorstellung, dass es ein Zeichen von Freiheit ist, wenn Frau zu jeder Zeit sexuellen Kontakt mit einem Mann haben kann mit der Sicherheit, nicht schwanger zu werden. Allerdings kann es sich nicht wirklich um Freiheit handeln, wenn Frau sich zugleich dem Zwang unterwirft, jeden Tag die Pille zu nehmen, die sie persönlich tiefgreifend beeinflusst. Es kann kein Ausdruck einer verantwortlichen Haltung sein, wenn junge Mädchen es als selbstverständlich ansehen, sich die Pille verschreiben zu lassen, ohne ihre Funktion und Auswirkung wirklich zu kennen. Wo diese Art von Verhütung Teil einer Lebensweise wird, die ohne Nachzudenken übernommen wird, wird sie zu einer Gefährdung einer ganzen Generation. Wer übernimmt dafür die Verantwortung? Es ist nicht so, dass es keine anderen Möglichkeiten von Verhütung gäbe. Nein, es entspricht einfach der Konsummentalität des modernen Menschen, der zwar 10 Jahre in die Schule geht, um Algebra und Geometrie zu lernen, was er das ganze Leben nicht mehr benötigt, auf sich selbst bezogen jedoch ungebildet und unwissend, unkritisch und technikgläubig alles annimmt, was die moderne Wissenschaft anbietet. Es gab schon immer Formen der Verhütung, die partnerschaftsverträglich sind und nicht die Gesundheit schädigen. Dazu allerdings muss man sich mit seinem Körper beschäftigen, ihn kennenlernen und ernst nehmen.

Kinder sind Lebewesen, die eingeladen werden können. Schwangerschaft ist kein Ergebnis von physiologischen Funktionen, sondern ein Ausdruck der Liebe zwischen zwei Menschen und der Offenheit für ein Kind. Innere Klarheit ist in unserer Welt nur schwer zu finden und doch braucht es dies, um die eigenen unbewussten Regungen und vergangenen Träume bewusst zu machen. In Kommunikation mit dem eigenen Körper kann man die Übereinstimmung erreichen, die im Falle eines Kinderwunsches zu einer Schwangerschaft führt oder sie vermeidet. Methoden der Natürlichen Familienplanung (NFP) bringen einen in einen engeren Kontakt mit eigenen leiblichen Vorgängen. So können Mann und Frau in Harmonie kommen mit den eigenen inneren Vorstellungen und Wünschen.

## Familienalltag in der modernen Gesellschaft – Zwischen Überforderung und Selbstverwirklichung

> *»Wir vermissten drei Dinge: Amistad, formación und acción – Freundschaft, Bildung, Handeln. Es war als gäbe es das nicht für uns ... die Schule bildet nicht! Sie hat uns nicht beigebracht, über das Leben zu sprechen.*

*Freundschaft ist für uns das Allernotwendigste, sonst machen sich die Frauen nie auf den Weg. Die Angst, von uns selber zu sprechen, war uns anerzogen.«*
(Sölle 1992: 82)

Die Frau, die hier spricht, teilt mit, dass man als Frau den Alltag nur schafft, wenn man sich zusammentut, über die eigene Situation mit anderen spricht und beginnt zu handeln. Diese Frau könnte in Europa leben und anprangern, dass Frauen hier in der Schule nicht das gelernt haben, was das Wichtigste ist, um ein Leben zwischen Familie und Beruf gut zu schaffen, nämlich einander zuzuhören, füreinander da zu sein. Allerdings hört man solche Worte hier nicht. Diese Frau lebt in einem Frauenhaus in Sao Paulo am Rande eines Elendsviertels. Trotzdem hat sie mehr Bewusstsein über die Notwendigkeit, sich zu solidarisieren als eine Frau in unserem Wohlstandsland Deutschland.

Die Soziologin Beck-Gernsheim stellt fest, dass Existenzsicherung niemals alleine durch die Berufsarbeit und die damit erzielten ökonomischen Mittel getragen werden kann. Voraussetzung für jede Berufstätigkeit ist die Leistung und Arbeit der privaten Alltagsarbeit. Der Anteil der nichterwerbstätigen Arbeit wird nach Krüsselberg (1986) gemäß einer Untersuchung Marburger Forscher auf 68 % der gesamten Tätigkeiten geschätzt.

**Lebenswelt Familie: Belastung und Hetze im Familienalltag**
Die Alltagsordnung wird maßgeblich bestimmt von den wirtschaftlichen Notwendigkeiten. Der moderne Alltag ist bestimmt von Notwendigkeiten, Erledigungen, Plänen, Vorhaben, Ableistung von Pflichten, Bedienung von Vorstellungen.

Aus einem Interview im Radio, Bayern 3, mit einer Mutter über die Verwendung ihrer Zeit, wenn ihre Kinder bei der Oma sind: »Wenn meine Kinder mal nicht da sind, ist es schon eine Erholung. Ich kann einmal einen Gedanken fertig denken, werde nicht immer unterbrochen. Mein Mann sagt dann zu mir: ›Tu doch einmal nichts.‹ Dazu ist mir die Zeit zu schade. Wenn ich mal Zeit habe, kann ich nicht einfach nichts tun. Es gibt so viel zu erledigen, und dann kann ich auch einmal an etwas dranbleiben, werde nicht ständig unterbrochen, kann etwas fertigmachen im Haushalt. Ich habe den großen Luxus, dass meine Mutter in der Nähe wohnt und die Kinder manchmal nimmt. Das hat nicht jeder. Nach so einem freien Tag kann ich dann wieder besser für die Kinder da sein. Der Beziehung tut das dann auch gut, dann kann ich eine bessere Ehefrau sein.«

Es gibt Standards für jeden Lebensbereich, für das Arbeitsleben, für das Verhalten in der Öffentlichkeit. Es gibt offizielle Berichte der Regierungen über Zustände bestimmter Lebensalter, der Jugendlichen, der Senioren, der Familien. Trotzdem sind das meist nur Statistiken, die nur wenig aus über das Lebensgefühl der Menschen aussagen. Vergleicht man die Standards in Arbeitsverhältnissen mit denen der Familienarbeit, so fällt ein eklatantes Missverhältnis auf. Die Mutter im oben genannten Beispiel hat Wünsche, die in jedem Beruf die Voraussetzung darstellen, überhaupt Leistungen erbringen zu können. Diese Äußerungen sind kein Einzelfall, sondern die Normalsituation und deuten darauf hin, dass hier etwas grundsätzlich nicht stimmt. Nach einer Untersuchung der Universität Würzburg zusammen mit dem Staatsinstitut für Familienforschung Bamberg ergab sich, dass Frauen 35 Stunden in der Woche für Hausarbeit verwenden. Wenn sie Kinder haben kommen 16 Stunden (für Kinder älter als 6 Jahre, für jüngere Kinder sind es 36 Stunden) für Betreuung hinzu. Das sind insgesamt 51 (67) Stunden Familienarbeit pro Woche. Dazu kommen zusätzlich 29 Stunden bei Teilzeitarbeit (inkl. Fahrt), bei Vollzeit entsprechend mehr. Männer verwenden dagegen nur 16 Stunden für Hausarbeit, 13 (21 bei jüngeren) Stunden für Kinderbetreuung bei einer Vollzeitarbeit. Frauen erleben sich im Alltag in der Familie
- in Dauerbereitschaft für Anliegen der Familienmitglieder, 24 Stunden täglich

- als verantwortlich dafür, dass es allen gut geht, sie gesund sind,
- als verantwortlich für den geregelten Ablauf des Tages wie Mahlzeiten, Hausarbeit,
- als zuständig dafür, dass Familienmitglieder ihre Termine und Verpflichtungen erfüllen (Kleidung, Fahrdienste).
- Wenn etwas nicht klappt, als schuldig. Bei jeder Krankheit, jedem Unfall, Missgeschick, Misserfolg, bei schlechten Schulnoten fragt sich die Frau, ob sie etwas versäumt hat, etwas besser hätte machen können oder sollen.

Dies alles hat immer Vorrang vor persönlichen Bedürfnissen. Frau erlebt sich als egoistisch, wenn sie Zeit für sich beansprucht. Ein Ausspruch einer Frau zu diesem Thema: »Kriagst nix und bist nix und hast keine Anerkennung.« Nicht gesehen werden die Aufgaben, wie im Lied »Das bisschen Haushalt … sagt mein Mann«. Der Lebensalltag wird als Überforderung empfunden. Von Doppelbelastung wird gesprochen, wenn Frau Kinder hat und berufstätig ist.

Familienarbeit ist die Grundlage jeder menschlichen Gesellschaft. Trotzdem erfährt sie wenig Wertschätzung. Die moderne Gesellschaft beruht auf der Trennung von Arbeit und Leben. Hier die Lohnarbeit, da das Privatleben. Leistung und damit Geldverdienen wird dem Bereich Arbeit zugeteilt, Erholung, Freizeit und Familie und damit Verdienstlosigkeit werden dem Privatleben zugeteilt. Wesentlich ist hier, dass Familie dem Privatbereich zugeordnet wird. Obwohl jedem klar ist, dass Kinder Arbeit bedeuten, verändert sich das Schema im Kopf nicht. Überall wird betont, dass sich Leistung auszahlen muss. Familienarbeit wird jedoch nicht als Leistung gewertet, nicht einmal die Zeit wird angerechnet. Das führt dazu, dass vor allem Frauen die fehlende Anerkennung in einer zusätzlichen Berufstätigkeit suchen und als Folge unter der Doppelbelastung leiden. Sie versuchen den Forderungen beider Seiten zu entsprechen. Dazu kommt der Anspruch, eigene Interessen zu verwirklichen und eine individuelle interessante Persönlichkeit nach außen hin darzustellen. Dies alles gelingt jedoch kaum jemandem. Die Folge ist ein hoher Druck und Unausgeglichenheit innerhalb der Familie, der Trennungen begünstigt. Stresssymptome drücken sich aus in Medikamentenabhängigkeit, Alkoholismus, Depressionen und körperlichen Symptomen wie Migräne, Rückenbeschwerden, Schlaflosigkeit. Fehlt die Wertschätzung für die familiäre Kinderbetreuung, führt dies zur Vermeidung von Schwangerschaften. Wo die globale Wirtschaft in der Krise steckt, werden Menschen arbeitslos, da Arbeitsstellen von Geld abhängig sind. Familienarbeit dagegen orientiert sich nach dem Bedarf, nicht an Geld. Menschen werden alt, brauchen Begleitung und Unterstützung durch ihr Umfeld. Kinder suchen Kontakt, Beziehung. Das alles wird bleiben. Die Krise wird dazu führen, dass die stabilisierende und sinnstiftende Kraft von Familie und persönlichen Beziehungen erkannt wird und soziale Tätigkeiten in Zukunft eine höhere Wertschätzung erfahren.

**Das Image von Familienarbeit in der modernen Gesellschaft**
Das Image des Themas ist sehr schlecht. In Zeiten des Wahlkampf sprechen Politiker plötzlich Familien an.
- 2500 Euro Abwrackprämie …, damit mehr Autos produziert werden
- 100 Euro für ein Kind …, damit weniger Kinder gemacht werden.

In einem ZDF-Interview am 20. März 2009 äußerte sich Jörn Hauß, Fachanwalt für Familienrecht, zum neuen BGH-Urteil. Für ihn kommt es darauf an, was der Mutter zuzumuten ist. Aber nach seiner Aussage kann es nicht sein, dass die Mutter eines achtjährigen Kindes, das von 7.30 Uhr bis 16 Uhr in Ganztagsbetreuung ist, keine berufliche Tätigkeit zugemutet wird. Das kann so weit in Ordnung sein. Nur sein weiterer Kommentar dazu lässt aufhorchen. Wörtliches Zitat: »Da kann sie dann zu Hause sitzen und stricken oder ich weiß nicht, was sie zu Hause tut!«

Überall verlangt man Fachwissen. Braucht es zu diesem Thema kein Fachwissen? Ich frage mich, was hat die Soziologie, die

Psychologie all die Jahre getan? Wie kann es sein, dass ein Jurist ohne hauswirtschaftliche oder sozialpädagogische Ausbildung und Erfahrung hier überhaupt gefragt wird. Ich nehme an, er selber hat Kinder, eine Familie. Bei dieser ignoranten Einstellung wird keine Frau lange bei ihm bleiben und vermeiden mit ihm Kinder zu haben. Es zeigt den gesellschaftlichen Missstand auf, der offensichtlich weit verbreitet ist. Wie ist es sonst möglich, dass hier kein lauter Aufschrei hörbar wird. Auffällig ist, dass nur von der Mutter gesprochen wird!

Im Privatbereich ist Familienarbeit nichts, was thematisiert werden müsste. Familienmitglieder nehmen Familienarbeit nur wahr, wenn sie nicht getan wird. Ansonsten merken sie nicht, dass es hier in der Familie überhaupt Arbeit gibt. Man muss sich nicht wundern, dass die Menschen selber diese Arbeit nicht sehen, wenn es diese Arbeit in der Öffentlichkeit nicht gibt. In den Medien ist dieser Bereich nicht vertreten. Thematisiert ist dies nur in Form von Kochrezepten, Wohnungseinrichtungs- und Gartengestaltungstipps, aber in einer Weise, die dies im Bereich Freizeit/Hobby/Mode unterbringt. Die neuesten Richtungen, Geschmacksnuancen in Farben und Formen werden dargestellt, natürlich von professionellen Gestaltern. Dies alles hat mit der Wirklichkeit des Alltags nichts zu tun, verstärkt höchstens den Druck der Außenwelt auf den Einzelnen, der das Gefühl hat, nicht mehr dazuzugehören, wenn er nicht die neueste Version von Vorhangaufhängung realisiert. Dahinter steht eine Industrie, die den Konsum ankurbeln möchte, Arbeitsplätze von Gestaltern, Zeitungsmachern und Industrie. Wer nimmt schon wahr, dass es dafür auf der anderen Seite, nämlich auf der des Konsumenten, Zeit zur Beschäftigung mit dem Thema, Geld zum Erwerb, Zeit zur Installation, Pflege und Platz für das neuerworbene Stück braucht! Woher kommt die Zeit, wer bezahlt sie, wem nimmt man diese Zeit weg? Was könnte man stattdessen Sinnvolleres tun? Im Alltag der Familie konkurrieren Aufgaben miteinander. Was hat Priorität?

Volkswirtschaftlich erscheint Familienarbeit nicht als Leistung. Es ist wenig bekannt, dass die unbezahlte Tätigkeit einen Anteil von 65 % aller Arbeit für die Gesellschaft hat. Der größte Teil davon bezieht sich auf Familienarbeit. Es ist peinlich, wenn in den Medien ständig von Leistungsträgern gesprochen und damit gutverdienende Erwerbstätige gemeint sind, meistens Männer, die ihre Leistung nur erbringen können, wenn sie ohne Familie sind, oder wenn im Hintergrund die Ehefrau alleinverantwortlich die Familienaufgaben managed und ihm so den Rücken freihält.

**Vernachlässigung des Themas in der modernen Gesellschaft**
Der Alltag wird aufgeteilt in zwei Bereiche: Arbeitswelt – Privatbereich als Freizeit. Der Privatbereich zählt als Freizeit. Hierher gehört Familie. Die Angelegenheiten des Privatbereichs sind nicht offiziell geordnet. Hier möchte jeder für sich die Freiheit haben, tun und lassen zu können, was er möchte. Vergessen wird, dass eine Frau, die sich für die Familie verantwortlich fühlt, niemals diese Freiheit hat. Die Definition des Privatbereichs als Freizeit erfolgte mit der Aufteilung von Leben in Arbeit und Freizeit. Kindererziehung und Betreuung alter Menschen gehört zum Leben. Dies ist zugleich Arbeit. Tätigkeit in der Familie ist Arbeit, aber sie wird nicht als solche anerkannt. Die moderne Gesellschaft verleugnete dies von Anfang an. Familie wird ähnlich behandelt wie Natur und Landwirtschaft, nämlich als selbstverständliche Gabe, die zu nutzen ist. Die moderne Gesellschaft hat Wirtschaftsformen entwickelt, die davon leben, Grundsubstanzen wie Erde, Bodenschätze, Energie, Wasser, also natürliche Ressourcen, durch Veränderung, Transport und Handel zu nutzen und daraus Profit zu ziehen. Es ist nach ihrer Meinung kontraproduktiv, diesen Firmen die Kosten für Umweltschäden, Luftverschmutzung, Klimawandel aufzubürden. Würden die Firmen die realen Kosten für die Erziehung eines Kindes, Krankheitszeiten sowie Rente voll tragen müssen, würde sich diese Wirtschaftsweise nicht rentieren. Die großen Firmen profitieren nur, wenn sie billige Arbeitskräfte und Materialien aus

anderen Ländern nutzen können. Die globale Wirtschaft lebt also auf Kosten der Familien. Es handelt sich um pure Ausbeutung!
Zitat aus Michael Opoczynskis »Wunderland ist abgebrannt«:

> *»Deutsche Manager – … gehen offensichtlich davon aus, dass sie sich nicht um gesellschaftliche Entwicklungen und um die gesellschaftlichen Folgen ihres Handelns kümmern müssen. Sie scheinen in aller Seelenruhe von einer grundsätzlichen Stabilität der Gesellschaft auszugehen. Sie verachten sie zwar, die Hängematte des Sozialstaats, zugleich verschieben sie ihre Entlassenen aber genau dorthin. Und generell prägt Gleichgültigkeit ihr Verhalten: Soziale Belange sind nicht ihre Sache; dafür ist die Politik da.«*
> (Opoczynski 2007: 198)

Aus diesem Grund ist es für die Wirtschaft wichtig, dass Familien sich nicht einsetzen für ihre eigenen Angelegenheiten. Solange Politiker und Familienväter der Meinung sind, dass Arbeitsplätze in Großunternehmen Familien ernähren und versorgen, können die Chefs und Kreditgeber weiterhin ihre Rendite voll ausschöpfen. Deshalb ist es wichtig, dass Familie nicht bewusst wird, welche Bedeutung sie in Wirklichkeit hat. Es muss darauf geachtet werden, dass Menschen vereinzelt bleiben. Eine Kernfamilie, in der der Familienvater sein Hauptengagement in die Firma steckt, ist ohne gemeinschaftliche Kraft. Beide, Frau und Mann drehen sich im Hamsterrad, aber jeder in einem anderen. Sie treffen sich nur kurz, zu kurz, um sich zu solidarisieren. Das begünstigt Trennungen in Partnerschaften und ist der Grund für die fehlende Erziehungsfähigkeit. Menschen in Not haben Bedarf. Das ist es, was die moderne Wirtschaft braucht.

### Der Status von gemeinnütziger Arbeit

Was versteht man nun unter Familienarbeit in Abgrenzung zu ehrenamtlicher Arbeit und gemeinnütziger Arbeit? Bisher definieren Wissenschaftler, Regierung, Politiker, Verbände diese Bereiche je nach ihren eigenen Interessen. Horst Opaschowski, der Leiter einer Stiftung für Zukunftsfragen, meint, dass der Anteil der Vollzeitbeschäftigung in Zukunft immer kleiner werden wird, sodass die Menschen einen anderen Lebensinhalt benötigen werden. Sein Fazit:

> »*Familienarbeit heißt die alternative Beschäftigungsmöglichkeit, die Sinn hat und Spaß macht.*«
>
> (ebenda, S. 72)

Familienarbeit ist Kinderbetreuung, da sein für alte Menschen. Familienarbeit wird auf derselben Stufe gesehen wie die ehrenamtliche Arbeit im sozialen Bereich. Nur, das eine ist Pflicht, das andere freiwillig. Ein Mensch, der eine solche Äußerung tut, spiegelt seine eigene privilegierte Lebenssituation wider. Sicher war er noch nie hauptamtlicher Familienverantwortlicher 24 Stunden am Tag, 7 Tage die Woche und das über Jahre! Leider sind es solche Männer, die für die Reflexion eines Alltags, den sie selber nicht kennen, gut bezahlt werden, hohes Ansehen genießen und auf die Politiker hören, um danach ihre Entscheidungen zu fällen. Der Inhalt der Werke solcher Wissenschaftler sind Statistiken, die unreflektiert auf dem Hintergrund der persönlichen Lebenssituation und Lebensanschauung gesehen werden.

Gemeinnützige Arbeit: Auf derselben Stufe steht die gemeinnützige Arbeit. Nach einer Information des Instituts zur Zukunft der Arbeit wird im Modell »workfare« eine Grundsicherung nur gezahlt, wenn der Arbeitslose als Gegenleistung eine Woche lang einer gemeinnützigen Arbeit nachgeht. Dies würde Anreize schaffen, eine etwas besser bezahlte reguläre Arbeit anzunehmen. Ein Problem wird darin gesehen, dass die zu schaffenden vielen gemeinnützigen Arbeitsplätze den ersten Arbeitsmarkt schädigen würden.

Ein-Euro-Jobs: Diese werden vor allem in gemeinnützigen Institutionen und Gemeinden angeboten. Arbeitsuchende werden verpflichtet, diese anzunehmen. Was wird darunter verstanden? Es gibt richtige Arbeit mit guter Bezahlung und es gibt niedrige Tätigkeiten, für die man keine Bezahlung oder nur eine Entschädigung erhält. Zu diesen nicht geldwerten Arbeiten gehören Arbeiten für das Gemeinwesen sowie für einzelne Menschen. Soziale Arbeit gilt demnach als minderwertig. Es wird zudem angenommen, dass es dazu keine berufliche Qualifikation braucht, dass diese Tätigkeit jeder machen kann, unabhängig von seinen psychosozialen Fähigkeiten. Nach diesem Verständnis hat der erste Arbeitsmarkt Vorrang. Die 65 % existierende gemeinnützige und soziale Arbeit wird übersehen, die sowieso schon geleistet wird.

Rechtslage
Eine Familie erhält Sozialhilfe oder Hartz IV. Dies ist nicht rechtens, da Familienarbeit Arbeit ist und so nicht berücksichtigt wird. In der Berechnung wird kein Unterschied gemacht, ob ein Paar Kinder hat oder nicht. Ein Paar ohne Kinder hat die Zeit für zwei Vollzeitstellen. Bei einem Paar mit Kindern müsste die Zeit der Familienarbeit abgerechnet werden. Die Haltung zur Familienarbeit kommt noch aus der Zeit um die 60er-Jahre des vorigen Jahrhunderts, als Frauen schwerpunktmäßig zu Hause blieben und es einen Familienernährer gab. Trennung und Scheidung werden seitdem gesellschaftlich bis jetzt weiterhin als Unglück betrachtet, obwohl dies fast schon zur Normalität gehört, berücksichtigt man, dass ca. 40 % der Ehen geschieden werden. Bisher gibt es noch immer keine regulären Regelungen und Abläufe nach einer Trennung. Frau wird bestraft durch die Notwendigkeit, ihren Unterhalt erstreiten zu müssen. Dies bedeutet, dass die Gesellschaft weiterhin am Versorgermodell durch einen Familienernährer festhält. Für Frauen bedeutet die Version, Sozialhilfe/Hartz IV zu erhalten, eine Erniedrigung. Gerade dies zeigt die Missachtung von Familienarbeit von Seiten der Öffentlichkeit. Frauen kommen dann in den für sie nicht zu lösenden Zwiespalt zweier Zwänge, der Kinderbetreuung

und dem Selbstverständnis als Erwerbstätige. Die Gesellschaft individualisiert hier ein Strukturproblem, mit dem sie sich nicht beschäftigen möchte. Die Folge ist die Weigerung der Frauen, Kinder zuzulassen. Frauen entscheiden sich nach den Erfahrungen ihrer Mütter, Tanten, Nachbarn in der Zukunft gegen Kinder.

Die Grundlage für das Verständnis der Gesellschaft, das sich in der Gesetzgebung zeigt, liegt in der traditionellen Vorstellung, dass Selbstaufopferung und sich hinten anzustellen zum Wesen des Mutterseins gehören. Rationale Meinungen werden gespeist von einem emotionalen Urgrund im Sinne der traditionell christlichen Familienvorstellung. Allgemeine Meinungen haben ihren Urgrund in unbewussten Vorverständnissen. Diese entsprechen nicht einer wirklichen göttlichen oder Naturordnung, sondern sind das Ergebnis der Lebenserfahrung und Anschauungen des vergangenen Jahrhunderts. Gläubige Menschen haben hier ihr Vorbild in den Darstellungen der Mutter Maria, die passiv hingebungsvoll ihr von Gott zugeteiltes Schicksal erträgt. Dass dieses Modell in unserer individualistischen rationalen Gesellschaft nicht trägt, ist klar. Das ist zu sehen am Verständnis von Familienarbeit, wie es Frauen heute haben. Über Befragungen aber auch an ihrem täglichen Verhalten lassen sich ihre Meinungen ablesen. Die bisherigen Erfahrungen aus Gesprächen mit Frauen sind:
- Familienarbeit erscheint im Gespräch nur in Zusammenhängen mit Klagen wegen Überforderung,
- Frauen denken nicht darüber nach, wie viele Stunden sie täglich, wöchentlich arbeiten.

Frauen gestehen sich den Wunsch ein, manchmal ohne Verpflichtung Zeit für persönliche Angelegenheiten zu haben. Viele sehen es inzwischen als ihr Recht an, sich Freizeit zu nehmen für z. B. ein Treffen mit einer Freundin, dem Saunabesuch, der Teilnahme an einem Kurs, einem Ausflug ohne Familie. Um dies zu realisieren, braucht es aber erneut Organisation, um den Ersatz zu gewährleisten. Es ist noch immer so, dass die

Frau selbstverständlich immer für den Haushalt, für die Kinder zuständig ist und sie erst die Zuständigkeit klären muss, bevor sie sich frei nimmt. Erst wenn alles in Ordnung und ein Ersatz da ist, kann sie sich erlauben, das Haus zu verlassen.

Hier hilft aller Ruf nach Gleichberechtigung nicht, alle rationale Planung, Absprache zwischen Partnern, rechtliche Grundlagen. Es ist festzustellen, dass dies übliche Praxis ist, dass Familienangehörige, Nachbarn, Freunde, Vereine, davon ausgehen, dass die Arbeit zu Hause getan ist, dass diese funktioniert. Der gesellschaftliche Zwang, der auf der »Hausfrau« lastet, ist kollektiv so stark, dass sich jede Frau schlecht fühlt, wenn sie die Küche unaufgeräumt lassen muss, um zu einer Abendveranstaltung zu gehen. Wie geht es in einem solchen Fall einem Mann? Er hat kein Problem zu sagen: »Lass das doch. Das ist nicht so wichtig. Du nimmst immer alles so genau!« Dabei fällt den wenigsten ein, selbstverständlich diese Arbeit zu übernehmen. Die Folge ist, dass eine Frau, die erlebt, dass sie abends mit der Hausarbeit nicht fertig ist, in Zukunft vermeidet, eine Verpflichtung anzunehmen, die ein abendliches Treffen erfordert. Es gibt wohl wenige Frauen, die sich neben den Kindern und einer Teilzeitbeschäftigung noch irgendwo engagieren, im Gegensatz zum dazugehörigen Mann, der sich die Freiheit behält, sich trotz Vollzeitbeschäftigung ehrenamtlich zu engagieren, eventuell politisch.

Solange dieses Thema nicht geklärt ist, kommt das Thema Gleichberechtigung keinen Schritt weiter. Alles hängt an der Würdigung und wahrheitsgemäßen Berechnung der Zeit für die Hausarbeit und die Betreuung der Kinder. Ohne ein verändertes Selbstverständnis der Frauen selbst haben Statistiken und Befragungen keine Auswirkung. Was ist die Betreuung von Kindern sowie von Angehörigen wert? Zum Thema Pflege von Angehörigen gibt es keine Berechnungen. Man nimmt die Pflegesätze der Kassen als Maßstab. Vollzeitbetreuung in einer Familie braucht drei Vollzeitkräfte. Es wäre günstiger, die Stelle für einen Familienangehörigen pro Familie zu bezahlen, als die gesamtwirtschaftlichen Folgen für die Gesellschaft zu tragen, welche sind: fehlende Altenbetreuung auf Grund fehlender eigener Kinder.

**Aushöhlung der Familie in der Rechtssprechung**
Zwei richterliche Entscheidungen des Jahres 2009 prägen das Familienleben entscheidend:
1. Sind die Kinder drei Jahre alt, wird von einer Alleinerziehenden (meist Frauen) verlangt, eine Arbeitsstelle zu suchen.
2. Bei einer Scheidung geht man grundsätzlich davon aus, dass jeder für sich selbst sorgt, unabhängig davon, ob einer die Kinder betreuen muss.

Wo sind die Grundlagen dieser Rechtssprechung? Sie ist nur möglich, wenn Erziehung und Haushalt nicht als Arbeit gewertet werden. Das Konzept des Erziehungsgehalts, Familiengehalts wäre hier die Alternative. Wo ist der Schutz für Familien?

**Die Wirtschaft bestimmt das Familienleben.**
Konservative Vorstellungen beharren dabei weiterhin auf der Idee, dass eine Frau glücklich werden kann, wenn sie zu Hause, vom arbeitenden Ehemann finanziell versorgt, alleine mit ihren zwei Kindern den ganzen Tag putzt, die Waschmaschine bedient und im Supermarkt einkauft. Selbstverständlich wird dabei angenommen, dass dies keine Arbeit ist. Niemand sagt im Ernst, das sei Arbeit. Es gibt Standards und Arbeitsschutzgesetze, kein Gedanke wird daran verschwendet, dass es für »Hausfrauen« keine garantierte Freizeit und kein Wochenende gibt. Erfahrungen zeigen, dass dieses Leben Babys und Kleinkindern nicht das geben kann, was sie unbedingt benötigen. Sie fühlen sich trotz Mutter alleine. Sie sind unruhig, unzufrieden, quengelig, wollen dauernd Kontakt zur Mutter, wollen, dass sie sich mit ihnen beschäftigt. Sie spiegeln die Unzufriedenheit ihrer Mütter. Die wenigsten Mütter sind innerlich ausgeglichen und zufrieden. Die Situation bedingt eine Isolierung, wie schon vielfach in der Literatur beschrieben wurde. Die meisten gesellschaftlichen Angebote können für Jahre nicht

wahrgenommen werden, weil niemand da ist, der das Kind betreut. Durch die Rollenteilung, die traditionell oder auch der Notwendigkeit nach in unserer Gesellschaft existiert, ist die Frau, wie auch der Mann mit seiner Arbeit, seinen Pflichten und der Verantwortung, alleine. Die Wirkung ist, dass es keinen klaren Lebensmittelpunkt mehr gibt. Es beginnt eine Konkurrenz zwischen beiden Bereichen: Familie und Beruf. Durch die klare Entscheidung der gesellschaftlichen und politischen Kräfte für die Priorität der Wirtschaft (nicht der Hauswirtschaft) fließt diesem Sektor Anerkennung und Geld zu, was in keinem Verhältnis zueinander steht. Die Zeitinvestition einer Frau für ihre Kinder, in der sie nicht einem Gelderwerb nachgehen kann, schlägt fast nirgends zu Buche.

Eine moderne Hausfrau mit zwei Kindern ist durch ein Haus mit Garten und alle so arbeits- und zeitsparenden Geräte rund um die Uhr beschäftigt mit dem Erledigen von Pflichten und dem Organisieren. Sie hat einen Betrieb und ist zugleich Chef und Arbeiter. Da diese Arbeit nicht kündbar ist, besteht kein Unterschied zur Sklaverei. Dies sind keine Bedingungen, in denen Kinder gewünscht werden. Hier gibt es auch keine Gemeinschaft. Die systemischen Zwänge setzen Mann und Frau unter solchen Druck, dass annähernd schon die Hälfte der Beziehungen kaputt geht. In einem Haushalt, in dem Kinder aufwachsen und erzogen werden, muss eine Vielzahl von Leistungen erbracht werden. Listet man alle Arbeiten auf, plus die dazu erforderlichen Fähigkeiten, so übersteigt die dafür nötige Stundenzahl die vorhandenen Kapazitäten der Durchschnittshausfrau in einer Kleinfamilie. Dabei wird deutlich, dass alle für einen befriedigenden Ablauf nötigen Arbeiten nicht von den beiden Eltern alleine bewältigt werden können. Für Frauen ist es heute noch selbstverständlich, 24 Stunden am Tag alleine zuständig zu sein für die Kinder. Einen Ausdruck findet die Überforderung in der Reaktion der Frau auf eine weitere Schwangerschaft, die nicht geplant war. In der Konfliktberatung stellt eine dritte Schwangerschaft für eine verheiratete Frau eine so hohe Belastung dar, dass sie einen Abbruch nur aus diesem Grunde für gerechtfertigt hält und sagt: »Ich möchte meinem Kind ja auch etwas bieten.« Regelmäßig kann man gerade dies als stehende Redewendung hören. In Deutschland zu leben, erfordert einen bestimmten Lebensstandard, ohne den ein Kind für den eher gutsituierten Bürger keine Daseinsberechtigung hat. Für die Aufrechterhaltung dieses Standards fühlen sich Ehepaare verpflichtet, um dazuzugehören. Was früher die Großfamilie leistete, müssen jetzt zwei Personen erbringen. Dieser Sachverhalt ist gesellschaftlich in keinster Weise anerkannt.

Familienarbeit wird nicht entsprechend geachtet. Dabei ist sie nicht ehrenamtlich und zählt nicht zum bürgerschaftlichen Engagement, da ein solches immer freiwillig ist und jederzeit beendet werden kann. Kinder werden als Privatsache betrachtet, Aufwendungen sind steuerlich kaum absetzbar und verursachen der Familie hohe Kosten. Noch dazu verdienen die Wirtschaft und der Staat an Familien durch die Mehrwertsteuer und die Banken durch die Kreditkosten, die die Unternehmen auf die Warenkosten schlagen. Würde man sich zur Unternehmensgründung Familie von einem Existenzgründer beraten lassen, würde einem sicher davon abgeraten. Dies führt logischerweise dazu, dass Kinder nicht als Zuwachs begrüßt werden, sondern eher als Belastung empfunden und begrenzt werden, Schwangerschaften verhütet oder abgebrochen werden. Trotz theoretischer Möglichkeit, Schwangerschaften zu planen, werden von Paaren kaum Zeiten gefunden, in denen die äußeren Bedingungen eine Familienvergrößerung ermöglichen. Für viele Familien gibt es keine Möglichkeit, sich in der Zeit, in denen die Kinder klein sind, gegenseitig zu unterstützen, da ihnen die Zeit fehlt für Engagement und Organisationsarbeit. Familienselbsthilfe erfährt in unserer Gesellschaft keine praktische Wertschätzung.

### Beteiligung von Familienmitgliedern: Wer macht die Arbeit?
Vor diesem Hintergrund ist es teilweise verständlich, warum selbst die Mitglieder der Familie nicht sehen, dass es einen Haushalt gibt,

der Pflichten mit sich bringt. Es gibt allerdings noch einen anderen Grund, warum Familienarbeit selbst von den Familienmitgliedern nicht wahrgenommen wird. Es sind die noch immer herrschenden traditionellen Vorstellungen der Rollen von Mann und Frau. Gegen alle aufgeklärte Meinungen und das Bewusstsein verhalten sich Mitglieder einer Familie scheinbar irrational. In einer Studie wurde festgestellt, dass Paare in dem Moment, in dem sie Eltern werden, ihr Verhalten drastisch ändern. Urplötzlich fallen sie in altes schon längst überwunden geglaubtes Rollenverhalten.

Aufklärung, Gesetze versuchten dem Partner zu verdeutlichen, dass das Zusammenleben einer Arbeitsteilung bedarf, dass beide gleich dafür verantwortlich sind. Allerdings blieb es bei Appellen, denn man war der Ansicht, dass der aufgeklärte moderne Bürger selbstverständlich in der Lage ist, die Vorstellung einer partnerschaftlichen Beziehung zu verwirklichen. Warum jedoch klappt dies nicht? Es scheint, als würden archaische Verhaltensweisen in ganz bestimmten Situationen aktiviert werden, gegen die sich niemand wehren kann. Dies erzeugt in jeder Familie ein ständiges Konfliktpotential: Wer ist zuständig fürs Tischabräumen nach dem Essen, Abfälleruntertragen, Reparaturen etc.? Im Gespräch zu dem Thema hört man oft: »Ich bin zufrieden. Mein Mann hilft mir.« In diesen Fällen ist den Frauen nicht klar, dass ein hilfsbereiter Mann nichts mit Gleichberechtigung zu tun hat. Die Frau ist froh, wenn sie Aufgaben delegieren kann, betrachtet sich hier aber weiterhin als die Familienverantwortliche, auf der alles lastet. In Familien ist es nicht üblich, auf der Familienkonferenz die Aufgabenteilung für die nächste Woche zu besprechen. Falls es überhaupt Gespräche dazu gibt, werden spezielle aktuell anfallende Aufgaben thematisiert.

In Bezug zu diesem Thema gibt es kaum Unterschiede zwischen Menschen mit höherer Bildung oder ohne diese. Die Vorstellung, wie Familie funktioniert, wird nicht thematisiert. Das heißt, das stimmt nicht ganz. Es gibt Paare, bei denen sich Gespräche ausgiebig um das Zusammenleben drehen. Allerdings geht es dabei hauptsächlich um die angenehmen Bereiche, um Aufgaben, die optional sind. Man spricht miteinander nur über das, was verhandelbar und delegierbar ist. Familie funktioniert aber nicht mittels Wahltätigkeiten. Es gibt einen Mindeststandard – und viele Familien erreichen nicht einmal diesen. In unteren Schichten sind die Rollenaufteilungen noch klarer. Selbstverständlich geht der Mann arbeiten und repariert im Haus. Werden diese Erwartungen nicht erfüllt, gibt es Streit. Der Grund für viele Trennungen und Scheidungen ist die ständige Überforderung der Partnerschaft. Auch Paare, die am Anfang einer Beziehung überzeugt davon waren, sich gegenseitig zu lieben, sind im Alltag solchen Anforderungen ausgesetzt, dass auch die ungünstigen Seiten der jeweiligen Persönlichkeiten zutage treten und die Beziehung auf Grund von Zeitmangel nicht mehr zu einem inneren Ausgleich finden kann. Dies führt dann auch zu einer Vermeidung weiterer Kinder.

## Jugendliche auf der Suche nach Zugehörigkeit

Ein weiterer Hinweis darauf, dass mit der aktuell üblichen modernen Vorstellung von Familie etwas nicht stimmt, ist das Verhalten von Kindern und Jugendlichen. Der Bedarf an Erziehungshilfen steigt von Jahr zu Jahr. Die dafür nötigen Finanzen sind ein beträchtlicher Teil des kommunalen Haushalts. Erziehungsprobleme, Verhaltensauffälligkeiten, Schulprobleme bis hin zur Schulverweigerung beschäftigen Eltern, Lehrer und Erzieher. Das Leben in der Familie ist von der Vorstellung eines partnerschaftlichen Verhaltens von Kindern und Eltern geprägt, das gelingt aber nur in Bereichen, in denen auch eine wirkliche Partnerschaft besteht. Dies bezieht sich nicht auf Rechte und Pflichten des Haushalts. Hier haben die Eltern die Aufgabe, die Grundversorgung mittels Finanzen und Arbeit sicherzustellen. Dazu kommt, dass Kindheit ja gerade auszeichnet, dass die

Komplexität des Lebens außerhalb mit seinen Anforderungen und Verpflichtungen weitgehend draußen bleibt und die Lebensfähigkeit des Systems Familie durch die Vermittlungstätigkeit und außerhäusliche Beschäftigung der Erwachsenen garantiert wird. Kinder verhalten sich so, als wäre Familie ein abgeschlossenes System mit Grundversorgung. Sie sind nicht bereit zu verstehen, dass Familie nicht funktioniert, wenn bestimmte Leistungen nicht erbracht werden. Jugendliche nehmen an, dass der Kühlschrank immer voll ist, dass aufgeräumt ist, dass sie im Wohnzimmer Platz haben, um vor dem Fernseher zu sitzen, dass die Wäsche gewaschen, getrocknet gebügelt ist, dass eben alles für sie bereit liegt und nach Benutzung wieder gesäubert und aufgeräumt ist. Heizung, Licht, Wasser sind selbstverständlich. In einer Zeit mit immer mehr elektrischen und elektronischen Geräten geht der Jugendliche auch davon aus, dass diese vorhanden sind und funktionieren. Verwaltung und Post existieren für sie nicht. Die Erwartungen werden nicht geringer in Anbetracht fehlender finanzieller Möglichkeiten oder/und fehlender Zeit der Eltern.

Das Verhalten in Familien weist hin auf eine archaische Lebensweise. Bestimmte Einstellungen und Verhaltensweisen werden in dem Moment aktiviert, indem Menschen zusammenwohnen. Genau über dieses Problem stolperten die Studentenwohngemeinschaften der 70er-Jahre. Plötzlich waren Rollenvorstellungen da und legten Personen auf ein bestimmtes Verhalten und auf Erwartungen fest. Es wäre sehr hilfreich, hier zu forschen und die Gesetze zu eruieren, die Zusammenleben bestimmen. Ohne dies gibt es wohl sonst weder Pflege von Älteren noch mehr Kinder. Das archaische Selbstverständnis der eigenen Rolle als Kind wird auch auf die Umwelt außerhalb der Familie übertragen. Durch die Komplexität unserer Welt ist ein Jugendlicher nicht in der Lage, die gesamten Verpflichtungen und institutionellen Vernetzungen zu verstehen und zu handhaben, in denen der Bürger in der modernen Welt steht. Das führt zu der Einstellung, dass schon für alles gesorgt ist, oder dass bei Problemen sicher irgendwer zuständig ist. Die Rundumverwaltung des modernen Bürgers erzeugt zugleich eine Anspruchshaltung in der Meinung, andere wären zuständig. Eltern und auch Arbeitgeber sind davon genervt, rufen allerdings selber nach Hilfen und Unterstützung. Dies führt zu einem zunehmenden Beratungs- und Programmwald, angefangen von Schulsozialarbeitern, Schullaufbahnberatung, Bildungsberatung, Praxisklassen, Programmen für arbeitslose Jugendliche, usw. Jeder weiß ganz genau, was der spezielle Jugendliche tun sollte, wie er zu sein hätte, was für ihn wichtig wäre, wo er falsch ist. Jugendliche haben nicht mehr die Möglichkeit, selbstverantwortlich ihren Alltag zu gestalten und sich in ihrer Individualität und ihrem So-Sein eine Lebensgrundlage zu schaffen. Alles ist organisiert, der Tag voll mit Förderung und Beratung. Die Überfürsorge löst allerdings nicht das zugrundeliegende Problem.

**Störung als Zeichen von Verzweiflung**

Aus einem Artikel in »Die Zeit« vom 19.05.2011:
*»Die Kämpfer von der Puerta del Sol. An den Platzbesetzungen dieser Woche beteiligt sich nicht nur die Facebook-Twitter-Generation. Alle Alters- und Bildungsschichten sind auf den Plazas zu sehen. An den Call-ins der Radiostationen, voran der eher linksliberal orientierte Cadena SER, beteiligten sich Bürger unterschiedlicher Berufe oder, genauer gesagt, mit vielschichtigen Problembiografien, oft geprägt durch die Erfahrung der Langzeitarbeitslosigkeit. Gemeinsam ist ihnen die Verachtung für die Politiker, denen der Kampf um die Macht das Wichtigste sei – ein Selbstzweck ohne Projekt. Bei vielen hört man mehr private Enttäuschung heraus als politische Empörung, die das öffentliche Bild der Kundgebungen prägt. Bitterkeit und Abwendung verfestigen sich angesichts der geringen Aussichten auf eine neue Chance. Junge Menschen schieben*

*mangels fester Anstellung die Familiengründung vor sich her, erwachsene Kinder kehren nach einer gescheiterten Karriere plötzlich zurück ins Elternhaus, fertig ausgebildete Akademiker suchen vergeblich nach einem voll bezahlten Arbeitsplatz: Kein Wunder, dass der Zweifel an der Demokratie wächst.«*

Wo es keine Familie mehr gibt, gehen die Kinder auf die Straße. Sie machen sich auf die Suche nach Sicherheit und Ordnung. Ja, auch kriminell gewordene Jugendliche suchen im Grunde eine Ordnung. Bekannterweise lebt kein Straßenkind alleine, sondern in Gangs. Diese haben eine äußerst strenge, man kann sagen archaische hierarchische Ordnung mit einem Chef, der penibel auf jede mögliche Missachtung achtet. Die Reaktion kommt prompt und ist immer schmerzhaft für den Betroffenen. Trotzdem löst sich kaum jemand aus der Gruppe. Auch in den Geschichten von geschlagenen Frauen fällt auf, dass diese immer wieder zurückkehren in die Familie. Man fragt sich warum. Das Gesetz der Zugehörigkeit ist stärker als das der Individualität. Menschen ziehen es vor, in ihrer Gruppe zu bleiben, auch wenn sie hier regelmäßig mit Gewalt konfrontiert oder bedroht werden. Sicherheit kommt vor Schmerz. Sicherheit bedeutet Halt und wird vermittelt durch eine soziale Ordnung sowie genaue Verhaltensvorschriften. In der Psychologie ist bekannt, dass für ein Kind eine Familie schlimmer ist, in der niemand auf es reagiert, es niemandem wichtig ist, als eine Familie, die auf klare Ordnungen achtet und in der es Strafen gibt. Kinder, die sich vernachlässigt fühlen, versuchen, von der Umgebung eine Reaktion zu erhalten. Sie forschen systematisch danach, auf was der andere reagiert. Wo sie keine positive Reaktion erhalten können, suchen sie die negative. Meist sind sie aufsässig und provozieren, bis endlich eine Reaktion erfolgt. Sie suchen nach Kontakt, nach Berührung, und seien es Schläge.

In einem Nachmittagsangebot in einer Schule war ein Teil der Jugendlichen aktiv bei den angebotenen Spielen beteiligt und machte mit. Zwei Jugendliche nicht. Als erstes schon versteckten sie sich hinter dem Sofa und blieben dort. Nach einiger Zeit stellte sich heraus, dass sie dies jedes Mal als Spiel betrieben. Normalerweise lief dies auch immer gleich ab. Der Lehrer ermahnte, beschäftigte sich mit demjenigen, dieser verweigerte die Mitarbeit und verkroch sich in die nächste Ecke. So war der Lehrer ständig mit den beiden beschäftigt. Da die Lehrkraft ihn nicht dazu bringen konnte, sich einzugliedern und mitzumachen, verwies sie ihn schließlich nach draußen. Wie mir diese Jugendlichen selber sagten, hatten sie erwartet, dass es diesmal genauso läuft. Sie bestätigten mir, dass sie wollten, dass ich sie nach draußen schickte. Ein Schulsystem, das solche Spiele im Programm hat, indem es Jugendliche dazu bringt, sich auf eine solche Art zu verweigern, muss man von Grund auf in Frage stellen. Niemand kann hier sagen, dass Jugendliche selber schuld sind, dass für die Konsequenzen ihres Verhaltens sie selber aufkommen müssen. Auch wenn die Eltern nicht in der Lage sein sollten, ein entsprechendes Zuhause zu schaffen, ihr Verhalten zeigen sie im schulischen Rahmen.

Randalierende Jugendliche machen gerade das, was die Erwachsenen zur Reaktion zwingt. Mit allen Mitteln versuchen sie in Kontakt zu kommen. Da sie bisher keine positiven Reaktionen auf ihr Verhalten erlebt haben, haben sie keine Orientierung. Ihnen bleibt nur das störende Verhalten. Verzweifelt versuchen sie damit Aufmerksamkeit zu bekommen. Allen geht es um Anerkennung und Kontakt. Wenn Schule oder Gesellschaft einem Kind keinen Platz geben, an dem es Anerkennung bekommt, keine Zugehörigkeit zu einer Gruppe, der Klasse, wenn das Integrationsmittel unserer Gesellschaft ein Ausschlussverfahren ist, dann produziert es Ausgrenzung mit den zwangsläufigen Folgen von unkontrolliertem Bandentum von Jugendlichen. Hier erleben sie die Zustimmung der anderen gerade dann, wenn sie gegen bürgerliche Regeln verstoßen. Wer hier am meisten Mut zeigt, wird Chef der Bande. Ein einfaches und klares System, das eigentlich auch ein englisches Regierungsmitglied verstehen können sollte. Wenn sich die Gesellschaft nicht für diejenigen interessiert, die hintanbleiben, werden sie auf sich aufmerksam machen mit Mitteln, die sich gegen Recht und Ordnung einer Gesellschaft richtet, die diese ausschließt. Eine Gesellschaftsordnung, die ihre eigenen Kinder vernachlässigt, und sich als demokratisch und hochstehend brüstet, hat sich an sich schon disqualifiziert. Die Kinder von London, die Häuser anzündeten, gaben an, ihnen sei alles egal. Sie spiegeln auf diese Weise nur ihre Umwelt wider, die sich nicht für diese Kinder interessiert, ihnen keine Chancen gibt, wo wahrscheinlich schon ihre Eltern keine Chancen hatten. Die Gefühllosigkeit, die Brutalität, mit der sie vorgingen, ist das Ergebnis der sträflichen Vernachlässigung von Menschen. Es ist die Brutalität der Umgebung, die diese Kinder bisher erlebten. Die Regierung vergisst in ihrer beispiellosen Ignoranz, dass man gegen Kinder keinen Krieg führen kann. Nicht umsonst gelten Kinder nicht als strafmündig. Der Gesetzgeber ist der Meinung, dass das Verhalten eines Kindes in diesem Alter noch sehr stark als Ergebnis der Erziehung, der Sozialisation anzusehen ist.

Wo Familie nicht mehr existiert, muss der Staat die Verantwortung übernehmen. Die Stadt oder Gemeinde schafft das Wohnumfeld und gestaltet die Schulform. Bei uns gehen Kinder 10 Jahre in die Schule. Randalierende Kinder und Jugendliche sind das Ergebnis dieser schulischen Sozialisation sowie des Wohnumfelds. Sie lernten keine andere Art sich zu äußern, die ernst genommen wird. Wann endlich werden Verantwortliche begreifen, dass diese Jugend ihre eigene Zukunft ist und dass einst sie es ist, die bestimmen wird, wem sie zuhört! Angepasste brave Jugendliche fallen nicht auf. Trotzdem haben viele von ihnen dasselbe Problem. Sie haben keine Zukunft! Es gibt ein Lied von Frida Gold mit dem Titel »Wovon sollen wir träumen«. Hier wird die momentane Befindlichkeit der Jugend sehr gut ausgedrückt. Europaweit hat Jugend dieses Problem. Fast die Hälfte der spanischen Jugendlichen hat keine Arbeit. Wo jedoch können sich

Jugendliche äußern? Wo werden sie gehört, wo haben sie einen Raum? Es ist unverständlich, warum Medien nicht die Pflicht haben, Jugendliche, auch Kinder zu Wort kommen zu lassen! Es ist für sie unmöglich, Zustände, die sie als untragbar empfinden, darzustellen. Es gibt niemanden, der sich dies anhört. Rein rechtlich wäre das Jugendamt dazu da, sich mit Angelegenheiten von Jugendlichen zu befassen. Aber es ist eher so, dass sich das Jugendamt mit den Problemen der Erwachsenen beschäftigt und dann vielleicht mal den Jugendlichen dazu befragt. Inzwischen gibt es eine Stelle für die Zusammenarbeit des Jugendamts mit den Schulen. Ich fragte die zuständige Sozialarbeiterin, ob da auch Jugendliche mit ihren Problemen zu ihr kämen. Sie reagierte erstaunt. Nein, noch nie sei ein Jugendlicher von sich aus gekommen. Jeden Tag erleben Jugendliche und Kinder Ungerechtigkeiten und Diskriminierung von Seiten Erwachsener, oft von Seiten der Lehrer. Auch wenn es sie nicht selber betrifft, bleibt es ihnen unvergesslich. Das Erleben, sich nicht gegen Personen wehren zu können, die die Macht haben, sammelt sich in der Psyche. Wenn man heute Erwachsene nach ihren Erlebnissen in der Kindheit fragt, kommt viel an Verletztsein und Hilflosigkeit zu Tage. Es gibt kaum einen Erwachsenen, der nicht erlebte, nicht angehört worden zu sein, kein Verständnis gefunden zu haben, ungerecht behandelt worden zu sein. Aggressives Verhalten hat immer einen Grund in nicht geglückter Kommunikation. Wer trotz regelmäßigem Bemühen nicht gehört wird, wird depressiv oder neigt zu aggressivem Verhalten. Gewalttätiges Verhalten hat seinen Ursprung immer in einer sozialen Struktur der Gewalt, für die die Gemeinschaft, letztendlich der Staat verantwortlich ist.

### Der Jugendwahn
Einerseits wird die Jugend nicht ernst genommen, andererseits versuchen Erwachsene, ihre eigene Jugendlichkeit mit aller Macht zu erhalten. Als hoher Wert im modernen Leben wird die Jugendlichkeit angesehen. Hier überstürzen sich Förderungen

von Bildung und Arbeitsangeboten. Unternehmen versprechen sich gerade von jungen Menschen, dass sie die Ideen und Impulse einbringen, was die Firma über die Jahre versäumte, nicht schaffte, ihre Probleme in Griff zu bekommen. Sie meinen, mit Jungen bekommen sie die Zukunft für ihr Produkt, ihre Projekte.

Der Jugendwahn ist in unserer Gesellschaft überall anzutreffen. Top ist, was jung, schnell und nutzbar ist. Jugendliche Arbeitnehmer sind außerdem gut lenkbar. Dem entspricht, dass der Arbeitslose ab 50 keine Stelle mehr findet, aber bis 67 arbeiten soll, nach einer Meldung kürzlich bis 69. Die Lebenserwartung ist inzwischen bei über 80, 79 bei Männern, 84 bei Frauen, mit steigender Tendenz. Das heißt, der heute 20-Jährige kann mit einer Lebenserwartung von über 90 rechnen. Zugleich werden über 60-Jährige schon als Senioren bezeichnet, obwohl sie erst zwei Drittel ihres Lebens hinter sich haben, also in einem guten Alter sind. Trotzdem werden sie zum alten Eisen gerechnet.

Wieder muss ich hier auf Konrad Lorenz hinweisen, der eine große Gefahr sieht für unsere Gesellschaft, in der infantile Gefühlshaltungen gefördert werden. Das Verhalten, das für kleine Kinder passend ist, wie überzogene Forderungen, Ungeduld bezüglich der Triebbefriedigung mit dem Drang nach sofortiger Wunscherfüllung und Protest bei Nichterhalt, führt bei Jugendlichen wie auch Erwachsenen zu einem Mangel an Verantwortung und Rücksichtnahme auf Gefühle anderer. (Lorenz 1973: 64 f) beschreibt, wie ein solcher Mensch schließlich zum »Parasiten der Gesellschaft« wird, der selbstverständlich erwartet, »die Fürsorge der Erwachsenenwelt weiter zu genießen«. (Lorenz 1973: 64 f)

Der Jugendwahn setzt Menschen unter hohen Druck. Mit aller Macht versuchen sie, ein jugendliches Aussehen zu erhalten und den Schein zu wahren, agil, flexibel und fit zu sein. Das Alter wird möglichst verschwiegen und im Gespräch mit negativen Kommentaren belegt wie »Ach, jetzt kommst auch du schon in das Alter.« Oder bei der Angabe von gesundheitlichen Beschwerden: »Ja, da kann man nichts machen, das ist das Alter!« Die ständige

Selbstbestätigung eines Prozesses, der abwärts geht, kann auch dazu führen, Perspektiven und Träume aufzugeben und die eigene soziale Umwelt nur mehr auf das Nötigste zu reduzieren. Sich in eine Altersscheinwelt zurückzuziehen kann katastrophale Folgen haben: Eine ältere Dame redete sich über Jahre ein, dass ihr Leben schon dem Ende zugeht und deutete jedes kleinste Anzeichen in diese Richtung. Schließlich bekam sie Alzheimer.

Das soziale Miteinander wird von den Individuen selbst gestaltet und bestimmt von ihren Vorstellungen. Wir legen durch unsere Vorstellungen fest, welche Chancen wir uns selbst geben. Genauso eröffnen oder beschneiden wir Möglichkeiten für andere, indem wir ihnen einen Platz in unserer inneren Lebenswelt geben und ihnen eine bestimmte Rolle zusprechen. Geben wir den Jungen Chancen, sich selbst zu äußern, ihre Vorstellungen zu entwickeln und ihr Umfeld zu gestalten. Dann können sie sich erproben, bewähren und finden ihren Platz. Wenn wir aber nur unsere alten Plätze für sie haben, die für sie keine Gestaltungsräume bieten, dann bleiben Energien ungenutzt und äußern sich für alle Beteiligten störend. Die Jugend bringt die neue Welt und hat alle Anlagen, um Formen zu finden, die eine Zukunft schaffen kann. Die Räume dafür sollten wir ihnen bereiten.

## Kapitel 3
# Rundumversorgung in der Massengesellschaft

*»Alle Gaben, die dem Menschen aus seinen tiefen Einsichten in die umgebende Natur erwachsen, die Fortschritte seiner Technologie, seiner chemischen und medizinischen Wissenschaften, alles, was dazu angetan scheint, menschliches Leiden zu mildern, wirkt sich in entsetzlicher und paradoxer Weise zum Verderben der Menschheit aus. Sie droht genau das zu tun, was sonst lebenden Systemen fast nie geschieht, nämlich an sich selbst zu ersticken.«*

(Lorenz 1973: 19)

## Der Ameisenstaat

Fasziniert und zugleich betroffen sehen wir, wie japanische Bürger nach der Katastrophe in Fukushima geduldig wartend in Schlangen vor Läden stehen, voller Vertrauen in die Regierung nicht daran denken, den Ort zu verlassen. Anscheinend fehlt die Tendenz, sich selber kritisch ein Bild der Lage zu machen und individuell für sich selbst zu sorgen. Weder ein Angehöriger eines Volksstammes noch ein Nomade würde sich so passiv verhalten. Vorteile einer solchen Haltung gibt es viele. Menschen sind gut führbar durch eine Elite. Voraussetzung ist die Einstellung, zu den Entscheidungen der Regierung Vertrauen zu haben, zu glauben, dass stimmt, was diese sagt. Die Entscheidungen, die diese trifft, egal ob König oder Unternehmensführung, wird zu 100 Prozent durchgeführt. Handelspartner können sich verlassen, Auftraggeber auf pünktliche Lieferung bestellter Waren vertrauen und damit kalkulieren. Die Autohersteller verschiedener Marken in Europa ließen bestimmte Einzelteile in Japan fertigen und müssen jetzt kurz nach der Katastrophe zum Teil ihre Produktion drosseln, da auf Grund des AKW-Unfalls die Produktion in Japan stagniert. Das zeigt, mit wie viel Vertrauen sie sich von diesem Partner abhängig machten. Japan ist sicher das Vorzeigeland und Musterschüler hinsichtlich der Einhaltung von Verträgen und Standards. Dies ist die Grundlage für die globale Wirtschaft, für Langzeitplanungen und Investitionen und damit sichere Gewinnmöglichkeiten. Niemand jedoch macht sich bewusst, dass nur auf diese Weise unsere Industrie, der Handel und die Wirtschaft funktionieren. Nicht auf Grund demokratischer Strukturen des Zusammenlebens, sondern nur mit Menschen, die aufgewachsen sind in einem rigiden System. Nur diese Menschen sind brauchbar für Unternehmen, haben die entsprechende Arbeitshaltung. Die viel gepriesene Industriegesellschaft kann nur funktionieren auf einer hierarchischen Basis.

Aber an diesem Fall sieht man auch den großen Nachteil von hierarchischen Organisationen. Nicht kalkulierte Risiken können nicht ausgeglichen werden, da es an selbständigem Denken über die normalen Grenzen des eigenen Tellerrandes hinaus fehlt. Die Individuen existieren nur als Rädchen im Getriebe und definieren sich darüber. Steht dieses still, wartet der Einzelne, bis es wieder funktioniert. Dabei bemüht sich jeder Einzelne, seine Pflichten und Aufgaben 150-prozentig zu erfüllen. Allerdings sind dies die ihm zugeteilten Aufgaben. Der Einzelne ist unfähig, darüber nachzudenken, ob der Unfall eventuell ein Systemfehler ist.

Die Deutschen sind beliebt, weil sie pünktlich und verlässlich sind. Das ist jedoch nur möglich, wenn man anderes wie eigene Bedürfnisse, sich selbst, die Familie, hintanstellt. Die Unwägbarkeiten des Alltags werden egalisiert, ausgeblendet, wenn nötig unterdrückt und es wird mit allen Möglichkeiten versucht, den Plan einzuhalten. In einem Ameisenstaat im Tierreich hat ursprünglich jedes Individuum seine ihm zugewiesene Aufgabe. Diese ist nicht von vorneherein genetisch programmiert. In jeder frischgeschlüpften Ameise sind potentiell alle Anlagen vorhanden.

Die einzelne Ameise wird in die Ordnung des Systems hineingeboren. Der äußere Plan bestimmt, was aus ihr wird. Da, wo Bedarf ist, wird diese kleine Ameise eingesetzt, entsprechend gepflegt, gefüttert und eingewiesen. Ab diesem Zeitpunkt funktioniert jede Ameise exakt nach Plan – ein Rädchen im Getriebe.

*»Die Vermassung der Gesellschaft, die Enttraditionalisierung, die Züchtung insektenstaatenähnlicher Massenkulturen erfährt in diesen Systemen ihre bis dahin schärfste Ausprägung.«*

(Wulff 2009: 143)

Interessant ist, dass es Staatenbildung im Tierreich nur bei den Insekten gibt. Insekten zeichnen sich dadurch aus, dass sie in einer äußeren harten Hülle die Weichteile der Organe bergen. Die harte Struktur ist also außen zum Schutz der inneren Funktion. Beim Menschen ist die Struktur im Inneren als Gerüst, Knochen, maßgeblich Wirbelsäule, die umgeben ist von den Weichteilen, Organen, Muskeln etc. Betrachtet man eine soziale Organisation als Organismus, so entspricht ein Staatengebilde von starrer Form dem physischen Aufbau eines Insekts. Dem Menschen, der seine Struktur im Inneren hat, jedoch nicht. Insofern ist die äußere Ordnungsstruktur beim Menschen nur durchsetzbar, wenn man ihm sein Rückgrat bricht. Wirbelsäulenbeschwerden sind ja auch eine der häufigsten Zivilisationskrankheiten.

Maßgebend ist der Plan, die Struktur. Es ist Gesetz, das keinerlei Abweichung duldet. Menschen sind keine Ameisen. Im Großen und Ganzen ist es für das Überleben der menschlichen Spezies auch nicht wichtig, ein System vorrangig vor dem Individuum zu erhalten. Ein System hat nur dort absoluten Vorrang, wo das Individuum nur mit Hilfe des Systems überleben kann. Keine Ameise kann ohne ihren Staat leben. Im Gegensatz dazu sehen wir, dass den Menschen gerade seine Anpassungsfähigkeit an verschiedene Lebensbedingungen natürlicher oder sozialer Art auszeichnet. Der

Mensch ist in der Lage, sich vollständig an Erfordernisse anzupassen, in autokratischen Gesellschaften zu leben. Auf der anderen Seite ist er jedoch nicht gezwungen dazu, da er als Spezies auch als Individuum bis zum Einsiedler fast ohne soziale Bindungen überleben kann. Meist ist der konkrete Einzelne nicht unbedingt so flexibel. Die potentielle Wandlungs- und Lernfähigkeit des menschlichen Wesens weist jedoch immer über seine augenblickliche einengende Lebenssituation und -struktur hinaus. Das heißt, jeder Mensch hat berechtigten Anlass zu Hoffnung auf eine bessere Zukunft. Wichtig ist nur, dass er begreift, dass diese Zukunft nicht im Außen liegt, also nicht in den äußeren Bedingungen, sondern in seiner Fähigkeit, sein eigenes Denken, seine Einstellungen zu verändern. Ein in hierarchischen Strukturen aufgewachsener Mensch hat in sich zunächst nur die Verhaltensweisen, die es ihm erlauben, in eben diesen Strukturen zu überleben. Nach einer Revolution und dem Sturz des Diktators wird er als erstes wieder das errichten, was er gewohnt ist. Er kann ja nichts anderes. Ein neues Deckmäntelchen in Form einer neuen Regierung garantiert noch keine Demokratie. Demokratische Verhaltensweisen sind schwer zu erlernen. Aber im Grunde ist nicht einzusehen, wozu wir als Menschen eine soziale Struktur ähnlich eines Ameisenstaates benötigen. Trotzdem ist zu beobachten, dass Ameisenstaaten auch in der modernen Zeit existieren. Wir wollen im Folgenden Überlegungen anstellen, um herauszufinden, wer ein Interesse daran hat, diese Strukturen zu erhalten oder sogar zu errichten.

Strukturen gemäß einem Ameisenstaat finden sich vor allem in der Wirtschaft. Der Erfolg der Industrialisierung lag maßgeblich in der Rationalisierung von Tätigkeiten. Da es dazu noch Kräfte brauchte, die Aufgaben übernehmen, die noch nicht von Maschinen ausgeführt werden konnten, wurden Menschen dafür eingesetzt. Wie gesagt, ist das menschliche Wesen so anpassungsfähig, dass es im Bergbau Silber abbauen, im Dschungel Kautschuk ernten, in der Arktis nach Öl forschen, jahrzehntelang am Fließband stehen kann etc. Als Arbeiter ist das Wesen Mensch einzigartig, weil überall brauchbar. Darüber hinaus versucht ein Arbeiter in ungeplanten Situationen, das Beste daraus zu machen. Das kann keine Maschine, kein Roboter, kein Computer, auch in Zukunft wird das keine Maschine können.

Der Zeitgeist der Technisierung hat jedoch nicht angehalten, als Produkte für die wichtigsten Lebensbedingungen geschaffen worden waren. Eine Faszination geht aus von den technischen Hilfsgeistern, die versprechen, monotone und mühsame Tätigkeiten zu übernehmen, Sklaven, Kinderarbeit und menschliche Dienste zu ersetzen. Von Anfang an war die Technisierung begleitet von dem Mythos, zukünftig nicht mehr schuften zu müssen, in Wohlstand und Überfluss seine Freizeit genießen zu können und im Alter sorglos eine Rente zu beziehen. Das Versprechen der die Technik fördernden Kräfte hält an und hat inzwischen die Menschen auf der ganzen Welt infiziert. Nicht gesagt wird, dass von Anfang an das Ziel war, die menschliche Arbeitskraft überflüssig zu machen. Der Angestellte wird gesehen als Übergangstechnologie, human ressources, und alle Anstrengungen werden daran gesetzt, neue, noch komplexere Techniken zu kreieren, die noch mehr unabhängig machen von der kostenintensiven menschlichen Arbeitskraft. Übersehen wurde, dass der Gewinn der Rationalisierung nicht auf die Arbeiter, die die Fabrik aufbauten, verteilt wird sondern dass er als arbeitsloses Einkommen den Kapitalgebern zukommt. Wenn der Ameisenstaat einst voll technisiert ist, braucht es nur mehr ein paar Erzieherinnen und Arbeitspädagogen, die die einzelnen menschlichen Ameisen ab ihrer Geburt auf die richtige Spur bringen, damit sie ihre Rolle störungsfrei und nutzbringend für das Ganze ein Leben lang spielen können im Rahmen von Gesetzen und Verwaltungsvorschriften für jeden Bereich des Lebens. Sie haben folgende Kennzeichen:
- Informationsweitergabe und Organisation ist das Mittel, durch welche der Ameisenstaat funktioniert.
- Aufträge von oben nach unten. Einer muss auf den anderen hören und befolgen, was dieser ihm mitteilt.
- Der Einzelne ist austauschbar.

Was es nicht gibt, ist:
- Spontane, eigenständige Entscheidungen,
- Freiräume für eigenes Denken und Tun,
- Kreativität und Kultur.

Was funktioniert, ist:
- Training, Schulungen von Menschen.
- Projekte, Planungen, Programme,
- die Ausführung von Großprojekten.

**Wandel: Die Versuchung durch die Technik**

> *»In den letzten Jahren kamen wir dahinter, was Fortschritt letzten Endes bedeutet: Den vollständigen Ersatz der Natur durch eine künstliche Technologie. Fortschritt beinhaltet die völlige Zerstörung der vorgefundenen Welt zugunsten einer Technologie, die für ein paar bessergestellte Leute eine angenehme Lebensweise schafft.«*
> (Deloria 1996: 94)

Heute ist es auch nicht die Frau, die der Versuchung unterliegt. Heute ist es der Mann.

> *»... und der Mann sah, dass mit einer Firma alles zu machen sei und die Maschinen eine Lust für die Augen und Möglichkeiten für begehrenswerte Techniken seien. So machte er eine Maschine, probierte sie aus und gab sie auch seiner Frau neben ihm, und sie probierte sie auch aus. Da gingen ihnen beiden die Augen auf, und sie wurden gewahr, dass sie bisher mit den Händen gearbeitet hatten. Da verließen sie ihre Familie, verdingten sich in der Firma, und verdienten Geld, um so eine Maschine kaufen zu können.«*

Und Gott der Herr sprach: *»Ja, der Mensch ist jetzt geworden wie unsereiner, er kann alles machen, was er will. Dass er nur nicht noch seine Hand ausstreckt und ...«*

Vieles, was das sein könnte, wird jetzt schon Wirklichkeit. Gentechnik, Stammzellenforschung. Der Wahn der Macht = Machbarkeit greift um sich. Dies ist die Situation eines Großteils deutscher Familien. Das wirtschaftliche Denken führte zur Abhängigkeit davon. Die Massengesellschaft besteht nur mehr aus Individuen. Hier ist jeder Bürger in seinen Angelegenheiten bezogen auf die Verwaltung des Landratsamts des Kreises, deren Beamte den Einzelnen nicht kennen. Der Mensch wird verwaltet. Auf der anderen Seite ist der Einzelne eingebunden in seine Berufswelt. Dem entspricht das Singledasein. Dies ist in Großstädten wie München schon sichtbar.

Dass wir auf dem Weg zur Massengesellschaft sind, zeigt die Zunahme von überregionalen Regelungen und Gesetzen, die über das Verhalten des Individuums bestimmen, unabhängig von den Bedingungen seines Wohnorts. Auf der Ebene der Staaten bringt es zwar Vorteile, sich zusammenzuschließen zu größeren Einheiten, für den einzelnen Bürger hat es sehr oft große Nachteile zur Folge. Auf dem Gebiet der Wirtschaft geschieht eine Entwicklung vom Klein- zum Großunternehmen. Zugleich gehen kleine Betriebe kaputt oder leben in Abhängigkeit als Zulieferer an Großbetriebe. In allen Bereichen geschieht der Wandel zugunsten von Großstrukturen.

Der Nationalökonom und Philosoph Leopold Kohr beschrieb schon vor Jahrzehnten, dass große soziale Gebilde für das Individuum nicht mehr Wohlstand erzeugen als kleine, im Gegenteil. Zusammenschlüsse, die über ein notwendiges Maß an Gemeinsamkeiten hinausgehen, verbrauchen schließlich mehr Energien als sie sparen, wobei es am Ende hauptsächlich um den Erhalt des Systems geht, nicht mehr um den Nutzen für den Menschen. Die Frage ist, ob die Massengesellschaft ein Modell ist für den Menschen, in dem er glücklich und gesund sein kann. Die Massengesellschaft impliziert eine bestimmte Art von Demokratie, in der bestimmte Gruppen Repräsentanten bestimmen. Diese Struktur ist weniger eine demokratische als eine hierarchische.

Der Übergang ist unmerklich. In einem Dorf kennt jeder jeden persönlich und fühlt sich wirklich vertreten. In der Massengesellschaft hat der Einzelne im Alltag keinen Einfluss mehr. Das erlebt er täglich in Bezug auf seine eigenen Angelegenheiten, die immer mehr normiert werden. Überall stößt man auf Gesetze und Verordnungen, auf deren Gestaltung man keinen Einfluss mehr hat. Soziale Fähigkeiten, die in Kleingruppen nötig sind, wie eigene Zielsetzung, Interessenbekundung, Entscheidungsfindung werden nicht gefördert und gehen damit verloren. Soziale Kompetenzen sind in einer Massengesellschaft kontraproduktiv, da sich der Einzelne dann nicht so gut anpasst und einordnet. Der selbstständig denkende und urteilende Mensch ist hier Sand im Getriebe. Die Verwaltung von Menschen braucht den kompatiblen Bürger. Die Gefahr der Entmündigung ist gegeben. Ein Massenmensch wird rationell organisiert. Kinderheime wie Altenheime werden ähnlich einer Fabrik organisiert, damit reibungsloser Ablauf mit möglichst wenig Personal stattfindet. Inzwischen verstehen manche Menschen schon unter sozialen Kompetenzen Anpassungsfähigkeit und unter Arbeitshaltungen die Fähigkeit zu funktionieren.

Kennzeichen der Massengesellschaft ist, dass sie das Leben in einzelne Tätigkeiten aufteilt. Diese werden aus ihrem Zusammenhang genommen und es wird so getan, als könnte man diese Tätigkeit für sich alleine betrachten. Danach fügt man sie in einen neuen Kontext ein. Man ist der Meinung, die Wirksamkeit würde sich dadurch nicht verändern. Das beste Beispiel ist der Umgang mit Heilpflanzen. Die Pflanze wird aus ihrer normalen Umgebung genommen, auf einzelne Wirkstoffe hin analysiert, diese isoliert und dann bezüglich ihrer Wirksamkeit untersucht, schließlich in Monokultur angebaut. Danach wird die Pflanze in ihrer Gesamtheit nur auf Grund der einzelnen Wirkstoffe hin beurteilt und entsprechend zugelassen oder auch nicht. Die einzelnen Stoffe werden isoliert mit anderen zusammengemischt und als Tablette vom Arzt verordnet.

# Die Auflösung von Familie

Die Kernfamilie entwickelte sich erst im Zusammenhang mit der Industrialisierung und der damit verbundenen Notwendigkeit zur Mobilität Mitte des 19. Jahrhunderts. Bedeutsam ist hier, was im Allgemeinen völlig übersehen wird: Für jede Form von Industrialisierung, wirtschaftlichem Aufstieg bis hin zum modernen Kapitalismus und Neoliberalismus gilt: Das System funktioniert nur so lange, wie Frauen bereit sind, als Mütter für Kinder da zu sein, den Familienzusammenhalt zu fördern. Die Grundhaltungen, die dafür nötig sind, sind diametral entgegengesetzt zu den modernen Erfolgsgaranten wie Flexibilität, Erfolgsstreben, Arbeitseinsatz für die Firma. Wulff beschreibt die Anforderungen, die der moderne Neoliberalismus an den einzelnen Bürger stellt:

> *»Jede menschliche Ressource, körperlich, geistig, mental, biologisch, genetisch muss unbegrenzt verfügbar sein. Es darf keine Grenze für Arbeitsintensität, Stress, Simultantätigkeit, Nutzung von Wahrnehmungsfähigkeit, von neuronalen Möglichkeiten geben.«*
> (Wulff 2009: 146)

Die Auflösung der dörflichen Gemeinschaften ging einher mit den Möglichkeiten, die mehr Geld brachte. Die Erwerbstätigkeit außerhalb des Dorfes verringerte die Kommunikation und den Informationsfluss. Damit erfuhr man nicht, wie es dem Nachbarn geht, wo Zusammenarbeit hilfreich wäre. Der Zusammenhalt und die gegenseitige Unterstützung wurden weniger. Damit schlossen sich die Familienangehörigen für sich enger zusammen, das Angewiesensein wurde stärker auch über weite Entfernungen hinweg. Wo früher Menschen in einem Verband lebten und sich hier sicher fühlten, war es für viele nicht nötig, selber zu heiraten und eine Familie zu gründen. Durch die Unabhängigkeit, die eine Erwerbstätigkeit jetzt brachte, konnte man sich auch zu zweit als

Paar eine Wohnung leisten. Der finanzielle Reichtum brachte die Illusion, auch Kinder haben zu können. Die Versorgerehe war lange Jahre ein gesellschaftliches Konzept. Materieller Wohlstand bedeutet jedoch zwar genug Nahrung, aber durch die außerhäusliche Arbeit und die Kleinfamilie gab es keinen Rahmen mehr für Familienzusammenhalt.

Der Wandel zur Massengesellschaft wird deutlich daran, dass mit der Gleichberechtigung die Freiheit, aber auch die Notwendigkeit besteht, einen großen Teil des Tages außer Haus zu sein. Damit ist die Auflösung des Lebenszentrums gegeben. Die Innenkräfte werden nicht mehr gefördert. Das Feuer kann nicht mehr gehütet werden und wird kalt, ähnlich den Beziehungen. Nötig ist eine hauszentrale Energieversorgung.

**Der Sozialstaat**
Grund für die Einführung der Bismarckschen Sozialgesetzgebung waren die explosiven sozialen Missstände auf Grund der kapitalistischen Wirtschaftsentwicklung. Ernst Kistler: (Die Methusalem-Lüge. München 2006). Folgen waren: die Auflösung der Großfamilie, die massive Migration in Industriezentren, die Verarmung breiter Massen.

Es gibt einen Wandel in den Bedürfnissen. Durch das Zerbrechen des Systems von familiären Lebensgemeinschaften entstanden erst der Mangel und damit der Bedarf nach Versorgung, Betreuung. Die sinnvolle Tätigkeit im Alltag wurde entfernt. Auf diese Weise wurde ein Bedarf geschaffen und so entstand die Arbeit. Arbeit ist Tätigkeit, die man für Menschen tut, die man nicht kennt, zu denen man keine Beziehung hat. Aus dem Grund gibt es hier keine Gegenseitigkeit. Das bedeutet, wenn ich mal etwas brauche, etwas nicht kann, dann tut dieser andere für mich nichts. Das gab es früher nicht.

»… und die Frau sah, dass aus dem Supermarkt gut einzukaufen war und dass dies hier eine Lust für die Augen sei und es begehrenswerte Waren gäbe, durch die man alles haben könne.

So kaufte sie die Frucht, aß und gab auch ihrem Manne neben ihr, und er aß auch. Da gingen ihnen beiden die Augen auf, und sie wurden gewahr, dass sie kein Geld mehr hatten. Da gingen sie zum Arbeitsamt und beantragten Hartz IV. Und Gott der Herr sprach: ›Ja, der Mensch ist jetzt geworden wie unsereiner, er kann alles haben, was er will. Dass er nur nicht noch seine Hand ausstreckt und …‹ Darum schickte Gott der Herr ihn aus dem Garten Eden fort. Er vertrieb die Menschen …«

Heute ist es nicht Gott, der die Menschen aus dem zweiten Paradies vertreibt. Heute sind es die Menschen selbst, die dies tun. Und es gibt kein Zurück. Denn ist erst einmal die Erfahrung gemacht worden, dass man alles kaufen kann, so setzt sich dies im Kopf als Wunsch fest. Auf diese Weise verlassen Bauern in den Hochanden ihr Dorf, ihre Familie, um nach Lima zu ziehen. Ihnen genügt nicht mehr die Kartoffel, der Mais, die Quinoa. Sie wollen einen Fernseher und ein Handy. Sie landen im Slum.

## Vereinzelung als Prinzip der Massengesellschaft

> *»Dem Bewohner der Nutzmenschenbatterie steht nur ein Weg zur Aufrechterhaltung seiner Selbstachtung offen: Er besteht darin, die Existenz der vielen gleichartigen Leidensgenossen aus dem Bewusstsein zu verdrängen und sich vom Nächsten fest abzukapseln … auf diesem Weg führt Vermassung zur Vereinsamung und zur Teilnahmslosigkeit am Nächsten.«*
>
> (Lorenz 1973: 30)

Für den Einzelnen bedeutet die Zugehörigkeit zu einer Großgruppe, dass er persönlich als Individuum keine Äußerungsmöglichkeit hat, da er als Individuum direkt dem Großsystem gegenübersteht. Ebenso, wie der Einzelne keine Möglichkeit hat, sich rechtlich gegen eine Großorganisation zu wehren, genauso wenig kann er seine Bedürfnisse einbringen. Die Kommunikation geht einlinig von oben nach unten. Das Großsystem ist zum Teil der Meinung, im Sinne des Einzelnen zu handeln. Trotzdem ist es eine Bevormundung, da der Einzelne nie gehört wurde. Im Alltag sind immer mehr Handlungen des Einzelnen orientiert auf Großstrukturen. Wo früher die Familie angesprochen wurde, ist jetzt der Einzelne als Individuum erfasst, befragt, verantwortlich. Der Einzelne hat Anträge auszufüllen. Auch die Schule ist eine Großstruktur, da das Schulsystem übergreifend organisiert ist.

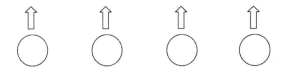

Sobald ein Kind 18 Jahre alt ist, braucht es einen Führerschein, eine Bankverbindung, ein eigenes Telefon, Computer. Es ist der Weg dazu, alles für sich selbst allein zu organisieren … das Ideal der Unabhängigkeit: Job, Auto, eigene Wohnung, der Traum des Heranwachsenden. Die Ernährung wird beschafft über Supermärkte, die in Ketten das Land überziehen. Inzwischen findet man dasselbe Warensortiment in allen Ländern Europas. An der dazugehörigen Architektur kann man nicht erkennen, in welchem Land man sich gerade befindet.

Früher waren die Menschen im Alltag hauptsächlich bezogen auf ihre Gruppe, die Familie, das direkte Lebensumfeld. Der Handwerker in der Stadt hatte einen Familienbetrieb und einen festen Kundenstamm. Beziehungen wurden gelebt zwischen Nachbarn, Kunden und der Familie. Der Staat hatte wenig Bedeutung für das konkrete Leben. (siehe Grafik Seite 126)

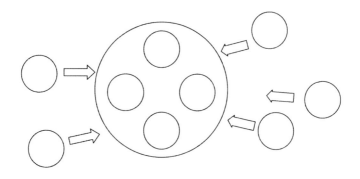

Kennzeichnend für das moderne Leben ist, dass die Lebensentwürfe individuell sind. Dadurch geht der Zusammenhalt in der Familie sowie am Wohnort verloren. Der Einzelne erlebt sich in den Großorganisationen nicht mehr als Persönlichkeit, sondern als Arbeiter, Angestellter, der austauschbar ist. Früher bekam er die Stelle, weil der Chef mit seiner Familie bekannt ist, oder ihn selbst schon seit der Kindheit kennt. Nein, was zählt, sind heute nur sachliche Kriterien, Noten, Abschlüsse, Vorerfahrungen, eben die Bewerbungsunterlagen. Als Privatmensch ist er interessant für Krankenkassen, Finanzberater, und im Postkasten findet man täglich Werbung und Rechnungen, jedoch kaum einmal einen handgeschriebenen Brief oder eine Karte von Freunden. Das Individuum ist in einer Maschinerie von Verwaltung, Adressenhändlern und Werbeleuten verfangen, die alle versuchen, die Ressource Mensch möglichst gewinnbringend für die eigenen Interessen zu nutzen.

Der Beziehungsaspekt des Lebens geht verloren und wird ersetzt durch Sachaspekte. Anstatt dem Sein des Miteinanders ist man immer mehr gefangen im Tun, im Erledigen, im Ableisten, Hintersichbringen. Die Listen der noch abzuarbeitenden Aufgaben werden nicht kürzer, sondern immer länger und durchhalten kann nur derjenige, der sich selbst im Griff hat, Sonderwünsche erst gar nicht aufkommen lässt, eigene Bedürfnisse nicht kennt. Genauso wie die Waren im Supermarkt stehen die Menschen in den Listen der Arbeitsämter, gut sortiert, aber in Menge und mit Wiedererkennwert. Die Massengesellschaft zeichnet sich aus durch Ordnung, Hygiene und Organisation jedes Teiles.

Das individuelle Leben verbietet die Unterstützung von anderen. Denn es gibt ja die Sozialstation und den Staat. Nicht nur der Einzelne denkt so, sondern auch die Gemeinden, Bürgermeister, Gemeinderäte. Es gibt Menschen, die gerne versorgt werden wollen, die Verantwortung gerne abgeben wollen. Wo es keine Familie mehr gibt, müssen der Staat, die Institution, das Altenheim dafür herhalten. Psychosozial leben diese auf der Stufe des Kleinkindes und ziehen die soziale Abhängigkeit einem Leben in Freiheit vor. Das Gesetz des Eigentums hat sich verbunden mit einem Gesetz, des »das geht mich nichts an«. Ab der ersten Klasse lernen Kinder, nicht nach rechts und links zu schauen, auszuhalten, wenn der andere nicht weiter weiß, gefühllos zu sein, nicht zu helfen. Die Kälte breitet sich aus, die Einsamkeit des Schulkindes wächst mit der Erfahrung und dem Verbot des gegenseitigen Helfens. Wäre dieses jahrelange Training nicht, so würden die Menschen mehr aufeinander schauen. Aber so beansprucht der Erwachsene alles, was er braucht, über Dienstleistungen. Dafür braucht er Geld. Den anderen nicht zu brauchen wird zum Ideal, zu einem Zeichen von Selbständigkeit. Und wir bemitleiden Menschen anderer Völker, die ein geringes finanzielles Einkommen haben und projizieren unsere Not auf jene. Sie haben keine Not. Sie wollen Geld und Arbeitsmöglichkeiten, um sich Zusätzliches leisten zu können. Das ist ein großer Unterschied, ein riesiger Unterschied. Das Wesentliche ist, dass hier niemand alleine ist.

Gemäß dem Einfluss der Umwelt wird nach Darwin durch das Massen-Verwaltungssystem Menschenzüchtung betrieben. Denn derjenige hat Erfolg, der sich hier einpassen kann. Das Leben in der Masse bringt jedoch Anonymität und damit Einsamkeit. Auffallend ist, dass Menschen, die längere Zeit alleine leben, trotz Sehnsucht nach einer Partnerschaft nicht in der Lage sind, eine Bindung einzugehen. Bindung bedeutet Dauer, Verlässlichkeit, ist normalerweise gebunden an einen Ort. In allen Bereichen des

Lebens geschieht jedoch Veränderung und damit Unsicherheit. Dazu kommt die Wandlung in der Berufswelt. Immer mehr Flexibilität ist gefragt. Hier wird die feste Bindung aufgehoben zu den Kollegen, weil sie ständig wechseln, zum Arbeitsplatz, weil er umstrukturiert, ausgelagert wird, oder unsicher ist. In Wohngebieten, in denen Menschen ihre Wohnung nur mehr als Schlafstätten nutzen und daher keine Beziehungen zur Nachbarschaft haben, entwickelt sich eine Art von individuellem, von anderen Menschen unabhängigem Leben. Die allgemein geforderte und erwartete Flexibilität macht bindungsunfähig. In einer anonymen Massengesellschaft entwickelt sich eine Atmosphäre von Misstrauen. Eibl-Eibesfeld (777) beschreibt, dass Angst archaische Folgereaktionen aktiviert. Es besteht die Tendenz, wenn sich jemand in Gefahr fühlt, starke ranghohe Personen aufzusuchen und eine »Angstbindung« mit einem Führer einzugehen. Die kolumbianische Präsidentschaftskandidatin Betancourt war sechs Jahre von Terroristen gefangen gehalten worden. Sie war zusammen mit einer Kollegin ergriffen worden. Sie berichtete, dass sie sich nach einiger Zeit total von ihr zurückzog und schließlich nicht mehr mit ihr redete, obwohl sie eng aneinandergefesselt waren. Massenpsychologisch führt das zu Abgrenzungsbedürfnissen und der Bereitschaft, den Feind in einer anderen Gruppe/Nation/Volk zu sehen.

Zusammenfassend kann man sagen, dass die momentane Tendenz, den Menschen in seinem Alltag in anonymen Strukturen zu organisieren, nicht zu seiner Entwicklung beiträgt. Im Gegenteil führt dies zu regressiven Tendenzen und zum Verlust von sozialen Fähigkeiten. Der Aufbau einer Gesellschaft muss von unten erfolgen in Form von Kleingruppen. Dies ist der Familienverband, der eingebettet ist in ein regionales soziales Netz von Bekannten und Freunden. Hieraus entsteht die Möglichkeit der politischen Bewusstseinsbildung und Einflussnahme über regionale Mitbestimmungsstrukturen. Dies ist Demokratie. Insofern beginnt Demokratie in der Familie. Unklar ist, ob zwischen dem Ameisenstaat und der Massengesellschaft ein Unterschied besteht. Möglicherweise ist es nur der Blickwinkel, der beide unterscheidet.

# Geld ersetzt Beziehungen

*»Jeder menschliche Zustand, wie der des Kranken, des Pflegebedürftigen, des Aus- oder Weiterzubildenden, wird entgrenzt, in Wert gesetzt und dem Kapital verfügbar gemacht.«*

(Wulff 2009: 146)

Der Unterschied zum Ameisenstaat ist, dass hier der Mensch genutzt wird, natürlich nur so lange, wie er auch bezahlt.

Solange der Einzelne nicht viel Geld in die Hand bekam, war er für die Firmen nicht so interessant. Die Ausrichtung des Einzelnen auf Großstrukturen führt dazu, dass er ständig Geld braucht. Schon beim Besuch einer Ausbildung braucht er Benzin für das Auto, die Arbeitsstelle ist so weit entfernt, dass er sie ohne eigenes Auto nicht erreicht.

Ein Entwicklungsland ist nicht geeignet als Massenstaat, da das einzelne Individuum hier für Wirtschaftsunternehmen nichts wert ist. Wo kein Geld ist, ist der Mensch uninteressant. Dabei ist es natürlich etwas anderes, wenn eine Weltbank diesem armen Staat Geld gibt für ein Großprojekt. Ja, dann wird dieses Land interessant, da die Auftragsvergabe wieder an die Erste Welt geht. Die Förderungen der Ersten Welt gehen an die Firmen, die in den Drittweltländern Projekte durchführen. Die aktuelle Entwicklungshilfepolitik in Deutschland gibt unumwunden zu, dass es um die eigene Wirtschaft geht. Wirtschaftsentwicklung bedeutet Macht, die in andere Länder verlagert wird.

Auch in unserem Land wird nur das gefördert, was Geld bringt. Alles wirtschaftliche Denken richtet sich auf einen möglichen Profit. Die Folge ist, dass Lebensbereiche, die nicht in geldwerte Tätigkeiten umzuwandeln sind, keine wesentliche Bedeutung haben. Alles, was getan werden muss, aber nicht von wirtschaftlichem Interesse ist, bleibt dem einzelnen Bürger oder dem Staat überlassen. Meist erhalten diese Bereiche erst Aufmerksamkeit, wenn ein deutlicher Missstand eingetreten ist, wenn Menschen krank sind, gewalttätig werden. Die Vernachlässigung von Seiten der Gesellschaft erschafft Randgruppen. Solange diese sich still verhalten, nach außen hin vom Erscheinungsbild her, bezüglich Kleidung und Wohnung nicht aus dem allgemeinen Rahmen fallen, interessiert es niemanden, ob der Mann seine Frau schlägt oder umgekehrt, Kinder gequält werden. Nachbarn schauen weg, bis vor einigen Jahren war dies auch für die Polizei kein Thema.

In der modernen Gesellschaft kann nur überleben, wer ein bestimmtes Einkommen hat. Im Alltag besteht ein Ungleichgewicht zwischen Bereichen, die zur Geldwirtschaft zählen, und Bereichen, die nicht mit dem Thema Geld verbunden sind. Durch den Druck, nur über das Geldsystem existieren zu können, entsteht eine Atmosphäre von Angst und Not, vor allem in den Familien, die davon betroffen sind. Heute braucht der Einzelne, schon das Kind, fast täglich Geld zur Verfügung. Man muss flüssig sein.

Bis vor noch nicht langer Zeit lebte der Mensch, ohne Geld zu benötigen. Im Begriff benötigen steckt das Wort Not. Der Mensch an sich lebte von dem, was seine Umgebung ihm ermöglichte durch seiner Hände Arbeit. Geld hatte nur der Haushaltsvorstand, für spezielle Anschaffungen wurde angespart, für Luxusgegenstände. Der normale Grundbedarf konnte und kann am Land gedeckt werden. Auch heute können, nach Aussagen des Umweltministers, im Grunde 80 % der Nahrungsmittel in der Region hergestellt werden. Früher gab es im Dorf alle nötigen Handwerker. Jeder brauchte den anderen. In der Form einer Tauschwirtschaft bräuchte man also auch heute für den Grundbedarf noch kein Geld. Was allerdings nötig ist, sind die tradierten Beziehungen. Man wusste, wer was braucht, von wem man was haben konnte. Über Generationen hin waren die Beziehungen gewachsen. Diese waren es, die dem Einzelnen Sicherheit gaben, denn man wusste aus Erfahrung, mit wem man wie umgehen musste, dass man zu dem kam, was man braucht. Jeder war interessiert daran, dass der Handel funktionierte, weil jeder den anderen brauchte. Geld ersetzt Beziehungen. Wenn heute jemand etwas braucht, denkt er zuallererst an das Geschäft, in dem es das gibt. Niemand denkt daran, den Nachbarn zu fragen, ob er einiges von dessen sichtbarem Überfluss seines Gartens bekommen könnte, wie Äpfel, Johannisbeeren, Zwetschgen. Wer bietet schon etwas an, wenn er zu viel hat?

Das Prinzip des Kapitalismus ist, Märkte zu finden, und, wenn keine zu finden sind, welche zu schaffen. Eine Möglichkeit ist, Bedarf zu wecken, die anderen, bisher nicht im Geldkreislauf befindlichen Bereiche so umzuwandeln, dass sie z. B. in Form von Dienstleistungen in einen Wirtschaftskreislauf und damit zugleich Steuerkreislauf einzubringen sind. Als erste Maßnahme wird im Sozialbereich der Begriff Haushalt neu definiert. Haushalt ist jede Wohnung mit Küche, auch wenn nur ein Mensch hier wohnt. Als Zweites wird erklärt, dass es hier keine Arbeit mehr gibt. Familien ab drei Kindern werden dann einfach bemitleidet und diskriminiert. Als Drittes erlebt der Betroffene, dass etwas fehlt oder nicht funktioniert. Der Wirtschaftler identifiziert dies nicht als Not, sondern als Bedarf. Die Politik wäre dafür zuständig, die Not zu erkennen, aber nein, sie überlässt es der Wirtschaft, die eine Dienstleistung entwickelt, um den Bedarf zu stillen. Als Viertes entsteht aber schon wieder Not auf Seiten des Bürgers, weil er ja jetzt Geld braucht, um seine Not zu beseitigen. Schön, denkt sich der Wirtschaftler, der Staat wird's schon richten. Ministerien beschäftigen sich damit und überprüfen, ob diese Not gerechtfertigt ist. Schließlich gibt es eine Entschließung oder ein Gesetz zur Familienförderung mittels Geld. Schließlich ist jeder überzeugt davon, dass Geldmangel das einzige Problem ist. Bei diesem Urteil treffen sich Rechte wie Linke aller Couleur.

Das folgende Schema verdeutlicht den Wandel der privaten Haushalte. Fast alle Tätigkeiten sind schon ersetzt durch finanzbedürftige Dienste.

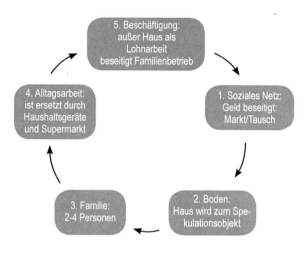

*Schema: Der familiäre Haushalt als Wirtschafts- und Versorgungseinheit*

Und weiter geht es dem Markt darum, sich auszuweiten und Boden zu gewinnen. Schließlich sind wir heute gelandet bei dem konkreten Miteinander der Haushaltsangehörigen. Wo früher im persönlichen sozialen Netz der eine für den anderen da war, setzt man jetzt die Betreuungsdienste als kommenden großen Markt. Das bedeutet, dass nach der Dienstleistungs- und Informationsgesellschaft nun die Zeit der Betreuungsgesellschaft angebrochen ist. Ich schreibe das nicht, um Marktforscher auf neue Ideen zu bringen, sondern mit der Absicht, Verantwortlichen und dem einzelnen Bürger die Augen zu öffnen für Richtungen, die sie mit initiieren, und Strukturen, die sie schaffen. Ich bin entsetzt, wenn einem Altbürgermeister von München nichts anderes einfällt, als mit seiner Frau in ein Altersheim zu gehen. Im Alter ist jeder dem ausgesetzt, was er schuf, und zwischen einem Rotkreuzaltenheim und einem Luxusaltenheim ist nur ein scheinbarer Unterschied, der sich in Äußerlichkeiten und den Kosten unterscheidet. In beiden sind die Pflegekräfte gut ausgebildet, beide jedoch sind Wirtschaftsunternehmen und arbeiten nach den Gesetzen der

Rentabilität. Im Alter braucht man persönliche Beziehungen, Leben, Selbstbestimmung im Miteinander. Dies ist nur auf anderen Wegen möglich. Dies kann das wirtschaftliche Denken nicht schaffen. Dies führt dann oft zu skurrilen Situationen, an denen man eigentlich erkennen sollte, dass am System grundlegend etwas nicht stimmt. Eine Alleinerziehende kann ihre Familie nur ernähren, wenn sie ihre eigenen Kinder in die Ganztagsbetreuung gibt und selber als Erzieherin ganztags arbeitet. Eine Existenz hat sie also nicht, indem sie die eigenen Kinder betreut, sondern indem sie die Kinder anderer Menschen betreut. Dieses Prinzip, angewandt auf die Betreuung der eigenen pflegebedürftigen Eltern, wird sich in Zukunft ad absurdum führen, wenn ein Arbeitnehmer über die Lohnkosten und Sozialversicherungsbeiträge das Geld für einen zukünftigen Rentner aufbringen muss. Da das nicht möglich sein wird, braucht man entweder Sklavenarbeiter aus China (innerhalb der EU sind die Löhne dann zu hoch) oder man muss das System wieder ändern, indem man sich auf den Wert von Familienarbeit besinnt. Früher sorgte sich im persönlichen sozialen Netz jeder um den anderen, ganz gleich, ob es sich um den alten Vater, eine Tante oder den Nachbarn handelte. Da man über den Alltagskontakt informiert war, über dessen Bedürfnisse, fügte sich eins ins andere und Probleme traten kaum auf.

Das Beispiel einer Bekannten Frau L. zeigt die Absurdität des Wirtschaftsprinzips, wenn man dieses auf die sozialen Bereiche anwendet: Als Altenpflegerin in Teilzeit arbeitet Frau L. bei der Caritas. Sie hat selbst Familie, einen Mann und zwei Kinder. Ihre Mutter bekam Alzheimer und war dann über 10 Jahre schwer pflegebedürftig. Das schlechte Gewissen begleitete die Tochter über Jahre, die Überlegungen, sie zu sich nach Hause zu nehmen, waren immer wieder da. Dagegen sprach, dass ihre Eltern circa 100 km entfernt wohnten, ihr Vater noch selbständig im eigenen Haus lebte und seine Frau regelmäßig im nahe gelegenen Pflegeheim besuchte. Die Tochter fuhr anfangs alle zwei Wochen zu ihren Eltern, in der letzten Zeit jede Woche. Am selben Ort besuchte sie auch regelmäßig ihre Tante und ihren Onkel, die auch immer älter und bedürftiger wurden. Als schließlich die Tante stürzte und der Onkel die Pflege der Tante nicht mehr übernehmen konnte, beschlossen beide, in ein Altersheim zu gehen. Da diese keine Kinder hatten, gab es nur den Kontakt zu Frau L., die die beiden während dieser Zeit beriet und Nötiges telefonisch oder persönlich regelte. Zur selben Zeit wurde ihr eigener Vater schwächer und musste ins Krankenhaus. Schließlich konnte er seine Angelegenheiten nicht mehr alleine regeln. Frau L. hatte die Betreuung und hielt regelmäßigen Kontakt zu Ärzten und Pflegekräften. Sie besuchte ihre Eltern jede Woche und arbeitete weiter in ihrem Job. Durch die Überlastung kam sie selbst in eine schwere Krise. Zu gleicher Zeit waren ihre Kinder mit der Schule fertig, auf Lehrstellen- und Ausbildungssuche, was glücklicherweise reibungslos vonstattenging. Schließlich konnten die Eltern im selben Heim untergebracht werden und starben dann kurz hintereinander. Langsam erholte sich Frau L. Günstiger trifft es die Mutter von Herrn L. Sie lebt in circa 10 km Entfernung. Ihr Mann verstarb schon früher. Die Enkel lieben sie sehr und sind regelmäßig bei ihr. Herr L. ist einmal in der Woche da, um alles zu regeln und auch den großen Garten zu versorgen. Sie hat zu jeder Zeit Hilfe und kam auch nach einem schweren Sturz wieder zu Hause zurecht.

In die Situation, gegenseitige Unterstützung zu benötigen, wird jeder Mensch in seinem Leben kommen. Dieser Fall ist daher kein Sonderfall, sondern eher die Regel. Jeder kennt solche Geschichten von sich oder Bekannten. Rentiert sich da das Prinzip der Flexibilität, das Auseinanderreißen von Eltern und erwachsenen Kindern? Nur weil es keinen Überblick gibt über die verschiedenen Kostenstellen, weil Familie nie vom wirtschaftlichen Gesichtspunkt aus betrachtet wird, kann eine Gesellschaft von einem Wirtschaftswachstum sprechen. Die Kosten, die Familien, Kinder, alte Menschen tragen und am Schluss das Gemeinwesen übernehmen muss, werden nicht berücksichtigt. Früher hätten die erwachsenen Kinder, Eltern und Tante und Onkel an einem Ort gewohnt. Es wäre auch nicht nur eine Person zuständig gewesen für das Funktionieren des Miteinander. Wie man weiß, ist die Rolle der Enkel maßgeblich für das Lebensgefühl der Großeltern. Nur das Prinzip der Regionalität kann hier kostensenkend wirken. Wie hoch waren die Kosten für die Heimunterbringung der Eltern sowie für den Onkel und die Tante von Frau L.? Sie stehen nicht im Verhältnis zum Lohn, den Frau L. als Altenpflegerin erhält. Zudem hatte sie ja einen großen Teil der Aufgaben zusätzlich zu ihrer Lohnarbeit plus Fahrtzeit von jeweils 3 Stunden!

In der Beratung von Schwangeren wird zunächst einmal geprüft, inwieweit Not existent ist. Nur diejenigen Frauen erhalten Hilfe, deren Notlage nachgewiesen ist. Genauso geht man mit Tätigkeiten um. Kriterium ist dabei, ob man eine Tätigkeit monetarisieren kann, das heißt in das System von Erwerbstätigkeit umlegen kann, womit Geld verdient werden kann. Damit dies möglich ist, erfahren die entsprechenden Tätigkeiten eine Umwandlung. Sie erhalten ein Regel- und Gesetzeswerk, eine Ausübungsverordnung und Ausbildungsrichtlinien mit dem Effekt, dass nur die Personen die jeweilige Tätigkeit ausüben können, die eine Anerkennung oder eine entsprechende Genehmigung dazu haben.

Zu den Menschen, die hier nicht mitmachen, zählen alle Familienverantwortlichen, die die nötige Alltagsarbeit tun. Mit dieser Tätigkeit garantieren diese jedoch die Grundlagen, auf denen unser ganzes System beruht. Eine britische Hausfrau empfahl einst als Protestmaßnahme, alle Hausfrauen sollten einfach einen Tag streiken und keine der als selbstverständlich angesehenen Tätigkeiten verrichten. Eine effektive Maßnahme, da Büroangestellte schon am Morgen keine frischen Hemden und Socken, kein Frühstück bekämen, sie selber zu spät ins Büro kämen, da sie zuerst die Kinder versorgen müssten, viele aus Krankheitsgründen der Kinder wegen gar nicht kämen. Und das ist nur der Morgen! Wer schließlich holt die Kinder von der

Schule, vom Bus, hört sich die täglichen Sorgen an, kauft ein, begleitet die Hausaufgaben, fährt sie zu Sport und Freundin, holt sie wieder ab, geht zum Elternabend, richtet die Kleidung, Schulsachen her und macht den Haushalt, oder gibt's schnell mal was vom Burger King? Firmen würden in diesem Fall vielleicht versuchen, Politiker dazu zu bringen, ein Gesetz zu verabschieden, nach dem die Frau verpflichtet ist, diese für die Volkswirtschaft, gemeint ist das Unternehmen, so wichtige, natürlich kostenlose Rahmenversorgung zu gewährleisten.

## Die Uniformierung unserer Kinder

Ganz aus der Luft gegriffen ist dies nicht, denn durch die Individualisierung im Zuge der Vermassung der Menschen werden die früher selbstverständlichen Tätigkeiten des Alltags nicht mehr automatisch übernommen. Vor allem die Versorgung alter Menschen übernehmen die Kinder nicht mehr, weil sie sich nicht verpflichtet fühlen, der Generationenvertrag gebrochen ist. Die neuen Werte beinhalten nicht die Wertschätzung der Alten und die Ehre den Eltern gegenüber, da nach den bei uns individualisierte Normen jeder für sich selbst verantwortlich ist. Mit der Veränderung der Lebensweise geht ein Wertewandel einher, der einen Rattenschwanz von Problemen nach sich zieht.

    Wo sich eine Person nicht mehr um die eigenen Eltern sorgt, wird sie auch keine ehrenamtliche Tätigkeit übernehmen und der alten Nachbarin helfen. Die Politik fördert Konkurrenz und Individualität, appelliert auf der anderen Seite an die Bereitschaft der Menschen zum Altruismus. In einer immer härter werdenden Gesellschaft fehlen Räume, diese Verhaltensweisen zu erfahren und zu erlernen. Wo grundlegende Erfahrungen fehlen, helfen auch keine Kurse in sozialen Kompetenzen mehr.

    Individualisierung ist in aller Munde. Jeder möchte für die eigenen Kinder die individuelle Förderung, die spezielle

Berücksichtigung von Talenten und Schwierigkeiten, die Erfüllung der persönlichen Berufsvorstellungen. Systemisch geschieht jedoch genau das Gegenteil. Wo Familie und soziales Umfeld als Sozialisationsinstanz wegfallen, bleibt nur mehr die Rundumkinderbetreuung von Anfang an durch professionelle Dienste. Und diese wird immer mehr standardisiert. Anbieter für Betreuung brauchen Qualitätsnachweise. Damit geschieht dasselbe wie in der Landwirtschaft: Die Arbeit rentiert sich nur noch bei großen Flächen, d. h. bei großen Einrichtungen, die daher nur Pauschalangebote haben können. Dazu braucht es wie bei den Kartoffeln oder dem Weizen die passende Sorte, das Standarddurchschnittskind. Individualität ist Abweichung von der Norm. In der Natur ist Abweichung ein Zukunftsaspekt. Vom ärztlichen Standpunkt aus ist das ein Krankheitssymptom. Da die angebotenen Vorsorgeuntersuchungen nur medizinische Kriterien erfassen, fallen psychosoziale Gegebenheiten und soziale Bedingungen unter den Tisch. Würde man mehr Sozialwissenschaftler einsetzen, deren Hauptaufgabe es ist, Kinder gemäß ihrer Anlagen und ihrem Umfeld zu verstehen, würde das Potential erkannt werden, das in neuen Anlagen und Verhaltensweisen schlummert und die sich unerkannt als Störungen äußern. Das Aufmerksamkeitsdefizitsyndrom gehört hierher. Kinder werden an das Schul- und Arbeitssystem angepasst statt umgekehrt.

Dazu kommen noch althergebrachte, von der modernen Pädagogik eigentlich längst überholte Vorstellungen darüber, wie der Mensch an sich ist, was Kinder sind, können und wollen. Der Mensch wird gesehen als:

- von Natur aus faul, ohne Antrieb. Folge: Es braucht Strukturen, in denen verhindert wird, dass er nichts tut.
- von Natur aus dumm. Folge: Er braucht Beschulung.
- lebensuntüchtig. Folge: Nötig ist Förderung.
- Erfolglos, wenn er sich nicht anstrengt. Folge: Es braucht Apelle, Zwang, Druck.

Ideale, die unsere Zeit bestimmen, sind:
- Selbständigkeit. Ansicht: Der Mensch kann alle ihn selbst betreffenden Angelegenheiten erledigen.
- Unabhängigkeit von anderen Menschen. Ansicht: Er kann alleine leben, braucht keine Menschen.
- Sicherheit durch Verwaltungssysteme. Ansicht: Versicherungen und Notfalldienste machen glücklich.

Diese Sichtweisen und Ideale beruhen auf den folgenden grundlegenden gesellschaftlichen Strukturen. Zwei Dinge führten dazu, dass Familie nicht mehr den Rahmen für Kinder bot: die Auslagerung der Grundversorgung und das fehlende soziale Umfeld. Grundversorgung geschah nicht mehr im Miteinanderarbeiten am Feld oder im Familienbetrieb. Diese Art von Arbeit förderte den Zusammenhalt. Zugleich war die Betreuung der Kinder möglich, so wie es heute noch in der Landwirtschaft ist. Arbeit außer Haus machte jeden Einzelnen prinzipiell unabhängig. Damit begann die Individualisierung, aber auch die Vermassung der Gesellschaft. Das System Familie bricht zusammen, löst sich auf, da zu wenig Innenkräfte existieren. Die beiden Partner begeben sich nach außen in verschiedene Lebenswelten. Von außen her fehlte der Halt des sozialen Netzes. Das Leben im Dorf beruhte auf festen Beziehungen, in denen jeder Einzelne seinen Platz hatte durch die gemeinsame Geschichte und tägliches Miteinander. Verwandtschaft trifft sich nur noch bei Geburtstagen.

Klaus Ottomeyer beschrieb schon 1977, wie sich die Lernbedingungen für Kinder verschlechtern, wenn die berufliche Tätigkeit, die der Familie die Existenz sichert, fern vom Wohnumfeld stattfindet. Er spricht von einer »Verbannung der Kinder in eine eigene Welt, in der sie mit ihren zahlreichen Ansprüchen und Konflikten die Erwachsenen möglichst wenig stören sollen, eine produktive Konfliktbewältigung und eine schöpferische Aneignung der gegenständlichen und zwischenmenschlichen Umwelt durch die Kinder verhindert«. (Ottomeyer 1977: 207)

Die Beziehung zwischen Kind und Erwachsenem entbehrt einem wesentlichen Stück Realität und führt zu einer »Entleertheit der zwischenmenschlichen Beziehungen, der Spielprozesse im Kindergarten vom gemeinsamen gegenständlichen Bezug« (ebenda). Diese »Abgetrenntheit der Kindergartenwelt vom gesellschaftlichen Produktionsgeschehen und anderen wichtigen gesellschaftlichen Tätigkeiten« (ebenda: 206) führt zu einer Pädagogik, die meint, um ihrer selbst willen existieren zu können. Auf diese Weise wird das Kind schon frühzeitig eingeführt in die moderne Lebenswelt, die aus Stücken vieler verschiedener unzusammenhängender und oft unvereinbarer Welten besteht. Zudem muss sich der Auszubildende eine ganz bestimmte Arbeitshaltung aneignen, die kennzeichnend ist für das kapitalistische Gesellschaftssystem: Arbeit wird hier als eine austauschbare Tätigkeit angesehen, die als erste Funktion den Gelderwerb hat. Dieser ist nicht freiwillig. Jeder Mensch ist gezwungen, eine bestimmte Menge Geld regelmäßig zu erwerben, um es sofort wieder auszugeben auf dem Weg der laufenden Fixkosten seiner Lebenshaltung, da das System der Massengesellschaft nur über Geld funktioniert. Ottomeyer spricht hier von einer »gleichgültig-instrumentellen Einstellung zur Arbeit und zu den Arbeitskollegen …, die Gewöhnung der jugendlichen Arbeiter an das Arbeitsleben als eine stufenweise und widersprüchliche Aneignung dieser Gleichgültigkeit und Apathie« (ebenda: 100).

Gerade die schwierigen Jugendlichen weisen ständig auf diese Widersprüche hin, wenn sie sich weigern, zur Schule zu gehen, Lehrstellen abbrechen, sich in Gruppen auf der Straße treffen und Plätze für sich beanspruchen. Sie machen auf sich aufmerksam, indem sie ihre Stimme nutzen, mit Müll markieren, um aufzufallen. Der normierte Erwachsene fühlt sich in seinem Alltagstrott gestört und ruft nach den Ordnungshütern. Gäbe es Tabletten, die solch ein Verhalten unterbinden würden, so wäre recht schnell ein Gesetz verabschiedet, das die Einnahme verordnet und Eltern zwingen würde, ihre Kinder zu medikamentisieren.

In Altersheimen, vor allem in Krankenhäusern, ist es üblich, ältere unruhige Patienten zu sedieren. Bekannt ist mir ein Fall, in dem der Vater einer Bekannten, der ursprünglich wegen einer Fußverletzung in ein Krankenhaus gekommen war, auf Grund solch einer Behandlung, er hatte das Medikament nicht vertragen, verstarb. Oft sind es auch gerade ältere Personen, die sich endlich trauen, aufzubegehren, sich unkonventionell verhalten und ihre Meinung vertreten. Ihr Argument: »Ich habe nichts mehr zu verlieren, jetzt kann ich endlich sagen, was ich möchte. Mir kann niemand mehr was.«

Die Jugend hat eigentlich das Recht auf neue Ideen, neue Sichtweisen, neue Verhaltensweisen. Sie hat noch die Freiheit, sich auszuprobieren. In der jetzigen Zeit gibt es dafür keinerlei Freiräume mehr. Der Druck, gute Schulabschlüsse zu erzielen, ist so stark, dass es nur ein Entweder-oder gibt: Entweder das Kind kann sich anpassen und kann die Anforderungen aushalten, oder es fällt durch das Raster. Wo es nur um gute Noten geht, sind die Eltern egal, die Nachbarn überflüssig, der Wohnort beliebig. Wo es keinen gemeinsamen Lebensraum gibt, gibt es auch kein gemeinsames Thema, keine Gesprächsgrundlage. Der angepasste Jugendliche verschwindet im Bildungsprogramm, der durchgefallene fällt auf, unangenehm. Es sind diese das Normalleben störenden Jugendlichen, die den Zug der Lemminge noch aufhalten können, denn für die Mitglieder der Massengesellschaft ist es das Wichtigste, zusammen in dieselbe Richtung zu rennen, ohne zu wissen, was dort sein wird.

Menschen, die keine Bindung mehr eingehen können, sind nicht in der Lage, Kindern das zu geben, was sie brauchen, nämlich Verlässlichkeit, eine »sichere Bindung«. Sie kennen nur den modernen Lebensstil der Berufstätigkeit und nehmen dankbar, aber selbstverständlich die Versorgungsangebote des Sozialstaates in Bezug auf die Betreuung der eigenen Kinder, aber auch der eigenen pflegebedürftigen Eltern in Anspruch. Die Diskussion um die Kinderkrippen bezieht sich genau auf diesen Punkt und betont, dass die Voraussetzung für eine frühe Fremdbetreuung die sichere Bindung zu der wichtigsten Bezugsperson ist. Die Entwicklung zur Massengesellschaft löst jedoch Bindungen auf und macht bindungsunfähig. Daraus folgt, dass für die Zukunft eine vermehrte Fremdbetreuung von Kindern nicht möglich ist, solange das Grundsystem der familiären Bindung weiter aufgelöst wird. Eine Ganztagsbetreuung ist überall dort gut möglich, wo ein funktionierender familiärer Zusammenhalt existiert. Die Folge von unsicherer Bindung und Vernachlässigung ist die psychische Auffälligkeit von Kindern. Dies nimmt aus den genannten Gründen immer mehr zu. Das Angebot der Gesellschaft ist, über das Jugendamt die Kinder in Pflegefamilien zu geben. Dies kann auch wieder nur Erfolg haben, wenn dort eine familiäre Atmosphäre herrscht und Familie gelebt wird. Soll nun Familie professionell geschaffen und durchgeführt werden? Auch das ist ein Widerspruch, wenn dies wiederum professionalisiert wird wie ein anderer Beruf mit wechselnden Arbeitskräften etc. Die Basis von Verlässlichkeit ist die persönliche Beziehung, die ja gerade unabhängig ist von äußeren Veränderungen. Berufstätigkeit zeichnet sich aus durch die Möglichkeit der Kündigung sowie dadurch, dass sich der Mensch nur mit einem Teilbereich seiner Persönlichkeit verpflichtet. Einem Kind, das Vernachlässigung erlebt hat, hilft keine professionelle Beziehung. Ein Kind, das auf Grund von unsicheren familiären Beziehungen gefährdet ist, braucht Menschen, die mit ihrer ganzen Person zur Verfügung stehen.

**Sollen und Müssen**
Der Tagesablauf ist normiert unter dem Deckmantel von programmatischer Freiheit. Immer früher werden Kinder eingegliedert in das Ameisenstaatssystem, gewöhnt an außerhäusliche Umgebung, die Trennung von Familie als Privatbereich und Beruf/Schule/Kindergarten als öffentlichem Raum, an das Funktionieren nach vorgegebenen Programmen und Plänen, die sie nicht durchschauen und nicht beeinflussen können.

Das Sollen und Müssen beginnt schon in den ersten Jahren, wenn Kinder, frühmorgens aus der Wärme gerissen, sich an Hetze und Trennung gewöhnen. Das tägliche Sollen begleitet das Schulleben. So manche Frau betonte in der Beratung: »Ich kann die Schwangerschaft nicht austragen. Das mache ich nicht mehr mit. Ich schaffe das einfach nicht, all die Forderungen, die an Kinder in der Schule und damit an mich gestellt werden, der Alltag frisst mich auf, ich bin an meiner Grenze. Jetzt noch ein Kind … unmöglich!«

Bis dann eine Ausbildung absolviert ist, muss der Jugendliche eine extreme tägliche Anpassungsleistung vollbringen. Ein Großteil schafft das nur mehr mit Psychopharmaka. Gymnasiasten bestätigen, dass Kontakte mit Freunden nur mehr beschränkt möglich sind, alles andere hintanbleiben muss. Und die Mütter? Ein Kommentar: »Meine Tochter soll sich jetzt auf ihren Abschluss konzentrieren, da kann ich nichts von ihr verlangen, was Haushalt oder Aufpassen auf die kleine Schwester anbelangt.«

Aber es gibt immer mehr Menschen, die sich entziehen, durch Krankheit, Schulverweigerung, mit Arbeitsunfähigkeit reagieren. Mit aller Macht wird trotzdem versucht, Menschen in dieses System einzugliedern. Auch bei völlig aussichtslosen Fällen versucht der Staat, diese anzupassen an Normen, die nirgends festgelegt wurden, nicht entschieden wurden, die niemand, außer vielleicht von Mitgliedern von Kirchengemeinden, diskutiert und in Frage gestellt werden.

# TEIL 2

So, wie wir waren:
Lebensformen in der Menschheitsentwicklung

> *»Im Leben eines Indianers gibt es nur eine unausweichliche Pflicht – die Pflicht zu beten,*
> *die tägliche Wahrnehmung des Unsichtbaren und Ewigen.*
> *Die täglichen Andachten sind wichtiger als das tägliche Brot.«*
>
> (Ein Sioux)

Kapitel 4
# Die Grundordnungen der Lebensformen

> »Weil Wirtschaft das soziale Ganze in Bezug auf den Güteraustausch spiegelt, stellt ein Wirtschaftssystem ohne Chancengerechtigkeit, ohne Leistungsgerechtigkeit und dergleichen mehr eine Anklage an das Gesamtsystem dar. Es gibt keine strukturell gesunde Wirtschaft ohne ein strukturell gesundes Gemeinwesen im Ganzen! Beides hat es folglich seit Jahrtausenden nicht gegeben. Die ›gute alte Zeit‹ ist schon ziemlich alt, wenn es sie je gab. Soweit die Erinnerung zurückreicht, gab es freilich niemals so viele ›Fachidioten‹, die mit höchstem scheinbarem Sachverstand die Menschheit in den sozialen und ökonomisch-ökologischen Abgrund steuern.«
>
> (Heinrichs 2005: 146)

Wir sind heute in einer Situation, in der uns die hier genannten wissenschaftlichen »Fachidioten« nicht weiterhelfen können. Im Grunde sind es ja gerade sie, die uns in diese prekäre Lage gebracht haben. Vier Ergebnisse sind hier bezeichnend: einmal die jüngste Wirtschaftskrise, zum Zweiten die zunehmende Armut und Hunger auf der Welt. Beides sind Folgen der Globalisierung, ein Ergebnis auch der Lehre an den Fakultäten im Fachbereich Wirtschaft. Zum Dritten ist es die demographische Entwicklung als Ergebnis von Sozialpolitik und zum Vierten die Ausbreitung von Zivilisationskrankheiten.

Wo aktuelle Fachleute und das heute vorhandene Wissen nicht mehr weiterführen, lohnt sich der Blick in die Vergangenheit. Die Meinung, der Mensch würde mit der Zeit immer klüger werden, wird widerlegt, wenn man sich genauer mit der Geschichte und

Ethnologie beschäftigt. Alles war schon einmal da und glücklich wird der Mensch nachgewiesenermaßen nicht, wenn er mehr Geld und mehr Technik zur Verfügung hat.

Zur Sicherung seiner Grundbedürfnisse an Ernährung, Kleidung, Wohnung hat jeder Mensch auf der ganzen Welt seine Strategien. Ackerbau und Viehzucht sind grundlegende archaische Überlebensformen, die in Form von Subsistenzwirtschaft die Mehrzahl der Menschen auf der ganzen Welt ernähren. Diese kann man in den Ländern finden, wo unsere moderne Lebensweise nicht funktioniert. Im Verlauf der Entwicklung von Stämmen bildeten sich Verhaltensweisen, Einstellungen wie auch Werte heraus, die genau passend waren zur jeweiligen regionalen Besonderheit. Wie eine bestimmte Tomatensorte passte der Mensch in seinen Haltungen und in seinem Verhalten optimal zur jeweiligen klimatischen Gegebenheit. Die Wissenschaft der Ethologie erforscht tierisches wie menschliches Verhalten, die Stammesgeschichte.

Es gibt eine Lebensform, die grundlegend ist für den Menschen. Dort, wo fortgeschrittene Formen des Lebens zusammenbrechen, greift der Mensch zurück auf die früheren Formen von Nahrungsbeschaffung und sozialer Ordnung. Auch die Lebensweise in Westeuropa hat einen gewissen Absolutheitsanspruch. Im Gegensatz zu den ständigen Beteuerungen, jeder könne nach seiner Fasson glücklich werden, gibt es bei uns nicht benannte Regeln, und es wird selbstverständlich erwartet, dass sich jeder hier Lebende daran hält. Auf der anderen Seite herrschen aber auch nicht genannte Erwartungen, wie man zu sein und zu leben hat. Ganz bestimmte Lebensweisen sind nicht erlaubt, wie die des Indianers, des Zigeuners und des Nomaden. Sie werden verachtet und Menschen, die diese Lebensweise weiterhin haben, vertrieben. Das liegt daran, dass die Grundvoraussetzungen dieser Lebensweisen diametral entgegengesetzt sind zu denen der jetzig üblichen Lebensweise.

Es ist nicht einzusehen, warum andere Lebensweisen kein Recht haben sollten. Definitiv gibt es jedoch die Freiheit nicht, diese Formen zu leben. Die freie Marktwirtschaft verlangt ihr Recht. Warum haben andere Formen kein Recht? Im Folgenden werden die Grundlebensformen kurz beschrieben. Der Schwerpunkt liegt auf der Darstellung dieser Lebensform für ein modernes Leben heute.

## Jäger und Sammler

Die naturnächste Lebensform des Menschen ist die des Jägers und Sammlers. Bis vor circa fünf Jahrtausenden streifte der Mensch auf der Suche nach Früchten durch den Wald. Mittels einfacher Waffen wie Blasrohren und Giftpfeilen erlegte er kleinere Tiere. Die Menschen der Steinzeit, noch früher während der Eiszeit, hatten Speere und Lanzen, mit denen sie auch während der kalten Jahreszeit und in kalten Regionen Wild fanden und erlegen konnten. Den größten Teil der Menschheitsentwicklung war der Mensch Jäger und Sammler. Insofern hat dies jeder in sich. Das bedeutet, dass anzunehmen ist, dass allen jetzt lebenden Menschen diese Grundlebensform in den Genen erhalten ist. Es ist das Reservoir an Urwissen, unser wertvollster Schatz, speziell in Krisen- und Umbruchzeiten, in denen äußere Strukturen dem Individuum zu wenig Halt geben. In dieser genetischen Gedächtnisebene ruht unser Wissen über Selbsthilfe und Gesundheitserhalt mittels Nahrungs- und Heilpflanzen. Hier findet man alle Fähigkeiten der Anpassung des Menschen, denn die ursprüngliche Eroberung der verschiedenen Weltgegenden gelang Stämmen, die als Jäger und Sammler durch die Welt zogen. Die neuzeitlichen Eroberungen trafen überall auf sogenannte Eingeborene, die ähnlich wie bei »Hase und Igel« riefen: »Wir sind schon da!« Wie wenig Bedeutung ihrer Lebensweise zugesprochen wird, sieht man daran, dass diese Ureinwohner nicht als Menschen in unserem Sinne angesehen wurden. Noch heute spricht man selbstverständlich von der »Entdeckung Amerikas«, obwohl sogar schon Völker aus dem europäischen Kulturkreis, die Wikinger, Jahrhunderte vor Kolumbus bis nach Amerika gelangt waren.

Der Indianer ist der typische Vertreter der Lebensweise des Jäger und Sammlers. Die Weite der Prärie ist der Lebensraum des Indianers. Der Jäger der Prärie ist immer in kleinen Gruppen unterwegs. Da es wenig Versteck gibt, muss man wie die Löwen in Gruppen jagen, sich das Wild zutreiben. Die Stämme leben mit und von der Natur. Sie erleben die Erde als Mutter, den Himmel, die Sonne als Vater. Die Menschen fühlen sich eingebettet in die Natur, aufgehoben, aber auch versorgt mit allem, was sie brauchen. Sie sind voller Dankbarkeit und drücken ihre Gefühle in ihren Ritualen, wie z. B. Tänzen, aus.

**Moderne Ausprägung**

Das Konkurrenzprinzip der Moderne entstammt der Jägermentalität. Es geht darum: Wer schießt den Hirsch mit dem größten Geweih, wer fängt den größeren Fisch oder … wer erwischt die Frau? Wer ist besser, kann schneller laufen, schießen. Deutlich wird hier, wie primitiv die modernen Gesetzmäßigkeiten sind, die schon in der Regelschule eingeübt werden. Hier werden psychische Haltungen belohnt, die aus der ersten Zeit der Menschheitsentwicklung stammen, als jeder sein eigener Nächster war. Hervorgerufen werden Verhaltensweisen der frühesten Schicht, damit aktiviert werden nicht altruistische Haltungen, sondern innere Tendenzen, denen es vorrangig um den eigenen Vorteil geht, in dem es wichtig ist, mit Ellenbogen zu kämpfen, andere wegzustoßen von den Futtertöpfen, die heute die Arbeitsstellen sind. Man lernt, andere auszustechen, wegzustoßen, schlechtzumachen, denn es zählt nur der individuelle Erfolg. Das ist Teil des geheimen Lehrplans der Regelschule.

Die freie Marktwirtschaft in ihrer liberalen Form entspricht dem Gesetz des Dschungels, in dem jeder sich auslebt nach den eigenen Möglichkeiten. Das Prinzip ist »The survival of the fittest«.

**Bildung und Erziehung**
Das Wichtigste in der aktuellen Pädagogik ist das Erreichen eines Ziels. Die Jagd nach guten Noten ist ein täglicher Kampf jeder gegen jeden, da es wie bei den früheren Jagdtieren nur eine begrenzte Anzahl davon gibt. Nicht jeder kann einen Einser bekommen, das steht nun mal fest. Das Bemühen darum, einen guten Abschluss zu haben, führt dazu, sich ständig anzutreiben zu besseren Leistungen. Manche Zeitgenossen sammeln Zertifikate und Abschlüsse wie Jäger Geweihe. Beides hängt in der Wohnung als Trophäe an der Wand, beides sind Auszeichnungen, für die der Streber wie der Jäger von der Umwelt bewundert wird. Kulturen kommen zu ihrer Blüte und finden ihren Niedergang. Die Anzeichen stehen dafür, dass wir wieder auf die niedrigste Entwicklungsstufe zusteuern. Da unsere Gesellschaft auf die Stufe des Jäger und Sammlers regrediert ist, wird sie gegen alle pädagogische Argumentation nicht auf Noten verzichten.

Die aktuelle Pädagogik entspricht einer steinzeitlichen Sammlerpädagogik, die den Winter vor sich sieht. Dabei geht es nicht um Beeren und Pilze, die aufgespießt, aufgehängt werden zum Trocknen, sondern um den Lernstoff von verschiedenen Fächern, der in Hefte sortiert wird, wobei das Kind selber wie ein Vorratsspeicher abgefüllt wird mit Informationen über Daten der modernen Welt. Da es diese im aktuellen Moment nicht benötigt, hat es oft auch kein Interesse daran, wie der Steinzeitmensch, der nicht an die kommende Notzeit glaubt. Daher muss hier mit Druck nachgeholfen werden. Und Eltern, die nicht einsehen, warum ihr Kind das tägliche Arbeitspensum einer Teilzeitkraft erledigen muss, wo doch Kinderarbeit verboten ist, werden gezwungen, ihr Kind in diese Gehirnstoffsammlerschulen zu schicken, in denen sie nichts für den Alltag lernen.

Die Pädagogik der indianischen Lebensweise ist hoch entwickelt und sehr praxisorientiert. Lernen geschieht in der Gesellschaft der Indianer hauptsächlich nach der Methode des Lernens am Modell sowie nach »Versuch und Irrtum«. Bei ethnologischen

Forschungen wurde festgestellt, dass Kinder ihre Väter und Mütter hier in allen täglichen Tätigkeiten nachahmen. Heute können wir diese Phase bei unseren Kindern auch feststellen. Es gibt eine Zeit, in der Kinder unbedingt das Geschirr waschen wollen, den Tisch decken, kehren. Sie sind noch nicht in der Lage dazu, wollen aber unbedingt mitmachen. In Naturgesellschaften gibt es kaum Ermahnungen, auch keine Strafen. Kinder spielen den ganzen Tag, üben Bogenschießen, bauen mit Erde und Ästen. All das ist Einübung von Alltagstechniken, Handhabung von Werkzeugen. Schließlich begleiten sie ihre Eltern in der Natur, beim Sammeln, bei der Jagd. Lernen geschieht hier selbstverständlich nebenbei, aber intensiv und erfolgreich. Diese Art der Pädagogik wird heute wiederentdeckt, ausgelöst von der Bewegung und dem Interesse am Leben der Indianer. Wildnispädagogik setzt an an der Neugier und lenkt durch Fragen. Die Methode achtet die Freiheit des Kindes, seine Rhythmen selbst zu bestimmen, darüber, wann es aktiv sein will, wann es sich ausruhen möchte. Am ehesten findet man diese Methode in der Montessoripädagogik. Waldkindergärten schießen wie Pilze aus dem Boden. Eltern spüren, dass Erfahrungen unserer Ahnen über das Leben in der Natur wieder aktiviert werden können, und fördern dies.

In Situationen, in denen es um die Anpassung an völlig neue Lebensbedingungen geht, greift auch der moderne Mensch zurück auf dieses Urwissen in seinen Genen. Dass der Großteil des genetischen Materials als inaktiv gilt, könnte ein Hinweis darauf sein, dass der moderne Mensch in unserer Zeit nicht die Lebensbedingungen vorfindet, die sein Potential ansprechen und aktivieren. Normalerweise müsste man darauf schließen, dass in einem inaktiven Genreservoir Unmengen von Kenntnissen und Möglichkeiten stecken. Meint die Moderne wirklich, ein Mensch, der nur einen Bruchteil seiner Talente und Anlagen lebt, könnte glücklich und gesund sein? In jedem Fall bedeutet das Leben in kleinen sozialen Gruppen die intensivste Verbindung zur Natur, zur Welt.

# Nomadische Lebensweise

Tiere gesellten sich dem Jäger und Sammler zu. Es gab Abfall zu fressen, zugleich wurde z. B. der Hund zum Jagdgenossen. Das wichtigste Haustier war das Rind. Es war als Zugtier für Transporte zu gebrauchen. Zugleich lieferte es Milch und Fleisch. Mit der Viehhaltung änderte sich die Lebensweise nicht wesentlich. Vor dieser Zeit folgte der Stamm den Herden der Wisente, ähnlich wie es bei den Indianern noch vor 150 Jahren der Fall war. Jetzt zog man auch mit den Tieren umher. Der Nomade lebt mit seinem Vieh in einer Lebensgemeinschaft. Er ist immer auf der Suche nach guten Weidegründen. Wenn die eine Wiese abgefressen ist, wandert er weiter, wobei er seine Familie mitnimmt. Die Richtung der Wanderung wird vorgeschrieben nicht nach seiner Lust, sondern nach den Bedürfnissen seiner Tiere. Es ist die Grundhaltung des Nomaden. Er sieht alles, was er sieht, als für sich nutzbar an.

Gerade in Nordafrika herrschen nomadische Gesellschaftsordnungen vor. Obwohl die Zeit der großen Wanderungen vorbei ist, und auch hier das moderne Leben Einzug hält, sind die Einstellungen und sozialen Normen unverändert. Der Unterschied zwischen Stämmen und Gemeinden hat mit der Festlegung des Lebensraumes zu tun. Auch bei Sesshaftigkeit herrschen die nomadischen Einstellungen weiter vor. Hier herrschen die Clans, die heute auch im Besitz von Territorien, Produktionsmitteln wie auch Firmen sind. Wesentlich ist, dass sich die Kommunikationsstrukturen nach Sippengesetzen orientieren. Unsere hiesigen Werte von Chancengleichheit, Barrierefreiheit, allgemeiner Zugänglichkeit zu Informationen gelten hier nicht. Ein Außenstehender hat keine Chance, in die inneren Strukturen Einblick zu bekommen, Arbeitsstellen oder Aufträge zu erhalten, wenn er nicht Angehöriger des Stammes ist. Es gibt keine stammesfreien Individuen, da der Einzelne alleine in der Wüste verdursten würde. Ein Individuum, das keinem Stamm zugehört, hat keine politischen Rechte. Aus diesem Grund, und um dem Einzelnen doch ein Angebot zu machen, ist die Gastfreundschaft ausgeprägt. Ein einzelner Reisender, der zufällig vorbeikommt, wird sofort eingeladen und aufgenommen mit einer klaren Einladung. Er hat allerdings vollkommene Freiheit, zu gehen oder zu bleiben. Tabu ist, ihm mitzuteilen, dass er gehen sollte. So kommt es, dass die Gastfreundschaft von Touristen immer wieder ausgenutzt wird. Der Gast ist eingeladen, alles mitzumachen, muss sich jedoch nicht an die Gepflogenheiten und Normen halten. Er hat sozusagen Narrenfreiheit.

Der Einzelne, der aus einer solchen Gesellschaft auf Grund von Bürgerkrieg oder materieller Not in ein mitteleuropäisches Land flüchtet, kann sich nur oberflächlich anpassen. Da er nur seine eigene soziale Ordnung kennt, wird er sich nach dieser verhalten. So fällt auf, dass das Thema Ehre Vorrang hat vor dem Schutz von Menschenleben. Im Stammesdenken hat der Stamm, die Familie oberste Priorität. Vetternwirtschaft ist Usus und Gesetz. Man hilft sich gegenseitig weiter in Form von Seilschaften. Ist es einem Stammesangehörigen gelungen, nach Europa zu kommen, so kommen mit der Zeit Verwandte, Brüder, auch hierher, um zu profitieren. Irgendwo findet sich schon ein Platz, dann ein Job, egal, ob legal oder illegal.

Kennzeichnend für die nomadische Gesellschaft ist ihre Beweglichkeit, Flexibilität. Menschen, die einem Stamm angehören, reagieren schnell auf Veränderungen im Außen. Sie haben folgende Kennzeichen:
- In ihren sozialen Normen sind sie äußerst traditionell, nicht flexibel. Sie sind nicht bereit, ihr soziales Verhalten in Frage zu stellen, da das Leben seit Jahrtausenden gemäß den überlieferten Normen abläuft. Im Zentrum ist hier das Zusammenleben der Familie. Dieses ist geregelt und braucht ihrer Ansicht nach keine Veränderungen.
- Heirat ist durch die Stammeszugehörigkeit bestimmt und von den Eltern vermittelt.

- Individualität ist gefragt. Die Person wird gesehen, muss aber in den Normen bleiben.
- Das soziale Zusammensein ist wichtiger als Arbeit oder Leistung.
- Der Alltag ist geregelt und braucht keine Absprachen.
- Stammesmitglieder sind äußerst nutzenorientiert, das heißt, ihre Aufmerksamkeit und das Verhalten richten sich danach, inwieweit sie einen Profit davon haben.
- Gastfreundschaft ist Pflicht.
- Die Kommunikation mit Menschen, die nach der Tradition von Stammesgesellschaften leben, ist für Menschen anderer Gesellschaftsformen fast unmöglich, da ihr Weltbild nicht zusammenpasst.

Was es nicht gibt:
- Vereinbarungen, Absprachen, Organisation in unserem Sinne, da die Struktur vorgegeben ist und das nicht nötig ist. Deshalb klappt es auch nicht mit anderen.
- Hetze, da man sich nicht zeitlichen Zwängen unterwirft. Wenn es passt, geht es, wenn nicht, dann nicht.
- Der Vorrang von Arbeit und Terminen vor sozialen Verpflichtungen. Ist die Mutter, das Kind krank, ist die Arbeitsstelle unwichtig, auch wenn man sie dadurch verliert.

Die Folge ist, dass die Struktur mangels Offenheit und Lernbereitschaft überdauert, andererseits Einzelmenschen ohne Stammeszugehörigkeit untergehen, wobei es natürlich auch Ausnahmen gibt in Gestalt von Menschen, die lernen und sich verändern. Aber im Normalfall versuchen sie, andere in ihren Stamm einzugliedern oder, falls sie heiraten, die neue Familie als Stamm zu betrachten und sich entsprechend zu verhalten, was wiederum zu großen Schwierigkeiten bis hin zu Trennung führt, wenn der Partner nicht mitmacht. Üblich ist es z. B., die Eltern durch regelmäßige Geldbeträge zu unterstützen und sich selbst zu deren Gunsten einzuschränken.

Was funktioniert, sind direkte soziale Kontakte, zeitnahe Abmachungen und die konkrete Reaktion auf aktuelle Situationen oder Hilfe bei Notfällen.

Die Türken in Deutschland sind ein Beispiel für Stammesdenken, wobei hier sicher nach Herkunft und Region unterschieden werden muss, da die Türkei die unterschiedlichsten Völker beherbergt. Nachfahren der Turkvölker haben eine nomadische Tradition, Nachfahren von Ackerbauern aus dem Süden kommen damit in Konflikt. Konkrete Schwierigkeiten gibt es bei uns in Deutschland z. B. bei der Bewertung des Schulbesuchs der Kinder von Seiten der Türken. Da die Gemeinschaft die Grundversorgung garantiert, ist Schule zweitrangig. Die Gemeinschaft kann in der Fremde jedoch nur überleben, wenn sie die eigene Identität bewahrt. Die erste Reaktion, dies zu tun, ist Rückzug. Dies ist möglich auf Grund der vorhandenen Gemeinschaft und des hohen Wertes der Rolle der Hausfrau in der Familie. Die heile Welt kann am besten erhalten werden, wenn man von außen wenig erfährt. In vielen türkischen Familien gibt es nur türkisches Fernsehen. Die Gespräche und Treffen der Frauen untereinander genügen. Öffnung nach außen ist nicht wichtig, Bildung, Schule eher unwichtig, ein notwendiges Übel.

Sicher hat hier der deutsche Staat versäumt, sich um die türkischen Frauen zu kümmern, sie gleich zu Anfang zu fördern. Der Umgang mit der Frau entspricht noch immer der Zeit, als die ersten Türken nach Deutschland kamen. Damals gehörte auch die deutsche Frau noch hinter den Herd. Die emanzipatorische Bewegung ist eher in den arabischen Ländern angekommen als in den deutsch-türkischen Arbeitersiedlungen. Mancher Frau ist es so recht, andere haben inzwischen resigniert, denn es gibt bildungshungrige junge Frauen, die in der Türkei aufgewachsen sind und auf Grund der islamischen Vorstellungen keinen Weg finden, sich weiterzubilden, obwohl sie es gerne wollen. Denn Beweglichkeit gehört zum Nomadentum, Interesse und Offenheit für die Umgebung sind lebensnotwendig. Die türkischen Parallelgesellschaften in ihrer Abgeschlossenheit sind demnach ein Ergebnis der deutschen Ablehnung. Die türkischen Frauen wurden einfach vergessen!

**Moderne Ausprägung**
Das Selbstverständnis des Arbeitnehmers entspricht dem Nomaden. Die heutige Struktur von Lohnarbeit, vom Geldverdienen entspricht der Nomadenmentalität. Dies wird von den Arbeitsämtern unterstützt, sogar gefordert. Flexibilität gilt als eine der obersten Normen. Verlangt wird vom Arbeitslosen, auch entfernt einen Arbeitsplatz anzunehmen, bereit zu sein, zu fahren. In den USA ist es zum Teil üblich, bei einem Umzug alle Möbel im Haus zu lassen und das nächste Haus gleich samt Möbeln zu kaufen.

Zu einem Arbeitsverhältnis gehört der Urlaub. Jeden Sommer erfasst vor allem den Deutschen eine gewisse Unruhe. Schon wochenlang vor dem ersehnten Beginn der Ferien werden Prospekte gewälzt, Träume aktualisiert. Der Deutsche schwebt im Urlaubsfieber. Das alles begann in den Sechzigerjahren. Es begann damit, dass die Sonne des Südens, die Landschaft, das Meer eine unwiderstehliche Anziehung ausübten, Wünsche nach Reisen weckten. Ähnlich den Zugvögeln machten sich die Menschen zu Beginn der Sommerferien auf und ziehen seither jedes Jahr in einem langen Treck auf vier Rädern Richtung Süden. Zu Anfang waren viele per Zelt, später per Wohnwagen unterwegs. Die langen Trecks erinnern an die Völkerwanderung. Und so entwickelte sich die Campingkultur, die es heute grundsätzlich jedem ermöglicht, Urlaub zu machen. Menschen aus anderen Ländern können nicht verstehen, wie und warum Leute ihre bequemen Häuser verlassen und jedes Jahr ein paar Wochen in der Fremde in primitiven Zuständen verbringen. Dabei erscheint es eigenartig, dass der Deutsche das ganze Jahr den eigenen Urlaub so sehnsüchtig erwartet, um sein Wohlstandsland schnellstmöglich zu verlassen, sei es auch nur für zwei Wochen. Den Regierenden gibt dies keinen Anlass, darüber nachzudenken, dass hier etwas nicht stimmt. Der Deutsche empfindet wohl die Zwangsjacke der Erwerbsarbeit als so erdrückend, dass er möglichst viel Urlaub und Freizeit braucht. Ähnlich den Lemmingen scheint ein innerer Zwang zu bestehen, die Heimat zu verlassen.

Viele warten nur auf die Rente, um schnellstmöglich Haus mit Appartement zu vertauschen, die Blumen rauszuschmeißen und per Wohnmobil das halbe Jahr auf Campingplätzen der EU zu verbringen. Andere haben sich inzwischen einen Wohnsitz im ersehnten Süden zugelegt und ziehen weg aus dem kalten Deutschland.

**Die Wagenleute**
Kristallisationsthemen am Beginn der momentanen Wirtschaftskrise waren die Immobilienblase und der Zusammenbruch des Immobiliengeschäfts. Sehr viele US-Bürger verloren von einem auf den anderen Tag ihre Wohnungen und fanden sich auf der Straße wieder. Für die moderne Lebensvorstellung ist das eigene Haus, die eigene Wohnung, die absolut wichtige Grundlage für das eigene Selbstbewusstsein. Auf der Straße zu leben, bedeutet für den modernen Menschen den Abstieg ins Asoziale. Damit verbindet er das Gefühl von Ausgeschlossensein, Chancenlosigkeit, mit dem Gefühl, sich selbst aufzugeben. Sicher hängt das damit zusammen, dass sich der Mensch nur als zivilisiert abheben kann von einer Urbevölkerung, wenn er sich nach außen hin in kostenträchtigen Häusern repräsentieren kann. Es ist eine Ironie der Geschichte, dass gerade die USA, die der indianischen Urbevölkerung ihren Lebensraum, ihre nomadische Lebensweise und Kultur nahm, und als Siedler auf Wägen ins Land kam, jetzt ihre Bürger auf der Straße in Zelten wiederfindet. Jetzt und gerade hier würde der Betroffene eine Kultur brauchen, die eher nomadisch ausgeprägt ist. Heute schon gibt es auch in den USA Wohnwagenparks von Rentnern, die zu wenig Rente haben, um Miete bezahlen zu können. Auch in Deutschland gibt es schon einen solchen Wohnwagenpark. Menschen sind so lange unglücklich, solange sie ihre Identität an Vorstellungen hängen, die nichts mit ihrer momentanen Realität zu tun haben. Menschen in dieser Situation können nur gesund überleben, wenn sie ihre Situation als eine Veränderung ihrer Lebensweise verstehen, und wissen, dass es nicht nur den uns angepriesenen Lebensstil gibt.

Eine Art Jugendbewegung ist die Kultur des Wagenlebens, das seit den 80er-Jahren sein Wesen, nach Ansicht der Umgebung eher Unwesen, treibt. Nach außen hin als Protestler, Gesellschaftsveränderer scheinend, wollen diese Menschen jedoch nur eines: auf eine andere als die als normal anerkannte Art leben, nämlich in Wohnwägen. Sie verdienen ihr Geld selber in den verschiedensten Berufen, kommen sehr oft aus komfortablen Elternhäusern. Es ist also nicht Armut, die sie dazu treibt, in einen Wohnwagen zu ziehen. Das, was der Normalbürger jährlich im Urlaub exerziert, indem er sich räumlich reduziert auf ein Zimmer, ein Zelt, diesen Ausnahmezustand erklären diese Jugendlichen zu ihrer Normalität. Sie stoßen allerorts auf Unverständnis, Widerstand und Ablehnung. In Wien sucht seit Jahren eine Gruppe von Wohnwagenbewohnern nach einer Bleibe, wird nach einem dreijährigen genehmigten Aufenthalt schließlich geräumt, die Wohnwagen werden kostenintensiv abtransportiert. Wohnwagenleute werden vom Verfassungsdienst beobachtet. Woanders kämpfen Leute um sichere Vereinbarungen. Aus der Webseite der Schattenparker in Freiburg: »Uns geht es jedoch nicht nur um eine Vertragsverlängerung für den Platz der Schattenparker, sondern um eine formelle Akzeptanz jeder selbstgewählten Lebensform. Zum Beispiel bekommen Wagenbewohner/-innen kein Wohngeld genehmigt, da diese Wohnform als Notunterkunft bezeichnet wird. Auszug aus einem Ablehnungsbescheid: ›… Für alle Antragsberechtigungen gilt, dass Wohngeldleistungen nur für die Nutzung von Wohnraum geleistet werden kann … Nach Ziffer 2.01 ABS 4 der Verwaltungsvorschrift zum WoGG fehlt es bei Notunterkünften aller Art an der tatsächlichen Geeignetheit zum Wohnen. Hierbei werden ausdrücklich auch Wohnwagen usw. genannt.‹ Dies zeigt, die Wohnform im Wagen wird nicht als Wohnraum anerkannt. Ferner unterstellt uns das Wohngeldamt, wir hätten weder Türzugang, Lichtfenster, Küchen oder Sanitärflächen, Wasser oder Abwasseranlagen noch Heizungs- oder Elektrizitätsanlagen. Dies entspricht in keinster Weise der Realität.«

Es ist ein Kampf der Lebensformen. Der Kapitalismus fühlt sich gefährdet von Menschen, die zeigen, dass man auch heute noch einfach leben kann. Ein Wohnwagen hat zu wenig Raum für die Produkte unserer Industrie. Es gibt zu geringe Kosten. Zufriedenheit mit Wenigem ist ein direkter Affront an die Wirtschaft. Ähnlich wie ein Vertreter von Coca-Cola einmal äußerte, dass die größte Gefahr für die weltweite Präsenz ihrer Produkte die Gewohnheit der Menschen in Indien ist, Zitronenwasser zu trinken.

Unverständlich ist die Reaktion der Politik. Anstatt sich zu freuen, dass es Menschen gibt, die zeigen, dass man auch kostengünstig und zufrieden leben kann, beginnt sie einen Krieg gegen ein paar wenige. Hier hätte man ein völlig kostenloses soziales Modell, das von sozialpolitischer und wissenschaftlicher Seite gut erforscht werden könnte, da es sicher sein wird, dass ein Teil der Menschen in Zukunft auch bei uns so leben wird müssen, allerdings mit finanzieller Unterstützung und nicht selbständig wie diese jungen Leute. Die Fähigkeiten, die sich diese dadurch aneignen, und die entsprechende Einstellung, auch mit wenigem zufrieden zu sein, bräuchten alle Hartz-IV-Empfänger dringend!

Auf der anderen Seite legen die Reaktionen der Umwelt nahe, zu vermuten, dass unsere aktuelle Lebensweise im Grunde eine Lebensweise der Ackerbauern ist und dass diese mit der der Nomaden absolut unvereinbar ist. Unsere ganze Gesetzesordnung, deren wesentliche Eckpunkte Grundbesitz und Grenzen sind, ist orientiert an einem festen Wohnsitz und der Kontrolle von Bürgern, von denen heute jeder seine »Burg« hat. Alles andere trifft auf einen tiefen, wahrscheinlich emotionalgeschichtlichen Argwohn. Der Begriff Zigeuner wird dann als Schimpfwort gebraucht für jeden, der auf Rädern leben möchte. Der Lebensstil des fahrenden Volkes unterscheidet sich grundlegend von dem des Sesshaften. Unsere Verfassung müsste in bestimmten Teilen umgeschrieben werden, um die völlig andere Einstellung zur Natur und zur Nutzung des Landes deutlich werden zu lassen.

Ein ganzes Volk, die Indianer Nordamerikas gehen bis heute auf Grund der Missachtung ihrer Lebensweise zugrunde. In den Reservaten sieht man die Folgen der Zwangssesshaftmachung. Ein Widerspruch bei den modernen Wagenleuten ist allerdings, dass sie unbedingt an einem Ort bleiben wollen. Wozu brauchen sie dann Räder unter sich?

Die Entwicklung der Campingkultur seit ungefähr 50 Jahren hat sich zu einer etablierten Form vor allem für Familien entwickelt, einige Wochen im Jahr mitten in der Natur mit einfachsten Mitteln das Leben zu genießen. Dass dies Wirkungen zeitigt und unterschiedliche Ausprägungen fördert, muss nicht wundern. Ein Staat sollte hier Flexibilität und Toleranz zeigen. Freiheit, die eigene Lebensweise wählen zu können, darf nicht nur Firmen zugestanden werden. Geht es um Geld, dann ist alles erlaubt oder findet seine Schlupfwege. Wenn diese Lebensform als neues Produkt oder Geschäftsmodell finanziell interessant wäre, gäbe es sehr schnell Lösungen. Wenn dies als Idee eines renommierten Wissenschaftlers in Verbindung mit dem Sozialministerium als neues soziales Experiment ausgerufen würde, gäbe es Programme und Forschungsgelder, z. B. im Rahmen des experimentellen Wohnens. Das würde viel Geld verschlingen, Fachkräfte würden dies als Projekt betreuen. Hier weiß die eine Hand nicht, was die andere tut! Noch immer ist Eigenaktivität verdächtig. Beteiligung des Bürgers ja, in Maßen, aber so! Zuerst bitte jahrelange Anfragen und Anträge, dann vielleicht …, wenn wir Lust haben. »Danke für Ihr Engagement, bleiben Sie dran. Diese Idee ist wichtig …, nur im Moment haben wir andere Prioritäten.« Menschen, die sich engagieren, können ein Lied davon singen, dass sie trotz vielen Bemühens oft wenig konkrete Unterstützung erhalten. Was nichts kostet, ist nichts wert, und jemand, der nur Bürger ist und kein Amt innehat, hat nichts zu sagen.

Wie also sollen Jugendliche, die eine Idee haben, vorgehen? Begeben sie sich auf den Weg des Redens, werden sie alt, bis sich etwas tut. Also handeln sie. Auch falsch! Gibt es eigentlich einen

Raum, in dem sich Jugendliche wirklich ausdrücken können? Eigentlich nicht. Jugend möchten verändern, und das sofort und konkret. Die Ackerbauermentalität steht jeder Veränderung misstrauisch gegenüber, denn es könnte ein Sturm kommen und die Ernte wäre dahin. Jedes abweichende Verhalten ist hier wie ein Wind, der einen Sturm ankündigen könnte. Also wird jede Tendenz, die abweicht, mit aller Kraft verhindert, koste es, was es wolle. Es ist der Kampf zwischen Flexibilität und Stagnation. Im Gleichgewicht hätte jeder seine Funktion. Jugend jedoch bringt an sich Erneuerung. Jugendliche sind Repräsentanten der neuen Zeit. An ihnen kann man am besten untersuchen, welche Anforderungen in Zukunft an die Menschheit gestellt werden. Die Einübung des einfachen Lebens und die Anerkennung dieser Lebensform sind in Zukunft sicher nötig. Dazu gehört, den Wert von Selbstbeschränkung im Sinne von Konsumverzicht zu sehen und die Wohlstandsdefinition zu verändern im Hinblick auf eine Zufriedenheit, die im harmonischen Zusammenleben von Menschen, nicht im Bessersein und Mehrhaben gefunden werden kann.

**Weltenbummler**
Die Hippies der 60er- und 70er-Jahre folgten dem Drang zum Wandern. Wie die früheren Burschen auf ihrem Weg von einem Handwerksmeister zum anderen machen sich Jugendliche auf den Weg, raus aus dem Elternhaus, um neue Erfahrungen zu machen, die Welt zu erkunden. Es gab viele, die nach der Schule mehrere Monate unterwegs waren, manche ein halbes Jahr oder mehr. In den 80er-Jahren traf man dann im Ausland auf die früheren Wanderer, die inzwischen eine Pension aufgemacht hatten. Sie hatten sich in einen Einheimischen verliebt, geheiratet und zogen die gemeinsamen Kinder groß. Das Heil in der Ferne fanden nicht alle, es gab auch so manche, die auf dem Weg nach Indien untergingen, krank wurden, den Weg zurück nicht mehr schafften und auch starben.

**Auswanderer**
Der Drang zur Auswanderung ist geschichtlich in regelmäßigen Abständen zu beobachten. Die bis heute folgenreichste Auswanderungsbewegung in Deutschland geschah auf Einladung von Katharina II. nach Russland. Von ihr wurde am 22. Juli 1763 ein Manifest erlassen, das deutschen Migranten für 30 Jahre bestimmte Privilegien wie Religionsfreiheit und Steuerfreiheit gewährte und eine lokale Selbstverwaltung mit Deutsch als Sprache zugestand. Bauern erhielten Land zur eigenständigen Bewirtschaftung. Deutsche Siedlungen und Dörfer entstanden, die Kultur hielt sich trotz späterer Repressalien und dem Entzug dieser Privilegien bis heute.

Eine starke Auswanderungswelle begann schon 1670 nach Nordamerika, wo in Pennsylvania eine deutsche Kolonie Germantown, heute ein Stadtbezirk von Pennsylvania, gegründet wurde. Mehrere Siedlungen bestanden und entwickelten sich schließlich zu Städten. Bis heute gibt es deutschstämmige Enklaven, die ihre Traditionen pflegen, die Häuser auf deutsche Art renovieren und erhalten.

Im 19. Jahrhundert wanderten viele nach Südamerika aus. In mehreren Ländern findet man hier noch Kleinstädte, die ihre ursprüngliche Kultur bis heute bewahren, wie in Paraguay, Argentinien, Brasilien. Colonia Tovar ist ein Schwarzwalddorf in Venezuela mit Fachwerkhäusern, Gasthaus, einer Brauerei. 1842 wanderten hier Menschen vom Kaiserstuhl ein. Sitten und Gebräuche sowie der Dialekt hielten sich durch lange Abgeschiedenheit von der Außenwelt. Ein anderes Beispiel ist das Tirolerdorf Pozuzo in Peru. Im Jahre 1876 wurden von der peruanischen Regierung Auswanderungswillige angeworben. 180 Tiroler, 120 Rheinländer kamen in einem unwegsamen Gebiet in den Ausläufern der östlichen Andenkordillere an und bauten ihr Dorf gemäß der Tradition mit allem, was dazugehört, Kirche und Schule, auf.

Die Migranten aus der Türkei sind nicht zuletzt aus dem Grund hierhergekommen, weil sie in sich noch das traditionelle

Nomadentum haben und ihnen nicht fremd ist, den fetten Weiden zu folgen, die das Arbeitsangebot bei uns in Deutschland darstellte. Noch heute ziehen die Türken, die jetzt in der Rente sind, im Sommer in ihre Sommerquartiere in der Türkei, um im Winter wieder hierher zu ihren Kindern zu kommen. Warum sollen sie ihre Identität aufgeben und sich auf einen Staat festlegen, wo ihnen ja gerade ihre überkommene Flexibilität verhalf, die Chancen in Deutschland zu ergreifen? Auf der anderen Seite wird gerade dies von Arbeitslosen verlangt …, auch in die Fremde zu gehen, um eine Stelle anzunehmen. Niemand käme auf die Idee, von den vielen Deutschen, die überall auf der Welt leben, zu verlangen, sich voll in das jeweilige Land einzugliedern und ihre Kultur nicht zu leben. Allerdings sollte man natürlich erwarten, dass jeder, der im Ausland arbeitet, auch die dortige Sprache erlernt und beherrscht. Wo schon vor 250 Jahren eine Katharina II. eine Volkszugehörigkeit beachtete und der deutschen Minderheit Selbstverwaltung und Religionsfreiheit zugestand, kann es nicht sein, dass der türkischen Minderheit in Deutschland nicht die Entwicklung eigener Wohnbereiche, Moscheen und Schulen gewährt wird. Im Unterschied zu Russlanddeutschen, die sich als Deutsche ausgegeben haben und deshalb auch Deutsch reden sollten, haben die Türken ihre eigene Sprache und Kultur, die sie entwickeln und erhalten sollten.

Je nach Wirtschaftslage (fette Weiden) wandern deutsche Gastarbeiter in die USA, nach Kanada, momentan nach China aus. Dabei ist in Ordnung, dass eine Sprache, zurzeit Englisch, als Kommunikationssprache gewählt wird. Was jedoch nicht in Ordnung ist, ist, dass, wie es hier in Deutschland zunehmend der Fall ist, in Arbeitsbezügen, nicht nur in US-amerikanischen Firmen, der Druck besteht, Englisch zu sprechen. Das Land wird hier durch Anglizismen und wirtschaftliche Einrichtungen, Kaufmärkte etc. von amerikanischer Mentalität überfremdet, wodurch unsere eigene kleinstädtische und dörfliche Infrastruktur leidet.

Heute ist Deutschland nicht nur ein Einwanderungsland. Informationen aus Wikipedia: »2006 wanderten 18 242 Deutsche in die Schweiz, in die USA 13 200, nach Österreich 10 300, nach Großbritannien 9 300, nach Polen 9 100, nach Spanien 8 100, nach Frankreich 7 500, nach Kanada 3 600, in die Niederlande 3 400 und in die Türkei 3 300 aus. Insgesamt emigrierten 144 815 Deutsche. Im gleichen Zeitraum sind ca. 128 000 Deutsche vom Ausland nach Deutschland gezogen.

Im Jahr 2005 haben sich 160 000 Deutsche offiziell abgemeldet. Geschätzt wird die tatsächliche Zahl (incl. derer, die sich nicht abmelden) auf 250 000. Dies ist die höchste registrierte Abwanderung aus der Bundesrepublik seit 1950. Dabei handelt es sich insbesondere um gut ausgebildete Fachleute.

Im Jahr 2009 verließen 40 000 Personen türkischer Herkunft Deutschland und zogen in die Türkei, viele von ihnen ebenso gut ausgebildet. Für türkische Akademiker ist fehlendes Heimatgefühl mit 41,3 Prozent der am häufigsten genannte Grund dafür, in die Türkei zu ziehen.«

Nomadentum bedeutet eigentlich das Wandern von Sommer- in die Winterquartiere und umgekehrt. Die Entwicklung auf Grund der möglichen Mobilität bedeutete zunächst, samt der Familie auszuwandern und in den Ferien die alte Heimat wieder zu besuchen. Inzwischen gehen viele dazu über, Familie an einem Ort zu lassen und nur zur Arbeit in das andere Land zu gehen. Firmen haben internationale Angestellte, die nicht nur an einem Standort arbeiten, sondern alle paar Jahre woandershin wechseln. Es gibt eine zunehmende Flexibilisierung, Auslagerung von bestimmten Abteilungen in billigere Schwellenländer, gestern Tschechei, Portugal, heute Russland, morgen vielleicht die Türkei. Internationale Konzerne haben inzwischen Standorte auf dem ganzen Globus verstreut.

### Besitzlose

Wo ist der moderne Nomade? Schaut man sich unsere Gesellschaftsstruktur an, so fällt auf, dass es noch immer die Unterteilung in Besitzende und Besitzlose gibt. Dabei würden diejenigen, die von Krediten leben, eigentlich zu den Besitzlosen zählen. Diese gelten jedoch, sofern sie Grund, Häuser oder Firmen haben, als Besitzende. Der Mieter, der im Laufe seines Lebens verschiedene Wohnungen innehat, gekündigt werden kann, ist noch immer Nomade. Er ist nicht gebunden, hat kein Recht auf Sesshaftigkeit. Für viele Menschen ist das so auch in Ordnung. In den USA ist es üblich, statt ein Haus zu mieten, es zu kaufen und bei Arbeitswechsel wieder zu verkaufen. Auch das ist modernes Nomadentum. Nicht zu akzeptieren ist allerdings, dass Besitz belohnt wird, Nichtbesitzer ständig zahlen müssen, als hätten sie keine Rechte. Es gibt im Grunde kein Wohnrecht, wenn ich einen Vermieter habe, der im Endeffekt mitredet, oder wenn Häuslebauer 30 Jahre ihre Kredite abzahlen müssen. Hier ergibt sich eine finanzrechtliche Schieflage, die nicht unerheblich zur Immobilienblase und zur Wirtschaftskrise 2008 führte.

Interessant ist, dass es einen heutigen Dschungelbewohner selten in ein entwickeltes Land zieht. Er ist nicht auf der Suche nach Weidegründen, da es bei ihm um die Ecke die verschiedensten Früchte gibt, die den ersten Hunger stillen.

**Bildung und Erziehung: Wertvolles Wissen für unsere Zeit**
Eine in der globalisierten Welt absolut wichtige weitergehende Bildung wäre heute, den eigenen Kindern den Zugang zu anderen Kulturen zu eröffnen und ihnen die Möglichkeit zu geben, auch deren Kenntnisse zumindest ansatzweise zu erwerben. Dies würde ermöglichen, andere Lebensweisen zu verstehen und anzuerkennen. Globalisierung bedeutet nicht nur, Datteln und Kokosnüsse kaufen zu können, die Medikamente aus dem Urwald zu benutzen, Bodenschätze anderer Länder, wie z. B. das Öl, auszubeuten. Globalisierung bedeutet auch, Zugang zu haben zur Vielfalt der Kenntnisse und Fähigkeiten des ganzen Erdrunds, die Früchte der verschiedenen Kulturen in Form von sozialen Eigenheiten zu kennen. Der Anspruch an den Weltbürger besteht darin, sich

in den verschiedenen Lebenswelten zurechtfinden zu können. Das ist mehr als Sprachenlernen und internationale Küche an der Volkshochschule. In der Schule zusammen in einer Bank zu sitzen, ist hier sicher zu wenig und zeugt von verfehlter Globalisierungs- oder Kulturpädagogik.

Die nomadische Lebensweise ist das beste Beispiel für ein nachhaltiges Leben in Einfachheit, Kenntnis des Wesentlichen, gepaart mit praktischer Überlebenskunst. Dies ermöglicht dem Einzelnen das Gefühl von Sicherheit und Zufriedenheit. Ein Kind, das dies in seiner Jugend gelernt hat, wird in Krisenzeiten nie so von Existenzangst bedroht werden wie die Bürger der modernen Länder. In unserer unsicheren Zeit brauchen wir aber genau diese Fähigkeiten, um psychisch innerlich stabil bleiben zu können. Wir brauchen ein pädagogisches Krisenvorsorgeprogramm. Dieses muss die verschiedenen Bereiche des Lebens behandeln, die Ökonomie, das soziale Miteinander wie auch den Bereich der physischen Gesundheit. Fähigkeiten müssen vermittelt werden, mit Arbeitslosigkeit, Perspektivlosigkeit, Schulden, wirtschaftlichem Absturz und Wandel umgehen zu können. Ein sozialer Rahmen muss geschaffen werden, der es erlaubt, Trennungen zu überstehen, Kinder zu erziehen und kranke und alte Menschen zu versorgen.

Nomadentum braucht vor allem die Abgrenzung nach außen, um die eigene Identität auf der Reise nicht zu verlieren. Deshalb hat das Zusammenleben in der Familie, im Stamm, Priorität. Der Vollzug der Lebensaufgabe geschieht im familiären Rahmen. 90 % aller Tätigkeiten sind hier sichtbar, erklärbar und erlernbar. Der Rest bezieht sich auf einzelne Reisen, meist eines Mannes aus der Familie, um Waren zu tauschen oder zu erwerben. Aus diesem Grunde erlernen Kinder von Anfang an alles, was sie später brauchen, um diese Lebensweise fortzuführen. Wissen und Fähigkeiten werden übermittelt über Modelllernen und Mitmachen. Es herrscht wenig Zwang zu produktiver Leistung und ständiger Aktivität, da die Fähigkeiten, wie das Hüten und Betreuen von

Tieren, hauptsächlich Aufmerksamkeit, Einfühlungsvermögen und Orientierungsfähigkeit verlangen. Tätigkeiten wie Melken, die Zubereitung von Milchprodukten fügen sich organisch in den Lebensalltag. Wo keine Alternative möglich ist, weil nun eine Kuh mindestens einmal am Tag zu festgesetzter Zeit gemolken werden muss, gibt es auch keinen Zwang. Die nötige Tätigkeit zu vollbringen, ist eine Selbstverständlichkeit, die sich ergibt aus dem Miteinander von Tier und Mensch. Nur wir kennen das Auflehnen gegen Tätigkeiten, weil das Tun aus seiner natürlichen Ordnung gerissen ist, die Beziehung verloren ging. Wenn ich nicht mehr aus dem Miteinander handle, brauche ich Zeitpläne, auf denen steht, was jemand, hier die Kuh, wann braucht. Da dies dem Menschen widerspricht, empfindet er ein Widerstreben, sein Handeln an Plänen auszurichten. Alltägliches Zusammenleben ermöglicht einen Raum, in dem das Mitempfinden an erster Stelle steht, das Erspüren, was die Lebewesen um einen herum benötigen, die Wahrnehmung von Gefahren und Bedrohungen von z. B. Wölfen. Sicher wäre für Nomadeneltern mangelnde Aufmerksamkeit eines der schlimmsten Vergehen im Rahmen ihres Erziehungsplans.

Das Reparieren und Herstellen von Bekleidung, Teppichen, Werkzeugen, die Pflege der Jurte oder des Zeltes braucht nicht viel Zeit. Die wenigen Gegenstände, die ein Nomadenleben begleiten, sind schnell versorgt und geordnet. Begleitet ist der Alltag durch Gesänge zu einfachen Instrumenten, wie in der Mongolei die Pferdegeige, zu Trommeln, Pfeifen. Noch heute werden im Schwarzmeergebiet der Türkei Tänze begleitet mit der traditionellen dreiseitigen Kniegeige, Relikt der nomadischen Vergangenheit der Menschen dieses Gebietes.

Die Einheit von Kultur, sozialem Miteinander und Alltagstätigkeit bildet ein pädagogisches Grundgerüst mit festen Inhalten, ähnlich unseren modernen Lehrplänen. Die pädagogischen Inhalte und Methoden sind jedoch jahrtausendealt, sodass die Eltern hierfür keine Aus- oder Fortbildung brauchen. Bei uns zählt leider nur, was in schriftlichen Programmen weitergegeben, im Rahmen einer Ausbildung vermittelt wird, die mit Zertifikat oder Zeugnis abschließt. Dass es für die nomadischen Tätigkeiten, wie es ein Hirtenleben darstellt, eine Fülle spezieller Kenntnisse und Erfahrungen braucht, wird dem deutlich, der bei uns in den Alpen einmal ein paar Tage bei einem Almbauern verbringt. Es gibt in unserem Land inzwischen viele Bürger, auch Städter, die urplötzlich ihre vormals erfolgreiche Tätigkeit aufgeben, ein halbes Jahr auf der Alm verbringen und die Arbeit mit den Kühen mühsam erlernen.

Die Menge an Wissen ist sicher zu vergleichen mit dem, was unsere Kinder heute in Familie und Schule lernen. Jede Lebensweise hat ein Bildungsprogramm für die eigenen Kinder, das es ihnen ermöglicht, alles zu erlernen, was sie speziell in ihrer Welt benötigen. Nomadenkinder wie auch moderne Kinder könnten sich in der jeweilig anderen Welt nicht zurechtfinden. Allerdings würden Nomadenkinder sich um die alte Mutter kümmern und sie nicht in ein Altersheim geben. Die konkreten sozialen Fähigkeiten, die ein Mensch benötigt, sind, wie wir sehen, unabhängig von der jeweiligen Lebensweise. Hier versagt unser modernes System. Insofern ist es nicht gerechtfertigt, die moderne Lebensweise z. B. über die der Nomaden zu stellen.

## Der Ackerbauer

### Der selbständige Bauer

Der Ackerbau im Sinne von Landwirtschaft kam 5400 v. u. Z. in den mitteleuropäischen Raum, ausgehend vom Vorderen Orient über Anatolien. Damals wandelte sich die Lebensweise der Jäger- und Sammlergesellschaft in eher regional wirkende Gesellschaften. Allerdings bedeutete Ackerbau nicht dauerhaften Grundbesitz. Felder wurden noch bis vor 2 000 Jahren eine Zeit lang bestellt, dann aufgegeben, ein neues Stück wurde irgendwo im Wald urbar gemacht und neu genutzt, ähnlich der Anbaumethode, die heute noch von den Bewohnern im Dschungel angewandt wird. Schätzungsweise wurde hier auch brandgerodet. Der Ackerbau diente fast ausschließlich der Ernährung der eigenen Familie. Die Menschen lebten in der Form der Subsistenz. Der Bauer lebte mit seiner Familie von dem, was sein Grund und Boden erbrachte. Dabei lebten ursprünglich acht Paare inklusive Kindern zusammen.

Unterscheiden muss man zwischen zwei Formen des bäuerlichen Lebens. Einmal gab es das eigenständige selbstbestimmte Leben, in dem die bäuerliche Tätigkeit hauptsächlich dem Selbsterhalt diente. Dies war bei uns üblich zur Zeit der Kelten bis zum Untergang der keltischen Lebensweise auf Grund des Einzugs der römischen Heere in Süddeutschland, der Schweiz und dem heutigen Frankreich. Entscheidend für das Leben als Bauer waren also die jeweiligen Herrschaftsverhältnisse und die klimatischen Gegebenheiten. Musste der Bauer nur für sich selber sorgen, hatte dafür genug Raum oder Land zur Verfügung, ein friedliches Umfeld, dann war das Leben zufriedenstellend. Ein großer Unterschied bezüglich der Arbeitsmenge ergibt sich außerdem durch die strengen Winter in den Breiten nördlich der Alpen. Dadurch entstand eine eigene Mentalität, die sich nochmals grundlegend unterscheidet von den Bauern des südlichen Europa.

Aus der Zeit, als die Herrschaftsstrukturen durch Fürsten noch nicht durchgreifend waren und im Alltag noch eine wirtschaftliche Selbständigkeit existierte, gibt es Informationen vom Leben der Bauern, von denen man auf die früheren Verhältnisse schließen kann.

Vor tausend Jahren gab es vor der Familie den Begriff des großen Hauses. Hier gab es Versorgung und Arbeit. Der Begriff Wirtschaft stammt von dieser Existenzform. Kinder waren wichtig als Arbeitskräfte, zugleich lernten sie alles, was sie für das Leben brauchten, und erwarben vor allem handwerkliche Fähigkeiten. Versorgung und Arbeit hielt sich die Waage.

Ursprünglich bestand eine Familie aus einem Ehepaar, das Besitzer war von Haus und Land. Hier lebten mehrere Generationen zusammen mit anderen Menschen, die selbst keinerlei Besitz hatten. Für das Verhältnis von Besitzenden zu Besitzlosen gab es klare feste Regeln. Die Besitzer waren verpflichtet dazu, den Besitzlosen Schutz und Schirm zu gewähren, die im Gegenzug dafür mit Rat und Tat beizustehen hatten. Sie konnten dafür, dass sie ihre Arbeit zur Verfügung stellten, hier wohnen und wurden versorgt mit allem, was sie brauchten. Es handelte sich hier nicht um ein hierarchisches Verhältnis. Jeder war frei, zu gehen und woanders seinen Platz zu suchen. Kinder waren in dieser Gemeinschaft nicht ausdrücklich Teil der Ehe, Sexualität war nicht an die Ehe gebunden. Kinder wuchsen in dieser Gemeinschaft auf, ganz gleich, von wem sie stammten. Die Redewendung »Kind und Kegel« beschreibt den Unterschied zwischen ehelichen und nichtehelichen Kindern. Die sogenannte Hausgenossenschaft war wirtschaftlich autark und niemandem Rechenschaft schuldig. Allerdings konnte nur derjenige eine Ehe eingehen, der Besitz hatte.

**Bauernleben in Abhängigkeit von Fürsten**
Die andere Form des bäuerlichen Lebens erfolgte ab dieser Zeit in Abhängigkeit von Geldgebern und Gesetzen, die Eigenständigkeit verhindern und durch die nötigen Leistungen und Abgaben vom Bauern eine über das erträgliche Maß hinaus erhöhte Produktion und vermehrte Leistung erzwingen. Bei uns gab es keine Landwirtschaft im Sinne von Produktion für den Handel, wie es schon viele Jahrtausende vorher in Ägypten üblich war. Agrarische Massenproduktion hatte ja den Erfolg des römischen Staates ermöglicht. Gerade das Zweite führt zur Ausbeutung des Bodens und zu Umweltschäden. Wenn man annimmt, dass mit dem Ackerbau die Arbeit in unser Land einzog, so erfolgte auch ein tiefgreifender Wandel im sozialen Miteinander. Die Menge der Arbeit erforderte Regeln und Normen. Die Werte von Disziplin

und Ordnung entstanden zwangsläufig im Lebensalltag der Bauernfamilie. Die Zeiten der Muße mussten genau reglementiert werden, so auch die Abgrenzung gegen Überforderung, die durch die Abgabenlast im Mittelalter von Seiten der Fürsten drohte.

Eine bäuerliche Struktur alleine schafft noch keinen Reichtum. Das war auch gar nicht sinnvoll, da sich Bauern noch nie selber verteidigen konnten. So waren sie einerseits froh, als sich Fürsten erboten, sie zu schützen und gegen andere zu verteidigen. Allerdings verlangten diese mit der Zeit so viele Abgaben, dass die bäuerliche Arbeit zur Fronarbeit wurde und sich die Verhältnisse umkehrten. Nicht der Fürst war für die Bauern da, wie es noch zur Zeit der Kelten der Fall war. Die Bauern arbeiteten für den luxuriösen Lebensstil der Fürsten, Grafen und Könige. Reichtum entwickelte sich und die Entwicklung des eigenständigen Handwerks und damit des Bürgertums legte die Grundlage für Städte. Andererseits waren Städte nur möglich unter dem Schutz von Fürstentümern und Grafschaften. Dadurch entstanden größere Territorien. Dies wiederum führte über Kriege zur Staatenbildung.

Im letzten Jahrtausend gab es in Mitteleuropa dann eine soziale Struktur, die hauptsächlich aus zwei verschiedenen sozialen Ordnungssystemen bestand: einmal aus der Stadtbevölkerung, andererseits aus der alten Ackerbaugesellschaft, die in Dörfern organisiert war. Sie sicherte die Grundversorgung für die Bevölkerung. Auf diese Struktur hatte sich das römische zentralistische Herrschaftssystem gesetzt, das nach dem Ende des Römischen Reiches über die christliche Kirche mit ihrer zentralistischen Organisationsform ein Königtum und damit eine Herrschaftsform etablierte. Dieses konnte nur auf Grund despotischer, ausbeuterischer Methoden gegenüber den Bauern entsprechende finanzielle Mittel ansammeln, die es ihnen erlaubten, ihrem Luxus und ihren kriegerischen Machtspielen zu frönen.

Der Nachteil der Abgabenlast und der dafür zu erbringenden Leistung ist, dass die Energie dafür über Kohlehydrate oder Fleisch aufgenommen werden musste. Ein Tier, das vorrangig zur

Leistung als Fleischlieferant und Milcherzeuger gezüchtet wird, braucht wiederum Kraftnahrung in Form von Kohlehydraten. Gras allein reicht nicht. Die Ernährungswissenschaft zeigt, dass die Ernährung mit einem Großteil von Fleisch und Kohlehydraten für den Menschen nicht geeignet ist. Die Archäologie weist an Skeletten nach, dass Parodontose erst seit der Jungsteinzeit existiert, als der Mensch sich zum Ackerbauern entwickelte. Weltweit kann man den Nachweis führen, dass unsere Zahnerkrankungen direkt zusammenhängen mit unseren Ernährungsgewohnheiten. Der verderbliche Kreislauf von Leistungsanforderungen und Ernährung zeigt auf, dass hier etwas nicht stimmt und dass man diese Lebensweise näher erforschen sollte.

Das letzte Exempel dieser Art von Nutznießertum durch Herrschende war das Geschehen im Dritten Reich. Am Ende rettete das Volk nur das, was die Bauern (noch) auf ihren Feldern hatten. Damals hätte deutlich werden sollen, was der eigentliche Reichtum der Menschen in unserer Zone ist: die regionale Landwirtschaft, das für ein Dorfleben zugehörige Handwerk und die Fähigkeiten der Menschen, wie Fleiß und Flexibilität mit einem Sinn für Realität und Nachhaltigkeit.

Der Ackerbau in unserem Land kommt aus dem Nahen Osten, dem Zweistromland. Hier ist der Ursprung des Brotes, des Getreides. Grassamen wurden schon immer als Nahrung verwertet. Aber der planmäßige Anbau an einer vom Menschen vorbereiteten Fläche ist eine Errungenschaft einer bestimmten Kultur. Der Anbau verlangt eine ganz bestimmte Lebensweise. Der Mensch muss am Ort bleiben. Er wechselt nicht seinen Wohnort und folgt damit der naturgegebenen Fruchtbarkeit und den Jahreszeiten. Wenn er am Ort bleibt, muss er Widrigkeiten aushalten, kann der Kälte oder der Dürre des Sommers nicht ausweichen. Dafür braucht er ganz bestimmte Fähigkeiten. Mit der Sesshaftwerdung musste der Mensch diese erst entwickeln. Es braucht die Bereitschaft durchzuhalten, auszuhalten, zu warten. Dazu gehört der Glaube, dass es wieder einmal besser wird, dass die kalte Jahreszeit oder die Dürre vergeht. Der Bauer ist nicht selber aktiv. Er gibt sich in sein Schicksal, da er weiß, dass jedes Auflehnen, z. B. gegen Witterungseinflüsse, sinnlos ist. Andererseits weiß er, dass die Zeiten sich auch wieder ändern werden. Zugleich muss er wissen, was wann zu tun ist. Das bedeutet, er schaut nach dem Wetter und entscheidet: »Heut muaß gheingt wern!« Oder er schaut das Getreide an und sieht, wann es wohl so weit sein wird, dass die Ernte geschehen muss. Dazu braucht der Bauer eine innere Flexibilität, denn manchmal droht ein aufziehendes Gewitter, mit der Folge, dass alle verfügbaren Kräfte auf der Stelle mobilisiert werden müssen. Ein andermal kalbt die Kuh. Eine Nachtwache steht an.

Die Selbstversorgung mit Getreide, Gemüse, Milch, Fleisch, die Vorratshaltung für den Winter mittels Einmachen, Lagern von Getreide und Gemüse, Sauerkrautmachen, Reparaturen von Zäunen, Ställen, Geräten, Werkzeugen füllen Tag und Abend. Die Rollen sind aufgeteilt auf Bauer und Bäuerin sowie Hilfskräfte. Traditionelles Bauernleben ernährte alle Menschen, die auf dem Hof lebten. Dies waren die Bauersleut mit den Kindern und Eltern sowie zwei bis drei Mägde und Knechte, je nach Größe des Hofes. Als Lebensgemeinschaft gab es keine Trennung zwischen Wohnen und Arbeiten. Im Gegensatz zum nomadischen Leben gab es eine genaue Aufteilung in Arbeit und Freizeit. Man könnte sagen, dass Arbeit erst entstand mit dem Ackerbau in den nördlichen Breiten.

Die Erfahrungen des Bauernseins sind jahrtausendealt und haben sich tief in das kollektive Gedächtnis der Menschen der jeweiligen Region eingeprägt. In Ägypten versuchte Nasser, mit seinem Projekt des Assuanstaudammes die Lebensweise der Menschen in seinem Land zu ändern. Von Ägypten wissen wir, dass die Menschen schon seit über 5 000 Jahren, seit der letzten Eiszeit, als Bauern zusammen mit den Nilrhythmen lebten und durch den fruchtbaren Nilschlamm, den die Überschwemmungen mit sich brachten, ihre Ernährung als Ackerbauern, Fellachen, sichern konnten. Die Veränderungen und der Versuch, Ägypten zu industrialisieren, ist bis jetzt als gescheitert anzusehen. Das Land kann sich, im Gegensatz zu früher, nicht mehr selber ernähren. Seit der Nilschlamm nicht mehr jährlich kommt, wird für die Felder Kunstdünger benötigt, dessen notwendige Menge jährlich steigt. Das Ergebnis ist, dass die Menschen nun nicht einmal ihre ursprüngliche Lebensweise behalten können, die einzige Art und Weise, die sie kennen und die sie früher einmal ernährte und außerdem zu überragenden Kulturleistungen befähigte.

### Kennzeichen von Ackerbaugesellschaften
Im Unterschied zu Nomaden sind die Menschen in Ackerbaugesellschaften stark auf das Land bezogen, an das sie sich gebunden fühlen. Sie sind auch traditionsbewusst, was sich weniger auf Menschen richtet als auf den Umgang mit dem Land. Menschen sind austauschbar, weil Arbeitskräfte wichtig sind für die Arbeit auf dem Feld. Das emotionale Zusammenleben ist ohne Bedeutung. Wichtig ist der Hof, der Grund. Gesetz ist, alles »Zsammhalten von dem, was man hat«. Grund verkaufen ist Tabu, verpachten ist in Ordnung. Beim Menschen ist wichtig, dass man arbeiten kann. Hier zählen keine Spitzenleistungen, sondern die Regelmäßigkeit, das Dranbleiben, das Erledigen von einfacher vorgegebener Arbeit. Bauern sind nicht innovativ. Sie müssen fähig sein, mit den Rhythmen des Jahres immer dieselben Abläufe zu verfolgen. Die Angewiesenheit auf die Natur bringt es mit sich, dass sie in ihrer Aufmerksamkeit stark auf Witterung, Erde und Pflanzen und die Wechselbeziehungen zwischen diesen Faktoren eingestimmt sind. Die Zeichen der Natur zu erkennen, braucht einen bestimmten Sensor: Wann kann ich mit der Aussaat beginnen? Wann kommt die Überschwemmung, wann die Regenzeit, bleibt es noch trocken, sodass ich die Ernte einfahren, Heu machen kann? Diese Fragen richtet der Bauer an die Natur. Es ist ein ständiger Dialog mit Pflanzen und Tieren.

Was funktioniert, ist: Ein guter Bauer hat Übersicht und sorgt für alle, die zu ihm gehören und auf dem Hof leben. Abwarten, bis die Zeiten wieder besser werden. Ein Bauer kennt Dürre und den Winter und hat einen Glauben an bessere Zeiten.

**Leben als Bauer in nichtindustriellen Ländern.**
Auf der ganzen Welt gibt es Bauern, die von der Arbeit ihrer Hände leben, sich selbst ernähren können. Muss man den Bauern in Korea, in China, in den Anden in Südamerika bemitleiden? Aufgezählt wird, dass ein Mensch als arm gilt, wenn er nicht mehr als 250 Dollar im Jahr zur Verfügung hat. Der einzelne Mensch auf dem Land hat normalerweise kaum Geld. Die Frage ist auch, wozu braucht der Mensch Geld, wenn er sonst alles hat, was er für seine Grundversorgung benötigt: Ein Haus, ein Feld, Kleintiere. Damit sich eine Bauernfamilie selber ernähren kann, sind natürlich bestimmte Voraussetzungen nötig: Einmal braucht der Bauer genug Land für die Zahl seiner Familienmitglieder, Wasser, zum anderen muss das Land klimatisch geeignet und die Erde fruchtbar sein. Dazu kommt etwas Wichtiges: Die bäuerliche Lebensweise in Form des Familienbetriebs braucht Schutz gegen äußere Einflüsse und Gefahren, wie z. B. Überfälle und Ausbeutung.

Auf meine Frage hin äußerte der Indio, der in den Höhen des Altiplano in Peru lebt, dass er bequem lebe und alles habe, was er wolle. Wenn er z. B. Gummistiefel bräuchte, diese wären doch praktisch, erzählt er, verkauft er einfach einen Sack Weizen auf dem Wochenmarkt und nimmt die Gummistiefel gleich mit. Er betonte, dass er keine Probleme habe und zufrieden sei.

In den Zeiten vor der Conquista gab es in der Gegend der Anden Südamerikas klare soziale Ordnungen des Zusammenlebens in der jeweiligen Gemeinschaft. Die Familien, die an einem Ort zusammenlebten, bestanden aus der Großfamilie in Form einer weitreichenden Verwandtschaft. Forschungen haben ergeben, dass die Andenbewohner schon immer sesshaft sind und Ackerbau betreiben. Daher sind die Beziehungen eng mit dem Ort und den hier lebenden Menschen verbunden.

Durch die klimatischen und geologischen Bedingungen können Menschen hier bis heute nur überleben, wenn sie in einer gut funktionierenden Gemeinschaft leben. Die Dorfgemeinschaft (Ayllu, quechua) galt als eigene Institution, zu der auch Land und Gebäude gehörten. Es gab die Pflicht (Minka, quechua), sich an Gemeinschaftsarbeiten zu beteiligen, wie die Bestellung des gemeindeeigenen Bodens, von dessen Erträgen Mitglieder der Gemeinschaft versorgt wurden, die auf Grund von Alter, Krankheit o. Ä. nicht mehr in der Lage waren zu arbeiten. Die Verteilung der Felder an die Familien geschah jedes Jahr neu und richtete sich danach, wie viele Mitglieder die jeweilige Familie hatte. Außerdem gab es die Pflicht, sich gegenseitig zu helfen (Ayni, quechua), das heißt, wenn es nötig war, bekam eine Familie von anderen Familien Hilfe bei der Feldarbeit oder beim Bau eines Hauses. Die Selbstorganisation der Dorfbewohner bringt Eigenständigkeit, aber auch Macht. Dort, wo Herrscher, wie auch die Inkas, ein Gebiet einnehmen wollten, zerstörten sie diese Gemeinschaften durch Umsiedlung. Bis heute haben an manchen Orten solche Strukturen überlebt und waren das Bollwerk gegen den Terrorismus, wie etwa im Raum von Cajamarca, im Norden Perus. Hier installierte die Dorfgemeinschaft eine Art Bürgerwehr. Die Bewohner organisierten sich und bestimmten bei Tag und Nacht Wachen zum Schutz des Dorfes. Mit Erfolg.

Sich gegenseitig zu helfen war auch bei uns üblich. Ähnliches ist sicher überall zu beobachten, wo bäuerliche Strukturen herrschen. In Niederbayern ist es in bestimmten Orten noch heute Brauch, einem Dorfbewohner, dessen Haus abgebrannt ist, beim Wiederaufbau zu helfen.

Deutlich wird hier, dass bestimmte soziale Grundordnungen in Gemeinschaften überall ähnlich sind, Ordnungen, die ein regional selbständiges menschliches Leben in einer dörflichen Gemeinschaft ermöglichen und so von Geld und wirtschaftlichen Krisen des größeren Umfelds relativ unabhängig machen. Es ist nicht verständlich, warum die Entwicklungshilfegelder nicht vorrangig dahingehend verwendet werden, diese Ordnungen wieder zu errichten oder sie dort, wo diese noch existieren, zu bewahren und zu schützen. Die immer weitergehende Zerstörung der sozialen Infrastruktur ist das Hauptproblem von Armut auf der Welt. Dies wird auch uns noch erreichen, wenn wir nicht lernen, unsere Lebensweise zu verändern.

### Der Bauer in der Moderne

Menschen, die mit dem Boden verbunden sind, wissen, dass sie seit Jahrhunderten von ihm leben und dass er die Zukunftsgarantie für die eigenen Kinder ist. Sie werden immer verantwortlich mit der Natur umgehen. Umso verwunderlicher ist, dass Landwirte heute ihren eigenen Boden vergiften, ausbeuten und zielgerichtet unfruchtbar machen z. B. durch den dauernden Anbau von Mais. Es ist unverständlich, wie Menschen sehenden Auges ihre Zukunft verspielen. Denn das Gift bleibt ja am Ort, geht ins Grundwasser, beeinflusst alle Lebewesen am Hof. Diese sammeln die Giftstoffe in Organen und Knochen. Das letzte Glied der Kette ist dabei immer der Mensch. Inzwischen hat im Gebiet eines Landwirts die Natur schlechte Karten. Feldraine verschwinden, Wildkräutern und Kleintieren wird der Lebensraum genommen, die vom Großvater gepflanzten Bäume werden gefällt. Das Hofsterben geht weiter, der Nachbar pachtet den Grund und kauft einen größeren Traktor. Im Osten werden die Flächen im Großen gekauft. Der Bewohner des Landes hat überall das Nachsehen, denn kleine Strukturen rechnen sich nicht. Geldanlagen suchen sich Wald und Ackerland. Allerorts wird gewarnt davor, dass die Nahrungsmittelproduktion in die Hände von Spekulanten gerät, wodurch die Preise steigen und damit der Hunger.

In Uruguay ist inzwischen ein Drittel des Landes in ausländischen Händen. Das Land exportiert Soja nach Asien. Im Gegenzug müssen Sojaprodukte eingeführt werden. Die Pacht für die einheimischen Kleinbauern ist zu hoch. Sie arbeiten nun als abhängige Landarbeiter zu geringem Lohn auf dem ehemals eigenen Land. Inzwischen breitet sich der Hunger unter den Kleinbauern aus, die mit ihren Produkten nicht gegen die Großproduktion konkurrieren können.

Diagnostizieren muss man hier, dass die Ackerbaugesellschaft mit der modernen Landwirtschaft verschwunden ist, denn eine soziale Ordnung ist niemals nur ein Wirtschaftszweig, eine Berufsgruppe, eine Firma oder ein Unternehmen. Aber genau als das wird die moderne Landwirtschaft betrachtet. Genauso wie der Wald nicht mehr als ein lebendiger Organismus angesehen wird, sondern als Wirtschaftswald, so ist Ackerbau keine Lebensweise mehr, sondern eine berufliche Tätigkeit mit fachfremden Standards und Regeln. Wie alle anderen Tätigkeiten wurde hier spezialisiert, der Logik der Arbeitsteilung unterworfen. Auf diese Weise wurde eine ganze Lebensform vernichtet.

Im Zeitalter von Jägern und Sammlern hat der Bauer wenig zu melden. Er wird ausgeraubt, übertölpelt, ihm wird etwas angedreht, was er nicht braucht, ihm werden Versprechungen gemacht. Schön brav geht er vorgegebene Wege im festen Glauben, auf diesem Wege irgendwohin zu kommen und das zu bekommen, was er erwartet. Weit gefehlt. Gleich ob Schulabschluss oder neuen Kuhstall, das angepriesene Düngemittel oder die gentechnisch veränderte Pflanze, er kommt immer zu spät, die anderen waren schon vor ihm da und haben den Gewinn eingestrichen. Es ist eben nicht die Zeit des Bauern.

Dem gegenüberhalten muss man jedoch, dass die Kleinbauern auf der ganzen Welt unsere Ernährung sichern. Die Agroindustrie versucht diese Tatsache zu verschleiern. In großen Untersuchungen wurde jedoch bestätigt, dass es die Lebensweise des Kleinbauern ist, die bis heute die Welternährung sichert. Der moderne Bauer ist nicht der Landwirt, nein, es ist der Verkäufer, der zum Bauern geworden ist, und sein Feld ist der Kundenstamm, der gepflegt werden will. Die Aussaat ist die Werbeaktion, die seine Angebote anpreist, auf dass die Kunden in sein Geschäft kommen sollen. Dann erntet er, in diesem Fall Euros. Sein Land ist das

Geschäft. Hier ist er sesshaft. Die Waren sind der Dünger. Dabei ist den meisten gleich, was sie verkaufen. Wichtig ist, dass sie Kunden gewinnen, egal für was. So mancher Landwirt arbeitet über den Maschinenring für andere und beackert die Flächen aller Bauern rund um die Uhr wie am Fließband. Das Bild vom Bauern, der über seine eigene Scholle schreitet, ist Vergangenheit.

**Bildung und Erziehung**
Der archaische Lehrplan des Ackerbauern unterscheidet sich nur in der zweiten Form des Bauernlebens wesentlich von dem des Nomaden. Solange der Bauer sich selbst versorgt und wenig Abgaben und Gesetze zu befolgen hat, ähnelt der Lehrplan dem der Nomaden. Alle nichtschulischen Bildungsformen vollziehen sich weiter im sozialen Lebensalltag, die zu lernenden Inhalte für den Heranwachsenden sind hier komplexer und vielfältiger. Der Bauer, der in seinem Alltag ständig bestimmte Normen erfüllen muss, wie im Mittelalter Naturalien und andere Abgaben zu erbringen hat, ist geprägt von ständigen Forderungen an ein bestimmtes vorgeschriebenes, zu zeigendes Verhalten. Um mit der Fülle der Aufgaben zurechtzukommen, werden die Kinder auf Fleiß, Anpassung und Ordnung getrimmt. Für die Menschen früherer Völker, in denen Mangel herrschte an Material, war es Gesetz, alles aufzuheben, da man es ja sicher für irgendetwas wieder verwenden konnte. Dies steht hinter der Hemmung so manches Menschen der Moderne, der auch heute einfach nicht in der Lage ist, etwas wegzuwerfen.

Die Klöster wie die Kirchen waren vorrangig an ihrem eigenen Reichtum und Machterhalt interessiert. Die Fürsten und Grafen machten sich die Kirche gewogen, indem sie die Erde als ihren Besitz betrachteten und Ländereien an Klöster vergaben. Die auf diesem Land wohnenden Menschen wurden als Zugabe betrachtet, als Betreiber und Bewirtschafter des Bodens für das Kloster. Klosterschulen hatten über Generationen hin die Funktion, die Kinder dazu zu bringen, von außen gestellte Aufgaben zu erfüllen und das eigene Denken, Fühlen und Wollen hintanzustellen. Die Arbeit der Bauern war ja weiterhin die Grundlage der Ernährung des Volkes. Klosterschulen trugen das ihre bei als Vorzeigeinstitute für die Erziehung junger Menschen. Inzwischen waren die Bauern schon so unterdrückt, dass eigenes Denken und Entscheiden ausgemerzt war. Das Bild vom primitiven, dummen Bauern entstand und das Mitleid des Stadtmenschen angesichts der Verhältnisse, unter denen Landkinder lebten, eine Vorstellung, die genauso auf Menschen aus anderen Kulturen übertragen wurde. Alle, die von der Arbeit mit dem Boden, dem Vieh lebten, wurden als minderwertig angesehen und bemitleidet. Gipfel dieser Vorstellung von Bildung war schließlich die Regelschule und die Schulpflicht. Hier entstanden dann neue Formen der Pädagogik, die die Allgemeinbildung als Richtlinie ansetzte und die Sichtweise des Mittelstands als Norm festlegte. Damit setzte man sich ab von bäuerlichen Vorstellungen und beteiligte sich an der Vernichtung von Kulturgut im Sinne der bäuerlichen Lebensweise. Übrig blieb eine Romantisierung des Landlebens, die mit der Realität nichts mehr gemein hat. Nachdem die bäuerliche Lebensweise vernichtet war, konnte die moderne Landwirtschaft einziehen und sich auf den vorhandenen Grund setzen. Dies ist glücklicherweise nur möglich, wo Geld vorhanden ist für Modernisierungen, Spritz- und Düngemittel. Damit ist allerdings eine Lebensform tot, in der man exemplarisch eine heute geforderte Vereinbarung von Familie und Beruf lebte und von der man heute wieder viel lernen könnte, ließe man sie nur zu. Die Zeit ist noch nicht reif, den Wert alter Lebensweisen zu schätzen und auf ihren Sinn für die Zukunft zu untersuchen.

## Konflikte zwischen sozialen Ordnungssystemen

Folgt man dem Vergleich der Wirtschafts- und Lebensweisen mit dem Vergleich der Lebensweisen gemäß der Menschheitsgeschichte, so sieht man, dass Formen oft eine Zeitlang nebeneinander existieren. Manche profitieren voneinander, anderen wieder gelingt es nur für eine kurze Zeit zu überleben, wieder andere haben keine Chance. Im Verhältnis der Lebensweise des Jägers zu dem des Viehzüchters wird deutlich, dass ein Jäger nicht an Viehzüchtern vorbeigehen würde, ohne hier, wenn möglich, etwas mitzunehmen. In der Praxis gibt es keinen Schutz für den regionalen Markt. Freie Marktwirtschaft meint die Vorstellung, dass jeder frei jagen kann. Das moderne Unternehmertum hat keine Skrupel, als Großmarkt von außen eine Kleinstadt zu belagern und die hier vorhandene Kaufkraft für sich abzuziehen. Die Folge ist, dass für die ortsansässigen Geschäfte und Handwerker nicht mehr genug zum Leben bleibt. Das nennt man Wilderei. In Konkurrenzsituationen werden Jäger immer Beute machen können, Ackerbauern ziehen den Kürzeren.

Stammesgesellschaften werden versuchen, ihre Macht zu erhalten und sich gegen Übergriffe zu schützen. In Libyen haben sie die Macht über das Öl. In Ecuador herrschen traditionell ebenso Stämme. Der moderne Staat hat jedoch die Stämme unter seine Macht gezwungen. Dadurch konnten sie sich nicht gegen die Ausbeutung von Seiten der modernen Wirtschaft wehren. Stämme des Amazonasgebiets agieren inzwischen gemeinsam. Die Stammesführer von Mittel- und Südamerika treffen sich regelmäßig zum Austausch. Erst jetzt, nachdem es Stämmen gelingt, sich zusammenzuschließen und eine große Öffentlichkeit zu mobilisieren, gewinnen sie Einfluss auf Großkonzerne und können so manches Projekt verhindern, das ihre Lebensräume weiter zerstören würde. Auch bolivianische Indígenas konnten in jüngerer Zeit endlich einmal verhindern, dass erneut Landschaft geopfert wird für den Abbau von Bodenschätzen.

Zurzeit scheint das System der Massengesellschaft auf der Welt Vorrang zu haben. An und für sich ist es ein sehr primitives System. Es versteckt sich hinter politischen Systemen, die sich als Demokratie bezeichnen ebenso wie hinter kommunistischen

Systemen und auch autokratischen Systemen. Gemeinsam ist dem allem, dass eine kleine Gruppe auf dem Wirtschaftssektor die Macht in der Hand hat. Der Hauptfeind für dieses System sind Ackerbaugesellschaften mit dörflicher Struktur wie auch nomadische Stammesgesellschaften. Der erste Schachzug dieses Systems ist daher, diese Ordnungen zu zerstören, um die Menschen zu vereinzeln. Dies unternahmen schon die Inkaherrscher in Peru vor 800 Jahren, indem sie ganze Regionen umsiedelten. Indem sie die Indiobauern von ihren Feldern trennten, nahmen sie ihnen die Grundlagen, sich selber zu versorgen und unabhängig zu bleiben. Auf diese Weise entsteht Armut. Nun kann das neue Herrschaftssystem eingreifen und den Armen das neue System offerieren, natürlich mit Zwang. Danach war es für die spanischen Konquistadoren ein Leichtes, den Kontinent zu erobern. Wo es eine Hierarchie und ein zentrales Machtzenttrum gibt, gibt es auch klare Angriffspunkte, Schaltstellen, die, wenn erst einmal ausgeschaltet, das ganze System lahmlegen. Dieselbe Taktik verfolgte Cäsar bei seinen Eroberungsfeldzügen. Die Römer trafen bei uns und in Gallien jedoch auf eigenständige, voneinander unabhängige Stammesgesellschaften. Diese waren nicht im Handstreich zu erobern, da es keine zentrale Organisation gab. Der ganze Osten sowie Süden von Rom war schon längst erobert, als sich römische Heere noch immer in den Sümpfen von Süddeutschland mit den einzelnen Horden von Kelten herumquälten. Es dauerte lange und kostete Cäsar, wie man heute noch im Lateinunterricht zu lesen hat, sicher schlaflose Nächte, bis die Kelten besiegt waren. Dies wurde erst möglich, als sich die Kelten auch vor den Angriffen der Germanen vom Norden her zusammenschlossen, eine zentrale Organisationsstruktur bildeten und so angreifbar und damit auch besiegbar wurden. Dies geschah im heutigen Frankreich ebenso wie südlich der Donau. Nur im heutigen Österreich wurden die Kelten nicht besiegt.

Der Kommunismus machte das, indem er die vormals eigenständigen Bauern enteignete und alles sozialisierte. Als Ersatz bot das System die Rundumversorgung, jedoch ohne Wahlmöglichkeit und ohne Mitsprache. Es handelte sich um einen Staatskommunismus. Die Globalisierung im positiven Sinne bringt uns andere Sozialordnungen heute näher und zwingt uns, uns mit diesen auseinanderzusetzen. Das kann auch so manchmal ein eher schmerzhafter Prozess sein, in dem dann eigene überkommene Gewohnheiten verdrängt werden. Wir kommen nicht umhin, kritisch eigene und fremde Lebensvorstellungen und Lebensweisen anzuschauen und ein Urteil zu fällen, welche unseren ethischen Grundsätzen entsprechen und Lebensformen für die zukünftige Generationen sein können. Die Auseinandersetzung mit dem Islam steht noch aus. Christentum, Judentum und Islam haben dieselben Wurzeln und den Glauben an den einen Gott. Das Bewusstsein der Gemeinsamkeiten in Bezug auf ethische Richtlinien kann einen Raum für ein fruchtbares Miteinander bilden. Vorstellbar ist auch ein Sozialismus christlicher Prägung, der regional orientiert ist als Gemeinschaftsform, die von den Menschen selber basisorientiert entwickelt wird.

Konflikte zwischen verschiedenen Lebensformen und Lebensanschauungen haben die Funktion, in Kontakt zu kommen, im Gespräch Unterschiede zu verstehen und vielleicht dahinter verborgene Gemeinsamkeiten herauszufinden. Eine Zukunft ist nur gemeinsam möglich und nur, wenn wir Chancen eröffnen für Win-Win-Situationen.

Kapitel 5
# Unsere Vorfahren: Die Kelten

Im folgenden Kapitel möchte ich auf ein spezielles Thema eingehen. Ich bin der Meinung, dieses leistet einen wichtigen Beitrag zum Verständnis einerseits der Mentalität des Mitteleuropäers, andererseits brauchen wir das hier dargestellte Wissen aus früheren Zeiten dringend zum Aufbau einer zukunftsfähigen Lebensweise.

Wir sind am Ende unserer Weisheit angelangt. Das bezeugen alle Schriften, Artikel, Diskussionen und Reden in den Medien. Die Politik ist nicht in der Lage, menschenfreundliche Strukturen zu schaffen und zu schützen. Die aktuelle Krise ergreift immer mehr Bereiche unseres Alltags und verursacht eine tiefe Verunsicherung in der ganzen Bevölkerung. Im Gegensatz zu früher sind heute auch Krisen global. Gelöst werden muss Krise jedoch regional und die Einfuhr fremder Weisheit ist sinnvoller Zusatz, kann jedoch nur in einem lebendigen Gemeinwesen fruchtbar werden. Die Grundlagen werden getragen von den Menschen an ihrem Wohnort. So gibt es auch eine geschichtliche Entwicklung der Lebensweisen, die im vorigen Kapitel aufgezeigt wurden. Ein nachhaltiger Lebensstil kann nur gefunden werden, wenn das Bewusstsein des Einzelnen angesprochen ist. Dies ist am ehesten möglich, wenn die individuelle Geschichte anerkannt wird und hier diejenigen Kenntnisse und Fähigkeiten herausgefiltert werden, die im Urgrund der psychischen Genetik schlummern. Ähnlich wie die Menschen in Nordamerika die Weisheit der Indianer, die Bewohner Australiens die Kultur der Ureinwohner, Afrika seine eigenen Ursprünge entdeckt und beginnt wertzuschätzen, sollten die Menschen hier in Europa neben den alten Griechen und Römern auch eines der wichtigsten Völker entsprechend beachten: die Kelten.

Bei meiner Beschäftigung mit dem Leben unserer Vorfahren stieß ich auf sie als ein Kapitel Geschichte, das bisher sträflich vernachlässigt wurde. Wie gesagt, geht es bei diesen Überlegungen im Grunde nicht um die realen vergangenen Kelten, sondern darum, aus der eigenen Geschichte das herauszufiltern, was uns heute für die Zukunft weiterbringen kann. Aus diesem Grunde ist die folgende Beschreibung einseitig bezogen auf das Erkenntnisinteresse und die Suche nach wertvollen Fähigkeiten vor allem im sozialen und ökologischen Bereich. Ausgespart bleiben die Zeiten des kriegerischen kulturellen Verfalls der keltischen Kultur, der uns bekannten Grausamkeit der späteren Zeit. Auf der Suche begab ich mich nach Lebensweisen, in denen das Individuum Freiheit hatte, sich zu entwickeln, in denen Mann und Frau annähernd gleiche Möglichkeiten hatten, ihr Leben zu gestalten. Ich forsche nach politischen Strukturen, die keine Kriege benötigten, um zu überleben, einer Art des Zusammenlebens in Harmonie mit der Natur. Dabei stieß ich auf Bemerkenswertes und Interessantes speziell bei unseren Vorfahren, das wert ist, näher betrachtet zu werden. Dabei wird deutlich, dass alles schon einmal da war und dass wir keine völlig neuen Verhaltens- und Denkweisen erfinden müssen, um zukunftsfähig zu sein.

> *»Wenn man fragt: ›Wo sind heute die Römer?‹ So muss man antworten: ›Nirgends mehr!‹ Wenn man fragt: ›Wo sind heute die Kelten?‹ So kann man antworten: ›Eigentlich überall.‹ Denn verborgen leben sie in uns weiter: In Deutschland, in Frankreich, in den USA, wo Europäer siedeln, die keine reinen Germanen oder Slaven sind. Denn die Kelten wurden dort, wo sie saßen, niemals vertrieben, nur überlagert!«*
>
> (Noelle 1974: 7)

Ein interessantes Kapitel unserer Geschichte, das bis jetzt noch kaum Würdigung erfuhr, ist die Zeit vor der Staatenbildung, vor

Karl dem Großen. Obwohl diese Zeit vollkommen vergessen erscheint, nimmt sie aber trotzdem tiefen Einfluss auf das Erleben der Menschen der Gegenwart. Zu jener Zeit beherrschte noch die keltische Kultur weite Teile Mitteleuropas, die keltische Sprache wurde in Süddeutschland vereinzelt noch gesprochen, z. B. im Raum um den Bodensee. Im Geschichtsunterricht der Schule erfahren wir hier nur die Sichtweise des römischen Reiches mit dem Gipfel »De bello gallico«, das jeder Lateinschüler als Pflichtlektüre erleiden musste. Meine Frage: Stellt sich ein Pädagoge nie die Frage, was dies im Schüler auslöst? Wäre es nicht auch hier einmal dringend notwendig, geschichtliche Aspekte zu berücksichtigen und in dem Sinne mit einzubeziehen, welche Rolle unsere Vorfahren hier spielten? Und überhaupt: Wer waren unsere Vorfahren? Was interessiert Griechenland, Alexanderschlacht, Römisches Reich, wenn der eigene Ausgangspunkt nicht klar ist, die eigene Herkunft, Identität? Vermittelt wurde bezüglich unserer Vorfahren nur, dass sie in Wäldern hausten, der Eindruck entstand, als herrschten damals hier noch weitgehend die Lebensverhältnisse der Steinzeit. Fragt man den Zeitgenossen, so erhält man die Auskunft, ja die Germanen wären unsere Vorfahren gewesen. Das Germanentum allerdings ist uns seit dem Dritten Reich vergällt. Leider wurde dies ideologisch missbraucht zur Rechtfertigung von Exzessen und Gräuel der Nationalsozialisten. Insofern identifiziert sich niemand mehr bewusst mit den Germanen, obwohl unser Land »Germany« heißt. Die deutschen Wurzeln sind zum Glück mehrere und so entschloss sich die Öffentlichkeit, das Germanische totzuschweigen, auf die humanistische Tradition hinzuweisen und das Christliche zu vereinnahmen. Schon waren wir Erben des Römischen Weltreichs und wurden zu Mitläufern in seiner Tradition. Nach anderen Wurzeln wurde erst gar nicht gesucht. Die Verbiegung der Vergangenheit führt jedoch zu einem eklatanten Verlust an Identität. Nach meiner Meinung ist dies der Grund für zwei Phänomene, einmal dafür, dass der Deutsche im Ausland kein Selbstbewusstsein vorweist, ganz zu schweigen von einem Gefühl des Stolzes für die eigene

Nation, wie es jedem Volk auf der ganzen Welt zu eigen ist, wie z. B. Franzosen, Italienern etc. In den USA bringt man es fertig, sich als Amerikaner zu bezeichnen und so gleich ganz Südamerika zu unterschlagen oder zu vereinnahmen, je nach Sichtweise. Das andere Phänomen ist der Erfolg auf dem wirtschaftlichen Sektor. Bekannt ist, dass Menschen mit wenig Selbstbewusstsein entweder untergehen oder sich doppelt anstrengen, indem sie besonders pflichtbewusst und arbeitsam sind. Zugegeben wird, dass den Deutschen immer ein leichtes schlechtes Gewissen begleitet angesichts seiner Vergangenheit, das Gefühl, noch immer an einer Schuld zu tragen. Dieses oft unbewusste Gefühl zeigt sich im nationalen Selbstverständnis und bestimmt das Verhalten gegenüber anderen Kulturen, Migranten. Der Deutsche hat dann das Gefühl, er müsse besonders verständnisvoll und tolerant sein und schießt so manches Mal über das Ziel hinaus, wenn er mit Juden koscher isst, in der Moschee mit Mohammedanern Kopftuch trägt. Das alles kann man schon tun, nur sollte das Gleichgewicht gewahrt bleiben. Jede Seite sollte auf die andere zugehen und so sollte die andere Kultur dann auch flexibel sein und sich gestatten, hiesige Sitten auszuprobieren. Toleranz und Verständnis muss immer von zwei Seiten entwickelt werden.

Hat der Deutsche überhaupt bestimmte Angewohnheiten, Verhaltensweisen, die ihn auszeichnen? Wie würde er sich selbst beschreiben, wie sehen ihn andere? Wo ist die Identität des deutschen Bürgers? Diese Frage ist sehr wichtig. Die spezielle deutsche Lebensweise sollte sich im Ausland nicht in Saufexzessen in Mallorca, Expertenwissen in China oder missionarischen Eifer in Neuguinea darstellen. Das Goetheinstitut hat ganz offiziell die Aufgabe, deutsche Kultur in die Welt zu transportieren und das Bild Deutschlands als Land der Dichter und Denker zu repräsentieren. Als was sieht sich der normale Deutsche? Anscheinend ist jeder überzeugt, dass uns alle Kultur, Zivilisation erst die Römer brachten, dass wir geistige Schüler der Griechen sind und selber noch vor 1 500 Jahren Wilde waren. Das wird in der Schule vermittelt.

# Der Ursprung:
# Ein Leben in Frieden und Selbstbestimmung

Tatsache ist, dass das Land zwischen Alpen und Donau eine spezielle Geschichte der Vielfalt erlebte und so wahrscheinlich seinen speziellen Charakter erhielt. Die Bayern sind seit bestimmt 3 000 Jahren oder länger das Ergebnis eines Konglomerats der verschiedensten Völker, die ihre Lebensweisen mitgebracht haben und versuchten beizubehalten. Im Folgenden möchte ich diese Zeit kurz schildern.

Über 4 000 Jahre lang existierte in Mitteleuropa eine Lebensweise, die eine soziale Organisation mit dem Leben mit der Natur in Einklang brachte. Die archäologischen Funde dazu zeigen, dass Siedlungen aus mehreren Höfen bestanden, die frei in der Landschaft verteilt waren. Es gab keine Wälle, Zäune oder Abschottungen, was darauf schließen lässt, dass kriegerisches Verhalten für den damaligen Menschen nicht nötig war. Es gab keine Straßen. Wanderungen von Stämmen geschahen vorwiegend entlang der großen Flüsse wie der Donau, dem Rhein. Ausnahme waren große Handelswege, die Italien mit dem Voralpengebiet verbanden. Später wurden diese Straßen ausgebaut bis zur Nordsee. Aus diesem Grund betrachteten die Römer die Menschen in unserem Gebiet als Wilde, Barbaren. Es gab keine feste Organisation der Siedlungen untereinander.

Die Art der sozialen Organisation der Völker kann man nur aus Hinweisen der griechischen und römischen Schriften entnehmen. Die Organisation richtet sich allerdings danach, inwieweit Nähe und Kontakt zu angrenzender römischer Bevölkerung und Lebensweise besteht, von denen vieles übernommen wird. Die Stämme fern von diesem Einfluss behielten ihre Lebensart bei. Sieht man sich dieses Kapitel unserer Geschichte näher an, so stellt man mit Erstaunen fest, dass niemand Kenntnis davon hat, dass in Mitteleuropa das Kernland der keltischen Kultur war, dass es ab 2000 vor unserer Zeitrechnung hier eine Hochkultur gab, die dann mit den Römern unterging. Das ist der Hintergrund des »De bello gallico«. Sprache und Sitten der keltischen Kultur existierten jedoch noch Jahrhunderte weiter bis zur Christianisierung. In dieser Zeit war über mehrere Jahrhunderte hinweg unser Land hier geprägt von Kriegen, Plünderungen, Flucht, Völkerwanderung. Wir wissen bis heute nicht, wer und was genau wo übrig blieb.

Es ist eigenartig, dass wir in der Schule kaum etwas über die Kelten gelernt haben. Als die Römer den Limes errichteten, hatten sie vorher die hier wohnenden Kelten besiegt, zum Teil umgebracht, wie zwischen Inn und Donau, zum Teil aber auch weitgehend ungeschoren gelassen wie im heutigen Österreich. Sie hatten sich nur die Güter und Landsitze angeeignet. Hier residierten nun die römischen Bürger mit der einheimischen Bevölkerung als Dienstleute. Wie man jedoch weiß, verfuhren die Römer mit Einheimischen, die kooperierten, geduldig und tolerant. Diese durften ihre Sitten, Gesetze und sogar ihre Götter behalten, auch die Führungsschicht wurde nur in den obersten Etagen ausgewechselt. Wer sich bewährte, bekam die römische Staatsbürgerschaft und konnte auch die römische Karriereleiter hochsteigen, wie das Beispiel des germanischen Heerführers Arminius zeigt. Im heutigen Österreich, dem damaligen Noricum, hatten die Kelten schon einen ausgeprägt römischen Lebensstil, dem nur eine formale Eroberung folgte. Mittels Verträgen gelang es der Führungsschicht, sich anzupassen und ohne Schaden davonzukommen.

Die keltische Kultur als Sprachraum hatte seine größte Ausdehnung in den 500 Jahren vor unserer Zeitrechnung. Keltisch sprach man zu dieser Zeit in den Ländern vom Atlantik bis zum Schwarzen Meer und Kleinasien in Galatien, von Spanien, Frankreich und England über den ganzen Donauraum, einschließlich Norditalien und Böhmen. Im Norden war der germanische Siedlungsraum die Grenze. Nach Osten der Rhein. Der Name Rhön kommt von keltisch »roino«: Hügel, Grenze.

Zitat aus »Die Welt am Sonntag« vom 01.05.2011: »Deutschland zerfällt in Nord und Süd. Erfolgsregionen südlich des Mains hängen den Rest des Landes ab. ... Nord und Süd driften auseinander. Ob wirtschaftliche Dynamik, Arbeitsmarkt, Demografie oder Forschung – während der Norden zurückfällt, werden neben Bayern und Baden-Württemberg auch Hessen und Rheinland-Pfalz sowie Thüringen und Sachsen zu Erfolgsregionen. Verstärkt wird das Gefälle durch Wanderbewegungen.«

Nun, diese Beschreibung passt auf die Raumordnung zwischen Germanen im Norden, Kelten im Süden und die Geschehnisse am Anfang der Latenzzeit um 450 v. u. Z. Aber Vorsicht! Der Text ist der Titel der Zeitung vom 01. Mai 2011. Anscheinend haben sich die Verhältnisse seither nicht sehr gewandelt.

Die ersten konkreten Zeugnisse über die keltische Kultur findet man ab 1200 v. u. Z. mit dem Beginn der Hallstattkultur, benannt nach dem Ort Hallstatt bei Salzburg. Sie entwickelte sich aus der bronzezeitlichen Urnenfelderkultur, die seit 2000 Jahren v. u. Z. bestand und in der vermutlich auch schon Keltisch gesprochen wurde. Die indogermanischen Sprachen sollen um 4000 v. u. Z. aus dem westlichen Zentralasien nach Europa gekommen sein. In diesem Zusammenhang hatten sich die keltische Sprache und wohl auch die keltische Kultur entwickelt. Die Sprachforschung wies nach, dass es einst einen großen einheitlichen Sprachraum gegeben haben muss. Dem entsprechend muss es auch eine Kultur gegeben haben, deren Geschichte vielleicht in den einzigen schriftlichen Zeugnissen aufscheint, den Mythen und Sagen, die die irischen Geschichtsschreiber erst vor 1 000 Jahren der Nachwelt überließen. Man kann nur vermuten, dass es dereinst eine übergreifende Kultur gegeben hat, die dann über die Jahrtausende langsam zerfiel. Eine selbstbewusste blühende Kultur ist wahrscheinlich wenig angreifbar. Insofern wäre das Ende der keltischen Kultur mit dem annähernden Verschwinden der Sprache bedingt durch einen vorhergehenden Niedergang ähnlich wie dies auch bei den Inkas Südamerikas der Fall gewesen war.

Zusätzlich gab es eine Vielzahl von Wanderungen bestimmter keltischer Völker. Die Notwendigkeit der Migration ergab sich hier immer wieder, die Keltisch sprechende Sprachgruppe zerstreute sich immer mehr ähnlich einem in das Wasser geworfenen Stein, der auseinanderlaufende Ringe erzeugt. Kelten gründeten Städte wie Paris im Westen und Ankara im Osten. Um 400 v. Chr. gab es eine Invasion in Italien. Eines der hier beteiligten Völker waren die Boier. Sie waren die Gründer von Mailand, damals Mediolanum. Um diesen Zeitpunkt ist nicht bekannt, woher sie kamen. Zu späterer Zeit kann man ihr Wohngebiet in Böhmen nachweisen. Demnach hat sich der Stamm wohl geteilt. Der in Böhmen verbliebene Teil des Stammes zog später zur Zeit der Völkerwanderung nach Süddeutschland ins heutige Kerngebiet Bayern. Hinweise nicht nur sprachlicherseits deuten darauf hin, dass dieses Volk im Wesentlichen die Vorfahren der Bayern sind.

Im Museum in Garching/Alz ist für die Gegend um Garching eine lückenlose Besiedlung nachgewiesen. Der erste Garchinger, dessen Knochen man hier besichtigen kann, lebte vor 4 500 Jahren. Anhand der Ausgrabungen kann man sehen, dass die Lebensweise durchgehend bis zur Römerzeit eine ähnliche war.

Im alten Noricum gab es keinen Krieg zwischen Rom und den dort lebenden Kelten. Der Handel war beiden Seiten wichtiger: Der hervorragende Stahl war gefragt als Tauschobjekt gegen römischen Wein, Amphoren und Schmuck. Nur die Kelten waren in der Lage, die begehrten Waffen zu schmieden. Bis heute kann man nicht nachvollziehen, auf welche Weise solch ein hochwertiger Stahl mit den damaligen bescheidenen Mitteln hergestellt werden konnte.

Die Kelten galten zuletzt als stark, unerschrocken, auch als grausam ihren Feinden gegenüber. Sie überfielen andere Völker, drangen in Griechenland ein und plünderten Delphi, sie waren Kopfjäger. Schließlich ging die Sprache als Kennzeichen einer Kultur unter bis auf ein paar Regionen in Irland, Wales und der Bretagne. Könnte es sein, dass die wilden Horden nur der Rest waren, der Schlussakt eines Dramas, das zu anderer, viel früherer Zeit begonnen hatte und damals als Hochkultur für eine lange Zeit Bestand gehabt hatte? Für uns gibt es nur neben der Sprachforschung und archäologischen Ergebnissen die Mythen Irlands. Die keltische Kultur konnte sich in Irland noch bis in das 11. Jahrhundert erhalten. In den letzten Jahrhunderten vor dem Verschwinden wurden die damals noch bekannten Sagen aufgezeichnet.

Im Folgenden soll versucht werden, ein näheres Bild von der Lebensweise dieser unserer Vorfahren zu erhalten. Wie entwickelte sich das Volk, die Lebensweise im Laufe dieses Jahrtausends vor Christus?

### Protokelten der Bronzezeit (bis 1200 v. u. Z.)

Übriggeblieben von den Menschen der Bronzezeit sind die Hügelgräber. Grabfunde belegen, dass die Gesellschaft nicht wesentlich aufgeteilt war in Reiche und Arme. Nur vereinzelt wurden Unterschiede in den Grabbeigaben gefunden. Die Menschen lebten verstreut in kleinen Gemeinschaften von 4 oder 5 Höfen in freier Landschaft, wie sie heute in den nachgebauten Keltendörfern besichtigt werden können. Es gab keine Hierarchie, keine Fürsten, denen die Menschen gegenüber verpflichtet waren. Die Menschen waren nomadisch orientiert, eine Hirtenkultur, die sich auf der Wanderung befand und weiter gegen Westen ausbreitete.

### Lebensweise in der Hallstattkultur (1200–450 v. u. Z.)

Die Hallstattkultur betraf ein Gebiet, das Böhmen, Süddeutschland, den Norden Österreichs und den Osten Frankreichs umfasste. Zeugnisse der Hallstattkulturen wurden auch im heutigen Belgien gefunden.

Die Kelten waren in Sippen organisiert, die ihren Fürsten wählten. Es gab keine Städte oder Dörfer, sondern Weiler, die ohne Schutzwall in offener Landschaft lagen, ähnlich unseren Bauernhöfen. Nur die Fürsten lebten auf Hügelfestungen. Dies legt nahe, dass es keine Feinde gab. In den damaligen Grabbeigaben sind kaum Waffen zu finden. Der Fürst berief Versammlungen ein. Hier wurde gemeinsam entschieden, ähnlich wie es bei den nordamerikanischen Stämmen üblich war. In Basisdemokratie wurden Themen des Alltags behandelt. Ging es um übergreifende Entscheidungen, die mehrere Klans betrafen, so wurde nur speziell für das aktuelle Vorhaben ein Sprecher gewählt, der sich mit den gewählten Sprechern der anderen Klans beriet und die Meinung seines Klans vertrat. Die keltische Lebensvorstellung der alten Zeit widerspricht fundamental einer zentralistisch und hierarchisch ausgerichteten sozialen Struktur mit ihren Kontrollmechanismen.

Man kann sagen, dass damals der Bauer König war auf seinem Grund, und niemand hatte ihm etwas zu sagen. Es gab ja keine Pflichtabgaben für einen Herrscher, damit auch keine großen Unterschiede, was den Wohlstand anbelangte. Damit gab es keine Oberen oder Untergebene. Cäsar beschreibt unsere Gegend als von Sümpfen und Wald beherrscht. Da die Menschen im Vergleich zur Umwelt wenige waren und es genug Raum gab, konnte jeder siedeln, wo er wollte. Dies geschah hauptsächlich entlang den Flüssen. Dadurch gab es auch keinen Anlass zum Streit um Besitz. Außer einigen wichtigen Handelsstraßen gab es keine festen Verbindungen. Dadurch waren keine größeren Truppenbewegungen möglich.

Die Kernzeit der Kelten war also geprägt von einer friedlichen Lebensweise und einem harmonischen, wenn auch einfachen Zusammenleben, in dessen Mittelpunkt die Kultur stand und Feste wichtige Orientierung boten. So entstanden Königtümer, Fürstentümer mit Burgen auf den Anhöhen.

**Die Latenzzeit (ab 450 v. u. Z.)**
Gemäß der Literatur beginnt ab 450 v. u. Z. ein neuer Zeitabschnitt: die Latenzzeit. Die Struktur und Lebensweise der keltischen Gesellschaft änderte sich grundlegend. Das bisherige Zentrum rund um Hallstatt verlor plötzlich seine Bedeutung, der neue Mittelpunkt war ein Ort in der heutigen Nordschweiz. Die Wissenschaft hat dafür noch keine Erklärungen. Der Grund

dafür ist wahrscheinlich der Einschlag des Chiemgaukometen um 465 v. u. Z. Damit wurde das Zentralgebiet der Hallstattkultur getroffen. Die anschließende Wanderbewegung der Völker Richtung Süden über die Alpen, nach Osten Richtung Böhmen, Ungarn ließe sich so erklären. Im Norden saßen die Germanen, in diese Richtung konnte man sich nicht weiter ausbreiten. Betont wird in diesem Zusammenhang, dass weder in Gallien noch in Britannien Wanderbewegungen festzustellen waren. Folglich muss es einen lokalen Grund geben für den plötzlichen Wandel im Hallstattkernland. Interessant ist in diesem Zusammenhang auch, dass im oben genannten Museum in Garching an der Alz während der Zeit ab 450 v. u. Z. über 300 Jahre lang keine Siedlungsspuren nachgewiesen werden. Bekannt ist folgende Episode, die bei der keltischen Invasion Griechenlands stattfand. Ein Gesandter wurde am Hof in Babylon von Alexander empfangen. Auf die Frage, was die Kelten am meisten fürchteten, antwortete dieser mit dem berühmten Ausspruch, dass ihnen der Himmel auf den Kopf falle. Dies könnte auf die tiefgreifende Erfahrung hindeuten, die solch ein Ereignis in der Geschichte eines Volkes hinterlässt.

Es entstand der nächste große Kulturraum im Westen, im Gebiet zwischen Marne und Rheinland. Der Einflussbereich der keltischen Kultur erstreckte sich nun über den ganzen Donauraum, Böhmen, den nördlichen Alpenraum über Frankreich bis nach Nordspanien, nördlich inklusive Britannien. Erst um diese Zeit wanderten die Kelten nach Britannien ein und errichteten hier ihre Königreiche. Diese nahmen immer mehr die uns bekannte Form an, wobei neben dem weltlichen König immer der religiöse Repräsentant an der Spitze des Volkes stand. Die Doppelspitze entspricht dem Prinzip von Rat (Priester) und Tat (König). Der König war bei all seinen Entscheidungen angewiesen auf die Beratung und das Urteil des Priesters, des Druiden. Da hier besonders in Irland der Einfluss der Römer wie auch anderer Völker gering war, erhielt sich das System relativ lange und so kann man aus dem Wissen über die damalige Lebensweise auf die Lebensweise in der Hallstadtzeit schließen.

Auf dem keltischen Festland vollzog sich indes ein tiefgreifender Wandel der Lebensweise in Richtung kriegerischer Strukturen und Verhaltensweisen. Wanderungen führen zu Kämpfen um Land mit den jeweiligen Einwohnern, mit der Folge von Vertreibungen und Unterdrückung. Dies sowie vielfache Streitigkeiten benachbarter Stämme, aber auch Kämpfe um Vorrang innerhalb der Klans führten zu dem von Cäsar typischen Bild des keltischen Kriegers. Die Grabbeigaben ergaben prunkvolle Bestattung von Klanführern. Ein deutlicher Unterschied wurde nun zwischen dem einfachen Volk und einer Führerschicht sichtbar.

Eine weitere Änderung der Lebensweise begann mit dem Andrang der Germanen Richtung Süden. Zur Verteidigung mussten sich nun Sippen zu größeren Verbänden zusammenschließen. 100 v. u. Z. entstanden so der große Wall gegen die Germanen mit circa 400 km Länge, Burgen, Befestigungen und Städte. Leider ist dieser bis jetzt archäologisch im Gegensatz zum römischen Limes noch nicht sehr erforscht.

Bisher hatte Rom seine Erfolge im Westen, Süden und Osten und die entsprechenden Länder erobert. Die Hauptursache, warum Rom dies im Norden nicht gelang, waren die dezentralen Strukturen, die Vielzahl verschiedener Stämme, die meist auch untereinander in Streit lagen, und das Fehlen von Straßen durch eine Wildnis von Wald und Sümpfen. Bekannt sind die Römerstraßen, die überall durch Bayern führen und heute noch zu finden sind. Erst durch diese war es möglich, dass größere Truppenverbände über längere Strecken ein einzunehmendes Gebiet erreichen und erhalten konnten. Erst mit dem Aufstieg von Rom und den Gefährdungen durch die Germanen von Norden her entwickelten sich auch Städte (in Süddeutschland Kelheim, Manching) mit Wällen und Gräben. Aber gerade diese politischen Zentren konnten angegriffen, eingekesselt und besiegt werden.

> »Der Kampf Caesars um Gallien war wesentlich ein
> Kampf um die Städte als die politischen Zentren, als den
> Sammelpunkt des gallischen Reichtums, als den Stapelort
> des Getreides, als das Zentrum der fast industriellen Fabrikation von Friedensgütern und von Waffen.«
> (Noelle 1974: 81)

### Der Untergang der keltischen Kultur

Nach dem Sieg Cäsars über Gallien und Süddeutschland muss man annehmen, dass die keltische Oberschicht entweder umgebracht wurde oder sich anpasste und sie als römische Bürger weiterexistierten, wie es in den anderen von Rom unterworfenen Ländern war. Die einfache Bevölkerung, die nicht von Städten abhängig war, lebte weiter wie bisher, Teile zogen sich eventuell auch zurück in einsame Bergtäler der Alpen.

## Keltisches Wissen: Meister in Handel und Handwerk

Aus der Forschung lässt sich ableiten, dass Mitteleuropa schon seit 4 000 Jahren oder länger einen eigenständigen Charakter aufweist. Das keltische Volk war Träger einer Sprache, die ihren Ursprung wohl im Nordosten des Schwarzen Meeres hat. Dies lässt auf eine Kontinuität in Bezug auf eine bestimmte Lebensweise und Kultur schließen.

Die Bedeutung Roms wird überschätzt, wenn wir wissen, dass noch im Jahre 390 v. u. Z. Kelten Rom plünderten, im Jahre 260 die Germanen auf ganzer Linie gegen Westen und Süden vorrückten und so das römische Weltreich langsam in Anarchie verfiel. Die Herrschaft Roms in Gallien und Süddeutschland dauerte daher nur an die 300 Jahre, weniger als die arabische Herrschaft in Spanien. Das Leben in den keltischen Gebieten südlich der Donau war besonders im alten Noricum stark romanisiert. Die Oberschicht war gewöhnt an römischen Luxus. Das heutige

Österreich war schon immer offen und besonders tolerant gegenüber den Nachbarvölkern.

Gemäß ihrer Wesensart behielten die Kelten über die Jahrhunderte hinweg ihre einstigen nomadischen Fähigkeiten, die sie immer wieder nutzten, um auszuwandern und neue Gebiete zu erschließen. Dazu gehört ein bestimmter Wesenszug, der offen ist für Neues, Interesse, die Bereitschaft, Altes loszulassen und sich neuen Verhältnissen anzupassen. Die Globalisierung ist demnach ein Ergebnis keltischer Wesensart, der es nicht darum geht, andere zu beherrschen und eigene Reiche zu schaffen, sondern anderen Ländern Innovationen zu bringen und so Entwicklungshilfe zu leisten, im Gegenzug dafür das Wissen anderer Kulturen zu integrieren.

Ein anderer Aspekt der keltischen Wesensart, die Naturverbundenheit, die tiefe spirituelle Haltung, war ursprünglich der Kern keltischen Selbstverständnisses. Es gab eine Zeit, in der zwischen technischem Fortschritt und Spiritualität kein Gegensatz bestand.

**Handwerkskunst**
Schon in der Latenzzeit gab es eine Art Fließbandarbeit beim Abbau von Salz, Gold, Kupfer, Eisenerz. Schon damals gab es Umweltschäden, wo Wälder auf Grund der Metallherstellung großflächig abgeholzt wurden. Der Hang zur Industrialisierung kam sicher durch die Verbindungen nach Rom, Griechenland und Nordafrika. Der Wunsch nach Luxus und südlicher Lebensart in Verbindung mit den dortigen Waren zwang zu geregeltem Handel und Produktion in großem Stil für den Export. Die unterschiedlichen Stämme hatten damals schon rege Handelsverbindungen in alle Welt.

Ausgrabungen geben ein gutes Bild von den damaligen Gewerken. Arbeitsteilung war selbstverständlich, sodass in der nächsten Umgebung jeweils die entsprechenden Handwerker vorhanden waren, wie Töpfer, Korbflechter, Weber, Ledermacher, Schmiede. Im Handwerk lag eine besondere Fähigkeit der Kelten. Die

Qualität der Töpferwaren ist vergleichbar mit der griechischen. Dem gegenüber waren die Töpferwaren der Germanen noch wesentlich grober, wie z. B. im Museum in Kelheim deutlich zu sehen ist.

**Wirtschaftsform und Welthandel**
So weit wir zurückblicken können, wurden bestimmte Handelsstraßen benutzt. Die ältesten bekannten Fernhandelswege stammen aus der Zeit um 2000 v. u. Z.

Die Bernsteinroute: Sie führte von Griechenland per Schiff nach Norditalien, über die Alpen, den Inn entlang über Passau nach Norden durch germanisches Gebiet zur Ostsee.

Transalpin-Rheinroute: Von Norditalien, den Po entlang, wurden etruskische Waren den Rhein hoch transportiert.

Die Weinroute nach Gallien und Britannien: Marseille war Umschlagplatz für den Fernhandel. Von Griechenland die Westküste Italiens entlang wurden Wein, griechische Bronzearbeiten, Trinkbecher und Amphoren nach Marseille geschifft und dort weiter nach Gallien, das Garonnetal, die Loire, die Rhone entlang, bis nach Britannien. Im Gegenzug gab es Kupfer, Gold und Silber wie auch Vieh.

Vom Nahen Osten gab es eine Route über Karthago, Südspanien, die Westküste Portugals und Frankreichs bis nach Britannien.

Im Unterschied zu heute waren nur die Menschen einbezogen, die an diesen Handelsstraßen lebten. Diese jedoch konnten sich damals schon als Europäer fühlen im Vergleich zu der sonstigen Bevölkerung abseits der wichtigen Verbindungsstraßen.

# Traditionelle europäische Lebensweise

### Ökonomie
Man kann sagen, dass die keltische Lebensweise die Grundlage auch unseres heutigen Lebens ist. Das, was sich im Alltag

bewährte, setzte sich fort. Das normale Volk lebte einfach, aber bequem. Die Alltagsgegenstände waren aus regionalen Naturmaterialien. Alles, was zum Leben benötigt wurde, konnte am Ort selbst hergestellt werden. Alle dafür notwendigen Fähigkeiten waren vorhanden und wurden an die Kinder weitergegeben.

**Leben in Gemeinschaft**
Frauen waren in der keltischen Gesellschaft den Männern gleichgestellt. Sie hatten Besitz, wählten sich ihren Partner selbst. Es gab die Ehe auf Probe, in der die Partner ein Jahr lang zusammenlebten, sich danach ohne weiteres wieder trennen konnten oder entscheiden konnten, zusammenzubleiben, wenn es passte.

**Ein bequemes Leben im Alltag**
Die Lebensweise der Kelten wurde in verschiedenen Werken der damaligen Zeit beschrieben. Cäsar war es sehr wichtig, die Völker, die an das römische Reich angrenzten, zu verstehen. Den Tagesablauf beschrieb er wie folgt: Am Morgen schliefen sie lange, wenn sie dann schließlich aufstanden, frühstückten sie ausgiebig. Dabei hatte jeder Kelte einen eigenen Stuhl und einen eigenen Tisch. Danach legten sie sich wieder hin oder gingen auf die Jagd. Forschungen ergaben, dass sich die Dauer der Tätigkeit am Tag nicht länger als auf drei Stunden belief. Noch heute ist dies auch von den Urwaldvölkern im Amazonasgebiet nachgewiesen.

**Offen, ehrlich und direkt**
Bei allen alten Geschichtsschreibern wird die Kampfesweise der Kelten beschrieben. Sie kämpften mit bloßer Brust, nackt. Sie hatten im Vergleich zu den Römern keine Strategie oder bestimmte Aufstellungen, sondern stürzten sich Hals über Kopf in die Schlacht. Ihre bevorzugte Methode war Mann gegen Mann. Die einzige Maßnahme war, vor Beginn mit Geheul und Geschrei dem Gegner Angst zu machen.

### In enger Verbindung mit der Natur

Eines der wesentlichen Kennzeichen, im Unterschied zu der mehr städtisch ausgerichteten Bevölkerung des Römischen Reiches, liegt in der Naturreligion der Kelten. Der Mensch fühlte sich in der Mitte der Natur, nicht unterschieden von ihr. Die religiösen Eliten der Kelten verstanden sich als Vermittler der Naturkräfte. In Reden der Druiden und Gesängen der Barden äußerten sich die Geister der Natur, die Elemente in Wind, Wasser, Feuer und Erde. Ähnlich den nordamerikanischen Indianern hatten sie tiefe Achtung vor den Gewalten und Äußerungen der Natur. Uralte überkommene Kenntnisse bezogen sich auf die Beeinflussung der Naturkräfte.

Bäume waren für die alten Kelten heilig. Bäume galten als die Verbindung zwischen Himmel und Erde, ähnlich der Weltenesche der Germanen, Yggdrasil. Noch lange nach dem Untergang keltischer Herrschaft galten klare Gesetze, die denjenigen hart bestraft, der ohne Not einen Baum verletzt oder ihn sogar fällt. Die Einstellung zur Natur war bei beiden Völkern, den Kelten wie auch den Germanen, dieselbe. Es bestand das Wissen, dass Bäume Kraft haben, die sie an ihre Umgebung abgeben. Bäume, die zu einem Haus gehören, stehen in ständiger Verbindung mit den Menschen, die hier wohnen, beschützen sie und können sogar heilsame Wirkungen entfalten. Dieses Wissen ist noch untergründig vorhanden und tradierte sich mit der Anlage von Höfen, zu denen ein Baum gepflanzt wurde. Im Gegensatz zu heute, wo immer mehr Menschen Angst haben vor Bäumen, fühlte man die Verbindung. Zu diesem Zweck wurden und werden noch heute Geburts- und Hochzeitsbäume gepflanzt.

### Heilwissen

Das Wissen über Heilkräuter und Heilung war sehr ausgeprägt. Es gibt einen tiefen Schatz an entsprechendem traditionellem Wissen in Europa, das noch auf eine ähnliche Würdigung wartet wie die Traditionelle Chinesische Medizin (TCM). Eine Traditionelle

Europäische Medizin (TEM) kann auf jahrtausendealte Erfahrung zurückgreifen, wie der Fund des Ötzi beweist. Die Gletschermumie aus der späteren Jungsteinzeit war 1991 in den Alpen von Südtirol gefunden worden und hatte ungefähr 3100 v. u. Z. gelebt. Auffallend waren punktförmige Tätowierungen und Streifen, die zum Teil an Akupunkturbehandlung erinnerte. Warum sollte die hiesige Urbevölkerung nicht das Wissen über die Meridiane gehabt haben, zumal laut Angaben von chinesischen Qigong-Meistern Menschen früher so sensibel waren, dass sie die Linien am Körper spürten? Zwar war der Gletschermann kein Kelte, trotzdem weist der Fund darauf hin, dass es in früheren Zeiten auch in unserer Gegend medizinisches Wissen gab, das sicher auch an die Völker der späteren Zeit weitervermittelt wurde.

**Tod und Leben**
Nach dem Verständnis der Kelten gibt es keinen Tod. Deshalb hatten sie keine Furcht davor, im Kampf ihr Leben zu lassen. Ohne Unterbrechung geht das Leben in anderer Form weiter. Demnach lebten die Verstorbenen weiter unter ihnen, jedoch in der Anderwelt, einer Parallelebene, die am selben Ort hier besteht. Das ist der Grund, warum sie bei einer Beerdigung dem Toten alles mit ins Grab gaben, was er zu Lebzeiten benötigte. Die Vorstellung bestand, dass alles eine geistige Entsprechung hat. Das bedeutet, dass mit der Zerstörung z. B. eines Dinges die geistige Essenz frei wird und dem Verstorbenen in der Anderwelt zur Verfügung steht. Das Leben in der Anderwelt entspricht den christlichen Paradiesvorstellungen. Es ist kein Himmel, der an einem anderen Ort ist. Die Anderwelt gehört zu unserer Erde. Es ist die andere geistige Erde, wo noch alles in Ordnung ist, das Leben angenehm verläuft, gemäß den keltischen Vorstellungen in Gemeinsamkeit und Festen. Der Verstorbene ist auch nicht tot, im Gegenteil, er ist sofort in dieser Anderwelt, wo ähnliche Verhältnisse herrschen wie hier auf Erden. Er fühlt sich lebendig, frei und gesund, wo er vielleicht im hiesigen Leben krank war. Er

wird umgeben von seinen Freunden und Verwandten, die schon vor ihm verstorben sind. Zwischen dem Jenseits und dem Diesseits besteht eine Grenze der Wahrnehmung, obwohl sich beide Welten durchdringen. Wie ein Schleier scheint die Trennung beider Welten, sodass jede Welt weitgehend für sich bleibt. Besonders an den zwei Festen am Übergang vom Winter zum Sommer und umgekehrt, Beltane und Samhain, sind die Tore offen, der Schleier ist gelüftet, sodass Bewohner beider Welten einander besuchen können. Diese Besuche waren Grund zur Freude im Gegensatz zur heutigen Furcht gegenüber dem Jenseits. Zu diesem Anlass gab es große Feiern, die ungefähr eine Woche lang dauerten, bei denen die Verstorbenen zugegen waren, natürlich mit dem obligatorischen Wildschweinbraten, wie man es bei Asterix nachlesen kann. Ein ähnliches Verständnis herrscht in Mexiko, wo das Fest zu Allerseelen direkt auf dem Grab abgehalten wird. Hier gibt es ein ausgiebiges Picknick mit viel Essen.

### Geisteswissenschaft und Kultur
Selbstverständlich muss man aus den regen Handelsbeziehungen schließen, dass mit den Waren und Händlern auch Kenntnisse, Wissen, handwerkliches Know-How weitertransportiert wurde. An den wichtigen Verbindungswegen entwickelte sich demnach eine hochstehende Oberschicht. Im Vergleich zu heute war die Verbindung der Kulturen ähnlich oder auch zum Teil intensiver. Heute haben wir, außer über Waren wie Weintrauben und Spargel, keine Verbindungen mit Ägypten. Damals gab es diese Trennung in Waren und Wissen nicht. Sicher beeinflussten sich Kulturen gegenseitig. Ein Beispiel ist die Vielgestaltigkeit des griechischen Apoll, der schon damals als hyperboreisch bezeichnet wird.

### Politisches System
Fast alle Autoren, die über die keltische Geschichte berichten, haben Schwierigkeiten, wenn sie die Lebensweise beschreiben

wollen, denn die traditionelle Geschichtsschreibung möchte sich immer an Führern, Königen, Fürsten orientieren und kann nur in Hierarchien denken. Geschichte schreibt demnach nur ein Volk, das Kriege führt, Eroberungen macht, ein Reich gründet. Aber die Kelten gründeten kein Reich, festigten keine Herrschaft, organisierten sich nicht zu einem Staat. So kam es zu einem spektakulären Untergang, der in der Geschichtsschreibung durch Cäsar als Erstes dokumentiert wurde. Sonst hätten wir noch weniger erfahren über unsere Vorfahren. In modernen Berichten stößt man immer wieder auf Fragen wie: Wer waren die Führer, warum haben sie nach der Unterwerfung anderer Völker kein großes Reich gegründet, z. B. in Oberitalien, warum haben sie ihre Chancen nicht genutzt! Man kann nur antworten: Den Kelten ging es eben nicht um Herrschaft. Sie wollten keine Organisation, die zu tun hat mit zentralen Strukturen. Sie waren von Grund auf Vertreter von dezentralen Strukturen. Kontrolle und Führung waren nur wichtig in Kriegszeiten, bei Wanderungen und zerfielen danach wieder. Die Beziehung vom Führer zum Gefolge war aufkündbar von Seiten des Gefolges. Angesehen war, wer es schaffte, viele Menschen an sich zu binden. Die Fürsten verbündeten sich mit ihren Stämmen weiterhin nur zu bestimmten konkreten Zwecken, wie der Abwehr gegen andere.

Tacitus verfasste sein Werk »Germania« 98 n. u. Z. Seine Beschreibung der germanischen Wesensart gibt auch Auskunft über die gallische Lebensart.

> *»Bei der Wahl von Königen ist die adlige Abkunft, bei der von Herzögen die persönliche Tapferkeit ausschlaggebend. Die Könige besitzen keine unbegrenzte oder willkürliche Macht, und die Herzöge, mehr durch ihr Vorbild als durch ihre Befehlsgewalt Führer, verdanken ihre Stellung der Bewunderung, die sie erregen, wenn sie tatbereit sind, sich hervortun ...*
>
> (Tacitus Germania, 7)

> *»Über weniger wichtige Dinge entscheiden die Fürsten, über wichtigere die Gesamtheit der Freien, jedoch so, dass auch das, worüber das Volk zu entscheiden hat, vorher von den Fürsten beraten wird ... Sobald es der Menge beliebt, nimmt man Platz ... Dann schenkt man dem König oder einem der Fürsten ... Gehör, wobei er mehr ein Vorschlagsrecht als eigentliche Befehlsgewalt besitzt. Missfällt ein Vorschlag, so lehnt ihn die Masse durch Murren ab; findet er jedoch Beifall, so schlägt man die Framen aneinander.«*
>
> (ebenda, 11)

Das Leben war demnach ähnlich wie eine Basisdemokratie organisiert. Dies stand in extremem Gegensatz zur Organisationsweise des römischen Staates. Die Organisation von Führung war zur Zeit Cäsars wie folgt: Für ein Jahr wurde vom Volk der Vergobret gewählt. Er war zuständig für Rechtsgeschäfte, hatte einen Rat zur Seite. Wenn es um Fragen von Krieg und Frieden ging, wurde eine Art Landtag einberufen. Hier wurden der jeweilige Feldherr bestimmt und das Heer zusammengestellt. Grundsätzlich hatte jeder die Möglichkeit, aufzusteigen und sich zu bewerben. Ähnlich wie die heute führenden Gestalten unserer Parteien waren sie auf das Wohlwollen ihrer Anhänger angewiesen, abhängig von der Gunst derer, die sie wählten. Es gab auch keine Steuern in unserem Sinne. Wieder Tacitus:

> *»Es ist bei den Stämmen Brauch, dass jeder Einzelne unaufgefordert seinem Fürsten etwas von seinem Vieh und Korn abgibt. Das wird als Ehrengabe angenommen, die zugleich zur Bestreitung der täglichen Bedürfnisse dient.«*
>
> (ebenda, 15)

So hatte sich über die Jahrhunderte eine Redekunst wie auch Demagogie entwickelt, die den Zweck hatte, sich selber und seine Fähigkeiten in ein vorteilhaftes Licht zu rücken. Gelang es dem Redner nicht, die Menge zu überzeugen, wurde derjenige abgewählt.

## Was blieb von keltischer Lebensweise?

Der französische Historiker Jullian meint:

> *»Will man sich das Leben der Kelten vorstellen, so darf man nicht nach Vergleichselementen bei den Barbaren der antiken Welt suchen, sondern bei ihren Nachfolgern auf ihrem eigenen Boden.«*
>
> (Moreau, S. 69)

Die Art und Weise, wie die heutigen Menschen leben, ist das Ergebnis der Erfahrungen der vergangenen Jahrtausende. Positive wie negative Erinnerungen haben sich in unseren stammesgeschichtlichen Genen gespeichert. Durch Vermischung mit anderen Völkern steht uns heute das gesamte Erfahrungswissen der Menschheit zur Verfügung. Leider fördert die Art der modernen Bildung nicht, dieses alte Wissen zu heben, da dazu unsere kreative, imaginative Seite gebildet werden müsste. Das Wissen zeigt sich darum weniger in unseren geistigen Anstrengungen als in den Sitten, Bräuchen und Traditionen, in der Volksgläubigkeit und hier in den konkreten regionalen Ausprägungen. So wenig bewusst ist diese Wissensschicht unserer Vorfahren, dass noch immer von unserem christlichen Abendland gesprochen wird, wo doch Jesus im Morgenland lebte und wirkte. Der Prozentsatz konkreter christlicher Lebensweise ist vergleichbar gering, denn Jesus übermittelte keine konkreten Verhaltensregeln für den Alltag. Im Gegenteil, er wies darauf hin, dass es um die Beziehung zu Gott ging und dass sich die Liebe zu den Menschen nicht in der Abarbeitung von Gesetzen beweist, sondern im Verstehen des konkreten Lebenszusammenhangs und der eigenverantwortlichen Entscheidung für ein Verhalten, das den anderen, gleich welcher Zugehörigkeit und Herkunft, wertschätzt. Traditionelle regionale Lebensvollzüge tastete er nicht an, solange diese nicht die Beziehung zu Gott überdeckten.

So kann man sogenannte religiöse Rituale und Bräuche spirituell verstehen im Sinne des Ausdrucks einer Volksfrömmigkeit, die bei uns als christlich gilt und auch so in die ganze Welt transportiert wird. So ist der Weihnachtsbaum, genannt Christbaum, inzwischen in Südamerika gelandet, obwohl im Dezember dort Sommer ist, ein Nadelbaum hier also doppelt deplaziert ist. Zudem ist der Weihnachtsbaum eine neuere Entwicklung und war zu Anfang von der Kirche verboten und als heidnisch aufs Heftigste bekämpft worden. Auf diese Weise untersucht, kommt man bei allen sogenannten christlichen Festen auf vorchristliche Bräuche und die alte Religion, die sich hier ausdrückt.

### Das alteuropäische »Ganze Haus« als Grundform gemeinschaftlichen Lebens

Getragen werden Rituale und Bräuche von den Dorfgemeinschaften, den Menschen, die an der Basis sind, ihr Leben durch ihre eigene Arbeit mit und in der Natur bewältigen. Die Art und Weise des Zusammenlebens in unserer Region ist uns erst aus der Zeit vor ungefähr 800 Jahren bekannt und lässt darauf schließen, dass sich diese soziale Ordnung aus der keltischen in Süddeutschland und der germanischen in Norddeutschland entwickelt hat. Damals gab es Familie in unserem Sinne nicht. Erst viel später setzte sich z. B. das römische Verständnis von familia durch. Ursprünglich stand der Begriff des Haushalts im Mittelpunkt, als Hiwon, was so viel heißt wie Hausgenosse. Zentrum der Gemeinschaft waren Mann und Frau, die auf Grund einer Hausgründung geheiratet hatten. Dazu kamen nichtbesitzende Familienangehörige und Menschen, die sich aus freien Stücken dem Haus anschlossen. Es war eine ökonomische Zweckgemeinschaft zur Nutzung von Besitz und zur gegenseitigen Unterstützung. Heirat war immer verbunden mit Grundbesitz und Hausgründung. Wer kein Haus hatte, konnte nicht heiraten und wohnte bei einem Ehepaar, das ein Haus hatte. Sexualität war jedoch frei, die aus Neigungsverbindungen entstehenden Kinder lebten zusammen mit den ehelichen. Der Spruch »mit Kind und Kegel« zeugt noch von der alten Auffassung, als dies eher als normal galt und außerehelich gezeugte Kinder noch dazugehörten. Das bis heute geltende Eherecht gesteht auch jedem Kind, das von einer verheirateten Frau geboren wird, zu, als ehelich zu gelten. Hier scheint vielleicht auch noch das alte Mutterrecht durch, bei dem Kinder vorwiegend der Mutter zugeordnet wurden. Männer waren eine vorübergehende Angelegenheit, bei denen man nie wusste, wer was zur Vaterschaft beigetragen hatte. Gudrun Beckmann (1994) beschreibt das Leben damals recht anschaulich. Demnach hieß eine Verbindung einer verheirateten Frau mit einem anderen Mann Friedel-Ehe, die eines verheirateten Mannes mit einer anderen Frau Kebs-Ehe. Zu den Hausgenossen im alteuropäischen »Ganzen Haus« zählten alle Nichtbesitzenden sowie Kinder, gleich, ob ehelich oder nicht.

Zwischen den Besitzenden und den Nichtbesitzenden bestand keine Hierarchie. Gerade dies deutet darauf hin, dass es sich hier um alte vorchristliche Strukturen handelt, jedenfalls nicht um eine von den Römern übernommene Lebensweise. Denn bei den Römern gab es eine klare Hierarchie und Hausbedienstete waren Sklaven, Leibeigene. Das »Ganze Haus« kannte kein Oben und Unten. Es gab eine klare Aufgabenverteilung zwischen Besitzenden und Besitzlosen, bei der jeder seine Pflichten hatte. Es galt das Gesetz »Rat und Tat gegen Schirm und Schutz«. Die Besitzenden mussten den Nichtbesitzenden Schirm und Schutz gewähren, was sich auch auf Krankheit und Alter bezog. Die Besitzlosen hatten die Pflicht, dem Haus mit Rat und Tat zur Verfügung zu stehen. Verpflichtung und Rechte konnten auch eingeklagt werden.

*»Die Zugehörigkeit zu einem Haus bedeutete Freiheit, Sicherheit und lebenslängliche Versorgung mit allen materiellen und kulturellen Gütern ... Fro und Frowe ... hatten das Auskommen, den Lebensunterhalt eines jeden auch im Falle von Krankheit und Alter zu sichern. Sie mussten jedem eine Arbeit im Haus zuweisen, die seinen Kräften angemessen war. Sie waren verantwortlich für die Sozialisation aller im Hause lebender Kinder, für deren Aufzucht, Ausbildung und Fortkommen.«*

(Beckmann 1994: 17)

Die Aufgabe des Mannes war es, das Haus nach außen hin zu verteidigen. Die Vorstellung des Herrn in der Bedeutung des lateinischen dominus gab es nicht. Auch dies kam erst wesentlich später auf und veränderte die Beziehungen von Grund auf. Menschen wurden abhängig von einem Grundherrn, der über sie bestimmte. Nein, im alten Europa hatte jeder seine Aufgabe in der Gemeinschaft, jeder war von jedem abhängig. Die Nichtbesitzenden hatten die Pflicht zu beraten, ihr Wissen, ihre Erfahrungen beizusteuern, die sie wahrscheinlich dadurch hatten, weil sie weit herumgekommen waren. Sie sollten also gerade mitreden, etwas, was sich heute jeder Besitzende verbietet. So musste der Mann des »Ganzen Hauses« den Rat der Nichtbesitzenden anhören und ernst nehmen. Noch bis 1100 hielt sich diese Lebensform auf dem Land. Die Veränderung in Richtung Hierarchie ging zunächst über die Herrscherhäuser in den Machtzentren. Die Christianisierung brachte unter dem Deckmantel einer neuen Religion die neue Beziehungsform von Herrn und Untergebenem sowie die Unterdrückung der Frau. Bis zur Zeit der Hildegard von Bingen gab es noch Frauen, die als Heilerinnen tätig waren. Nach dieser Zeit wurden Frauen zunehmend auf das Haus beschränkt und ihre Rolle war die der abhängigen Ehefrau ohne das Recht auf Berufsausübung und Ausbildung.

Die Entwicklung der bäuerlichen Landwirtschaft hängt wahrscheinlich direkt damit zusammen, da diese ja aus dem »Ganzen Haus« entstand. Daraus wird verständlich, warum sich die Bauernkriege im 16. Jahrhundert noch auf das alte Recht von »Schirm und Schutz« gegen »Rat und Tat« bezogen, allerdings ohne Erfolg. Erst die Französische Revolution brachte den Gedanken der Gleichwertigkeit der Menschen und die Bedeutung des Miteinander wieder zum Tragen.

Die moderne Ökonomie hat das römische Beziehungsmodell des hierarchischen Verhältnisses von Besitzendem und Nichtbesitzendem übernommen, als sie im 19. Jahrhundert Fabriken baute. Der Arbeiter hatte zunächst keinerlei Rechte. »Rat und Tat« würde ja bedeuten, dass die Arbeiter mit einbezogen sind bei der Konzeptentwicklung und den Beratungen bezüglich der Umsetzung. Man sieht, dass das Modell des »Ganzen Hauses« an und für sich ein modernes Konzept von Mitbestimmung darstellt, das eher an genossenschaftliche Formen der Zusammenarbeit zum gemeinsamen Vorteil erinnert.

### Zeitordnungen

> *»Im Prinzip ist es unerheblich, welcher Zeit und welcher Kultur die Menschen angehören – die Natur wirkt auf sie in immer der gleichen Weise. Durch alle Zeiten reagieren sie darauf mit ganz ähnlichen Gefühlen und Ideen in Bräuchen, Ritualen und Liturgien.«*
>
> (Huber 2010: 13)

Die Ordnung der Jahreszeiten wird dargestellt im Sonnenrad und weist hin auf das immer Wiederkehrende der Zeit. Ein zyklisches Verständnis im Gegensatz zu unserem Verständnis vom Weitergehen der Zeit wird hier deutlich. Die vier Sonnenfeste der Wintersonnwend und Sommersonnwend sowie der Tag- und Nachtgleiche im Herbst und im Frühling waren in der keltischen

Kultur nicht so bedeutend wie die Feste dazwischen, Samhain am 30. Oktober, Imbolg am 1. Februar, heute Lichtmess, Walpurgis am 1. Mai und Lugnasad am 1. August. Heute wird das Jahr durch diese Punkte unterteilt, sie stellen wesentliche Ordnungsrichtlinien für unseren Alltag im Privaten, aber auch im Geschäftsleben und in der Arbeit dar. Ferien richten sich nach Weihnachten und dem 1. August, in Bayern Zeugnisvergabe, Ende des Schuljahres und Beginn der Schul- und Semesterferien. Das Halbjahreszeugnis gibt es Ende Januar. Die Zeit nach Weihnachten bis zum 6. Januar ist weiterhin eine stille Zeit, wo viele Firmen Ferien machen, niemand zu erreichen ist, keiner richtig Lust hat, zu arbeiten. Mönche gehen ins Retreat, der Normalbürger widmet sich seiner Familie, Ruhe und Besinnlichkeit sind angesagt. Hier ist der Wiederschein der Raunächte wiederzufinden, in der früher Arbeitsverbot herrschte.

Jeder Punkt im Jahr hat eine Vorbereitungszeit und einen Nachklang. Die Konsumwirtschaft richtet sich darauf ein und arbeitet damit. Wann gibt es die ersten Lebkuchen in den Geschäften, die Nikoläuse, wann wechselt die Beschallungsmusik auf Weihnachtslieder … Die gesamte Dekoration wechselt je nach Jahreszeit und Anlass. Die Fastenzeit wird vorbereitet durch den Fasching, das farbige verrückte Treiben, das ursprünglich den Winter vertreiben sollte und heute den Geschäften wieder neue Impulse und Anregungen gibt. Fischessen, Starkbierzeit …, ein Nachklang aus früheren Jahrhunderten, als es um diese Zeit oft wirklich nichts mehr zu essen gab, wenn die Wintervorräte aufgebraucht waren und die letzten Kartoffeln das Keimen begannen.

Lieder begleiten schon immer den Alltag und so werden die Frühlingslieder noch heute in Kindergärten und Schulen gesungen. »Grüß Gott, du schöner Maien« und »Alle Vögel sind schon da« waren schon immer eine Weise des Menschen, die allgemeine Stimmung auszudrücken, die in der Natur zu einer bestimmten Jahreszeit herrscht. Der traditionelle Maibaum ist ein deutlicher Ausdruck der alten Baumverehrung und das Maibaumaufstellen gehört in Bayern zur Jahreszeitordnung.

**Feste und Feiern**

Heute scheint in der Gemütlichkeit des Bayern und in seinem Hang zum Bier noch die alte Lebensweise durch. Sicher ist der Biergarten ein Überbleibsel aus früherer Zeit, als man sich in freier Natur unter Bäumen zu einem gemütlichen Beisammensein traf. Das Bierfass ist ein uraltes traditionelles Behältnis. Auf Bierfilzen erscheint es regelmäßig und gewinnt dadurch schon direkt an Symbolkraft. Südlich der Donau hat jeder Ort seinen Festplatz mit jährlichem Volksfest, der ähnlich wie die Keltenschanzen viereckig angelegt ist. Ebenso hat jedes Dorf seinen Jahrmarkt. In Österreich ist es noch üblich, zum Jahrmarkt ein Pferderennen zu veranstalten und Jährlinge vorzustellen. Pferdeumzüge und auch Pferderennen waren zur Zeit der Kelten üblich und haben sich bis in die heutige Zeit erhalten, denn Pferde waren den alten Kelten heilig.

Das Verständnis von der Lebensordnung bildet sich bis heute ab in Symbolen, die Feste begleiten. Oft sind sie dargestellt im Backwerk. Das Sonnenrad erscheint im Osterbrot, die Triskele in der Breze, den Zopf als dreiteiliges Geflecht gibt es als Oster- oder Weihnachtsstriezel, aber auch in der Haartracht. Weihnachtsplätzchen machen die ganze Geometrie schmackhaft. Die Ausstecherl gibt es in allen Formen: Kreise, Sterne, Halbmond, die Sonnen- und Mondfinsternis mit Marmelade dazwischen. Das Herz ist ein zentrales Symbol. Alle Lebewesen finden Ausdruck wie Blumen und auch Tiere und schließlich der Nikolaus als Lebkuchen.

Im Feiern, wie z. B. dem Erntedank, ist das Leben verbunden mit der Natur und der Alltagsarbeit. Zu Martini gibt es Gans, zu Allerheiligen bei den Kelten Schweinebraten. Das Schwein war den Kelten heilig und bekam den Ruf der Unreinheit erst durch den Versuch der Religion, den Menschen von seinen Wurzeln, auch der Ernährung, abzuschneiden. So wie die spanischen Eroberer im alten Peru den Eingeborenen verboten, ihre Energienahrung, die Quinoa, weiterhin zu verwenden, genauso wurde versucht, das Schwein seiner Stellung bei den Menschen in Europa zu verunglimpfen. Bei uns ist dies glücklicherweise nicht ganz gelungen und so gehört das Schweinefleisch bis heute zu einem wesentlichen Teil der Ernährung, besonders in Bayern. Kraut und Knödel, die hier traditionsgemäß dazugehören, sind sicher bayerische Urnahrung seit der Einführung des Ackerbaus, denn beides gibt es auch, manchmal als einzige Nahrung im Winter.

**Landwirtschaft und Garten**
Eine Umfrage erhebt, was Menschen mit Boden verbinden. Manche meinen, er sei leblos, sei Dreck. Ein Ökobauer: »Wir betrachten den Boden als lebenden Organismus, genauso gehen wir mit den Kälbern im Stall um. Wir versuchen, ihnen das zu geben, was sie brauchen.«

Aus keltischer Vergangenheit kann man als eines der wesentlichen Symbole den Apfel nennen. Die Insel Avalon ist nach dem Apfel benannt. Der goldene Apfel kommt gleich nach dem goldenen Fließ und erscheint in vielen Märchen. Aller Reichtum eines Hauses zeigt sich in den ab August bis weit in den Oktober hinein überquellenden Apfelbäumen. Das, was den Südländern der Wein ist, ist nördlich der Alpen der Apfel. Die Vielzahl der Sorten ermöglicht eine umfassende Verwendbarkeit. Immer wieder wird dargestellt, wie der Apfel als Ganzes, ungeschält, alle wichtigen Vitamine und Mineralien in sich hat. Frisch verbraucht als Klarapfel, gebraten, in Teighülle, für Kuchen, als Kompott, eingemacht, als Apfelwein oder bis ins Frühjahr hinein gelagert, ist er eine nahrhafte vitaminreiche Alltagsbegleitung als Hauptgericht, Nachspeise oder für zwischendurch. Der Apfel ist sicher die meistverwendete Zugabe zum schulischen Pausenbrot.

**Handwerk und Handarbeit**
Die mittelalterliche Handwerkskunst ist ohne Bruch aus der keltischen hervorgegangen, kann also auf eine jahrtausendealte Tradition blicken. In Stoffmustern können, ähnlich wie in

Backformen, Informationen und Wissen weitergegeben werden. Auffallend ist hier das Karomuster, das für irische Stoffe und Schottenröcke bezeichnend ist. Das Karo in der Kleidung ist in Hemden und Röcken zu finden, im Stoff des bayerischen Dirndls, in Küchentüchern, in Tischdecken. Rauten finden wir im bayerischen Wappen. Kleine rautenförmige Metallstücke wurden schon in der Hallstattzeit gefunden. Die Kelten pflügten ihre Felder nicht längs wie heute, sondern auch quer sowie diagonal. Daraus ergäbe sich eine rautenmäßige Anlage.

**Spiritualität**
Religiöse Bräuche haben sich mit römischen vermischt und unter der christlichen Decke erhalten. Das Kirchenjahr ist eine Abfolge alter heidnischer Feste. Schwerpunkt des Glaubenslebens sind für die einheimische Bevölkerung die Ortsheiligen, die bis heute an bestimmten Plätzen verehrt werden. Dabei sind Bittgänge, Wallfahrten und Feldbegehungen weiterhin durchgeführt worden. An Wegkreuzungen gab es große Bäume, die verehrt wurden. Dies ist bis heute erhalten worden, sichtbar durch Bildkreuze und Marterln. Nur die Namensgebung hat sich geändert, die Qualität, also Persönlichkeit des Platzes, ist gleich geblieben. Die früheren weiblichen Gottheiten wurden bei der Christianisierung sehr gerne in Maria umgetauft. In Zypern kann man zum Beispiel nachweisen, dass die Plätze, an der die Verehrung der Aphrodite stattfand, schließlich von Maria besetzt wurden. Volksglauben drückt sich auf der ganzen Welt ähnlich aus. Es gibt Räucherwerk, kleine Gaben als Opfer, Gebete, Andacht, Litaneien durch einen Vorbeter, eventuell Gesang. Mit dem, was Christus tat und sagte, hat das nichts zu tun. Über die Jahrtausende wechseln die Namen, die äußere Form. Das Pantheon verschiedener Ortsgötter wird ersetzt durch christliche Heilige. Die alte Göttin erschien ursprünglich in dreierlei Gestalt, den drei Saligen, Ambeth, Wilbeth und Worbeth. Sie bekamen christliche Namen und wurden zu

*Barbara mit dem Turm,*
*Margarete mit dem Wurm,*
*Katharina mit dem Radl.*
*Das sind die drei heiligen Madl.*

Bestimmte Namen und Symbole der alten Religion werden von der neuen Religion verboten, um ein Zeichen zu setzen und sich abzugrenzen. Dies betrifft z. B. das Schwein, die Schlange, als wichtige zentrale Tiere der Kelten. Auf der anderen Seite werden bestimmte zentrale Symbole übernommen, die die Emotionen halten, und neu interpretiert, wie z. B. der Kelch, das Kreuz. Der Kelch ist der Gral, der Kessel der Fülle, ein weibliches Symbol. Das Kreuz ist als gleichschenkliges Kreuz auf der ganzen Welt zu finden, bei den Kelten auch vor der Christianisierung als keltisches Kreuz, das die vier Himmelsrichtungen, aber auch den Kreis des Lebens symbolisiert. Auch im Amazonasgebiet findet sich in den spirituellen Zeichnungen und auf Gewändern das gleichschenklige Kreuz wieder.

**Kulturelle Gemeinsamkeiten**
Heute kann man den ehemals keltischen Sprachraum betrachten und ihn auf Gemeinsamkeiten und Charakteristika untersuchen. Sehr deutlich ergibt sich hier die Grenze zwischen Süd- und Norddeutschland, die mit den alten Grenzen zwischen Kelten und Germanen bis heute übereinstimmt. Könnte es nicht sein, dass der immer wieder neu aufflackernde Konflikt in Belgien zwischen Flamen und Wallonen auf uralte Streitigkeiten zwischen Kelten und Germanen zurückreicht, nach der die »Welschen«, die Kelten, sich mit Hilfe der Römer gegen die Germanen verteidigten, natürlich auch zum eigenen Nachteil, indem sie ihre Sprache verloren. Seit 1963 gibt es eine Sprachgrenze zwischen dem Niederländisch sprechenden Nordteil des Landes und dem Französisch sprechenden Südteil. Es gelingt bisher nicht, zu einer gemeinsamen Regierung zu finden.

Bayern hat viel gemein mit Österreich und der Schweiz, aber auch Tirol, Norditalien. Österreich-Ungarn war nicht umsonst einmal ein Staatenbund, Böhmen bis 1945 durch Maria Theresia besiedelt von Bayern aus dem Bayerischen Wald.

Noelle schließt sein Werk mit den Worten:

>»Es bleibt die schicksalhafte Frage, ob die europäische Einigung in dem ehemaligen keltischen Raum gelingen wird. Dieser Raum ist das Kernstück des heutigen Abendlandes ... Der Raum für ein neues Gebilde aus uralter Gemeinsamkeit seit dreitausend Jahren vorhanden.«
>
> (Noelle 1974: 369)

### Zusammenfassende Ergebnisse

Im Unterschied zu den Germanen bestand schon immer eine enge Verbindung zu den Kulturen Südeuropas, vor allem zu den kulturtragenden Völkern des Nahen Ostens. Die Kelten waren die Vermittler des Ackerbaus, der sich aus dem Nahen Osten über das Schwarzmeergebiet donauaufwärts in Richtung Westen ausbreitete. Demnach muss man schließen, dass nicht nur technische Errungenschaften, sondern auch geistiges Gedankengut in engem Austausch bestand, eventuell entsprechend dem Entstehen der indogermanischen Sprachen aus einer Quelle, parallel zur Entstehung der Hochkulturen der Griechen. Betrachtet man die lange Zeit keltischer Herrschaft in der Zeit davor, so wird deutlich, dass starke gemeinsame Wurzeln die Völker in Mitteleuropa verbinden und wie oben formuliert wahrscheinlich eine sichere Grundlage sind für ein alle verbindendes Europa. So betrachtet, gehört auch die Türkei eindeutig zu Europa.

Die gesellschaftliche Ordnung der alten Kelten kann man als demokratische Lebensform beschreiben, die sich fundamental absetzt von den südeuropäischen und nordafrikanischen Staatsformen der alten Zeit.

# TEIL 3

So, wie wir sind

Kapitel 6
# Der Ursprung – In Verbindung mit der Natur

Ein alter Indianerhäuptling war zu einer ethnomedizinischen Tagung gekommen und stand nun vor ungefähr 1200 Menschen. Er kam auf die Bühne, setzte sich und schwieg. Er war das erste Mal extra aus Nordamerika nach Europa angereist. Er hielt keine Rede. Er war einfach nur da. Die Menschen wurden unruhig, ungeduldig, begannen sich zu räuspern. Er hatte keine Erklärung abgegeben für sein Tun. Ich hatte mich damals sogleich entschlossen, in meine innere Welt zu gehen. Und ich sah vor meinem inneren Auge grandiose Landschaften mit Bergen, Wäldern, Flüssen. Erst am Nachmittag erfuhr ich, dass das die Methode der Indianer ist, zu kommunizieren. Sie schicken ihre inneren Bilder zu den Menschen …

Niemand wird bestreiten, dass die Möglichkeit, Natur zu erfahren, für den Menschen wesentlich ist dafür, dass er gesund bleibt. Ohne Naturräume wird auch der Mensch verschwinden müssen. In unseren Landen ist die täglich notwendige Naturration jedoch nur mehr schwer zu bekommen. Sehr oft ist es ganz unmöglich, Räume zu finden, in denen man noch Natur erleben kann. Die einzige Begegnung mit Natur hat der moderne Bürger meist auf dem Weg von der oder zur Arbeit oder im Fernsehen, wenn er Filme über naturbelassene Paradiese der Erde sieht. Der Weg führt auf den üblichen Straßen per Auto. Folglich ist die eindrücklichste Erfahrung des modernen Menschen das, was er vom Auto aus sieht.

Über einer ausgeräumten landwirtschaftlichen Fläche, bestehend aus gepflügtem Ackerboden oder Mais, sucht der Blick des Betrachters nach Ruhepolen und lebendiger Struktur und landet bei einem Graben, der von strauchartigem durchscheinendem

Bewuchs gesäumt ist, zum Teil Gestrüpp von dünnen stangenartigen Bäumchen, dazwischen sind Baumstümpfe sichtbar von frisch geschlagenen großen Bäumen. Resigniert wendet sich der Betrachter ab, wieder der Straße zu, wo der Blick auf einen am Straßenrand liegenden toten Fuchs trifft. Der Weg führt durch ein Waldstück, am Waldrand in die Luft ragende zerrissene Äste und Baumstämme. Man fragt sich, wer eine solche Verwüstung angerichtet haben könnte. Kein Sturm könnte so wüten.

Über die Jahre hinweg entstand der Eindruck, der einzige Raum für Natur ist noch an Straßenrändern und an Flüssen zu finden. Moore wurden entwässert, Bäche sind bis auf Ausnahmen begradigt oder verrohrt. Alles andere ist Wirtschaftsfläche. Aber gerade an diesen Resten, an die sich der Blick heften möchte, entlädt sich ein Säuberungs- und Schneidewahn, der trotz leerer Kassen von Gemeinden anhält. Dafür ist anscheinend immer Geld vorhanden. Pflege ist ja etwas, wofür es keine Fachkräfte braucht. Nur ist der Begriff Pflege verkommen zu reiner materieller Abarbeitung von Plänen und Verwaltung, ähnlich wie es auch in Pflegeheimen für alte Menschen geschieht. Auch hier kam ja schon der ernstgemeinte Vorschlag, man könne für diese Arbeit Ein-Euro-Jober einsetzen.

Es gibt Landschaften, da sucht man vergebens nach erwachsenen Bäumen. Älter als 30 Jahre wird keiner, obwohl gerade dies einem menschlichen Alter von 7 Jahren bei einer Buche entspricht.

## Sich lebendig fühlen – In Beziehung sein

Ich lade euch ein zu einer Meditation. Bitte macht es euch bequem, nehmt den Sitz wahr ..., die Lehne ..., nun den Boden mit euren Füßen! ... Schließt die Augen. Lasst eure inneren Bilder entstehen:
Frühling
Waldgeruch von Moos

Harz
Sprießen der Knospen
Sonnenstrahlen, die durch die Blätter scheinen, Licht und Schatten
Säuseln des Windes, wenn er durch die Zweige der Buchen streicht
Singen der Erlenblätter
Entfalten der Blüten
Holunder, Apfelblüte

Herbst-Geräusche
Rauschen der Blätter im aufkommenden Sturm
Fallen der Blätter im Herbst.
Nehmt Kontakt auf zu einem bestimmten Baum. Was für ein Baum ist es? Spürt die Rinde, ladet diesen Baum ein, mit hierherzukommen in diesen Raum, um bei unserem Tag heute dabei zu sein.
Nun kommt wieder hierher. Aktiviert euch durch Bewegen der Hände und Füße, vielleicht möchtet ihr euch strecken.

Das Ziel des Lebewesens Mensch ist, sich lebendig zu fühlen. Leben ist etwas, was alles durchdringt, es ist das Gefühl, mit allem in Beziehung zu sein. Sein und Leben ist eines. Es ist nicht »cogito, ergo sum«. Wir müssen nicht erst denken, um zu sein. Schon vor dem Denken geschieht vieles, das im Denken erst sich widerspiegelt als Reflexion. Schon vorher gibt es Wahrnehmung, dann Aufmerksamkeit. Das Sein als beständiges Sichgewahrsein, Wahrnehmung der Beziehung des Wesens zur Umwelt, des Standorts. Ohne diese ständige Leistung unseres Gehirns könnten wir nicht stehen, uns nicht bewegen, nicht im Gleichgewicht bleiben. Genauso wie der Körper zur Schwerkraft ständige Abstimmungsleistungen durchführt, gleicht sich die Psyche ständig an die soziale Umwelt an, reagiert passend zu ihren Vorstellungen und inneren Bildern. Wahrnehmung steht vor dem Tun, vor der Bewegung. Zuerst kommt das Sein, dann das Ziel, dann die Bewegung in Form von Anstrengung. Ein Pferd grast auf der Wiese. Die Ohren hängen rechts und links vom Kopf weg, aber sind gespitzt. Ein Pferd ist immer aufmerksam. Es nimmt alle Geräusche der Umgebung auf. Es ist in Ruhe und in ständiger Beziehung zu seiner Umwelt. Es beurteilt die Geräusche nach seiner Erfahrung und seinem Instinkt. In dem Moment, in dem es meint, eine Gefährdung würde sich nähern, reißt es den Kopf hoch, hört das Kauen auf und erstarrt mit gespannten Muskeln, gespitzten Ohren. Es ist ganz Aufmerksamkeit und versucht, mehr Informationen zu erhalten. Es denkt nach. Kommt es zu dem Schluss, das Geräusch deute auf eine Gefahr hin, dann legt es die Ohren an und nimmt den Kopf tiefer. Es hat für sich einen Entschluss gefasst und hört ab jetzt nicht mehr zu. Es ist abgeschlossen von der Welt, nicht mehr in Beziehung. Dieser Mechanismus ist grundlegend für alle Lebewesen. Die Reaktionsweise ist dann unterschiedlich: Angriff oder Flucht. Aber aus der Beziehung zu gehen, ist ein Zeichen für Angst, Bedrohung. Nicht hören wollen, nicht sehen wollen bedeutet das Abschneiden von Kontakt mit der Umwelt.

Bewusst zu sein, gelingt nur in einer Atmosphäre von Ruhe und Gelassenheit. Alle Lebewesen haben ein Gefühl des Lebendigseins. Es meint ein Gefühl von Energie, Kraft, Sinn, Freude, Spontaneität, das Gefühl von Ausbreitung, Fließen. All dies ist nur möglich in der Gegenwart. Das Gefühl des Lebendigseins hängt nicht ab von der Denkfähigkeit. Wie kommt der Mensch darauf, nur er hätte ein Gefühl, ein Empfinden, ein Bewusstsein? Nur er kenne das Leid, die Trauer, die Depression? Das Lebendigsein ist zugleich ein In-Beziehung-Sein. Leben drückt sich immer in Beziehung aus. Alles Leben ist in Beziehung. Dazu gehört die Wahrnehmung der Umgebung, das Sicheinstellen auf den anderen. Demnach agieren alle Lebewesen, man könnte sogar sagen auch Steine, Wasser, Wind. Feuer reagiert und agiert in seiner Weise, nimmt andere Lebewesen wahr. Eine Bewegung nach außen, ein ständiges Geben, Sichveräußern in die Umwelt. Aus diesem Gefühl gibt es Wachstum, Fruchtbarkeit. Rein logisch können wir sagen, dass ein tiefer Zusammenhang existiert zwischen uns Menschen und allen Lebewesen um uns her. Wir existieren nach denselben Gesetzen wie Tiere und Pflanzen. Wir bestehen aus denselben Stoffen wie die Erde. Leben gibt es nur auf Grund ständigen Austauschs unter den Lebewesen. Diese Grundlage erhält uns gesund. Gesundheit gibt es nur durch eine Förderung von Lebensprozessen, des Lebendigseins. Leblose Stoffe können kein Leben bewirken. Nur Leben hat die Fähigkeit, zu regenerieren, sich selbst zu heilen.

Für das menschliche Bewusstsein ist die Tatsache, dass wir immer mit unserer Umgebung in Beziehung sind, kaum wahrnehmbar. Nur in der intensiven Beziehung zum Partner, zum eigenen Kind spüren wir Liebe, fühlen wir uns im Fluss mit unseren Gefühlen. Es ist ein Ausdruck inneren Gestimmtseins. Wir sind eigentlich immer im Austausch mit unserer Umgebung. Die Luft, die wir atmen, ist die Luft, die andere ausgeatmet haben. Wir atmen aus und andere atmen dies wieder ein. Die Atmosphäre, die uns umgibt, haben andere geformt. Wir reagieren und beeinflussen die Atmosphäre und damit die anderen. Die Stoffe in kleinsten Teilen nehmen wir durch die Atmung auf, verwandeln sie und geben sie ab, wo sie andere wieder aufnehmen. Luft und Atmosphäre werden erzeugt durch alles, was uns umgibt: andere Menschen, Tiere, Pflanzen, Stoffe, Erde, Luft. Alles zusammen wird ständig geschaffen und gebildet, gebunden an den Ort. Nur auf Grund des ständigen Austauschs sind wir lebensfähig. Das bedeutet, dass wir in unserer tiefsten Natur identisch sind mit den Pflanzen und Tieren um uns her. Phylogenetisch hat das ja auch reale Grundlagen. Das bedeutet, dass wir in ständiger Beziehung stehen, ohne die unser Körper nicht existieren könnte. Unsere tiefste Natur kommuniziert ständig mit der Natur um sie herum. Das bedeutet, dass es Sinne gibt, die wahrnehmen, entscheiden, was der Organismus braucht, der Informationen einholt, auswertet und umsetzt.

Wenn wir ein Gefühl haben für Tiere und für Pflanzen, so entsteht dies aus dem tiefen Mitschwingen mit dem Befinden der anderen Wesen. Vor Schwingungen kann man sich nicht schützen. Gefühle, die andere Menschen äußern, spürt unser Unbewusstes mit. Unwohlgefühle wie Freude in unserer Umgebung nehmen wir wahr. Es ist das Sein, das uns durchdringt, an dem wir einen Anteil haben, Anteil nehmen und Unseres beitragen in jedem Augenblick unseres Daseins.

## Unsere innere Natur

> »*Im Augenblick verwendest du deine ganze Lebensenergie für äußerliche Dinge und lässt deinen Geist sich verbrauchen. Dein Körper ist eine Gabe des Himmels, du aber benutzt ihn dazu, über das ›Harte‹ und ›Weiße‹ zu brabbeln und zu plappern.*«
>
> (Dschuangdsi 1969)

Der Weg zu unserer inneren Natur führt uns über unser leibliches Sein. Wir kamen auf die Welt nur mit einem Körper, nackt, aber mit allen Fähigkeiten. Unser Körper ist in der Lage, sich zu entwickeln, groß und stark zu werden und gesund zu sein. Nur in ständiger Kommunikation mit unserem Körper können wir ein Gefühl von Selbstvertrauen, »Selbstwirksamkeit«, wie es seit neuestem heißt, entwickeln. Über unseren Körper treten wir nach außen hin in Erscheinung, in Kontakt. Dazu braucht es Wahrnehmung und Berührung. Verständlich wird hier, warum der ständige Kontakt mit Handys und Computern, die Bewegung über Maschinen und Rädern letztlich verarmt. Unsere Sensibilität ist ausgerichtet auf ein lebendiges Gegenüber wie Pflanzen, auch Mineralien, Tiere. Mit toter Materie kann man nicht in Kontakt kommen. Unsere Finger, Hände sind langfristig nicht dazu geeignet, Tasten zu betätigen, Plastik zu berühren. Hier fließt nichts.

Ohne unseren Körper als Vermittler zieht sich unser Geist zurück aus der Stofflichkeit, unser Körper fühlt sich beleidigt, »gekränkt«, wenn er nur benutzt wird wie eine Maschine. Früher oder später wird der entsprechende Körperteil krank, holt sich eine Infektion und zieht sich zurück aus der Benutzungsfunktion. Arbeitsunfähigkeit ist die Folge von Übernutzung, Funktionierenmüssen. Gerne reagiert der Mensch körperlich, wenn er mit Problemen nicht fertig wird, die ihn überfordern.

Die eigene leibliche Wahrnehmung kommt noch vor der Wahrnehmung der Außenwelt. Die Beziehung des Einzelnen zu sich selbst beginnt bei der Erfahrung des eigenen Leibes. Dies wird im ersten Lebensjahr grundgelegt, wenn das Kleinkind seinen Körper erprobt. In den ersten Jahren übt das Kind den Umgang mit sich in Verbindung zur Umwelt auf die Weise, dass es für sich Formen und Gewohnheiten entwickelt, die die Grundlage für den Gesundheitserhalt auch im späteren Leben bilden. Rituale, die zu innerem Ausgeglichensein führen, die Aggressionen abbauen, Kontaktwünsche erfüllen, werden dann im Erwachsenenleben zu wichtigen Eckpunkten im Alltag. In sich selbst zu Hause zu sein, ist eine Aufgabe, die auch beim Erwachsenen täglich erfüllt werden muss. Sich in sich wohlfühlen ist ein Ziel, das Wahrnehmen der eigenen Befindlichkeit der Weg. Auch Schmerzen sind ein Tor zur Wahrnehmung der eigenen Realität und ein Beginn, Störungen zu beachten.

Die innere Natur ist bei allen Lebewesen gleich. Alles, was lebt, bezieht sich auf sich, indem es sich pflegt, putzt, in Ruhe sich regeneriert, für sich sorgt. Dazu ist es wesentlich, die eigenen Bedürfnisse wahrzunehmen, Möglichkeiten zu nutzen, um das zu bekommen, was man braucht. Dazu gehören Selbstbestimmungsmöglichkeiten über die zeitliche Gestaltung des Tages genauso wie der Erwerb von Nahrungsmitteln, seinen Rhythmus von Aktivität und Ruhe zu gestalten genauso wie der Freiraum, sich zurückzuziehen und Störungen aus dem Weg gehen zu können, um sich zu erholen. Jedes Lebewesen ist auf diese Freiheiten und Möglichkeiten angewiesen und äußere Bedingungen, die es hier einschränken, stellen immer Herausforderungen dar, die es zu überwinden gilt. Äußere Bedingungen, die trotz aller Bemühung nicht zu verändern sind und die Selbstversorgung entscheidend behindern, führen im Endeffekt zum Tode des Individuums. Die Aufgabe besteht immer darin, die eigenen Fähigkeiten zu entwickeln und zu nutzen, um das zu tun, was man kann. Insofern braucht Selbständigkeit zuallererst die Kenntnis der eigenen Möglichkeiten. Dafür braucht es die Förderung der Umwelt, die eigenen Anlagen zu entwickeln und zu erproben.

Neben dem Menschen sind wir mit jedem Säugetier verwandt. Hier erhalten wir Antwort und Reaktion auf unser individuelles Verhalten. Auch von Pflanzen erleben wir Reaktionen. Manche wenden sich uns zu, blühen besonders stark, andere wiederum tun uns nicht gut, sie verschwinden aus unserem Lebensumfeld. Somit ist die Erfahrung von Lebendigsein nur möglich, wenn wir uns auf etwas Lebendiges beziehen, seien es ein Mensch, ein Tier oder eine Pflanze. In einer künstlichen Umgebung kann ein Mensch gesund bleiben, wenn er selber zu sich eine lebendige Beziehung hat. Menschen, die nur funktionieren, werden in von Menschen gemachter Umgebung nicht lange überleben. Auch eine ausgeräumte Agrarlandschaft ist eine künstliche Umgebung, da die Pflanzen hier kein Eigenleben mehr haben und nicht mehr reagieren können. Lebendige Beziehungen brauchen die eigene Erfahrung von Lebendigkeit. Dies ist besonders möglich über den eigenen Körper.

Mensch ist erst wirklich Mensch, wenn er seine innere Natur versteht, seine Anlagen erkennt und zum Wohl für sich und seine Umgebung einsetzt. Die Wahrnehmung der eigenen Natur braucht die Förderung durch die nächsten Bezugspersonen, dann durch die Bildungseinrichtungen. Über Lernen am Modell erfährt das kleine Kind, wie mit den eigenen Bedürfnissen umzugehen ist. Oft verhält sich die Mutter zu sich selber eher rücksichtslos, in der Meinung, sie müsste sich vor allem um die anderen Familienangehörigen kümmern und sich deshalb zurücknehmen. Ihr Unbewusstes wird sich dafür einmal rächen, vielleicht indem sie so krank wird, dass sich ständig alle um sie kümmern müssen. Schon Jesus betonte, dass man den anderen so lieben solle wie sich selbst, nicht mehr. Sich selber zu lieben, wird zu wenig gelernt.

Liebe heilt, Liebe tröstet, Liebe versteht. Verzeihen wir uns selber Fehler? Haben wir Verständnis für schwierige Situationen, für unser Unvermögen, unsere Grenzen? Noch immer wird erwartet, äußeren Anforderungen zu entsprechen, ohne auf sich selbst Rücksicht zu nehmen, und erst nach vielen Erfahrungen von Misserfolg und Krankheit lernen manche Menschen, auch auf sich zu hören. Sich selber zuzuhören, muss gelernt werden. Dazu gehört, die Sprache des eigenen Körpers zu verstehen. Wann gibt mir mein Magen zu verstehen, dass es genug ist, warum signalisieren meine Beine, dass sie Ruhe wollen, meine Hände, dass sie nicht mehr können? Ohren reagieren mit Tinnitus, wenn etwas zu viel wird, Augen mit Sehschwäche, wenn man gezwungen wird, Dinge anders zu sehen, als man es selber sieht. Der Verlust der Sprache ist der eigentliche Grund für all die Krankheiten, die den zivilisierten Menschen quälen. Unser Körper hat keine Sprache mehr, ist verkümmert in seiner Ausdrucksmöglichkeit, vergessen von einem menschlichen Geist, der sich als Überwesen definiert, frei und unabhängig wähnt von einer tierischen Vergangenheit. Aber: Wir sind Tiere, eine besondere Art, mit einem menschlichen Zusatz, ja. Unser Menschsein sollte sich seiner tierischen Grundlagen bewusst werden und damit in Beziehung treten. Unter Kommunikation versteht man als Erstes das Gespräch mit sich selbst. Nicht das Anschalten des Computers ist die erste Handlung am Morgen, sondern das Sichhinwenden zum eigenen Inneren, das Wahrnehmen des eigenen Befindens in körperlicher und seelischer Hinsicht.

# Die Trennung von der äußeren und inneren Natur

Unsere Krankheit ist die Trennung unseres Bewusstseins von unserer Natur. Weil wir von dem Leben in unserem Inneren getrennt sind, sind wir auch getrennt von der äußeren Natur. Deshalb kann der Mensch andere Lebewesen, z. B. Kühe, quälen, einsperren, benutzen, töten. Bäume betrachtet er als Material, Holz, den Wald als Produktionsstätte nach rein zweckrationalen Gesichtspunkten. Auch die Indianer lebten von Pflanzen und Tieren, aber die Grundlage war die Beziehung und Achtung vor dem Lebewesen.

Die Trennung des Menschen von seiner inneren Natur bringt mit sich, dass er die Kräfte und die Weisheit seines Inneren nicht zur Verfügung hat. Dem entspricht, dass er keinen Zugang mehr hat zu den Pflanzen, die um ihn her wachsen. Heilpflanzen, Nahrungspflanzen kennt er nicht. In unserer Zeit ist er in vollkommene Unwissenheit gefallen, sodass er selber nicht mehr in der Lage ist, sich gesund zu erhalten. Der Mensch unserer Breiten ähnelt den Bäumen des Waldsterbens. Genau wie diese schwächelt er, ihm mangelt es an gesunder Luft mit der Folge der Zunahme von Allergien. Ernährungsprobleme greifen um sich. Der ungestillte Hunger äußert sich in Fettsucht, beim Baum in Nottrieben. Als Ersatz für das verlorene innere Wissen brauchen wir Fachleute, Schulen, Bildung. So wird es verständlich, warum der Mensch krank werden muss, wenn er den Kontakt zur äußeren Natur verliert, wenn er nur denaturierte Nahrung zu sich nimmt und sich in virtuellen Räumen aufhält. Die Basis des Menschseins, unser tierisches Ich, erhält nicht die Nahrung in Form von Informationen, die es braucht. In der Sprache der Indianer ist es die Mutter Natur, die Pachamama, die unser Sein nährt, deren Kinder wir sind.

Die Psychologie sieht das Bewusstsein im Verhältnis zum Unbewussten wie die Spitze des Eisberges. Es ist traurig, dass sich der Mensch für so klug ansieht und doch so wenig weiß über den Zusammenhang alles Lebendigen. Wie können wir unseren Zusammenhang mit allem, was lebt, wahrnehmen?

Es ist sehr schwierig, über etwas zu reden, das seit Jahrhunderten geleugnet wird, das in den Universitäten ignoriert wird, das – kaum fassbar – doch der Urgrund unseres Seins ist. Der moderne Mensch wird die Wandlungen der neuen Zeit nur überleben, wenn er diese Seite in sich selbst wiederfinden kann. Die innere Natur des Menschen leidet mit der äußeren Natur. Die tiefe innere Wesensverwandtschaft drängt danach, bewusst zu werden. Die verdrängte Natur lässt sich jedoch nicht ausschalten. Das Lebendigsein erscheint als verdächtig, fremd. Seit Jahrhunderten wurde es unterdrückt und projiziert in die Wilden in Afrika oder am Amazonas. Bei uns wurde es ausgemerzt. Alles, was eigenständig wächst, wird katalogisiert, benannt, beurteilt. Je nach den Kriterien, natürlich des Menschen, wird es gepflanzt, beschnitten, entfernt. Es herrscht die Ratio, der Mensch über Tier und Pflanze und auch über Kinder. Die gesamte Landschaft ist das Ergebnis der Willkür des Menschen. Die Erde selbst hat bei uns keinerlei Rechte. Demokratie und Freiheit gibt es bei uns nur für den Menschen, hier auch nur für Erwachsene, die sich durchsetzen. Andere Länder gelten als Entwicklungsländer, Länder, die Urwälder haben, Bodenschätze, Natur, die sein darf, wie sie ist. Wer ist hier arm?

Aus dem Misstrauen dem Leben gegenüber entwickelten sich beim Menschen bestimmte Haltungen Pflanzen gegenüber:
- möglichst nichts zu groß werden lassen,
- alles vereinzeln,
- ordnen in Sorten-Monokultur,
- geometrische rechteckige Anpflanzungen,
- nach Alter getrennt,
- Wert hat nur, was der Mensch züchtet,
- Übersicht und Ordnung.

In falsch verstandener Befolgung des Satzes »Macht euch die Erde untertan« entstand ein Absolutheitsanspruch. Der Mensch meint zu wissen, was richtig ist. Der Mensch bestimmt, was wachsen darf, was nicht. Ziel ist, Übersicht und Kontrolle zu behalten. Das wird erreicht, indem die Beziehungen der einzelnen Wesen zueinander verhindert werden. Damit unterbindet man die Fähigkeit zur Selbstorganisation. Das versteht man als Ordnung. Kultur wird verstanden als ein Gegensatz zu Natur. Natur wird demnach verstanden als Chaos, Verderben. Warum hat der Mensch ein solches Misstrauen gegenüber der Natur?

Der Mensch hat Angst. Er erfährt, dass in der Natur die Quelle des Lebens ist. Der Mensch erfährt sich als abhängig, da alles aus der Natur kommt. Das heißt eigentlich, dass die Macht nicht beim Menschen liegt. Da der Mensch die Natur nicht kontrollieren kann, hat er Angst. Mit der Entfremdung entfernte er sich noch mehr von der Natur. Dies brachte ihm noch mehr Angst. Die Entwicklung von künstlichen Welten der Moderne entfernte ihn noch mehr von seinen Wurzeln. Die folgende Unsicherheit steigerte die Angst immer weiter. Die Angst vor der äußeren Natur führte zu ihrer Vernichtung. Der tägliche Kampf in den Hausgärten gegen Brennnessel und Giersch, der innere Zwang, Natur auszugrenzen, zeugt nur von der Degeneration des Lebewesens Mensch.

## Naturkräfte als Bildekräfte der Seele

> *»Haarige Hummeln surrten aus den besonnten Erdlöchern und stießen wie trunken in die laue Luft. Die kleine Frühlingsorgel begann ihre Tonreihen zu prüfen. Kleine Töne rieselten schier hinter jedem Sandkorn, es zirrte fast über jedem zart erhobenen Grashalm von kleinen Käfern, zirpste mit harten Flügeln und ritzenden Beinen. Voller Kerbtiere war die sonnige Stelle des Berges.«*
>
> (Busse 1939: 14)

*»Lieblich und licht lagen Busch und Aue um den strahlenden See unter blauem, reinem Himmel, und von ganz weit her klang das Sensendengeln, und über den voll erblühten Wiesen schwebten Falter und stießen übermütige bunte Käfer in die weglose Freiheit der Luft über den prangenden Blumen, den Karden und den Skabiosen, dem Habermarksamen und den Salbeistengeln, den Sternblumen und den Glockenblumen, den goldstäubenden Gräsern, den wilden Kerbeldolden, den wilden Möhren, den zartrosagetönten und wie mit schwarzem Sammetstaub bestreuten Spitzenrosetten der Schafgarben.«*

(Busse 1939: 16)

Der Reichtum der inneren Welt wird in diesen Zeilen spürbar. Kann man sich vorstellen, wie ein Mensch ohne diese Fähigkeit der Wahrnehmung gesund bleiben kann? Die inneren Bilder, einmal aufgenommen, werden in Tagen der Schwere, des Alters wieder Leben erhalten und dem Einzelnen Wärme und Schönheit geben, auch wenn er, vielleicht ans Bett gefesselt, nicht mehr hinaus in die Natur gehen kann. Was werden die Menschen haben, die nur mit Fernseher aufgewachsen sind, sich ein Leben lang hauptsächlich in Räumen und von Natur entkernter Landschaft aufgehalten haben?

In der Urzeit erfuhr sich der Mensch nur über die Umwelt. Rudolf Steiner betonte, dass die Naturformen als »Bildekräfte der Seele« wirken. Diese Grunderfahrungen vollzieht das Kind heute nochmals bei seiner psychischen Entwicklung. Je nach Alter erhält es eine Erfahrungsaufgabe. Um die Entwicklung der entsprechenden psychischen Qualitäten auszulösen, benötigt das Kind die entsprechenden äußeren Anreize in der Natur. Damit wird die Erfahrung des Urmenschen, die stammesgeschichtliche Entwicklung des Menschen wiederholt. Dies ist die Grundlage für eine gesunde Psyche.

Als psychisches Urbild erscheint die Natur in jedem Kinderbild, in jedem psychologischen Test. Hier stellt das Malen eines Baumes eine Aussage über die Persönlichkeit des Kindes und seinen Entwicklungsstand dar. Eine wichtige Erfahrung stellen natürlich besonders die alten mächtigen Bäume dar. Wo Kinder in ihrem Wohnumfeld keine großen Bäume erleben und erfahren können durch Anlehnen, Anfassen, Klettern etc., fehlt die innere Anregung, das innere Bild kann sich nicht entwickeln. Das bedeutet eine Verarmung des inneren psychischen Raumes. Deshalb hat das Wohnumfeld eine herausragende Bedeutung für die Entwicklung von Kindern. Nicht umsonst möchten Familien gerne am Land wohnen und suchen sich eine passende Umgebung. Am Wohnort braucht es die Vielfalt der Natur in ihrer naturgemäßen Ausprägung. Nur dann gibt es eine Resonanz zur inneren Natur des Menschen. Unsere kultivierten Gärten finden jedoch nur Kontakt mit der Seite im Menschen, die kultiviert ist. Hier gibt es keinen Platz für die Erfahrungswelt der Kinder, deren Psyche stammesgeschichtlich noch in der Steinzeit existiert. Wo die äußere Erlebniswelt kein Bild mehr bietet, helfen später dem Erwachsenen auch keine Phantasiereisen mehr. Wenn ich keinen alten Baum erlebt habe, täglich auf dem Schulweg an ihm vorbeigegangen bin, habe ich kein inneres Bild. Dies bedeutet den Verlust innerer Ressourcen und damit Erlebniswelten.

Unsere gesundheitlichen Probleme beruhen auf dem Mangel an innerer Orientierung, Verwurzelung, Stabilität. Diese psychischen Qualitäten gehören zu einer psychischen Schicht, die unter der kultivierten Schicht liegt. Widerstandskraft und Stärke erbringt nur die Natur in ihrer Naturbelassenheit. Gezüchtete Pflanzen erbringen bekannterweise ihre Leistung nur eine gewisse Zeit. Dann brauchen sie wieder die Gene der ursprünglichen Pflanze, aus der sie gezüchtet sind.

Wir sind heute an dem Punkt angekommen, wo uns die Psyche, die sich auf Grund unserer kulturellen Errungenschaften entwickelt hat, nicht mehr gegen Krankheiten schützen kann.

Der Mensch ist anfällig geworden. Sicher trägt dazu auch die Ernährung aus hochgezüchteten Pflanzen bei.

Die Urbilder der Natur beinhalten die Kraft, den Menschen zu regenerieren. C. G. Jung nannte dies die Archetypen. Die mächtigen Urbilder wollen über die Begegnung mit dem Menschen ihre Sprache finden und verstanden werden. Dies geschieht immer wieder neu. Auch heute suchen die geistigen Urbilder der Natur Kontakt zum Menschen. Um Natur zu kennen, müsste der Mensch in Beziehung kommen, sich einlassen auf seine innere Natur. Erst dann kann er die äußere Natur verstehen. Natur bedeutet Eigengesetzlichkeit, Selbstregulation, Verbundenheit, gegenseitiges Geben und Nehmen.

> *»Die vielleicht früheste Erinnerung meines Lebens: Ich liege in einem Kinderwagen, im Schatten eines Baumes. Es ist ein schöner warmer Sommertag, blauer Himmel. Goldenes Sonnenlicht spielt durch grüne Blätter. Das Dach des Wagens ist aufgezogen. Ich bin eben erwacht in der herrlichen Schönheit und fühle unbeschreibliches Wohlbehagen. Ich sehe die Sonne durch die Blätter und Blüten der Bäume glitzern. Alles ist höchst wunderbar, farbig und herrlich.*
> (C. G. Jung 1963: 13)

Kleine Kinder nehmen mit allen Sinnen wahr. Sie sind noch eins, ein Innen und Außen. Sinneserfahrungen wie auch Gefühle können nicht zugeordnet werden. Atmosphäre im Außen ist identisch mit dem inneren Gefühl. Die Natur stellt, wie die nächsten Bezugspersonen, das lebendige Umfeld des Kleinkindes dar. Der emotionale Austausch ist das Leben und die Grundlage für Seinserfahrung.

Im Alter von 12 Jahren:

> *»Vor allem konnte ich ganz in die Welt des Geheimnisvollen eintauchen. Dazu gehörten Bäume, Wasser, Sumpf,*

*Steine, Tiere und die Bibliothek meines Vaters. Alles war wunderbar. Aber ich kam immer mehr von der Welt weg – mit einem leisen Gefühl von schlechtem Gewissen.«*
(ebenda, S. 37)

Mit 12 Jahren endet die Phase des Geborgenseins in der Natur. Die Welt, der moderne Mensch verlangt sein Recht. Hier hat das Kind schon ein schlechtes Gewissen dieser Menschenwelt gegenüber. Ihn wurde schon früh beigebracht, dass diese Welt der Natur etwas ist, das man meiden soll – als direkt etwas Verbotenes, von dem man auch nicht sprechen soll: ein Tabu.

*»Die Natur schien mir voll von Wundern, in die ich mich vertiefen wollte. Jeder Stein, jede Pflanze, alles schien belebt und unbeschreiblich. Damals bin ich in die Natur versunken, bin ich sozusagen in das Wesen der Natur hineingekrochen, fern aller Menschenwelt.«*
(ebenda, S. 38)

Zum Heranwachsenden gehört das Verlassen der Einheit mit der Natur. Der Auszug aus dem Paradies. Das Sein in der Menschenwelt bedarf der Identität mit ihren Vorstellungen. In der modernen Welt bedeutet dies den Glauben an die Vernunft, das rationale Denken, die Macht des Menschen. Damit jedoch verliert der Mensch den Bezug zu seiner eigenen inneren Natur.

### Die Naturschule

Deutlich wird hier, dass es Schule schon immer gab. Es gibt eine Art natürlicher Schule, eine Naturschule, die sich seit Jahrtausenden bewährt hat und die Heranwachsende alles lehrte, was diese für ein Leben in Verbindung mit der Natur brauchen. Was Schule eigentlich ist, zeigt die Natur. Ein Thema kann hier z. B. eine Bergbesteigung sein. Alle Schüler haben die Aufgabe, den Gipfel zu erklimmen und heil wieder zurückzukommen. Hier steht jeder vor klaren Anforderungen. Es kommt nicht darauf an, wer Erster ist. Das ist auch in unserer Gesellschaft völlig unwichtig, denn es zählt im Endeffekt nicht, wie viel Geld jemand verdient, wie viele Häuser und Konten er hat, sondern ob er zufrieden ist und mit Freunden und Angehörigen in Frieden leben kann. Es kommt darauf an, wie jeder mit seinem Leben zurechtkommt, seine persönlichen Anforderungen bewältigt, wie er sein Leben gestalten kann. Dazu gehört das Zusammenleben mit anderen. Also ist ein wesentlicher Punkt, wie er auf andere eingeht, sie versteht, sie unterstützt, selber seine Bedürfnisse einbringt. Wenn man zusammen einen Berg besteigt, sind dies die wichtigsten Dinge, wie jeder Bergführer bestätigen wird.

Die Naturschule zeigt jedem Lernenden seinen persönlichen Lehrplan, eigentlich Lernplan. Hier hat jeder unterschiedliche Fähigkeiten und auch persönliche Schwierigkeiten. Die Messlatte ist nicht für alle gleich, sondern individuell. Der Berg in unserem Fall ist nur das Übungsgerät, an dem man mit sich selbst Erfahrungen macht. Die Aufgabe des Lehrers in einer Naturschule ist auch klar. Er sieht den individuellen Lernplan des Schülers und hilft ihm, seine Aufgaben realistisch einzuschätzen und anzugehen. Er beurteilt den Fortschritt gemäß seinem Stand und gibt ihm neue Aufgaben im Sinne von Herausforderungen. Er berät ihn im Umgang mit Schwierigkeiten. Dabei sagt er ihm nicht, was er tun soll, sondern ermutigt ihn und weist auf eventuelle Probleme hin.

Für Maria Montessori war eine wichtige Aufgabe von Schule die wohlvorbereitete Umgebung. Die Ausstattung unseres Körpers zeigt, was wir hier brauchen. Nötig ist ein Umfeld, das Kontakt und Aktivität einfordert. Füße brauchen Erde, eine unebene Fläche, nicht geraden Beton. Die Beine brauchen Bewegung, müssen vor allem gehen, wandern, wandeln. Arme und Hände wollen pflegen, graben, sammeln. Haut möchte Luft und Sonne, aber auch Regen spüren. Um gesund zu bleiben, braucht der Mensch, aber vor allem das Kind, ein naturgemäßes Wohnumfeld.

Leben spielte sich in der Natur ab, nicht in ständig klimatisierten Räumen, Autos, geteerten Straßen, Landschaft aus Ackerflächen ohne Zwischenräume.

Auch wenn Politiker und Meinungsmacher nur mehr von Wirtschaftswachstum und Fortschritt reden, der Mensch ist ein Naturwesen, das nur gesund bleiben kann in einer natürlichen Umgebung und naturgemäßen Lebensweise. Für die Erholung und den psychischen Ausgleich braucht es eine Wohnumgebung, in der Naturerfahrung möglich ist. Wir brauchen einen Bürgerwald mit gemischtem Bewuchs, mit großen und kleinen Bäumen, jungen und alten, keine forstwirtschaftliche Fläche, sondern einen Lebensraum für Tier, Pflanze und Mensch. Es braucht wieder Wiesen mit einer Vielfalt von Pflanzen, ungedüngt und nur höchstens zweimal pro Jahr gemäht. Die Verbindung zwischen Bewohnern sind oft Straßen. Straßen bedeuten für jedes Lebewesen Todesgefahr und daher eine Unterbrechung des Kontaktes untereinander. Auch wenn Politik dies nicht wahrnehmen möchte. Es ist so. Wir brauchen Wege, ungeteert, ungerade mit Buckeln und Pfützen. Gerade Wege ermüden, nach chinesischer Ansicht fließt auf geraden Linien die schlechte Energie, das sha (chin.). Auf geraden Strecken kann man nur rasen, joggen, walken, ohne Bewusstsein für die Umgebung, ohne Verweilen. Natürliche Wege, wie sie früher und auch heute noch existieren, folgen Energielinien, sie schlängeln sich.

Naturerfahrung bietet Wege zur Bewusstwerdung. Das Sein ist mehr als das Sichtbare, Hörbare. Dies wird nur in der Natur deutlich, auf einem Spaziergang in unberührter Natur. Das Geistige ist hier wahrnehmbar, auch der Mensch fühlt sich als eines der vielen Lebewesen. Natur ist immer akzeptierend, annehmend. Hier herrscht das Sosein, nicht die Leistung. Alles ist so, wie es ist. Das bedeutet jedoch nicht Nichtstun, denn nirgends erlebt man so viel Aktivität wie in der Natur. Sichtbar ist hier ein Wachsen, Streben, Entwickeln, aber auch Erfinden, Sichanpassen, Verändern, das inzwischen auch die moderne Forschung als Vorbild für sich entdeckt hat. Die Intelligenz, die hier offenbar wird, weist hin auf eine andere Welt hinter den sichtbaren Dingen, eine lebendige Welt, für die unsere Vorfahren, die Kelten, ein sicheres Gespür und ein tiefes Wissen hatten. Warum sind wir der Meinung, dass nur hinter unseren modernen Produkten ein Plan steht, ein Planer, Erfinder, Wissenschaftler? Warum scheint uns der Gedanke so fremd, dass es hinter der augenscheinlichen Logik und Sinnfülle der Naturerscheinungen auch einen oder mehrere Planer gibt, die die Gesetze machten, nach denen alles Leben und auch wir funktionieren? Mythen und Religionen berichten darüber. Der Mensch hatte schon immer eine Seite, einen Sinn für Mythen, für das Unsichtbare.

In hohem Alter schreibt C. G. Jung schließlich:

> *»Rationalismus und Doktrinarismus sind unsere Zeitkrankheit; sie geben vor, alles zu wissen. Leider kommt die mythische Seite des Menschen heutzutage meist zu kurz. Er kann nicht mehr fabulieren. Damit entgeht ihm viel; denn es ist wichtig und heilsam, auch von den unfasslichen Dingen zu reden.«*
> 
> (ebenda, S. 302)

Sein Leben lang arbeitet C. G. Jung an der Bewusstwerdung der unbewussten Seite des Menschen. Es ist ein Kampf gegen den Rationalismus. Die Natur des Menschen versteht er als die Ganzheit von Bewusstem und Unbewusstem. Bewusstwerdung bedeutet, die Sprache des Unbewussten zu verstehen. Es ist die Sprache der Natur: Gefühle, Energien, Bilder, Assoziationen, Einfälle. Dies sind die Grundlagen der inneren Welt. Diese Welt besteht nicht aus Schubladen der Ratio, nicht aus Kategorien, sondern aus einem Netzwerk, aus Verbindungen ohne Grenzen, Kommunikation und Informationsfluss, Geben und Nehmen.

# Naturräume als Lebensräume für den Menschen

»*Außer dem segensreichen Nutzen für die Biosphäre und das Klima suchen Menschen heute wilde Natur als Erholung, Erlebnis und als Wert an sich.*«

(Lein 2009: 2)

Lebensräume für den Menschen sind Räume unberührter Natur und behutsam gepflegter Kulturlandschaft. Im Grunde geht es um den Umgang mit den Elementen Luft, Wasser, Feuer, Erde. Das Wissen über ein harmoniefördernes Verhalten ist uns verlorengegangen. Die Luftverschmutzung nimmt uns den Sauerstoff zum Atmen, die Verrohrung von Quellwasser trennt uns vom lebensspendenden Nass und die Begradigung der Flüsse gefährdet unsere Häuser und Felder. Energie wird in Strom, Licht, Antriebsenergie einerseits, andererseits in menschliche physische und psychische Energie getrennt. Das Ergebnis sind Zeitdruck und Herzinfarkt. Erde wird besetzt, ihr natürlicher Bewuchs wird entfernt und darüber betoniert.

Modelle wie das Projekt zur Renaturierung der Donau im noch einzigen freifließenden Bereich zwischen Straubing in Bayern und Aschach in Österreich sind lebensrettende Zukunftsprojekte für alle Lebewesen, auch für den Menschen. Hier wird gezeigt, wie eine naturgemäße Umwelt allen Bedürfnissen gerecht werden könnte. Die Seele findet Erholung, damit dient das Konzept den Bewohnern und dem Tourismus. Tiere und Pflanzen haben Raum, die Au wird erhalten, damit fördert es die Umweltreinhaltung und zugleich den Hochwasserschutz. Das Konzept beschreibt bestehende touristische Möglichkeiten, wie z. B. Aussichtsturm über Naturschutzgebiete für Weihen, Graureiher und Störche, Erlebnisfähre, Flusscafé, Auen-Erlebnisweg, Baumhäuser, und die kulturellen Möglichkeiten, wie z. B. Konzerte und Klangexperimente. Der Artenvielfalt entspricht die Vielfalt der Ideen und Aktivitätsräume für Existenzgründer und Gewerbetreibende. Das

Miteinander des Engagements für Heimat am Fluss fördert die Region in ihrer Lebensqualität.

Ohne wilde Lebensräume kann sich die vernutzte menschliche Psyche nicht regenerieren. Ohne naturbelassene Bereiche im direkten Wohnumfeld können Kinder nicht gesund aufwachsen und gewinnen keine Ressourcen für inneren Ausgleich und Erholung. Frauen spüren instinktiv, ob die Umgebung für eine mögliche Schwangerschaft zuträglich ist. Wo z. B. freifließende Bäche und Flüsse keinen Raum erhalten, zieht sich das Leben zurück.

Der Bayerische Landesverband für Gartenbau und Landespflege hat 2011 einen Wettbewerb mit dem Titel »Grüne Begegnungs- und Erlebnis(t)räume im öffentlichen Grün« durchgeführt. Gemeinden waren aufgerufen, Bereiche vorzustellen, die als natürliche Aufenthaltsräume dienen und genutzt werden. Der Wettbewerb wurde ausgeschrieben, um in der Öffentlichkeit und bei Gemeinden das Bewusstsein für die Bedeutung von öffentlichen Räumen und Gemeindeflächen in Verbindung mit Natur zu schärfen. Die Initiatoren weisen darauf hin, dass unser Wohnumfeld immer mehr der Lebensweise des berufstätigen Erwachsenen angepasst wird und für Kinder und Jugendliche kein Raum mehr bleibt. »Früher hat den Kindern die Straße gehört«, insofern ist die Entwicklung eine Enteignung von Lebens- und Erfahrungsraum. Folgendes wird hier betont. Kinder brauchen:

- Möglichkeit zum freien, kreativen und fantasievollen Spiel
- Experimentierfelder
- Lernfelder für den Umgang mit unterschiedlichen Materialien
- Raum für Bewegung
- Orte für soziale Kontakte
- Territorien und Rückzugsmöglichkeiten in freier Natur und im Wohnumfeld
- naturbelassene Räume für Naturerlebnisse.

Erlebnisräume dienen der Naturerfahrung. Dazu brauchen naturgemäße Bereiche eine vielfältige Gliederung und natürliche

Modellierung, das Vorhandensein der verschiedenen Elemente, wie Sand, Kies, Steine und Wasser, Holz und Pflanzen.

Aber auch Senioren waren Adressaten des Wettbewerbs. Im Rahmen des Wettbewerbs zeigten die Gemeinden ihre Naturwege mit Bänken, Parks, lauschigen Ecken und Blumenwiesen. Aufenthaltsmöglichkeiten für Kinder auf Spielplätzen, in Bauwägen, alternative Pausenhöfe für Bewegung oder Meditation und selbstgestaltete Brunnen und Schulgärten zeigten phantasiefreudige Bürger mit einer hohen Bereitschaft, ihre Zeit für das Gemeinwesen zu geben. Der sehr erfolgreiche Wettbewerb erhielt viel Anerkennung von Seiten der Gemeinden und brachte gerade dem bürgerschaftlichen Engagement der vielen Gartenvereinsmitglieder eine hohe Wertschätzung der Öffentlichkeit.

> Unsere innere Natur ist es, die sich wiederfindet in der Natur draußen. Dies bringt Entspannung und zugleich neue Kraft.

# Kapitel 7
# Dörfliche Selbstversorgung im persönlichen sozialen Netz

## Subsistenzwirtschaft und Gemeinwesenökonomie

Heute noch leben über 85 % der Bevölkerung auf der Welt in einer Art Subsistenzwirtschaft. Das bedeutet, sie schaffen sich selbst die materiellen Grundbedingungen für ihre Existenz. Das betrifft die Herstellung von Kleidung, den Bau der Häuser, den Anbau von Feldfrüchten und Gemüse sowie die Haltung von Kleintieren zu ihrer Ernährung. Werkzeuge und Haushaltsgeräte werden in regionalen Handwerksbetrieben hergestellt und wechseln ihren Besitzer oft über den Tausch von Waren oder Dienstleistungen. Ich brauche von dir das und das, dafür helfe ich dir bei der Ernte, du bekommst einen Sack Getreide o. Ä. Diese regionale Wirtschaftsform ist noch immer die Grundlage für jedes menschliche Leben auf der ganzen Erde.

Selbstversorgung ist heute weiterhin überall auf der Welt üblich. Unter Subsistenzwirtschaft versteht man eine Form der Gemeinwesenökonomie, in der die Menschen in einem sozialen Kontext der örtlichen Gemeinde ihre Angelegenheiten selbst regeln. In diesem Fall ist kein oder nur wenig Finanzkapital vonnöten, da das meiste von der Familie für den eigenen Gebrauch hergestellt wird oder über direkte Tauschgeschäfte zwischen Nachbarn läuft. Unsere moderne Lebensweise entwickelte sich aus diesen früheren Urformen und beruht auch heute noch auf ihnen. Das bedeutet, dass unsere moderne Versorgung mit Waren zum großen Teil auf der kostenlosen Eigenversorgung der Menschen überall auf der Welt besteht.

Am folgenden Schema sieht man den Aufbau der geschichtlichen Entwicklung der Lebensformen.

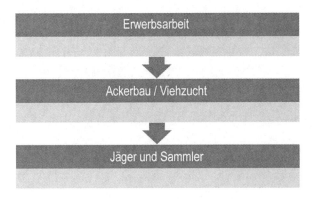

So wie sich Ackerbauer aus Jägern und Sammlern entwickelten, entstand die moderne Versorgungswirtschaft auf der Grundlage des Ackerbaus.

Das nächste Schema zeigt die Verteilung. Der Anteil der Subsistenzwirtschaft ist der weitaus größte Teil der Wirtschaft. Das heißt, die meisten Menschen weltweit versorgen sich weitgehend selber. Menschen, die von Lohnarbeit leben oder für andere auch als Selbständige arbeiten, sind wesentlich weniger. An der Spitze der Pyramide stehen diejenigen, die von der Arbeit anderer (derer im mittleren Bereich) leben, ohne selbst zu arbeiten, also von Zinsen oder Versorgungsbezügen.

Die immer vorhandene Grundversorgung der Menschen in nichtindustrialisierten Ländern ist das Rückgrat, durch das es möglich ist, für wenig Geld in einer Fabrik unsere Billigwaren herzustellen. Das ist der wichtigste Wirtschaftsfaktor für den Erfolg unserer modernen Gesellschaft. Würde unsere Wirtschaft nach hiesigen Kriterien in anderen Ländern entsprechende Löhne für Bodenschätze, z. B. in Bolivien, und deren Ausbeutung zahlen, für Baumwolle und ihre Verarbeitung, vor allem auch Abgaben zahlen für die Nutzung von traditionellem Wissen von Heilpflanzen, Anbaumethoden, alten Züchtungen von Getreide, wären wir Almosenempfänger der Dritten Welt. Die einzige Möglichkeit wäre für uns Mitteleuropäer, uns auf unsere eigenen Wurzeln und Fähigkeiten zu besinnen und uns zu bescheiden. Es ist sehr wahrscheinlich, dass das noch auf uns zukommen wird.

### Das menschliche Maß

Der Nationalökonom und Wirtschaftsphilosoph Leopold Kohr wies in seinen Werken immer darauf hin, dass kleine Einheiten dem Menschen entsprechen und dass große Einheiten zwangsläufig bestimmte Probleme verursachen. Die meisten unserer Schwierigkeiten in allen Bereichen des gesellschaftlichen Lebens beruhen nach ihm auf der Nichtbeachtung der Regel der kleinen Einheiten.

Ökonomie war schon immer regional angesiedelt und hat ihren Ursprung im Kleinen. Der Begriff oikos kommt aus dem Griechischen und bedeutet Haus, nomos heißt Regel. Ökonomie bedeutet also Hauswirtschaft. Daraus kann abgeleitet werden, dass Ökonomie überhaupt nur in kleinen sozialen Zusammenhängen funktioniert. An der aus dem Ruder laufenden globalen Wirtschaft kann man sehen, dass es unbedingt soziale Regularien braucht, damit Ökonomie sinnvoll sein kann. Ansonsten zerstört sie sich selbst und alles andere mit. Wirtschaft gehört eingebunden in das soziale Zusammenleben von Menschen. Eine Sozialökonomie beschreibt die strukturellen und gesetzlichen Bedingungen, die den Rahmen bilden, in denen Menschen ihre Bedürfnisse organisieren können. Zugleich gibt diese Wirtschaftsform dem Einzelnen das Gefühl von Eigenständigkeit. Alle Kriterien der Salutogenese, wie sie weiter unten beschrieben sind, sind hier in reinster Ausprägung zu finden: Verstehen braucht das direkte soziale Umfeld. Hier kann ich das Gefühl, Zusammenhänge zu verstehen, von klein auf entwickeln. Handlungsfähigkeit bedeutet, mit dem, was da ist, umzugehen. Ein kleines Kind beschäftigt sich den ganzen Tag mit dem, was es umgibt. In einer sozialen Gemeinschaft, die ihre Grundversorgung in den eigenen Händen hat, kann das Kind alles lernen, was den Lebensalltag betrifft. Wie arm sind dagegen unsere Kinder! Neben dem Verstehen und Handeln steht der Sinnzusammenhang. Mitglieder einer solchen Gemeinschaft erleben in jedem Augenblick den Sinn ihres Tuns. Sie sind gefordert, sich aktiv zu beteiligen und ihr Wissen und Können einzusetzen. Menschen in einer solchen Gesellschaft sind eigenverantwortlich handelnde Menschen. Im Gegensatz dazu ist der moderne Bürger gar nicht in der Lage, selbstverantwortlich zu handeln, da er in so viele soziale Bezüge eingebunden ist, dass er die Zusammenhänge und Folgen seiner Handlungen nicht durchschauen kann.

**Der Kreislauf des Grundbedarfs**
Auf der ganzen Welt leben Menschen in der Art der Selbstversorgung. Dazu gehören das naturgemäße Lebensumfeld, das soziale Netz, die materielle Selbstversorgung und die psychische Versorgung in Form von Bildung. Subsistenzwirtschaft hat immer zu tun mit diesen vier Komponenten und keine geht ohne die andere. Die materielle Selbstversorgung fußt auf einer bestimmten Naturlandschaft und ist nicht möglich ohne andere Menschen. Es braucht dazu immer eine dörfliche Struktur mit einer Art Markt. Hier werden nicht nur Waren ausgetauscht, sondern auch Informationen. Probleme werden bekannt, zugleich werden Meinungen eingeholt und diskutiert. Ist man durch die Marktstände

durch, weiß man das Neueste, kennt die aktuellen Themen und Probleme anderer und die verschiedenen Lösungsvorschläge, man hat seinen Beitrag in Form von Vorschlägen abgegeben und Planungen und Abmachungen getätigt für die nächsten Tage. In vielen Gesellschaften ist diese Infoplattform eher geteilt. Frauen gehen auf den Markt, Männer in die Kneipe, ins Café.

Das Einkaufengehen ist heute in unserer modernen Welt zu einer rein materiellen Nachschuborganisation geworden. Frauen wie auch Männer hetzen kurz nach dem Arbeitstag durch die Regale, um ein paar Fertigprodukte mitzunehmen und rechtzeitig zu Hause zu sein. Diejenigen, die auf Grund der Rente oder Arbeitslosigkeit Zeit haben, erwarten sich vom Einkaufen, einmal unter Menschen zu kommen. Zu einer Unterhaltung kommt es in wenigen Fällen.

Niemals war die Gaststätte das, zu was sie heute geworden ist: ein Ort der Selbstdarstellung von materiellen Möglichkeiten. Heute geht man gut gewandet an seinen Tisch, grüßt höchstens, wen man kennt, unterhält sich aber möglichst mit niemandem. Gestattet sind flüsternde Bemerkungen über Gäste am Nachbartisch. Niemals wurden in Gaststätten bestimmte Bevölkerungsgruppen ausgeschlossen, wie es heute der Fall ist. Immer gingen auch Menschen in die Kneipe, die kein Geld hatten, sie ließen, wenn nötig, anschreiben, was heute nicht mehr möglich ist. Der Dorfladen hat heute noch die Funktion des Treffpunktes, da man meist Bekannte trifft. Die Marktfrau, wie auch die Ladeninhaberin in einem Dorf, hatte schon immer die Funktion des Tageblatts, Informationen zu verteilen und zu beraten. Das oberste Bedürfnis des Einheimischen ist, alle Ereignisse im Dorf, die Bewohner wie auch Besuche, innerlich einzuordnen und mit Gedanken und Mitleid zu begleiten. »Wer is des, mit wem is der verwandt, was tut er da, was möcht er ...« Wichtig ist, zu wissen, wo er hingehört (verwandtschaftlicherseits), dass er Familie hat, ob alle gesund sind, ob er sich an die dörflichen Normen hält, was er tut und von was er lebt. Für Dorfbewohner sind diese

Informationen enorm wichtig in genau der genannten Reihenfolge. Das Geld kommt zuletzt.

Man muss sagen, dass die Lebensform der Subsistenzwirtschaft schon immer die Grundlage für jedes menschliche Leben war und weiterhin ist. Jede Ausbeutung der Bevölkerung geht nur so weit, wie die jeweiligen Bewohner psychische, soziale und materielle Ressourcen haben, die es ihnen erlauben, für sich selber zu sorgen. Sobald sie dies nicht mehr haben, also nicht mehr für sich selber sorgen können, werden sie krank, unterernährt, Kinder werden vernachlässigt, sie sterben. Die eigene Unterversorgung mit Anteilnahme von Seiten anderer wiegt wesentlich schwerer als fehlende materielle Versorgung. Für den Menschen als Lebewesen hat das soziale Miteinander Vorrang vor materiellen Bedingungen, denn menschheitsgeschichtlich kann der Einzelmensch nicht überleben. Zusammen können Menschen Möglichkeiten finden und Lebensbedingungen schaffen. Alles geht über das Soziale.

**Wirtschaft und Geld**

Das folgende Schema zeigt die Einbindung von Menschen in die finanziellen Wirtschaftskreisläufe und den entsprechenden Verdienst.

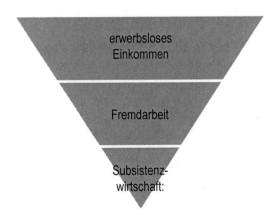

Das meiste Geld haben Menschen, die von Zinsen, Mieten und Grundeigentum leben. Das wenigste Geld steht denen zur Verfügung, die sich selber über ihren Garten versorgen, ihr Haus selber bauen.

Jede Lebensform hat einen anderen Bedarf an Geld. Die Geldwirtschaft in unserem Ausmaß ist keine Selbstverständlichkeit. Sie ist Ausdruck einer ganz bestimmten Lebensweise und Lebensanschauung. Für uns erscheint es als der einzige mögliche Weg und wir beurteilen Menschen sowie andere Lebensweisen danach, wie viel Geld dem Einzelnen zur Verfügung steht. Danach wird er als arm oder reich betitelt. Dahinter steht ein Gutteil Arroganz gegenüber anderen Lebensweisen und die Vorstellung, unsere sei die einzig richtige. Kaum jemand widerspricht hier. Es ist geradezu ein Tabu, das vorherrschende Geldsystem in Frage zu stellen. Über alles kann man diskutieren. Über Sexualität, Gewalt, Ängste. Über Geld spricht man nur, wenn man es hat oder wenn man es braucht. Nie wird jedoch darüber gesprochen, die Bedeutung und unseren Glauben an das Geld in Frage zu stellen. Geld wird ein Absolutheitsanspruch zugesprochen. Auf diese Weise wird nicht akzeptiert, dass unsere Verwendung von Geld im Alltag nur eine von mehreren möglichen Optionen ist, die uns hilft, unsere Bedürfnisse zu organisieren.

Jedes Volk hat das Recht auf seine kulturspezifische traditionelle Lebensweise, sofern diese den Grundrechten entspricht. Insofern ist es unzulässig, wenn global operierende Wirtschaftsunternehmen Völker dahingehend beeinflussen, ihre Lebensgrundlagen zu veräußern, z. B. Land zu verkaufen oder mit Exportartikeln zu bepflanzen. Damit werden ihre Lebensgrundlagen vernichtet, da sie nicht mehr für ihren eigenen Nahrungsbedarf sorgen können. Zugleich geht das alte Wissen der Selbstversorgung verloren, da durch Monokultur und Fremdarbeit Kinder nicht mehr für ein unabhängiges selbständiges Leben erzogen werden.

Geldbedarf ist an eine ganz bestimmte Lebensform gebunden. Es steht uns nicht zu, andere Lebensformen, die relativ unabhängig sind von Geld, als zweitrangig und rückständig zu bewerten. Wir bemitleiden Menschen, die »nur« von ihren Feldern leben, sich das zum Leben Nötigste über Tausch beschaffen oder herstellen können. Wir nehmen nicht mehr wahr, dass diese Form zu leben ihren Schwerpunkt nicht im Besitz von Sachen hat, sondern im Miteinander, in den täglichen Beziehungen. Auf der anderen Seite wollen wir nicht sehen, wie arm eine Gesellschaft ist, in der es nur mehr Kleinfamilien, nur ein Privatleben vor dem Fernseher gibt und in der eine im Grundgesetz garantierte Teilhabe am öffentlichen Leben nur über Geld zu bekommen ist. Der moderne Alltag ist so leer, dass wir Kommunikation und Beziehungen anscheinend nur über den kostenträchtigen Besuch von Veranstaltungen und Freizeiteinrichtungen finden können.

**Schenken und Überfluss als Naturgesetz**
Alles, was kommt, was fließt, kann eine Gabe sein, ein Geschenk. Sind wir darauf eingerichtet?

Die gängige Einstellung in der modernen Welt ist, vorrangig seinen eigenen Vorteil im Blick zu haben. Wirtschaftliche Gesichtspunkte sickern ein in den Privatbereich und bekannt ist, dass gerade finanziell gut gestellte Personen eher knauserig sind, wogegen ärmere Menschen eher freigebig sind. Gerade in ärmeren Ländern ist bekannt, dass Menschen gastfreundlich sind und Fremde eingeladen werden. Fährt man hingegen durch die österreichischen Alpen, so kann man bewundern, mit welcher Geschäftstüchtigkeit die Einheimischen aus jedem noch so kleinen Anlass eine Sehenswürdigkeit machen und entsprechend Eintritt verlangen. Man hat den Eindruck, auch die Naturschönheiten gäbe es nur gegen Aufpreis, und verlässt schnellstens wieder dieses ungastliche Land. Die Natur lehrt uns hier etwas anderes. Berge, Täler, Wiesen, Bäche, beschienen von der Sonne, alles ist hier für denjenigen, der zu genießen weiß. Am richtigen Ort zur richtigen Zeit, gerade im Herbst, erfährt man die Fülle der Natur, in der Ernte im eigenen Garten.

Ein völlig gegensätzliches Prinzip ist auch im Zusammenleben in der Familie gefordert. In dem Moment, in dem ein Familienmitglied überlegen würde, was es davon hätte und was es dafür bekäme, wenn es etwas für die Familie tut, würde das, was Familie ausmacht, zerbrechen. In der Beziehung der Mutter zu ihrem Kind sind es klare Rollen, in denen die Mutter mit ihrem ganzen Sein, mit ihrem Körper und Geist für das Kind da ist. Bezeichnend ist, dass es in unserer Gesellschaft Probleme damit gibt, sich zu binden, eine verlässliche Beziehung aufzubauen und zu halten. Trotzdem gibt es weder einen Raum für Kinder noch für alte, behinderte oder kranke Menschen, wo Zeit immer nur Geld ist, wo Familienzeit als geschenkte Zeit konkurriert mit Berufszeit als bezahlter Zeit. Schutz für Familie hieße Schutz vor dem Zeitraub des kapitalistischen Systems. Zeit für Gemeinschaft ist immer Zeit, die geschenkt wird. Dies kann in verschiedenen Formen geschehen, in Begleitung bei Besorgungen, Hausarbeit, Betreuung, aber auch in konkreten Dingen. Schenken ist Beziehungenknüpfen und regt an zum Zurückschenken. Nur so entstehen Beziehungsnetze.

Dieses Wissen führt bei manchen Volksstämmen dazu, sogenannte Schenkfeste zu veranstalten. Hier ist der am angesehensten, der am meisten verschenken kann. Dies ist dort auch eine Methode, die friedlichen Beziehungen von zwei Stämmen zu stärken. Die Angehörigen der zwei Stämme kommen zu einem Fest zusammen und reihen all ihre mitgebrachten Waren auf, wie Rinder, Früchte, Speere etc. Es wird ein großes Fest veranstaltet, am nächsten Tag wandert jeder Stamm mit den Geschenken der Gegenseite ab nach Hause.

Man kann beobachten, dass Bezahlung das Gegenteil bewirkt. Der andere hat das Gefühl, zu nichts weiter verpflichtet zu sein, wenn er dafür Geld gibt. Bindungen können über Geld aufgelöst werden, Beziehungen werden auf eine niederere Ebene gebracht, in der jeder überlegt, was das, was der andere bietet, für ihn wert ist, ob er für seine Leistung genug bekommen hat oder zu wenig.

Beim nächsten Mal überlegt man, zu einem anderen Anbieter zu gehen, den man zwar nicht kennt, aber der weniger Geld verlangt. Die Monetarisierung verdinglicht Beziehungen und trägt so zur Zerstörung des sozialen Netzes bei. Laufend geschieht die Umwandlung von persönlichen Bindungen in Kundenbindungen. Damit geschieht die Senkung des sozialethischen Niveaus innerhalb der gesamten Gesellschaft.

## Soziale Infrastruktur: Das persönliche soziale Netz

Ökonomie wird weltweit über soziale Ordnungen gesichert. Das Dorf als Garant für die persönliche Sicherheit und Grundversorgung hatte immer all seine Bewohner im Blick. Auch heute noch ist die politische Gemeinde zuständig für eine Vielzahl von sozialen Aspekten. So gab es zu allen Zeiten klare Ordnungen. Das Dorf selber hatte Grundbesitz, Wiesen, Äcker und Wald, das von allen nach ganz bestimmten Regeln genutzt werden konnte. Bei uns war das die Allmende, wohin das gemeinsame Vieh getrieben wurde, wo die Gänse am Dorfweiher grasten. Vielerorts gab es eine bestimmte zeitliche Ordnung und einen bestimmten Tag in der Woche, an dem alle halfen und in genauer Rollenverteilung Gemeinschaftsaufgaben erledigten. Alle zum Dorf gehörenden Einrichtungen und Gebäude wurden gemeinschaftlich gepflegt und auch gemeinsam gebaut.

Kann man es als Fortschritt ansehen, wenn heute Billigarbeiter aus Polen Gemeindeaufgaben übernehmen, dabei in menschenunwürdigen Unterkünften hausen, es zugleich in der Gemeinde selbst Arbeitslose gibt, die sich sinn- und nutzlos fühlen, weil sie keine Perspektive sehen? Währenddessen reißen die Fremdarbeiter die Gemeindestraße auf, können jedoch auf Fragen von Anwohnern, was hier gemacht wird, keine Antwort geben. Eine Struktur, die dies ermöglicht, zerstört den letzten Rest an sozialer Infrastruktur. Zugleich erwartet man von Jugendlichen ein Gefühl von

Verantwortung für die eigene Umgebung! Alles ist austauschbar geworden. Jede mögliche Tätigkeit wird zu einer Dienstleistung umgewandelt. Das Ergebnis ist, dass der Bürger selbstverständlich saubere Straßen, funktionierendes Wasser, Stromversorgung und Müllabfuhr erwartet. Es ist ein Missverständnis, wenn von einer Gemeinde erwartet wird, wie eine Firma Dienstleistungen zu erbringen. Die Gemeinde ist das Verwaltungsorgan der Bürger am Ort. Zuallererst ist es ihre Sache, die am gemeinsamen Wohnort anstehenden Dinge zu regeln. Natürlich kann dafür jemand angestellt werden. Das Prinzip der Subsidiarität muss hier jedoch eingehalten werden. Das bedeutet, dass zuallererst derjenige die nötige Arbeit erledigen sollte, der am Ort wohnt. Dabei sollten die Tätigkeiten auf Gegenseitigkeit geschehen, also ohne Geldfluss. Wo dies nicht geschieht, steigen die Kosten parallel zu den Ansprüchen der Bürger und erzeugen die Vorstellung von der Gemeinde als einer Versorgungseinrichtung. Die Folgen sind fatal. Der Kreislauf des Grundbedarfs wird ausgehebelt. Jugendliche verlieren die Grundlage für die Berufsfindung und Selbsterprobung sowie die Beziehungen, die ihnen eine berufliche Chance in örtlichen Handwerksbetrieben geben.

Das folgende Schema beschreibt die Entwicklung der sogenannten Modernisierung, bei der der Bürger immer mehr von seiner Selbständigkeit verliert und damit auch sein Wissen über die Vorgänge und Abläufe, die sein Leben bestimmen. Zugleich blähen sich die überregionalen Systeme immer mehr auf. Das ist nur dadurch möglich, dass die Bürger ihre Zeit und ihr

Engagement immer mehr aus ihrem persönlichen regionalen Lebensumfeld abziehen und dem Aufbau des globalen Systems zukommen lassen.

Die Ideologie des ersten Arbeitsmarktes erschlägt die Bereitschaft von Menschen, das Nächstliegende zu sehen und in Angriff zu nehmen, ohne danach zu fragen, was man dafür bekommt. Dabei frisst sich der institutionelle Bereich in das sogenannte Privatleben, die Restfamilie, bis sie gänzlich vom Großsystem aufgesogen ist. So wird auch die Gemeinde nur mehr zum Erfüllungsgehilfen des Staates, bleibt jedoch im Zweifelsfall auf den Problemen der Gemeindemitglieder sitzen, für die sie weiter zuständig ist und für deren Lösung es keine Zuschüsse mehr gibt.

Der eigentliche erste Arbeitsmarkt ist die regionale Gemeinschaft, nicht die Welt oder die EU. Der erste Arbeitgeber ist immer die eigene Gemeinde, die direkte Umgebung am Wohnort. Dies ist die eigentliche Bürgerarbeit. Hier entstehen Aufgaben, die direkt gelöst werden können und auch müssen. Werden sie nicht zeitnah dort angepackt, wo sie aufkommen, dann erst entsteht ein Problem. Dieses gerät dann in die Hände der Verwaltung, der Vorschriften und Regelungen, geht durch Sitzungen, wird anonymisiert und monetarisiert und als Stelle ausgeschrieben für eine Person, die bestimmte Voraussetzungen mitbringen muss. Da diese Stelle ja als zukünftige Arbeitsmöglichkeit erhalten werden muss, geht es darum, das ursprüngliche Problem möglichst nicht anzutasten. Dies wiederum steigert das Bruttosozialprodukt. Das Verwerflichste ist in diesem System also, Stellen der Erwerbsarbeit wieder umzuwandeln in Bürgerarbeit. Wo es allerdings an Geld mangelt, wäre der normale Weg, all diese Tätigkeiten wieder selber zu machen. Die Idee der Sozialpflicht ist so alt wie das Dorf. Wenn alle Tätigkeiten aufgelistet und in Zeit umgesetzt würden, könnte dies auf die Zahl der Gemeindemitglieder umgelegt werden. Bürger, die dies aus beruflichen Gründen nicht erbringen können, können ihren Beitrag in Geld beisteuern. Das Prinzip, dass als Erstes Geld gezahlt werden muss, das in Form von

Lohnarbeit erwirtschaftet wird, könnte so ausgehebelt werden. Wer kein Geld hat, trägt seines bei für das Gemeinwesen in Form von Zeit. Die Gemeinde wäre dann die Zeitbank. Das wäre der eigentliche Reichtum.

**Was uns gesund erhält: Salutogenese**
Aaron Antonowsky (1923 bis 1994) entwickelte ein neues Verständnis dafür, wie der Mensch gesund bleiben kann. Während einer medizinsoziologischen Untersuchung fiel ihm auf, dass 29 % der Frauen, die in einem Konzentrationslager gewesen waren, angaben, bei relativ guter seelischer Gesundheit zu sein. Dies stellt einen Wendepunkt dar zur Fragestellung der Bedingungen für Gesundheit: Wie kommt es, dass ein Mensch trotz widriger Umstände gesund bleibt oder seine Gesundheit nach einer Erkrankung wiedererlangt. Er entwickelte das Konzept des Kohärenzgefühls (sense of coherence). Unter Kohärenzgefühl versteht man das Empfinden des Zusammenhangs mit der Welt: Wie fühle ich mich ihr zugehörig? Antonowsky beschreibt dies als grundlegendes Vertrauen in die eigene Umgebung, in die eigene Lebenswelt. Drei Faktoren sind dabei maßgeblich:
- Verstehbarkeit (comprehensibility)
  Der Einzelne erlebt die Ereignisse im Leben als strukturiert, vorhersehbar und erklärbar.
- Handhabbarkeit (manageability)
  Der Einzelne verfügt über Ressourcen zur Bewältigung der Anforderungen.
- Sinnhaftigkeit (meaningfulness)
  Der Einzelne findet in dem, was ihm im Alltag begegnet, Sinn. Anforderungen erlebt er als Herausforderungen, die Interventionen und Engagement lohnen.

Damit ändert sich das Verständnis von Krankheit. Primär sind es nicht äußere negative Bedingungen, die Krankheit erzeugen, sondern mangelhafte Gesundheitskompetenzen und fehlende individuelle Ressourcen. Die Fähigkeit, Stress zu widerstehen, ist wichtiger als die objektiven Belastungen. Antonowsky lenkte damit den Blick auf einen Bereich, der in unserer Zeit nicht mit dem Thema Krankheit in Verbindung gebracht wird: Die sozialen Bedingungen sowie die Sozialisation des Menschen.

Die Entwicklung des Kohärenzgefühls geschieht wesentlich in den ersten zehn Lebensjahren und ist nach Antonowsky im Alter von 25 Jahren weitgehend abgeschlossen. Er sieht die Entstehung der Kohärenz nicht für etwas von einem Individuum Hervorgebrachtes, sondern durch äußere psychosoziale Wirkfaktoren bestimmt. Diese sind Einflussfaktoren der Lebenswelt des Einzelnen. Fehlt das Gefühl der Kohärenz, so hat dies Auswirkungen auf alle Lebensbereiche. Die bei uns übliche Behandlungsform in Form von therapeutischen Interventionen kann hier keine wesentlichen Änderungen erreichen, da sich hier ein gesamtes Weltbild zeigt, das im Laufe der Sozialisation und durch äußere Umweltbedingungen entstand. Fehlendes Urvertrauen kann nicht in ein paar wöchentlichen Sitzungen wiedergefunden werden. Antonowsky betont, dass Vertrauen nur unter ganz bestimmten Lebensbedingungen entsteht. Um dies zu gewährleisten, muss eine radikale Veränderung in den institutionellen, sozialen und kulturellen Settings im Allgemeinen erfolgen.

Die momentanen sozialen Bedingungen, unter denen Kinder aufwachsen, bieten in dieser Hinsicht nicht die nötigen Voraussetzungen, um ein sicheres Kohärenzgefühl entstehen zu lassen. Das soziale Umfeld braucht die kleinräumige persönliche Struktur von regionalen Netzwerken mit ihrer Übersichtlichkeit und Durchlässigkeit. Eine gesunde Entwicklung ist für Kinder nur möglich in einem sozialen Rahmen, in dem sie sich auskennen, ihre Bedürfnisse äußern können, sich aktiv dafür einsetzen können und in dem sie sich anerkannt und gewünscht fühlen.

### Das persönliche soziale Netz
Das persönliche soziale Netz ist der Raum, in dem Menschen ihre Identität erfahren und ihren Platz finden. Es ist die Gemeinschaft,

in dem Menschen die eigene Grundversorgung organisieren, gleich, ob es sich um Betreuung, Bildung oder materielle Versorgung handelt. Das persönliche soziale Netz besteht aus den nächsten Bezugspersonen sowie den Menschen, mit denen man regelmäßig außerhalb der Arbeitswelt zusammenkommt. Die nächsten Bezugspersonen sind normalerweise diejenigen Personen, mit denen man in einem Haushalt wohnt, das sind Nachbarn und gute Freunde. Verwandtschaftliche Beziehungen gehören in unserem Kulturkreis auf Grund räumlicher Entfernung nicht unbedingt zum persönlichen sozialen Netz. Kriterien sind das persönliche Interesse der Personen aneinander und die Anteilnahme an oder die Gemeinsamkeit von Problemen. Auch eine Nachbarschaft, mit der man im Clinch ist oder die einen nicht beachtet, gehört zum persönlichen sozialen Netz im Sinne eines Misslingens von vorhandenen Beziehungen. Ein vollbeschäftigter berufstätiger Single, der auf Grund von Überbeanspruchung durch seine Firma nicht merkt, wie ein älterer Zeitgenosse im Appartement nebenan vereinsamt und eigentlich konkrete Hilfe benötigt, handelt gegen die Grundsätze menschlichen Miteinanders. Er vernachlässigt sein persönliches soziales Netz, zu dem der Nachbar gehört, und macht sich eigentlich strafbar im Sinne der unterlassenen Hilfeleistung.

In dieser Schrift werde ich den Begriff »persönliches soziales Netz« verwenden, in Unterscheidung zum allgemeinen Gebrauch des Begriffes. Denn das, was ursprünglich dieser Begriff bedeutete, verschwand im Verlauf der Zerstörung des sozialen Zusammenhalts der Menschen. Inzwischen definiert sich die staatliche Versorgung als soziales Netz und unter sozial versteht man das Gespräch mit Fachleuten in Beratungsstellen über Antragstellung und finanzielle Leistungen.

Das persönliche soziale Netz hat und hatte schon immer die Aufgabe, das Leben im Alltag in Gemeinsamkeit zu bewältigen und gemeinschaftliche Unterstützung in Gegenseitigkeit zu bieten. Das persönliche soziale Netz ist ähnlich dem materiellen

Haus das soziale Haus, das Menschen Schutz und Raum gewährt. Aus diesem Grund ist es ein Zeichen von größter Armut, wenn Kinder oder alte Menschen fremdversorgt werden müssen, wenn Menschen in ein fremdes »Heim« müssen. Dies ist dort nötig, wo das soziale Haus nicht mehr existiert, eine Selbsthilfe nicht mehr in nötigem Maße möglich ist. Eine Gesellschaft, die, wie bei uns, das soziale Miteinander so sträflich vernachlässigt, sogar zerstört, begeht Selbstmord.

Auf der Internetseite des Landratsamtes Mühldorf gibt es die Rubrik »Soziale Netzwerke«. Hier kann man lesen: »*Als konkrete Form gilt die gegenseitige Unterstützung innerhalb einer Gemeinschaft wie der Familie, der Nachbarschaft oder einer Gruppe.*‹ (Wörterbuch der Sozialpolitik) *Solidarisches Handeln ist eine Grundbedingung für die Funktionstüchtigkeit und Überlebensfähigkeit einer Gesellschaft. Unter ›sozialem Netzwerk‹ verstehen wir daher, dass es im Landkreis funktionsfähige ehrenamtliche und institutionelle Strukturen gibt, die den Zusammenhalt der Gesellschaft fördern, sei es durch Integration von Randgruppen, sei es durch Unterstützung Hilfebedürftiger. Bereits heute gibt es im Landkreis eine ganze Reihe an Organisationen und Vereinen, die diese Aufgaben bewältigen.*«

Im Verlauf von nur vier Sätzen wird hier die eigentliche Bedeutung des Begriffs »soziales Netz«, wie es bisher beschrieben wurde, umgedeutet, verwässert und pseudomodernisiert zu einem Verständnis, das eigentlich schon das Gegenteil dessen beschreibt, was noch in der Definition des Wörterbuchs dargestellt wird. Es ist unglaublich, mit welcher Unverfrorenheit offizielle Stellen sich unsere Sprache aneignen, einen Schein erzeugen und dem normalen Bürger damit die Basis für jede sinnvolle Kommunikation entziehen. Es ist die Aneignung von Bedeutung, was hier geschieht, und zugleich ein Lebensraub. Dasselbe macht ein Einkaufszentrum, über dessen Eingangstüre in großen Lettern »Hier ist die Welt noch in Ordnung« prangt oder ein Krankenhaus, wenn es sich auf einer Riesenplakatwand als Familienzentrum bezeichnet. Der Hinweis auf solch einen Missbrauch von Sprache kann einen teuer zu stehen kommen, wenn man dies z. B. in einem Text auf der eigenen Internetseite als reine Tatsache benennt, die jedoch auf diese Weise ein schlechtes Licht auf diese Einrichtung werfen könnte. Schnell hat man eine Abmahnung von einem von der Firma extra dafür bestellten Rechtsanwalt mit der Androhung der Zahlung einer Konventionalstrafe am Hals. Dies geschieht jedoch nur dem Einzelmenschen, niemals einer Institution, wie hier beschrieben. Das ist ein übliches Verfahren in unserem sogenannten freien Land. Die Aneignung von Begrifflichkeiten, die Werte vermitteln, von Seiten der Politik wie der Wirtschaft, ist geistige Ausbeutung mit der Folge der Verarmung unserer persönlichen Ausdrucksmöglichkeiten. Schließlich spricht man nur mehr in Sprachhülsen. Jeder kennt das von Großveranstaltungen, bei denen die regionalen politischen Vertreter versuchen, sich gut darzustellen. Unbeteiligte Zuhörer benennen dies als Blabla. Die Erfahrung zeigt, dass bei solchen Veranstaltungen keinerlei Interesse von Seiten der hochdotierten Organisatoren besteht, den Normalbürger ernst zu nehmen. Es sind Ausnahmen, wenn es Verantwortlichen wirklich darum geht, Menschen und deren Anliegen zu verstehen.

Subsistenzwirtschaft braucht einen bestimmten Raum, Strukturen, die dies ermöglichen. Subsistenzwirtschaft lebt von der Funktion des persönlichen sozialen Netzes. Kleinfamilien werden gehalten von diesem Netz, das aus Freunden, Nachbarn einerseits und der Verwandtschaft andererseits besteht. Heute drückt sich diese Ebene hauptsächlich über örtliche Vereine aus, die ihre Interessen auf politischer Ebene einbringen.

Das Schema zeigt, dass die Verbindung von der Kleinfamilie zum übergreifenden politischen System nur über das persönliche soziale Netz erfolgen kann. Wo dieses fehlt, kann Demokratie nicht leben und wirksam werden, da die konkrete Situation des einzelnen Bürgers nicht vermittelt werden kann und die Probleme nur vereinzelt zu den politisch Zuständigen durchdringen.

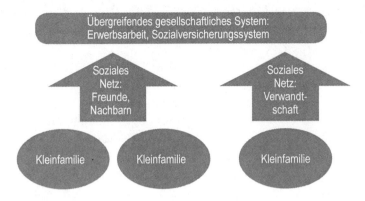

Das persönliche soziale Netz beinhaltet Information, Problemerkennung, Sammlung und Diskussion von Lösungsmöglichkeiten sowie konkrete Ansätze zur Abhilfe. Das persönliche soziale Netz hat die Funktion, Probleme erst gar nicht aufkommen zu lassen. Die Problementstehung an sich weist schon darauf hin, dass das persönliche soziale Netz nicht mehr im nötigen Maß funktioniert, es zeigt Risse auf und fordert dazu auf, diese zu stopfen. Auf diese Weise erfolgt eine Festigung des persönlichen sozialen Netzes. Der eine braucht etwas, der andere kann etwas geben. Die Erfahrungen mit Nachbarn und Freunden bilden die Lebensgrundlage für gegenseitige Unterstützung. Zugleich geben sie ein Gefühl von Zugehörigkeit. Man muss betonen, dass jeder Mensch, gleich, in welcher Lebenslage er ist, irgendetwas hat, das er anderen geben kann. Aber nur das regelmäßige gegenseitige Geben erzeugt persönliche Beziehungen. Einseitiges Geben führt nicht zu einer persönlichen Beziehung bei demjenigen, der etwas erhält. Psychologisch ist das gegenseitige Geben und Nehmen die Grundlage von persönlichen Beziehungen und emotionalem Wohlbefinden. Fühlt sich ein Mensch nicht gebraucht, empfindet er keinen Sinn in seiner Existenz und fällt aus dem sozialen Netz. Fühlt sich ein Mensch nur immer als Empfangender oder als Bittsteller, so ist die Beziehung nicht ausgewogen. Dieser Mensch hat das Gefühl, er liege dem anderen auf der Tasche, gehöre zu den

Armen, er fühlt sich als Außenseiter, nicht anerkannt und erlebt so keine Wertschätzung. Ein menschliches Wesen, das keinen Platz hat in der Gesellschaft, nicht teilhat, nicht eingebunden ist in ein soziales Netz, stirbt. Wie viele der Pflegebedürftigen sind nur deshalb in dieser Lage, weil sie sich selbst schon aufgegeben haben und keinen Lebenswunsch mehr haben!

Welche Priorität hat das Miteinander? Wie viel Zeit hat man für Bekannte, den Ratsch mit dem Nachbarn? Ist es wichtiger, sich mit Freunden zu treffen, als zu arbeiten? Gibt es Gelegenheiten, sich zu treffen? Wo steht noch eine Bank vor der Türe, auf der man seine Einkaufstasche abstellen kann, um sich kurz auszutauschen? Was bringt mehr: die Fahrt in den Supermarkt oder der Gang in den Dorfladen?

## Sozialer Raum für Familie

> *»Wie jeder anderen gesellschaftlichen Institution fällt ihr eine besondere Aufgabe zu: die des Schutzes ihrer Mitglieder vor externen Überlastungen und vor internen Überforderungen. Beides sucht sie zu gewährleisten durch die Ansammlung von Ressourcen und die Bereitschaft zur Teilung von Anstrengungen. In exakt diesem Sinne wird sie zu einem Hüter von Real- und Humanvermögen als potentiellen Quellen von nutzenstiftenden Dienstleistungen.«*
>
> (Krüsselberg 2001: 3. Kapitel)

### Soziale Grundsicherung

Kleinfamilien können nur überleben, wenn sie umgeben und gehalten sind von einem sozialen Netz. Die Grundaufgaben von Betreuung, Pflege und Sorge für Menschen liegen zuallererst bei der Familie. Dies ist die soziale Grundsicherung eines jeden Individuums. Daraus ergibt sich die primäre Aufgabe, Familie zu schützen und zu fördern, damit sie ihren Aufgaben gerecht werden kann. Dabei ist wesentlich, was unter Familie verstanden wird und zu erkennen, was Familien brauchen. Die gängige Familienforschung begrenzt sich in ihrem Ansatz noch immer auf das Verständnis von Familie im Sinne der Kleinfamilie, hält an den alten Vorstellungen darüber fest, was Familie früher geleistet hat, und bemängelt die Verarmung und den Rückgang der Erziehungs- und Versorgungsleistungen in den modernen Familien. Die moderne Kleinfamilie mit zwei Erwachsenen ist jedoch alleine nicht in der Lage, den sozialen und ökonomischen Anforderungen gerecht zu werden. Die Aufgabe von Familie ist heute noch immer, für den eigenen Lebensunterhalt und die eigene Zukunft zu sorgen, Kinder zu bekommen und zu erziehen und zugleich die eigenen Eltern zu betreuen. Die Kleinfamilie (Kernfamilie) reicht dafür jedoch nicht aus. Wo der Vater beruflich zu sehr gebunden ist, fühlt sich die Frau alleine zuständig und alleingelassen. Zu einer lebensfähigen Familie gehören deshalb immer mehr als zwei Erwachsene.

Es geht nicht an, Familienarbeit zu unterteilen in unbezahlte und bezahlte Tätigkeiten. Zu den Tätigkeiten in dem einen Bereich gehört es, Kinder zu bekommen und zu erziehen. Dies wird als selbstverständlich angesehen. Zum anderen Bereich wird die Pflege und Betreuung von alten Menschen gerechnet.

Familie im heutigen Verständnis als Kleinfamilie ist nicht funktionsfähig. Familie, soll sie einen lebensfähigen Organismus bilden, stellt mehr dar als das Elternpaar mit Kindern. Zur Familie gehören dann auch die in der Nähe wohnenden Großeltern sowie diejenigen Menschen, die in enger Beziehungsarbeit den Alltag miteinander tragen und aktiv gestalten, wie z. B. enge Freunde, die sich regelmäßig kümmern, die Kinderbetreuung und Fahrdienste übernehmen und im Notfall einspringen. Zurzeit leben 85 % der älteren Menschen mit Hilfe der Familie zu Hause. Zur gegenseitigen Unterstützung braucht es deshalb eine Gruppe von mehreren Personen. Diese Familiengruppe braucht das Engagement und die Zeit ihrer Mitglieder. Schutz von Familie würde bedeuten, diesen Kommunikationsraum zu bewahren und zu fördern. Das ist nicht getan mit der Einrichtung eines Mehrgenerationenhauses als Begegnungsort für einige bildungsbewusste Bürger. Jedes einzelne Kind braucht sein Netz, ohne das es an Vernachlässigung leidet.

Familie ist umgeben und eingebunden in ein persönliches soziales Netz. Dies ist bestimmt von ihrem Wohnumfeld, Freunden, Bekannten, weiterer Verwandtschaft, Nachbarschaft. Das persönliche soziale Netz ist zuständig für ein kinderfreundliches Wohnumfeld sowie ein lebenswertes Umfeld im Alter. Nur, wo die Unterstützung durch ein persönliches soziales Netz vorhanden ist, sind Frauen bereit, Kinder zu bekommen. Deutlich wurde, dass all die Beratungsstellen und Finanzhilfen, also das institutionelle professionelle soziale Netz, nicht dazu führten, dass die deutsche Frau bisher mehr Kinder bekam.

Auch ist es nicht sinnvoll, alte Menschen, die sich nicht allein versorgen können, in ein Heim zu geben. Eingebunden in einem persönlichen sozialen Netz haben sie ihren Platz und ihre Anerkennung sowie die nötige Unterstützung. Soziale Dienste sind nur dort nötig, wo das persönliche soziale Netz nicht mehr funktioniert. Sie sind ein Zeichen von sozialer Not. In vielen Ländern der Erde mit intaktem Dorfleben braucht es keine Beratungsstellen, da die gegenseitige persönliche Beratung und Unterstützung noch funktioniert. Der gegenwärtige Beratungs- und Sozialstationenwald ist nur ein Zeichen für die existentielle Not, in die Menschen in unserem Land durch die Vernichtung ihres früheren sozialen Umfeldes gekommen sind, und ist ein Ergebnis des Kapitalismus.

Dem Menschen entspricht eine ganz bestimmte Lebensart, die als Grundmodell angesehen werden kann. Trotz vieler Experimente von Staaten und Regierungen stellt sich heraus, dass nur das zufrieden macht, was im Einklang mit den Bedürfnissen der eigenen Familie geschieht. All das, was Menschen aus ihrem sozialen Umfeld herausnimmt, Familien trennt, um z. B. in der Ferne Geld zu verdienen, schlägt schließlich in negativer Form auf die Familie zurück.

**Der familiäre Haushalt als Wirtschafts- und Versorgungseinheit**
Meiner Meinung nach werden wir mit dem traditionellen Verständnis von Familie im Sinne einer von den Märkten und dem Sozialversicherungssystem versorgten Klein- und Rumpffamilie nicht mehr weiterkommen. Großinstitutionen kennen nur den einzelnen Bürger. Damit wird Familie rechtlich aufgelöst.

Der Begriff Familie existiert in diesem Sinne auch erst seit dem 18. Jahrhundert und wurde aus dem Lateinischen familia abgeleitet. In unserem Kulturkreis gab es keinen Begriff in diesem Sinne. Ursprünglich beschrieb man die kleinste Wirtschafts- und Versorgungsgemeinschaft, wie im Kapitel über die Kelten dargelegt, als das »Ganze Haus«. Hier gehörten Eltern und Kinder mit Verwandten und Bediensteten zusammen, in Verbindung mit einem Grundeigentum, das die wirtschaftliche Versorgung für alle ermöglichte. Herr Krüsselberg (2001) beschreibt, dass Menschen, die nicht zu einer solchen Versorgungseinheit gehörten, noch vor 150 Jahren als familienlos galten. Dies unterstützt meine These von der Nichtexistenz von Familie in unserem

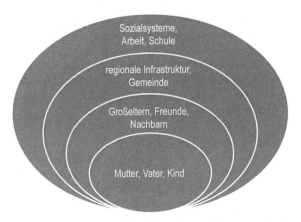

Gesellschaftssystem. Es gibt nur mehr den einzelnen Bürger, der sich dem Sozialsystem (Regierung) und dem aus der Familie und der Region ausgelagerten Wirtschaftsbereich von globalen Firmen und Banken gegenübersieht. Die Regierung versucht nun, zwischen diesen beiden Parteien, dem Bürger und dem Wirtschaftssektor, zu vermitteln.

Die beiden hier dargestellten mittleren Bereiche sind auf Grund der erzwungenen Mobilität in vielen Fällen verlorengegangen. Großeltern und Freunde sind dann zu weit weg und der Bezug zur regionalen Gemeinde ist auch nur dort gegeben, wo jemand seit Generationen im selben Ort lebt und schon die Vorfahren in örtlichen Vereinen, wie z. B. in der Feuerwehr, waren. Gibt dann noch der Dorfladen auf und wird die Grundschule geschlossen, so findet sich kein Verbindungsglied mehr zum Wohnumfeld. Neubürger haben dann kaum eine Chance, ihre familiären Bedürfnisse anders als über Fremdbetreuung und Dienstleistungen zu sichern.

Trotzdem: Es braucht eine Zwischeninstanz, einen Kommunikationsraum zwischen dem Einzelnen und dem Staat. Hier führt die Trennung zwischen sozialer Betreuung und ökonomischer Versorgung mit Waren nicht weiter, im Gegenteil. Wo das »Ganze Haus« nicht mehr existiert und unter Haushalt nur mehr ein Wohnschlafklo verstanden wird, braucht es einen heute neu zu definierenden Raum, der die alten Funktionen der persönlichen Beziehungen in Verbindung bringt, mit einer Selbstorganisation des Alltags (Nachbarschaftshilfe) und einer basalen Grundversorgung (Dorfladen, Bauernmarkt). Dies ist der Begriff des Haushalts in Verbindung mit dem regionalen Markt.

Die Wiedereinbindung von Familie in den regionalen Wirtschaftskreislauf bringt die ursprüngliche Funktion einer ganzheitlichen Grundversorgung zurück. Dies gelingt jedoch nur, wenn das soziale Netz verstanden wird als die regionalen persönlichen Beziehungen in Verbindung mit der örtlichen Gemeinde. Nur dies ermöglicht die Wiederaufnahme des Kreislaufs.

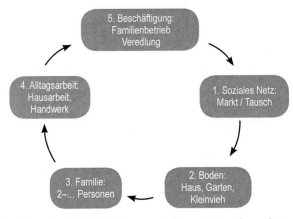

Aktuelles Beispiel Mobilität: Ein älterer Mensch und Vater, der bisher seine Nahrungsmittel selbst besorgte, da er mit seinem Auto mobil war, merkt, dass er sich seit kurzem gerne von der Tochter etwas mitbringen lässt. Die Tochter stellt sich darauf ein, dass sie beim eigenen wöchentlichen Einkauf vorher immer nachfragt und das Gewünschte besorgt. Bei Gelegenheit erkundigt sich der ältere Mensch, wie es der Tochter damit geht, ob es ihr zu viel Aufwand ist, wenn dies als regelmäßige Einrichtung so eingeführt wird. Beim Gespräch äußert die Tochter, dass ihr das nichts ausmache, dass sie aber gerne hätte, wenn noch eine zweite Person bereit sei, dies zu übernehmen, z. B. in den Ferien oder bei Verhinderung ihrerseits. Es wird eine Lösung gefunden. Der jüngere Nachbar übernimmt gern diese Aufgabe. Im Gespräch darüber mit dem Nachbarn erfährt er, dass dieser gerade eine größere Reparatur vorhat und überlegt, wie er diese ausführen könnte. Der Ältere kann ihn dabei beraten und bietet ihm auch seine Hilfe an, die der Jüngere dankbar annimmt.

Hier wird deutlich, dass die Kleinfamilie nicht in der Lage ist, ihren Mitgliedern soziale Sicherheit zu gewähren. Nur eine größere Gemeinschaft kann dem Individuum ein Netz bieten, das es auffängt. Dies war der Grundgedanke, der zum Sozialstaat führte. Allerdings ging über die Anonymisierung die Beziehungsebene verloren. Ohne den persönlichen Aspekt kann jedoch nicht wirklich ein Gefühl von Sicherheit entstehen, da materielle Güter, Geld wie auch technische Abläufe nicht das Gefühl ansprechen und nur eine Pseudosicherheit schaffen. Nicht umsonst reden Banken und Versicherungsgesellschaften wie auch Parteien ständig von Sicherheit, die sie vorgeben, zu garantieren. Allerdings wird dadurch eher das Bedürfnis nach Sicherheit genährt als befriedigt.

# TEIL 4

So, wie wir sein werden: Geteilte Zukunft – Geteilte Macht
Herrschaft der Technik oder
Partnerschaft von Mensch und Natur

*[25] Deswegen sage ich euch: Sorgt euch nicht um euer Leben und darum, dass ihr etwas zu essen habt, noch um euren Leib und darum, dass ihr etwas anzuziehen habt. Ist nicht das Leben wichtiger als die Nahrung und der Leib wichtiger als die Kleidung? / [26] Seht euch die Vögel des Himmels an: Sie säen nicht, sie ernten nicht und sammeln keine Vorräte in Scheunen; euer himmlischer Vater ernährt sie. Seid ihr nicht viel mehr wert als sie? / [27] Wer von euch kann mit all seiner Sorge sein Leben auch nur um eine kleine Zeitspanne verlängern? / [28] Und was sorgt ihr euch um eure Kleidung? Lernt von den Lilien, die auf dem Feld wachsen: Sie arbeiten nicht und spinnen nicht. / [29] Doch ich sage euch: Selbst Salomo war in all seiner Pracht nicht gekleidet wie eine von ihnen. / [30] Wenn aber Gott schon das Gras so prächtig kleidet, das heute auf dem Feld steht und morgen ins Feuer geworfen wird, wie viel mehr dann euch, ihr Kleingläubigen! / [31] Macht euch also keine Sorgen und fragt nicht: Was sollen wir essen? Was sollen wir trinken? Was sollen wir anziehen? / [32] Denn um all das geht es den Heiden. Euer himmlischer Vater weiß, dass ihr das alles braucht. / [33] Euch aber muss*

*es zuerst um sein Reich und um seine Gerechtigkeit gehen; dann wird euch alles andere dazugegeben. /* [34] *Sorgt euch also nicht um morgen; denn der morgige Tag wird für sich selbst sorgen. Jeder Tag hat genug eigene Plage.*

(Bibel, Neues Testament, Mt 6,25–34)

**Kapitel 8**
# Herrschaft der Technik über den Menschen

*»Bereit für das neue Konsumzeitalter in China.«*

Die Anzeige für einen Kapitalfonds für Anleger in einer großen Wochenzeitung:

> *»Von der Zahncreme bis zur ersten Waschmaschine: In China setzen 1,3 Milliarden Menschen zum Konsum an. Der Nachholbedarf ist enorm und auf Grund steigender Löhne leisten sich viele Chinesen immer mehr. Damit ist China auf dem besten Weg ins Konsumzeitalter – Made in China.«*

Die moderne Wirtschaft fungiert als Alleinherrscher und nimmt sich, was sie zum Erhalt ihrer eigenen Existenz braucht. Die alten Gesellschaftsordnungen sind längst überholt, und wer weiterhin, wie in den USA, ständig ein Schreckensbild von Kommunismus an die Wand malt, möchte nur ablenken von den wirklich wichtigen Themen. Die globale Wirtschaft hat längst alle Regierungen von dem Vorteil des kapitalistischen Geschäftsgebarens überzeugt und klargemacht, dass sie dazu keine Demokratie braucht, im Gegenteil. Hierarchische Systeme sind verlässlicher, Wutbürger und Proteste sowie unberechenbare Schwankungen durch Bürgerbeteiligungen können vernachlässigt werden. Wichtig ist die Berechenbarkeit des Konsumenten. Dieser muss vereinheitlicht werden im Sinne der Massengesellschaft.

In den letzten Jahren sieht man, dass so die Vielfalt der Lebensformen nicht gefördert, sondern immer mehr reduziert wird. Dies geschieht in Bezug auf Tiere und Pflanzen wie auch auf den

Menschen. Das Leben als Konsument und Lohnarbeiter wird verabsolutiert, unsere ganze Zeit als Konsumzeitalter benannt mit dem Anspruch, alle Menschen auf der ganzen Welt damit zu beglücken.

Islam hin oder her, trotz Kopftuch lebt der heutige Muslim genauso wie der heutige Christ. Hier wie dort gibt es konservative wie fortschrittliche, ökologisch denkende Menschen wie solche, die das Heil im industriellen Fortschritt sehen. Fundamentalisten wie Ideologen sind überall zu finden. Quer durch alle offiziellen Religionen zieht sich eine völlig andere Grenze: Ökologisch/sozial oder technisch/wachstumsorientiert. Ganze Regionen, Länder erleben einen neuen Konflikt, der bis in die Familie hineinreicht und Freunde wie Verwandte entzweit: Die Frage: »Dient diese geplante oder durchgeführte Maßnahme dem Zusammenleben von Mensch und Natur oder vorrangig dem Profit einer kleinen Minderheit und dem technischen Fortschritt?« Es hat sich herausgestellt, dass sich im praktischen Leben zunehmend zwei Gruppen bilden, die überall auf der Welt vehement für ihre Meinung eintreten.

Der Mensch der jetzigen Zeit steht vor großen Herausforderungen. Der Unterschied zu Problemen in der Vergangenheit ist, dass er heute nicht mehr viele Alternativen hat. Noch trügt der Schein. Es sieht so aus, als hätte er eine riesige Auswahl. Täglich muss er sich mit unterschiedlichen Themen beschäftigen, für die er Antworten finden muss. Welcher Stromanbieter, welche Krankenkasse, welcher Arzt, welche Küche, welche Gardine, Bettwäsche, welche Arbeit, Ausbildung, welcher Partner, Verein. Am deutlichsten wird dies bei der Unmenge der Fernsehkanäle und Programminhalte. Alles verlangt persönliche Entscheidungen. Da könnte man zu dem Schluss kommen, dass wir in einem Paradies leben, in dem große Auswahl besteht und alles zu haben ist. Im Endeffekt gibt es jedoch immer weniger Dinge, die sich wirklich voneinander unterscheiden. Alles vereinheitlicht sich. Das Kriterium der möglichst kostengünstigen Massenherstellung allein verunmöglicht echte Vielfalt und so gleichen sich die Dinge, die Angebote immer mehr an. Zugleich verschiebt sich die politische Macht immer mehr in Richtung Wirtschaft. Regierungen sind festgelegt und verpflichtet ihren Bürgern gegenüber. Firmen suchen sich den Markt, die Rahmenbedingungen, die Fachleute, wo sie wollen. Mit den Brüchen, die ein Unternehmen hinterlässt, wenn es ins Ausland geht, müssen die Menschen in der Region selber zurechtkommen. Zurückgelassen, bleiben sie sich selbst überlassen. Die Missstände, die die Unternehmen produzieren, bleiben, die Firma geht. Die Unvereinbarkeiten können nicht aufgefangen werden. Dieser Bereich der ungeklärten Kollateralschäden einer verantwortungslosen Profitwirtschaft wird immer größer, ähnlich den Müllhalden und ungeklärten Gewässern.

Menschen sehen, wie sich die Gesellschaft auseinanderentwickelt. Inzwischen kann niemand mehr unbehelligt und sorglos sein Leben leben, denn mit jeder Handlung unterstützt er die eine oder andere Richtung. Gebe ich mein Geld einer Bank, die Darlehen gibt für Waffenexporte? Habe ich Atomstrom? Fördere ich mit dem Billigkauf des T-Shirts die Kinderarbeit in einem Entwicklungsland? Nehme ich durch den Kauf der ägyptischen Kartoffeln den dortigen Bewohnern das bisschen Wasser, das sie selber für ihre Felder brauchen?

Die Anforderungen an jeden Einzelnen sind heute enorm. In dem Moment, in dem sich der moderne Bürger als Konsument betätigt, spielt er mit im Spiel um Ausbeutung und Profit und zahlt auch den Preis dafür. Kauft er Produkte von großen Firmen, so schafft er eine ganz bestimmte Zukunft für sich und für seine Kinder und Enkel mit der Wahrscheinlichkeit des Verlustes von Ausbildungs- und Arbeitsplätzen. Kauft er regional ein, so fördert er Menschen, die er kennt, seine Nachbarn, und damit die Region, in der er lebt.

Wir haben viel gelernt in der Schule, nur nicht das Wesentliche. Was heißt Nachhaltigkeit? Es geht um unsere Zukunft, darum, eine Lebensweise zu finden, die unsere Umwelt schont und gesunde soziale Strukturen ermöglicht. Noch immer sind Menschen davon überzeugt, dass sie sowieso nichts machen können, dass die da oben sowieso machen, was sie wollen. Als Stimmvieh und Konsumvieh wirken diese Menschen zum Erhalt des Status quo bei und fördern die Massengesellschaft, ohne es zu wollen und zu bemerken. Zusehends werden jedoch diejenigen mehr, die die Zusammenhänge verstehen und danach handeln. In Zukunft ist es nur möglich, die Verantwortung zu übernehmen für das, was man kauft, sich zu kümmern darum, dass das Geld, das man zahlt, bei denen landet, die dafür gearbeitet haben. Arbeitnehmer müssen die Verantwortung übernehmen für die eigene Arbeit und deren Folgen. Jeder ist aufgerufen, zu entscheiden: Wofür gebe ich meine Energie, meine Zeit?

Zusehends teilt sich die Gesellschaft. Die einen meinen, alles passt schon, irgendwie wird das schon gehen. Die Regierung (gleich welche) wird es schon machen. Sie folgen den Aufrufen nach mehr Leistung, mehr Ausbildung, mehr Vorsorge, nach dem »schneller, weiter, mehr«. Die anderen haben den Eindruck, dass es auf den Abgrund zugeht. Sie wollen bremsen, das Steuer herumreißen, stoppen. Der Atomausstieg war ein solcher Stopp. Inzwischen haben sich die meisten Menschen für eine Richtung entschieden. Im Folgenden werden die zwei Richtungen deutlicher dargestellt.

## Der Raubtierkapitalismus

> *»Die Herren des Wirtschaftskrieges plündern systematisch den Planeten. Sie attackieren die normative Macht der Staaten, sie zerstören die Volkssouveränität, untergraben die Demokratie, verheeren die Natur und vernichten die Menschen und deren Freiheit. Die Naturalisierung der Ökonomie, die ›unsichtbare Hand des Marktes‹ ist*

*ihre Kosmogonie, die Profitmaximierung ihre Praxis.
Ich bezeichne diese Kosmogonie als strukturelle Gewalt.
Die Verschuldung und der Hunger sind die zwei Massenvernichtungswaffen, die von den Herren der Welt
eingesetzt werden, um Völker, ihre Arbeitskraft, ihre
Rohstoffe und ihre Träume zu versklaven.«*
(Ziegler 2008: 16)

In jeder Form von Zusammenarbeit geht es immer auch um den eigenen Vorteil. In der Tier- und Pflanzenwelt wird deutlich, wie viele Möglichkeiten von Zusammenarbeit es gibt. Allerdings wird hier streng unterschieden zwischen Formen, bei denen nur einer einen Vorteil hat, indem er den anderen frisst, und Formen der Symbiose. Es sind Lebensformen, die sich bewährt haben. Dabei weiß jeder, woran er ist. Jede andere Form führte zum Untergang der einen oder anderen Spezies. Dies kann man in unserer Gesellschaft nicht behaupten. Hier machen vor allem die Zwischenformen Probleme, die Formen von wirtschaftlicher Aktivität, bei der die Partner nicht wissen, ob sie ihren Teil abkriegen oder vielleicht selber gefressen werden.

Das Gebaren der Finanzmärkte wird gern verglichen mit archaischen Zuständen. Es scheint so, als ob da, wo es keine Kontrollen und Regeln gibt, der Mensch nicht mehr in der Lage ist, sich menschlich zu verhalten. Nichtmenschliches Verhalten kann man jedoch nicht als tierisch bezeichnen, da das Tier bekanntlich nach seinem Instinkt handelt. Ein Tier wird kein anderes aus derselben Spezies ausbeuten, so wie es der Mensch mit dem Menschen macht. Früher gab es einen bestimmten Verhaltenskodex des Miteinander im Handel. Durch die räumliche Festlegung war jeder als Geschäftspartner von jedem abhängig. Man lebte in demselben Stadtviertel, benutzte dieselbe Handelsstraße, traf sich im Café um die Ecke. Man wusste, dass man auf den anderen weiterhin zählen können muss. In unserem Kulturbereich sind die Regeln von wirtschaftlicher Zusammenarbeit seit vielen

Jahrtausenden erprobt. Kernland dafür war der Nahe Osten. Mitteleuropa war immer nur peripher beteiligt, wie die Grabfunde zeigen. Vor unserer Zeitrechnung gab es ungefähr drei große Handelsstraßen quer durch Deutschland, nur die Fürsten hatten römische Amphoren. Die Germanen selber hatten ja eigentlich nichts zu bieten an Tauschobjekten. Im Süden Deutschlands war die Situation wesentlich anders. Die Eisenverarbeitung der keltischen Bevölkerung war berühmt und geschätzt, vor allem bei den Römern. Das heutige Österreich war stark romanisiert durch den Handel mit Wein und brachte einen lebendigen kulturellen Austausch mit sich.

Die Seidenstraße war die Handelsader, die das Mittelmeer mit Ostasien verband, auf deren Weg Gewürze und Seide transportiert wurden. Die Karawansereien auf dem Weg waren abgeschlossene, selbst organisierte kleine Städte mit eigenen Regeln, die Sicherheit und Unterkunft boten. Die Völker entlang der Seidenstraße profitierten enorm von der ständigen Bewegung, dem Austausch von Waren, aber auch von Wissen, Informationen sowie von neuen Techniken. Auch Religionen breiteten sich auf diesem Weg aus, wie etwa der Buddhismus und auch das Christentum.

Die Grundlage des Handels war das menschliche Miteinander, da man nur Erfolg hatte, wenn man Win-win-Situationen schaffen konnte und so jeder zufrieden war. Jedem war wichtig, dass bei einem Handel auch der andere einverstanden war und einen Profit hatte. Das Netz der Handelspartner war geschlossen. Man konnte nicht raus, war aufeinander angewiesen. Die freie Marktwirtschaft brachte mit sich, dass der Händler plötzlich die Wahl hatte zwischen vielen Handelspartnern. Der Wert langjähriger Partnerschaften ging verloren, da es andere Möglichkeiten gab. Der entscheidende Anstoß dafür war die Gier, den eigenen Vorteil zu suchen, auch wenn der andere einen Nachteil davon hat. Werte wie Vertrauen und Treue gingen verloren. Die individuelle Freiheit hätte Selbstkontrolle erfordert und das freiwillige Einhalten eines eigenen Wertekodex. Durch grenzübergreifende

Geschäfte konnten regionale Gesetze nicht mehr greifen. Skrupellose Geschäftsleute suchten nach dem schnellen Geld.

Die Situation hat sich inzwischen dahingehend entwickelt, dass der Mensch Ökonomie als etwas begreift, in der der Geschäftspartner als Mensch nicht vorkommt, in der es nur um den Wettbewerb und den eigenen Vorteil geht. Zum eigenen Wert wurde, mehr Geld zu verdienen, zu horten. Dies wird als gutes Geschäft betrachtet. Das Miteinander ist verloren gegangen. Denn jeder konkurriert gegen jeden. Inzwischen ist es EU-Gesetz geworden, in einer Gemeinde Aufträge auszuschreiben und den billigsten Anbieter zu nehmen. Auch wenn ein Gemeindemitglied diese Arbeit ausführen könnte und arbeitslos ist, muss der Billiganbieter aus dem Osten genommen werden. Dies ist der schnellste Weg zur Verarmung der Menschen in der Region. Die Werte haben sich so verkehrt, dass unmenschliche Verhaltensweisen gefördert werden. Das Argument der Kosteneinsparung toppt alles. Kann jemand einen Gewinn machen, wird nicht gefragt, zu wessen Nachteil dies führt, denn wo einer einen Vorteil hat, hat oft ein anderer einen Nachteil.

Es ist richtig, dass das Wegfallen von Regeln Verhaltensweisen fördert, die unmenschlich sind, wenn derjenige nicht selbst ethische Normen entwickelt und für sich einhält. Bis in unsere Zeit übernahmen der Staat auf der einen Seite, die Religion auf der anderen Seite die Funktion der Setzung von Normen. Durch die Freiheit des grenzübergreifenden Handels wurden der Staat wie auch der Einzelne ausgeschaltet. Die negativen Folgen für die Region, das Land, den konkreten Lebensalltag werden ignoriert.

Psychologisch geschieht Folgendes: Der Mensch steht vor einer Entwicklungsaufgabe. Eine neue Freiheit erfordert Verantwortungsübernahme, inneres Wachstum. Viele Menschen jedoch brauchen Verhaltenskontrollen von außen. Fallen diese weg, verstehen sie dies als Erlaubnis, sich nach inneren Strebungen zu verhalten. Verstehen sie diese neue Freiheit nicht als Aufgabe zur Weiterentwicklung, stagnieren sie. Sie fallen zurück in eine frühere Form der Menschheitsentwicklung. Der Räuber kommt durch. Wenn dieser Mensch keine Förderung in Form von Bildung erhält, setzt sich dieses Verhalten durch und beginnt, die etablierte Gesellschaft zu unterwandern, zu vergiften. Andere Menschen werden angesteckt. Jeder fragt sich: »Warum soll ich mich nicht auch so verhalten, wenn es nicht bestraft wird.« Die Lebensweise des Räubers und Wegelagerers wird zur allgemein akzeptierten Lebensweise.

Nicht erkannt wird, dass Geld pervertiert wurde. Zunächst war Geld ein einfaches Tauschmittel, praktisch für weitreisende Händler. Mit der gesellschaftlichen Akzeptanz von Zins und Zinseszins begann der Reiche, von der Armut des anderen zu profitieren. Inzwischen hat sich das System so weit verbogen, dass jede Firmengründung mit einem hohen Darlehen beginnt. Dabei hat der Unternehmer für sein persönliches Leben kein Risiko zu tragen. Er zieht bis zu einer möglichen Insolvenz seinen von ihm selbst bestimmten monatlichen Lohn aus dem Geschäft und hat kein schlechtes Gewissen dabei. Zugleich wird der Zinsanteil für das Darlehen auf den Preis für die Produkte geschlagen, was der Konsument dann zahlt. Solange es genügend konkurrierende Firmen gibt, könnten sich diese die Waage halten. Aber wie man es schon beim Thema Benzin sieht, gibt es leicht unausgesprochene Vereinbarungen, Übereinstimmungen der Interessen, die dazu führen, dass Preise ohne zwingende Gründe erhöht werden.

Hier ist der Unterschied sichtbar zu realen Lebenssituationen im privaten Alltag. Eine Familie gründen und erhalten kann nur, wer sein gesamtes Einkommen dafür hernimmt. Im Falle einer Trennung hat derjenige, der nun ohne Kinder lebt, schon das Recht auf ein persönliches Existenzminimum, was der zurückbleibende Familienverantwortliche nicht hat.

## Bauernleben – Bauernsterben

*»Der Mythos der billigen Nahrung gründet auf der Subventionierung der Energie, eine Praxis, die Transporte über weite Distanzen begünstigt und so die Preise von nichtlokalen Produkten verbilligt; er basiert auf Exportsubventionen, welche die internationalen Preise drücken und das Dumping fördern; und schließlich stützt er sich auf Agrobusiness-Monopole, welche den Konzernen die Versklavung und Ausbeutung von Bauern ermöglichen.«*
(Shiva 2006: 132)

Die Arbeit der Bauern ist auf der ganzen Welt ein wesentlicher Faktor eines selbständigen Lebens der Bevölkerung. Nach dem Zweiten Weltkrieg konnte die deutsche Bevölkerung nur auf Grund einer funktionierenden Landwirtschaft überleben. Wenn alles zusammenbricht, hat ein Volk nur noch das, was seine Bauern produzieren. Nach den heutigen Produktionsbedingungen, in denen Saatgut und Dünger gekauft werden müssen, werden die Menschen in einem solchen Fall verhungern. Es ist zwar zu hoffen, dass ein solcher Fall nicht auftritt, da diese Bedingungen inzwischen weltweit herrschen, braucht es in Bezug auf industrialisierte Länder in Zukunft kein Militär mehr, um sie zu besiegen. Es reichen ein Saatgut, Spritzmittel und Düngemittelembargo, um das Land auszuhungern. Die Regierung, die sich mit den entsprechenden globalen Firmen gut stellt, siegt. Allerdings wird dann inzwischen, anders herum, diese Firma, das entsprechende Konsortium, herrschen und den Regierungen die Gesetze diktieren, die den firmeneigenen Zielen dienen. Die italienische Mafia ist dagegen ein Waisenknabe!

Die Basis des Ackerbaus ist die Hoheit über die Samen als Saatgut, das Wissen über Züchtung und Verbesserung, passend für das lokale Klima und die jeweilige Bodenqualität. Um diese Macht zu brechen, entwickelten Saatgutkonzerne ihre Strategien.

Seit ungefähr 20 Jahren werden Schritt für Schritt Patente auf Samen von Grundnahrungsmitteln ausgestellt.

> *»Patente auf Samen und genetische Ressourcen stehlen uns ein angeborenes Recht und nehmen uns unsere Existenzgrundlage, indem sie das Aufsparen und Teilen des Saatgutes zum Diebstahl von geistigem Eigentum erklären. Das ist ein Angriff auf unsere Kultur, auf unsere Menschenrechte und auf das Leben selber.«*
>
> (ebenda, S. 148)

So wird den Bauern Schritt für Schritt das genommen, was sie als Bauern eigentlich ausmacht. Shiva weiter:

> *»Das schließt den Bauern von wichtigen Funkionen aus: Er ist nicht mehr Bewahrer der genetischen Vielfalt des Saatgutes und Innovator bei seiner Verwendung und Weiterentwicklung. Die bäuerliche Bevölkerung wird ihres biologischen und intellektuellen Erbes beraubt.«*
>
> (ebenda, S. 145)

Aber nicht nur die wirtschaftlichen Strukturen vernichten bäuerliche Existenz. Auch die Bauern selbst haben sich verändert und sind zu Landwirten geworden, sie haben Prinzipien der Ökonomie übernommen und glauben an Fortschritt und Verbesserung durch Technik und Chemie. Auf dem Vortrag eines emeritierten Landwirtschaftsprofessors ging es um die Bodenqualität. Normalerweise wären in einem Kubikmeter Erde 200 bis 300 Regenwürmer zu finden. Bei uns sind es vielleicht gerade einmal 20. Ich fragte mich, warum es als Fortschritt anzusehen ist, wenn der Boden wenige Regenwürmer enthält und man viel Kunstdünger braucht und diesen kaufen muss. Außerdem wird unser Boden von Jahr zu Jahr nachweislich ärmer. Ich frage mich, was sind das für Landwirte. Sie haben doch ihren Beruf verfehlt. Sie verstehen nichts von Boden, nichts von Tieren. Sie brauchen immer Anweisungen und Zuschüsse. Bei näherem Nachdenken bekomme ich den Eindruck, diese modernen Landwirte haben keinen Bezug zu ihrem Grund, auch keinen zu Tieren. In meiner entfernten Erinnerung habe ich ein vielleicht zu romantisches Bild vom Bauern, der seine Tiere liebt, der einen tiefen emotionalen Bezug hat zu seinem Land, zu den Pflanzen. Ihm ist es das Wichtigste, dass es den Tieren gut geht. Er lebt mit seinem Vieh. Das Land, auf dem er lebt, ist alles, was er hat. Sein Wissen hat er aus der 6 000 Jahre alten Geschichte des Ackerbaus. Demgemäß lebt er mit dem Boden im Rhythmus der Jahreszeiten und fördert die Bodenfruchtbarkeit.

Im Gespräch mit einer befreundeten Landschaftsökologin, die beruflich Kartierungen macht, wurde wiederum deutlich, dass hier etwas nicht stimmen kann. Auf unseren Feldern gibt es nur mehr Nutzpflanzen und Unkräuter. Keine Vielfalt, kein Miteinander der hier am Ort lebenden Lebewesen, von Pflanzen und Menschen. Wo sind die Bauern geblieben, die dieses Wissen hatten, diese Einstellung zur Natur? Ja, die Kleinbauern sind verschwunden. Die Ökonomisierung zwingt den Bauern zur Entscheidung: Massentierhaltung, Monokultur oder aufgeben. Die Bauern, die den Weg zum ökologischen Anbau schafften, sind vergleichsweise wenige. Meine Theorie ist, dass die Bauern, die nicht bereit waren, mit den Tieren und dem Land so umzugehen, inzwischen aufgegeben haben.

Es wurde deutlich, dass es um die innere Einstellung geht. Was ist mir wichtig, wie weit bin ich bereit, mich zu verbiegen, wann ist es zu viel, was mache ich nicht mehr mit. Das bedeutet, die echten Bauern haben sich neue Betätigungsfelder gesucht und gefunden. Die Jungen haben den Betrieb nicht übernommen, die Alten haben aufgegeben und verpachtet.

Mir kam es so vor, als wäre es ein bestimmter Menschenschlag, der jetzt als Landwirt tätig ist, der nichts mehr zu tun hat mit dem ursprünglichen bäuerlichen Leben. Übrig geblieben sind diejenigen, denen es gelingt, Tiere als Ware anzusehen, als Dinge, so wie es noch immer rechtlich gesehen wird. Dies ist nur für den möglich, der seine Gefühle verleugnen kann, der es schafft, sich zu distanzieren, nicht hinzuschauen, besser gesagt, der Schauen und Wahrnehmen trennen kann. Dazu muss man Gefühle kontrollieren, am besten erst gar nicht zulassen. Der Einzelne merkt dann einfach nichts mehr, und wo er nichts merkt, ist er der Meinung, es gäbe hier keine Gefühle. Aus psychotherapeutischer Sichtweise ist das jedoch nicht möglich, ohne selber Schaden zu nehmen. Diese Haltung weist hin auf Menschen, die verlernt haben, sich in andere einzufühlen. Im Zuge damit sind sie nicht mehr in der Lage, die Befindlichkeit des anderen wahrzunehmen.

In der modernen Zeit hat nach der Vorstellung der führenden Wirtschaftsleute der Bauer ausgedient. Mit aller Macht versucht die Lobby aus Saatgut- und Spritzmittelherstellern, in Verbindung mit den örtlichen Banken, den wissenschaftlichen Hochschulen und der Politik, den Bauern davon zu überzeugen, dass er überflüssig geworden ist und sich endlich einordnen soll in ein modernes Leben. Wichtig ist bei diesem Schachzug, dass sich der normale Bürger hier nicht einmischt und eventuell selber eine Meinung darüber hat, was er unter gesunder Ernährung versteht. Angesichts der Übermacht haben die Bauern resigniert und sich angepasst. Sie unterwerfen sich allen Gesetzen und Regelungen, die unter dem Vorwand, für eine gesunde Ernährung zu sorgen, sterile Zustände in Stall und Euter herstellen möchten.

Die Wirtschaftsmacht über die Welt wird aufgeteilt in nur wenige Bereiche, in denen es darum geht, Geld zu machen, um so wiederum die eigene Macht zu stärken. Ein Bereich ist hier die Landwirtschaft. Als kapitalträchtig wurde sie anscheinend weltweit erst in den letzten Jahren erkannt. Der neue Motor für die Wirtschaftsmächte sind ja die Aktionäre und die zu erwirtschaftende Rendite. Es wird nicht klar erkannt, dass die Lebensweise eines Bauern aber auch gar nichts zu tun hat mit moderner Landwirtschaft. Man erkennt es daran, dass man dazu keine eigenen Böden braucht. Pacht genügt. Dann noch Lagerstätten, möglichst große Maschinen und den Verwalter, der von morgens 6 Uhr bis nachts um 23 Uhr auf dem Traktor sitzt und über möglichst gerade, große Flächen fährt. Der Boden ist keine Landschaft mehr, sondern Wirtschaftsfläche, und so müsste sie eigentlich auch behandelt werden: als Gewerbegebiet. Dann würde auch dem normalen Menschen klar, dass er enteignet wurde, dass er keine Heimat mehr hat, dass Maisfelder und Fichtenplantagen nichts mehr mit Natur zu tun haben.

Diese Art der Umwidmung hat Folgen. Im März 2011 gab es in Norddeutschland einen großen Unfall auf einer Autobahn, bei der 60 Autos ineinanderfuhren. Ein Sandsturm hatte den Autofahrern die Sicht genommen. Der angegebene Grund, überhöhte Geschwindigkeit, stimmt nicht mit den Tatsachen überein. Ein Bekannter war vier Stunden vor dem Unfall genau diese Strecke gefahren. Nach seiner Aussage waren die Menschen ungefähr mit 100 Stundenkilometern unterwegs, in Ausnahmen mit 120. Ihm fiel jedoch auf, dass rechts und links der Autobahn jeweils ein Streifen von circa 5 Metern ursprünglich mit Bäumen bepflanzt war. Diese waren radikal abgeschnitten. Bei näherer Betrachtung sieht man, dass dieser Unfall die Folge von skrupelloser Profitgier und Missbrauch von Landschaft ist. Schon zu Zeiten der alten DDR waren die landwirtschaftlichen Flächen sehr groß. Nach der Wende hatten Spekulanten aus dem Westen hier Grund gekauft, um profitträchtig hier Landwirtschaft zu betreiben. Seit dieser Zeit sind die noch während der DDR-Zeit bestehenden Hecken und Randstreifen zwischen Feldern weiter beseitigt worden, sodass die Flächen mit großen Maschinen durchgängig bewirtschaftet werden können. Endlich gab es für die hier immer blasenden Winde freie Fahrt. Die durch Kunstdünger zu Sand zerbröselte Erde wurde von den Winden aufgenommen, kein Baumschutz verhinderte dann die Attacke auf die Autos mit den bekannten fatalen Folgen.

Die Kombination von Gewerbelandwirtschaft in Feld und Wald sowie Totpflege von Natur im Bereich von Straßen und auch Gewässern ist es, was unserem Lebensumfeld den Garaus macht. Finanzspekulatoren sind nun auf der ganzen Welt unterwegs, um landwirtschaftliche Flächen aufzukaufen und zu pachten, mit dem Versprechen, sie würde hohe Rendite bringen.

## Die Rollen in der modernen Gesellschaft: Lohnarbeiter, Konsument und Betreuungsbedürftiger

Das Menschenbild in der modernen Gesellschaft wird maßgeblich bestimmt durch die Wirtschaft. Demnach ist der Mensch als Erstes Arbeiter. Was das heißt, wird heute nicht mehr von einem menschlich denkenden Firmenchef, sondern von Banken, Kapitalinteressen, Aktionären bestimmt. Demnach sieht man den Menschen als Humankapital, Humanressource, und teilt ihn ein in Abläufe, die von technischen Kriterien bestimmt sind. Der Arbeitsalltag entspricht nur in den wenigsten Fällen der physischen, psychischen, sozialen Gesamtheit des Menschen und damit gesundheitsfördernden Standards. Während der Arbeitszeit ist er nicht Herr seiner Lage. Er hat acht Stunden am Schreibtisch zu sitzen, obwohl dies die Gesundheit ruiniert, kann nicht Pausen machen, wann er sie braucht. Höchstwahrscheinlich ist das der Grund, warum im Allgemeinen Frauen eine höhere Lebenserwartung haben als Männer. Das Leben für die Familie ist im Sinne der Salutogenese insgesamt gesünder als das Berufsleben.

Normalerweise braucht der Mensch nach der Arbeit Zeit und Bedingungen, die es ihm erlauben, sich zu erholen. Für die Arbeitswelt gibt es nur Arbeit und Freizeit. In der Zeit der Nichtarbeit ist der Angestellte gesetzlich verpflichtet, seine Arbeitskraft wiederherzustellen. In der Realität jedoch beginnt für den Menschen das eigene Leben erst nach der Arbeit. Dazu gehören dann die Tätigkeiten, die nötig sind, um das eigene Leben zu erhalten, nämlich die Alltagsarbeit. Für die Arbeitswelt gibt es dies nicht, da gemäß dem primitiven Menschenbild des Wirtschafters der Mensch außerhalb der Arbeit nur ganz bestimmte einfache Bedürfnisse hat, ähnlich einer Kuh, die ohne viel Tätigkeit und Anstrengung zu erfüllen sind. Die Hausfrau hat demnach keine weitere Arbeit, weil dank der Industrie alle Arten von Haushaltsmaschinen jede mögliche Arbeit ersetzen und ansonsten alles gekauft werden kann. Die Alltagsarbeit für die Frau ist es jedoch meist, für Ernährung, Wohnung, Kind und Mann zu sorgen. Noch immer wird unausgesprochen an einem Männer- und Frauenbild festgehalten, das unterschiedliche Rollen und Aufgaben zuschreibt.

Der Mann ist demnach der Hauptverdiener, der sich eventuell eine Familie leisten kann. Außer der Tätigkeit in seinem Beruf hat er nach Ansicht der Unternehmen und vieler Zeitgenossen zu Hause keinerlei Pflichten. In der Elternarbeit reicht Lehrern der Kontakt zur Mutter ihres Schülers, und sie ist es, die sich betroffen fühlt, wenn Schulen über eine zu geringe Unterstützung von Seiten des Elternhauses klagen. Genauso ist für Arztbesuche und musikalische sowie sportliche Förderung der Kinder die Mutter zuständig, sodass auf den Familienvater bei einem weiteren Kind nicht unbedingt neue Pflichten zukommen, wenn er sie nicht selbst freiwillig mit übernimmt. Er kann Kinder haben, obwohl er im Alltag nichts dafür tut, und bekommt vom Jugendamt nach einer Trennung von der Mutter seiner Kinder auch noch das Sorgerecht und die Rechte zur Mitbestimmung. Als Vollbeschäftigter verdient er und ist unabhängig, hat keine zeitlichen Pflichten, für Kinder zu sorgen. Im Gegensatz dazu hat eine Hausfrau mit Teilzeitbeschäftigung die »Arschkarte«: zu wenig Geld, zu wenig Zeit, zu viele Verpflichtungen und die Abhängigkeit vom getrennten Partner bezüglich der Entscheidungen und … rechtlich die volle Verantwortung und Verpflichtung zur Betreuung und zum finanziellen Unterhalt.

Das Ideal der Lohnarbeit, früher verpönt, ist heute das erste Ziel aller Anstrengungen und Mensch ist man erst als Erwerbstätiger. Vorher ist man ein Noch-nicht-hoffentlich-bald-Verdienender, verliert man die Anstellung, ist man ein sich-mit-allen-Kräften-bemühender-und-sich-ständig-überall-bewerbender Arbeitssuchender. Da dieser Zustand nur als vorübergehend definiert ist, liegt es also nach Meinung der meisten berufstätigen Zeitgenossen sicher am Menschen selber, wenn er keine neue Stelle findet. Auch wenn ein Mensch schon 50 Jahre alt ist und keine Stelle hat, muss er sich weiter bemühen, obwohl er keine Chancen mehr hat. Die Logik des Arbeitsamts wird bestimmt vom Bild der Gesellschaft und des Menschen, das viel Frust, Wut und Depressionen erzeugt. Aber da das Arbeitsamt nichts zu tun hat mit dem Gesundheitsamt, gibt es auch keine Kontrollen bezüglich dieser gesundheitsschädigenden Vorgehensweise.

Hausfrau ist eine aussterbende Art. Von CDU/CSU noch ideell hochgehalten, praktisch aber unterminiert, hat diese Lebensform heute keine Chance mehr, außer die einzelne Frau sucht sich eine Nische mit einer besonderen Partnerschaft, die sie fördert. Frau fühlt sich unter dem allgegenwärtigen Druck, Fremdarbeit anzunehmen. Der Gleichheitsgrundsatz fordert von der Frau ebenso wie vom Mann zuallererst die Berufstätigkeit.

Jahrzehntelang predigten besorgte Mütter und Vertreter des Gesundheitsamts den heranwachsenden Mädchen die Verhütung mittels Pille, um die richtige Weichenstellung zu erreichen. Anscheinend wurde etwas zu viel des Guten getan, da Deutschland jetzt (plötzlich) zu wenig Kinder hat. Trotzdem schwenkt niemand um. Weiterhin wird unter Familienplanung Verhütung verstanden. Hier wird sichtbar, was für die Politik Vorrang hat: die Wirtschaft oder der Mensch. Wirtschaftsförderung hat Vorrang. Es geht nicht um das Wachstum von Familien, Produktion von Kindern, sondern um das Wachstum von Firmen und die Produktion von Waren.

Die neue Kernzelle der Gesellschaft war die letzten Jahrzehnte eher das AKW als die Familie, obwohl auch sie großes Potential in sich trüge. Das Menschenbild der modernen Gesellschaft ist das des flexiblen Lohnarbeiters, der zugleich Konsument, also Käufer der von ihm selber produzierten Produkte ist. Über den Umweg der Firma unterhält er die Unternehmer sowie den Staat. Bis er als Heranwachsender so weit erzogen und gebildet ist, dass er Arbeiter sein kann, interessiert das keine Firma. Sie nimmt erst die fertigen Arbeitskräfte, bemängelt vielleicht noch eine fehlende Arbeitshaltung. Bei Arbeitsunfähigkeit, wie Krankheit und in Zeiten der Familienzeit, ist der Staat mit Sozialversicherungssystemen zuständig, die auch wieder der Einzelne mittels Steuergeldern erwirtschaftet. Praktisch, nicht?

Selbständige Tätigkeiten werden an und für sich gefördert. Manche Tätigkeiten stehen jedoch unter besonderen Anforderungen. Der Pflicht, einer Fremdarbeit nachzugehen, ist Standard, die Möglichkeit zu einer selbständigen Tätigkeit jedoch oft abhängig von Berufsabschlüssen. Damit es dann nicht noch zu leicht ist, Geld zu verdienen, gibt es immer weitere Regelungen. Der Kontrollwahn setzt sich fort und hat inzwischen ein Ausmaß angenommen, der einen schaudern lässt. Inzwischen wurde noch eins draufgesetzt:
- einmal die Qualitätskontrollen mit ISO etc.,
- zum anderen die allgemeine Regulierung aller wirtschaftlichen Abläufe über die EU-Gesetzgebung.

## Die Versorgungsgesellschaft

> »*Unholdfrei und Arglos blickten auf die Heerscharen des Königs Wu. Arglos sprach:* ›*Wir leben nicht mehr in den Zeiten des heiligen Schun, darum herrscht dieses Leid auf Erden.*‹
> *Unholdfrei sprach:* ›*War eigentlich die Welt in Ordnung, als Schun sie ordnete, oder war sie in Verwirrung, und er hat sie erst hinterher geordnet?*‹
> *Arglos sprach:* ›*Dass die Welt in Ordnung ist, ist jedem recht. Wenn das der Fall gewesen wäre, brauchte man sich nichts von Schun zu erzählen. Schun hatte für jede Beule ein Pflaster, für jede Glatze eine Perücke, und für jede Krankheit suchte er ein Heilmittel. Er machte es wie solch ein pflichtgetreuer Sohn, der erst seinen lieben*

*Vater krank werden lässt und nachher mit bekümmerter Miene ihm Arzneien darbringt. Der Berufene schämt sich solchen Gebarens.‹«*

(Dschuang Dsi 1969: 139)

Der Text stammt aus dem Taoismus des alten China, von Dschuang Dsi, und zeigt, dass die gegenwärtigen Probleme auch schon in früherer Zeit bestanden. Heute besteht die Tendenz, alles zu ordnen, für jede Frage eine Antwort, für jede Handlung eine Verwaltungsvorschrift zu haben. Probleme werden wie seltene Pflanzen gesammelt, benannt, untersucht, kommentiert, eingeordnet, in Tagungen vorgestellt, von Professoren in Seminaren diskutiert. Lösungen werden wie Produkte in Regalen, in Fachzeitschriften angeboten, in Schulungen konzipiert. Schließlich darf niemand mehr von dem Problem sprechen, ohne eine entsprechende Fortbildung absolviert zu haben. Beratungsstellen gibt es inzwischen zu jedem Thema, Internetforen diskutieren zu jeder Frage. Das Ergebnis ist eine Beraterlandschaft, die mit Flyer und Webseiten dem Normalbürger täglich die verschiedensten Pakete an Versorgung und Betreuung präsentiert. Wissen wir dadurch mehr darüber, was Leben ausmacht, ist unsere Welt dadurch besser geworden, angenehmer, harmonischer, sind die Menschen gesünder und friedlicher?

Vom Staat wurden Pflichten für den Bürger festgelegt, wie zur Schule gehen, Mitglied einer Krankenkasse sein, Straßenanschlussgebühren zahlen, an die öffentliche Wasserversorgung angeschlossen sein, Hygienevorschriften beachten, sich einer Gewerbeordnung unterziehen etc. pp. Für dies alles werden gute Gründe angegeben. Kaum jemand stellt dies in Frage. Dies kann in Ordnung sein, solange diese Pflichten im Rahmen bleiben, verhältnismäßig sind und diese Regelungen in demokratischen Formen beeinflussbar sind. Aber sobald diese Ordnung das Leben erstickt, den Alltag so einengt, dass kein Raum mehr bleibt, um selber etwas anzupacken, und jede Selbsthilfe überflüssig macht, erzeugt es unselbständige Bürger. Wenn dann die Mitbestimmung des Bürgers nicht mehr möglich ist und die jeweiligen Organisationen der Grundsicherung auf Grund von Geldmangel des Staates privatisiert werden, gerät man ins neoliberale Abseits. Wenn auf Grund von neuen EU-Verordnungen Familienbetriebe schließen müssen, weil die geforderten Standards an Ausstattung nicht vorhanden sind und die Gebühren für die Qualitätskontrollen nicht bezahlt werden können, werden Großbetriebe gefördert und vormals eigenständige Menschen gezwungen, sich bei der Firma zu verdingen. Die Folge ist, dass die gesamte Familie eingeschränkt ist, da meist mehrere Personen beteiligt sind, die Kinder ihre Perspektive verlieren, den Familienbetrieb zu übernehmen, und somit ihrer Zukunft enteignet werden. Dies muss man dann als strukturelle Gewalt bezeichnen. Ein trauriges Beispiel hierzu ist die Schließung der Dorfgaststätten in den kleinen Dörfern in Portugal oder in Spanien. Die Folgen sind für die gesamte Dorfgemeinschaft in jeder Beziehung negativ, da dadurch ein ganzes Kommunikationsfeld zerstört wird, das Jahrhunderte überdauerte. Einer übergreifenden Struktur wie der EU-Gesetzgebung darf es nicht gestattet sein, regionale Kleinstrukturen zu zerstören, wie dies zurzeit weiter täglich geschieht. Großstrukturen können immer nur Großstrukturen fördern, zum Nachteil des Menschen als Lebewesen!

**Versorgung von Anfang bis Ende**

*»Selbstbestimmt leben. Gut betreut wohnen.«*

Anzeige einer Seniorenheimkette in einer Zeitung:

*»Das […] bietet alles, was das Leben im Alter angenehm macht. Die Tür hinter sich schließen und die Privatsphäre in einer individuell eingerichteten Wohnung genießen – im […] ist dieser Komfort mit der Sicherheit verbunden,*

*dass jederzeit für alles gesorgt ist. Vom umfangreichen Kultur- und Veranstaltungsangebot erstrecken sich Service und Betreuung bis zur Rundumversorgung im Krankheits- und Pflegefall. Nur das [...] bietet die Möglichkeit, bis zur höchsten Pflegestufe in der eigenen Wohnung durch die Pflegemitarbeiter fachlich und menschlich optimal betreut zu werden. Informieren Sie sich bei einer Hausführung über ein selbstbestimmtes Leben im Alter.«*

Der Mensch, der durch das sogenannte Gesundheitssystem von der Wiege bis zur Bahre gut betreut wird, der von Bildungsplänen gefördert und beschult und durch Arbeitsagenturen am Nichtstun gehindert wird, braucht konsequenterweise auch ein Rundumversorgungssystem im Alter. Das Grundschema wird deutlich: medizinische Versorgung für den Körper, Kultur für die Seele, Beschäftigung für den Geist.

Hinter diesen Konzepten wird ein minimalisiertes Menschenbild ersichtlich, für das sich jeder Humanist, auch jeder Christ, schämen müsste. Und doch ist es heute für Unternehmen möglich, sich so darzustellen. Die Art und Weise der Beschönigung von unmenschlichen Rahmenbedingungen und Notsituationen, die Menschen heute im Alter erleben, schreit zum Himmel. Einsamkeit und Sinnlosigkeit können nicht beseitigt werden. Das gilt auch für Kinderkrippen: Gesund bleibt der Mensch nur, wenn er in einem Beziehungsgeflecht lebt, in dem er für alle wichtig ist. Die Ergebnisse der Forschungen von René Spitz sind bis heute gültig: Reine Pflege, ohne emotionale Zuwendung, lässt verkümmern. Die Lebenskräfte ziehen sich zurück, die geistigen Fähigkeiten gehen zurück. Der Mensch wird anfällig für Krankheiten, die Heilung ist verzögert oder lässt auf sich warten. Jede Fremdbetreuung bleibt Dienstleistung, die sich nach Wirtschaftlichkeitskriterien richtet. Sie ist einlinig und sieht den anderen als Patienten, Kunden, der Geld gibt. Für Geld bekommt man keine Liebe, nur Materie. Den Betroffenen lässt dies traurig zurück, wo er Beziehung braucht.

Der Ausspruch der evangelischen Theologin Dorothee Sölle bleibt unvergesslich. Sie spricht vom »Tod am Brot allein« und meint damit, dass die eigentliche Nahrung, um Leben zu erhalten, die Beziehung ist, die geistige Nahrung, Zuneigung, Liebe, Anteilnahme. Das Gefühl zu bekommen, jemandem ist es wichtig, dass ich lebe. Die Geschichte einer älteren Frau ist kein Einzelfall: Eine Dame ging ins Altersheim, als sie zu Hause alleine nicht mehr zurechtkam. Ihre Rente reichte nicht aus und ihre Kinder mussten daher einen Teil dazuzahlen. Sie fühlte sich jedoch im Heim nur mehr als Ballast, überflüssig. Das Wissen, dass sie ihren Kindern auf der Tasche lag, konnte sie nicht ertragen. Dies brachte sie so in Verzweiflung, dass sie beschloss, ihrem Leben ein Ende zu bereiten. Sie ging eines Tages in den nahe gelegenen Fluss und ertrank. Versteht man das jetzt als die neue Selbstbestimmung, von der in der Werbung oben geredet wird?

## Zukünftige Märkte

Die Funktionsweise des Kapitalismus sucht immer wieder neue Märkte für das sich ständig akkumulierende Kapital. Die Menschheit teilt sich dadurch immer weiter auf in Arm und Reich. Solange Staaten sich als sozial ausgeben, sind sie gezwungen, den Bevölkerungsteil ihres Landes, der zu dem armen zählt, zumindest so weit zu unterstützen, dass dieser nicht aufbegehrt und sie weiter wählt. Dabei ist es günstig, wenn Menschen, so wie bei uns, davon überzeugt werden können, dass sie selber schuld sind und dass es eine wirkliche Gleichberechtigung gibt. Der Staat muss das Spiel der Wirtschaftsmächtigen mitspielen, andererseits ist die Wirtschaft angewiesen auf die Akzeptanz der Bevölkerung. Da die Unternehmensstrukturen, das heißt die Lebenswelt Beruf, nicht demokratisch, sondern hierarchisch strukturiert sind, kommen moderne Unternehmen mit autokratischen Staatsformen auf der einen Seite besser zurecht. Da sie allerdings dann in ihrer eigenen Freiheit beschnitten würden, halten sie sich lieber dazwischen und schaffen eine neue Wirtschaftsform, den Neoliberalismus. Hier herrschen keine Grundrechte.

Zukünftige Strukturen werden bestimmt von der Tendenz, über Geld Macht auszuüben. Dies geschieht bekanntlich über Rationalisierung, Massenangebote von Waren in Form von Billigprodukten und Zentralisierung von Wirtschaftsmacht unabhängig von Nationalitäten. Schätzungsweise müssen aus diesem Grund die Staaten des Nahen Ostens in die Knie gezwungen werden, um Zugang zu den Märkten zu bekommen. Unter Demokratisierung wird hier Vermassung verstanden, um über Werbung und Supermarktketten die Versorgung der Bevölkerung in die Hand zu bekommen.

Die Tendenz geht momentan dahin, die Lebensmittelversorgung zu übernehmen. Den großen Firmen geht es nicht darum, besondere Produkte für den anspruchsvollen, gutsituierten Bürger herzustellen oder Luxusartikel für Ausnahmesituationen. Verdienen kann man nur über die Grundversorgung der Menschen. Das sind Grundnahrungsmittel, wie Getreide, Bekleidung, Energie. Der Kampf um das Wasser wird auf der ganzen Erde ausgetragen. Sobald alles, was zur Grundversorgung des Menschen gehört, erst einmal privatisiert ist, haben Wirtschaftsunternehmen die Weltherrschaft. Schon jetzt werden Regierungen erpresst durch die Drohungen, ins Ausland zu gehen. Firmen, die in nichtdemokratischen Regierungen sitzen, beherrschen unseren Markt. Zum Beispiel werden 80 % der Schuhe in China hergestellt und 8 % in Korea. Wir fördern durch unser Geld die ausbeuterischen Arbeitsbedingungen in den Drittländern. Die Wirtschaft drängt darauf, weitere Länder zu industrialisieren, um weitere Gewerbeflächen zu haben und damit die jeweiligen Regierungen zu erpressen. Länder, die sich bisher unbewusst geweigert haben, sich hier besetzen zu lassen, werden durch ihre Verschuldung gezwungen, Programmen zuzustimmen, die genau die Massenversorgung durch die globaloperierenden Unternehmen fördert.

Dienstleistungen für ein Leben im Alter sind ein bisher schon erfolgreicher Wirtschaftszweig. Auf einer Veranstaltung über neue Wohnformen schilderte ein Caritas-Leiter begeistert die neuen

Visionen für eine Wohnform für das Leben im Alter. Es gäbe Modelle von Stadtvierteln, ganzen Wohnkomplexen, in denen es ein- bis zweistöckige Blöcke mit altersgerechten Wohnungen in verschiedenen Größen gäbe, im Parterre kleine Geschäfte und Cafés, um sich zu treffen. Er war sehr begeistert, meinte jedoch: »Das kostet natürlich etwas und es braucht Investoren.« Ja, diese gibt es in Zukunft sicher genügend. Aktionäre, die ihre jährlichen sicheren ansehnlichen Gewinnmargen haben wollen. Alte Menschen kann der Staat ja nicht verkommen lassen. Also wird er, wenn keine Alternativen vorliegen, die Mieten übernehmen müssen, auch wenn er sich weiter verschuldet. Großplanungen von Wohnanlagen dieses Stils ermöglichen eine kostengünstige Verwaltung und Organisation. Lebensmittelversorgung, Haushaltshilfen und Pflege aus einer Hand: Große Anbieter werden von Geldanlegern bevorzugt werden. Gerade das schafft auch Sicherheit für Aktionäre.

Kinderbetreuung ist bisher noch nicht gewinnträchtig, weil die größte Konkurrenz, die Eltern, ja noch vorhanden ist. Wenn einmal Ganztagsschule, Kindergarten etc. Pflicht sein werden, wie es schon in anderen Ländern der Fall ist, gibt das eine erste Grundlage dafür, dass Anbieter auftreten, die nach festgelegten Standards Bildung und Betreuung anbieten. Da weiterhin alles privatisiert wird, kann man davon ausgehen, dass dies auch diesen Bereich treffen wird. Dabei werden Firmen sich zielgerichtet in Schulen einklinken, um ihren Bedarf an künftigen Arbeitern zu sichern und Inhalte mit zu beeinflussen. Ein Staat, der bankrott ist, wird in Zukunft keine andere Möglichkeit sehen. Bis dahin wäre es günstig, die Schulpflicht abgeschafft zu haben.

### Bürgerschaftliches Engagement – Der Dritte Sektor
Die heute gängigen Begriffe Zivilgesellschaft, Ehrenamt, bürgerschaftliches Engagement finden ihre Bedeutung nur im Rahmen einer bestimmten Vorstellung, wie man zu leben hat. Das typische Ehrenamt ist ein Sammelsurium von Tätigkeiten, die in

der modernen Lebenswelt keine Zuordnung fanden, die jedoch nötig sind. Die grundsätzliche Teilung des Lebens in Beruf und Freizeit, damit ist gemeint, in einen Sektor der Lohnarbeit und einen des Konsums, führt dazu, dass alles Sein aufgeteilt wird in einen der beiden Bereiche. Alle nichtmonetären Tätigkeiten gehören sodann zum Bereich Freizeit.

In der modernen Gesellschaft wird dem freien Markt von Angebot und Nachfrage überlassen, welche Leistungen angeboten werden. Der Markt richtet sich jedoch nach den finanziellen Anreizen. Bereiche, Tätigkeiten, mit denen kein Geld zu verdienen ist, werden folglich auch nicht angeboten, auch wenn Bedarf bestünde. Hier handelt es sich vorwiegend um soziale Belange: Besuchsdienste, Kinderbetreuung, Hol- und Bringdienste für Kinder, Kranke, ältere Menschen, Gartenpflege, Haushalt. Fälschlicherweise geraten diese Bereiche in eine ganz bestimmte Ecke, die des Sozialen, die der Dienstleistungen. Es sind Tätigkeiten, die nicht beliebig sind, sondern die erbracht werden müssen. Insofern unterscheiden sie sich von bürgerschaftlichem Engagement.

Bürgerschaftliches Engagement ist durch bestimmte Kennzeichen definiert. Die Tätigkeit ist als freiwillig und nichtprofitorientiert definiert. Die Tätigkeit entspricht vom Rahmen her allerdings einer beruflichen Tätigkeit, nämlich der Dienstleistung, nur dass kein Geld damit zu verdienen ist und damit auch keine Verpflichtung verbunden ist. Bei Belangen, die wie oben betont, für ein soziales Miteinander wesentlich sind, kann man nicht mehr von Freiwilligkeit sprechen. Sehr oft fühlen sich sogenannte Ehrenamtliche auch emotional gedrängt, sich zu engagieren. Sie erleben Not und Mangel, die Einsamkeit von Älteren, den Stress von Müttern. Sie springen ein, organisieren Hilfe, setzen sich ein, sind da, wenn sie gebraucht werden.

Dass es den Dritten Sektor überhaupt gibt, weist hin auf die Konstruktionsfehler der modernen Gesellschaftsordnung. Denn es ist genau diese Ordnung, die den Mangel, die Not erzeugt. Die Entstehung von Mangelzuständen gehört zum System wie das zunehmende Auseinanderklaffen von Arm und Reich. Dass die Reichen von Zinsen und Zinseszinsen der Armen leben, wird in dieser Gesellschaft als gutes Recht angesehen. Die einen arbeiten zu geringem Lohn und zahlen monatlich Miete oder über 30 Jahre ihr Häuschen ab. Wer profitiert? Wer lebt von arbeitslosem Einkommen?

Die großen Wohlfahrtsverbände sind inzwischen die größten Arbeitgeber und Wirtschaftsunternehmen. Obwohl sie gemeinnützig sind, zahlen sie Löhne, investieren, suchen neue Geschäftswege wie jedes andere Unternehmen auch. Sie leben von Not und Mangel, von Krankheit und der zunehmenden Unfähigkeit von Menschen, die in diesem System überhaupt nicht mehr klarkommen. Sie verwalten, betreuen, versorgen, pflegen, fördern ein riesiges Klientel, ihre Kunden.

Daneben gibt es eine Vielzahl von Verbänden und Vereinen, ständig entstehen neue Zusammenschlüsse von Menschen, die der Meinung sind, sich für etwas einsetzen zu müssen, um Missstände zu beheben, Alternativen zu schaffen. Ist das alles freiwillig? Wohlfahrtsverbände suchen händeringend Freiwillige, die Tätigkeiten übernehmen, ohne dafür Bezahlung zu verlangen. Ganz offensichtlich werben sie um Ehrenamtliche, die das tun sollen, wofür Hauswirtschaftler, Erzieher, Pflegekräfte und andere Bedienstete ein entsprechendes Gehalt erwarten. Ehrenamtliche erhalten inzwischen zwischen 5 und 10 Euro Aufwandsentschädigung pro Stunde. Das ist immerhin mehr, als ein Arbeitsloser in einem 1-Euro-Job erhält. Man hatte sich bisher darauf eingestellt, Tausende von Zivildienstlern für Fahr-, Transport- und Begleitdienste einsetzen zu können. Unserer Gesellschaft ist es bisher nicht gelungen, ein Konzept dafür zu erstellen, wie soziale Dienste bewertet und qualifiziert erbracht werden können. Wo der Zivildienst oder die Ehrenamtlichen wegfallen, wird der Missstand deutlich. Seniorenverbände rufen seit neuestem nach einem sozialen Pflichtdienst für junge Menschen! Wie wäre es, wenn die jungen Menschen erst einmal die Möglichkeit hätten, die nötigen Tätigkeiten in der eigenen Familie zu verrichten? Wo sich früher auch junge Menschen in der Familie bei der Betreuung ihrer kleinen Geschwister und auch ihrer Großeltern beteiligten, werden sie heute zu Hause von Alltagspflichten befreit, um ihren schulischen Pflichten nachkommen zu können. Die Mutter begründet dies damit, die Tochter oder der Sohn solle sich auf die Schule konzentrieren, um einen guten Abschluss zu erreichen. Sollen sie danach mit ihrem guten Abschluss alte Menschen im Heim betreuen, während sich zu Hause die eigene Mutter zwischen Beruf, Hausarbeit und Altenbetreuung zerreißt?

Das Problem ist, dass diese Tätigkeiten in unserer Gesellschaft nicht den ihnen zukommenden Platz bekommen und auch nicht entsprechende Würdigung erfahren. Dies kann nicht durch ein paar Zusätze, staatliche Programme oder finanzielle Familienförderungen ausgeglichen und aufgefangen werden. Die Struktur der modernen Gesellschaft ist von den Grundlagen her ausgerichtet auf die Förderung des individuellen Leistungserbringers außer Haus. Die andere Seite von Anwesenheit, Fürsorge, Miteinander und Füreinanderdasein, die erst Familienleben ermöglicht, wurde systematisch vernichtet. Das Ergebnis ist jetzt an der demographischen Schieflage zu ersehen. Trotz zwanzigjähriger Bemühungen an Familienförderung, Schwangerschaftsberatung und finanziellen Hilfen für junge Familien ist weder die Kinderzahl gestiegen noch haben sich die Schwangerschaftsabbrüche verringert. Versäumt wurde auch, ein familiäres Klima zu fördern, in dem es möglich ist, die alt gewordenen Eltern zu betreuen. Es ist gut, wenn Frauen wie Männer freie Wahl haben, ob sie Kinder wollen, bei ihren Kindern bleiben wollen, ob sie ihre Eltern pflegen. Es ist unhaltbar, wenn Familien so unter Druck kommen, dass sie nicht mehr in der Lage sind, Kindern den Rahmen zu geben, den diese benötigen, dass sie sich nicht vorstellen können, ein weiteres Kind aufzuziehen, und dass sie auf Grund absoluter Überforderung die eigenen Eltern in ein Heim geben müssen. Das ist keine Ausnahme, das ist der Alltag in unserer Gesellschaft.

Die Lösung sind nicht Ganztagsbetreuung, Beratungsstellen, Schulsozialarbeiter, Förderzentren. Das alles ist sinnvoll in Maßen, für Notsituationen. All diese Dienste können jedoch nicht die Beziehungen zwischen Partnern, Eltern und Kindern, Nachbarn, Alt und Jung ersetzen.

Es handelt sich hier nicht um ein Geldproblem, sondern um ein Strukturproblem. Der Schrei nach Ehrenamtlichen, die alte Menschen besuchen sollen, sich um sie kümmern, ihnen Familie ersetzen sollen, ist nur ein Zeichen der Unfähigkeit dieses Systems, auf menschliche Bedürfnisse einzugehen. Zugleich zeigt es die Weigerung, den Menschen in seinen grundlegenden Belangen ernst zu nehmen.

Kapitel 9
# In der Krise: Reaktionen und Möglichkeiten

> *»Obwohl es letztlich immer nur die wirklichen, lebendigen und arbeitenden Individuen sein können, die die Schöpfer und Subjekte des gesellschaftlichen Reichtums und der geschichtlichen Bewegung sind, drängt sich jedoch immer wieder mit realer Gewalt der Anschein auf, dass das Kapital der Schöpfer des gesellschaftlichen Reichtums und das Subjekt der geschichtlichen Bewegung sei, dem die in seinen Zusammenhang eingefügten Individuen ohnmächtig unterworfen sind.«*
>
> (Ottomeyer 1977: 53)

## Verleugnung und Weigerung auf Seiten der Regierungen

Wir leben in der Krise, wird uns tagtäglich gesagt. Ein Teil der Machthaber verleugnet den Ernst der Lage. Sie wollen nicht wahrhaben, dass die Grundlogik, auf der unsere Gesellschaft aufgebaut ist, Ungerechtigkeit und Chancenlosigkeit produziert, dass die Auswirkungen irgendwann auf uns zurückkommen werden. Die Menschen, die ins Abseits kommen, werden sich wehren, so wie wir es schon seit einiger Zeit an den Protesten überall in Europa sehen.

Die aktuelle Politik hat leider kein anderes Credo als Wirtschaftswachstum und Vollbeschäftigung. Sie weiß, dass sie verloren hat, wenn diese Logik nicht aufgeht, zumindest, wenn der Glaube daran verlorengeht. Wenn zu viele Frauen, Jugendliche, ältere Arbeitnehmer, Selbständige nicht in das Lohn- und

Steuersystem und damit in das Sozialversicherungssystem eingefügt werden können, und nicht genug finanzielle Reserven für Unterhaltsleistungen oder Arbeitsförderprogramme vorhanden sind, fallen diese aus dem System. Denn es gibt hier bei uns keine Alternative, wenn man als Single lebt und kein finanzielles Einkommen hat. Es ist eine Ideologie, der wir unterliegen, und sicher kommt einmal die Zeit, in der dies deutlich gesagt werden kann und als Fehlweg anerkannt wird.

Die Politik will nicht wahrhaben, dass es eigentlich auch ein Leben jenseits ihrer Wirtschaftsreligion gibt, in der man an Wachstum und Märkte glaubt, dass es schon immer eine Lebensweise ohne diesen Glauben gegeben hat, in der Menschen auch in Wohlstand lebten, und dass es eine Lebensform gibt, in der sich Mensch selber versorgen kann. Allerdings hat diese Politik unsere Welt so beschnitten, dass es zumindest in Deutschland kaum einem gelingt, seine Lebensweise frei von dieser Religion zu gestalten. Die EU-Gesetzgebung hat das ihre dazugetan, kleine Familienbetriebe zu vernichten, die es sich nicht leisten konnten, ihre Küchen und Ställe aufzurüsten. Unsere Ökonomen berechnen ein Bruttosozialprodukt, als gebe es keine private familiäre Sozialversorgung von Jung und Alt, keine Alltags- und Erziehungsarbeit und keine Gesundheitsvorsorge von Gemeinschaften wie Familien und Vereinen. Die Regierung nimmt die Familien- und Alltagsarbeit wie auch alles freiwillige Engagement als Geschenk hin, selbstverständlich und kostenlos wie die Reinigungsleistung der Natur über Luft und Wasser etc. Dabei rechnet sie fest mit der Bereitschaft vor allem der Frauen, für Kinder da zu sein, und dem Funktionieren dieser Gemeinschaften außerhalb der Wirtschaftsorganisationen. Die Rechnung liegt jetzt vor: Es gibt zu wenig Kinder, die als Erwachsene und Gutausgebildete für die Wirtschaft da sein können, und es werden in zwei Jahrzehnten so viele Rentner da sein, dass die Rücklagen der Sozialversicherung aufgebraucht sein werden und damit das System zusammenbrechen wird. Damit ist die Massengesellschaft endgültig am Ende, außer sie fügt sich in eine Massenmenschenhaltung, ähnlich der momentanen Massentierhaltung, mit Genfood und automatischem Medikamentenzusatz. Da, wie prognostiziert wird, in circa 20 Jahren China weltweit die Macht haben wird, können wir uns jetzt schon ausmalen, dass dann nur derjenige durchkommen wird, der sich entsprechend gleichschalten lässt und in der Lage ist, als Rädchen im Getriebe zu funktionieren, ohne krank zu werden.

Die Kälte des modernen Lebens und die Enge der familiären Beziehungen lassen so manchen in die Welt hinausziehen, um sich in der Fremde nach Alternativen umzuschauen und auch, um sich zu bewähren. Dorfbewohner ziehen in die Stadt, wo sie mehr Chancen sehen, oder in das Nachbarland. Menschen kommen nach Deutschland, andere verlassen das Land. Das ist nicht neu und war schon immer so. Hier ist die berechtigte Stelle der Fremdarbeit, die Lohnarbeit für andere, der sogenannte erste Arbeitsmarkt. Zu diesem Zweck ist Lohnarbeit sinnvoll und fördernd. Die dafür nötigen Fähigkeiten sind Flexibilität und Interesse an Neuem, die Voraussetzung bestimmte Lebensbedingungen wie Unabhängigkeit und Ungebundenheit. Flexibilität ist das Vorrecht und Kennzeichen der Jugend, um neue Erfahrungen zu machen, Traditionen zu hinterfragen, Veränderungen einzuleiten durch neu Dazugelerntes. Weggehen und Suchen ist ein Prozess der Individualisierung, des Sichkennenlernens. Früher wanderten Junge aus, um woanders ihr Glück zu suchen und sich eventuell dort niederzulassen. Die meisten jedoch kehrten nach einer Zeit des Wanderns zurück, mit neuen Erkenntnissen, beruflichem Wissen, Ausbildung, um das wieder einzubringen in die alte Gemeinschaft. Der Unterschied zu heute ist jedoch, dass dieser pubertäre Zustand heute nicht mehr aufhört. Derjenige, der hinauszieht, kommt nirgends an, kommt nicht mehr zurück, er muss immer weiter, wechselt von Stelle zu Stelle. Das entspricht den Menschen heute, die nie fertig werden … mit der Ausbildung, dem Studium, dem Praktikum, dem Geldverdienen.

Nie ist es Zeit, Kinder zu bekommen, sich niederzulassen, sich einzulassen auf eine Beziehung. Jede Gemeinschaft, ob Familie, Dorf, Gemeinde, Volk oder Nation, kann nur existieren, wenn die Fähigkeiten erhalten werden, Gemeinschaft zu bilden, zu erhalten, zu schützen und zu fördern. Dies geschieht durch bestimmte Rahmenbedingungen. Dazu braucht es Strukturen der sozialen Zugehörigkeit, des gemeinsamen Zuständigkeitsbereiches und sozialer Fähigkeiten. Gemeinschaftsbildung kann erst beginnen bei einem wirklichen Ankommen in der Fremde, die dann keine Fremde mehr ist, oder bei der Rückkehr in die alte Gemeinschaft, die durch die neuen Impulse erneuert wird.

Bei uns gibt es keine Erneuerung der alten Gemeinschaften. Über das Asphaltieren des Dorfplatzes und Blumenrabatten kommt die Erneuerung in den meisten Gemeinden nicht hinaus. Das Ideal besteht weiter darin, dass die Jugend hinausgeht zum Lernen und Studieren und woanders eine Arbeitsstelle findet. Nicht nur die Gelder der Gemeindemitglieder verlassen die Gemeinde und landen in den Kassen der Supermarktkette. Auch die innovativen Kräfte der Gemeindemitglieder werden von überregionalen Firmen aufgesaugt, die Energien zur Veränderung werden in Arbeitspläne geleitet, die von der Firmenleitung beschlossen werden. So werden Gemeinden und der Wohnort auf dreifache Weise ausgesaugt. Entzogen werden der Region die Jugend, das Geld und die Arbeitskraft. Dass etwas nicht stimmt, merkt man an den Reaktionen der Menschen. Es werden immer mehr, die sich diesem Missbrauch menschlicher Arbeitskraft entziehen, indem sie durch Krankheit arbeitsunfähig werden oder schon als Jugendliche die Schule verweigern. Die meisten versuchen, den Anforderungen zu entsprechen, weil dies die einzige Perspektive darstellt, und werden mittels Medikamenten auf Linie gebracht. Viele schaffen es jedoch trotz aller Bemühungen nicht und werden depressiv oder sind ständig überreizt. Wie viele Familien gehen an dem Druck kaputt, dem die Einzelnen in Schule und Beruf ausgesetzt sind!

Probleme, die sich zurzeit in den modernen Gesellschaften ergeben, entstehen auf Grund der Brüche zwischen den propagierten Lebensvorstellungen sowie dem Wandel der Zeit, der sich in der Veränderung der Strukturen und Lebensweisen zeigt. Auf Widersprüche wird nicht eingegangen. Das gesellschaftliche Bewusstsein macht an diesem Punkt eine Zäsur, lenkt von den wirklichen Problemen ab und fährt fort mit der Anpreisung von Zielen: Wir wollen doch alle frei unseren Lebensstil wählen können, oder nicht? Dazu gehört, dass wir die Errungenschaften des modernen Lebens auch auskosten wollen. Das Berufsleben gehört dazu. Ständig wird darauf Bezug genommen, was man alles erreichen kann: Spitzenpositionen in einem angesehenen Beruf mit gutem Verdienst. Ja, das willst doch auch du, oder nicht? Das will doch jeder! Das ist das Ziel aller Menschen in unserer Gesellschaft. Und …, du hast die Freiheit dazu. Wir sind in einer freien Gesellschaft. Hier zählt Gleichberechtigung. Das bedeutet, jeder hat die Chancen für einen Aufstieg, auch du!

An allen Argumentationspunkten gibt es jedoch deutliche Brüche. Diese werden als Fehler des Einzelnen angesehen, als Anreiz dafür, Lösungen zu suchen unter Beibehaltung des Bestehenden. Damit wird jedoch nicht das System in Frage gestellt. Die Begründungen für das Fehlen z. B. der Chancengleichheit werden systemimmanent gesucht. Auf diese Weise findet man keine echten Lösungen, wo ein grundsätzlicher Systemfehler vorliegt. Ziel ist es, den Menschen in ein System zu pressen. Aber eigentlich müsste es umgekehrt sein. In einer wirklich freien Gesellschaft müsste es die Möglichkeit geben, grundsätzliche Fragen zu stellen auf der Suche nach Lösungen und Gründen für Probleme. Theoretisch ist das möglich. Praktisch sind jedoch alle so sehr auf Linie, dass dies nicht mehr geschieht. Auch die genannten sozialwissenschaftlichen Institute müssen mit der allgemeinen Meinung arbeiten, auch wenn sie andere Ansätze hätten. Diese sind nicht gefragt bei Politikern und der Öffentlichkeit. Was hier vonstattengeht, hat mit freier Meinungsäußerung nicht mehr viel zu tun. Es handelt sich um eine Ideologie und hat alle Kennzeichen einer solchen. Das bedeutet, alle sollten dieser Meinung sein. Wer dies nicht ist, wird mittels Totschlagargumenten schnell auf Linie gebracht.

## Parallelgesellschaft und Teilung in Oben und Unten

Inzwischen hat sich eine Parallelgesellschaft gebildet. Im oberen Bereich befinden sich die wirtschaftlichen und politischen Großstrukturen samt der Finanzelite, im unteren Bereich Normalbürger, Handwerker, Mittelstand. Man kann nicht mehr von Schichten sprechen, da es dafür ein Ganzes bräuchte, das nicht mehr vorhanden ist. Wo vorerst zusammengehörige Schichten auseinandergebrochen sind, handelt es sich jetzt um den Bruch innerhalb der Gesellschaft. In einem Staat existieren heute zwei parallele Gesellschaften, die durch die Macht in Oben und Unten geteilt sind, so wie es eigentlich schon immer war. Von dieser Tatsache wird abgelenkt durch das ständige Problematisieren der Lebensweise von Migranten und das Anprangern einer Parallelgesellschaft. Wen interessiert es, ob Türkenfrauen zusammensitzen und mit ihren Kindern Türkisch reden, solange sie in Kindergarten und Schule gehen und hier die Grundlagen unserer Demokratie praktisch erfahren!

Problematisch ist eine ganz andere Parallelgesellschaft! Die obere Parallelgesellschaft solidarisiert sich mit ihresgleichen. Das sind andere Regierungen, andere Staaten. Denn einem Staat geht es um Selbsterhalt. Wenn ein Nachbarstaat, wie bei uns jetzt, finanzielle Probleme hat, neigt eine Regierung dazu, ihn zu unterstützen, weil Ruhe, Sicherheit und Ordnung für jede Regierung absoluten Vorrang haben. Nur so kann eine Regierung an der Macht bleiben. Die Instabilität der Nachbarregierung gefährdet die eigene Regierung. Auf diese Weise halten die Regierungen gegen das Volk zusammen, auch wenn sich eine Regierung gegen das eigene Grundgesetz verhält. Selbstverständlich bestätigen sich die Politiker auf diese Weise gegenseitig, auch wenn es sich – wie im Nahen Osten – um autokratische, menschenverachtende Systeme handelte und handelt. Menschenrechte sind auf jeden Fall zweitrangig, Notstandsgesetze immer präsent und schnell aktiviert, um Bürgerrechte einzuschränken.

Die Einführung der Demokratie hat hier nicht viel geändert. Der genannte Bruch geht durch alle Gesellschaften in der ganzen Welt. Dabei ist die Regierungsform zweitrangig. Ob sich die Führer der kommunistischen Regierung ihre Bezüge erhöhen oder die Regierung einer sogenannten demokratischen Regierung, ist für die untere Schicht, die nicht die Macht hat, die eigenen Löhne zu erhöhen, immer gleich unverständlich und ärgererregend.

In der oberen Parallelgesellschaft befinden sich neben Regierungsangehörigen die Banken und die Medien. Bankenrettung und Staatenrettung gehen Hand in Hand. Sogar Peter Gauweiler, ein ehemaliger Atomkraftbefürworter und Gegner der Proteste in Wackersdorf, fragt sich, warum die Regierung keine Maßnahmen gegen die Handlungsweise von Spekulanten ergreift und nennt diese Extremisten und Radikale im Bankgewerbe (Interview S. 2, Münchner Merkur Nr. 212 vom 14.09.11).

Wenn in den Medien von Ökonomie gesprochen wird, meint man den Bereich der großen Unternehmen, der Finanzwirtschaft. Es wird übersehen, dass jede Ökonomie ihre Realität nicht in den Büchern hat, sondern in den familiären Haushalten. Es geht hier nur darum, was an der Basis ankommt und was fehlt, welche Handlungsoptionen die Familienangehörigen, die Familienverantwortlichen haben, für das Wohl ihrer Angehörigen zu sorgen. Das ist der Kernpunkt von Ökonomie und darum geht es beim Erkennen von ökonomischen Zusammenhängen. Auf diesem Gebiet hat jemand, der in einer Bank gearbeitet hat, keinerlei Fachkompetenz!

Die Medien beschäftigen sich hauptsächlich mit der oberen Gesellschaft und deren Sichtweisen und Anliegen. Brav geben sie in scheinbar kritischer Haltung nach unten durch, wie man zu sein hat, und ab und zu liest man einen ganz gut recherchierten Artikel über einen Normalbürger in Not. Im Allgemeinen ist das Verhältnis der Darstellung von Oben zu Unten jedoch völlig einseitig, was den Platz und die Themen anbelangt. Der Ratsvorsitzende der evangelischen Kirche in Deutschland, Nikolaus Schneider, betonte in einem Kamingespräch bei Phönix, dass es die Aufgabe der Medien gerade sei, die wesentlichen Themen gleichgewichtig anzusprechen. Er hätte den Eindruck, hier stünden vor allem die Themen im Vordergrund, denen die Regierung Gewicht geben wolle, andere für den Normalbürger wesentliche Themen gingen unter. Medien transportieren Werte und Normen der oberen Schicht unreflektiert in breiter Auflage. Folgen und Reaktionen auf die Darstellung des normalen Lebens eines Großteils der Bevölkerung von oben her gibt es fast nicht. Zudem reflektieren die Medien wenig, wie das, was sie verbreiten, bei bestimmten Teilen der Bevölkerung ankommt. Wenn hier davon gesprochen wird, wie unmöglich z. B. Jugendliche sich in der Lehre verhalten, ohne Schulabschluss, schulverweigernd, dann brennen sich diese Sätze in das Gehirn genau dieser Jugendlichen ein. Das ist Diskrimination. Dasselbe geschieht zum Thema Ausländer. Der unreflektierte Umgang mit Begrifflichkeiten, wie z. B. die ständige Verbindung von Terrorismus mit dem Islam, hat eine tiefgreifende politische Wirkung und ist erfolgreicher und verderblicher als jede beabsichtige Propaganda eines undemokratischen Staates. Vorurteile werden gefestigt, Aggressionen bei bestimmten Gruppen in Richtung einer Missachtung der Religion geschürt, was den Prinzipien unseres Grundgesetzes zuwiderläuft. Für viele Menschen in unserem Land verbindet sich dadurch das Bild des Islam mit gewalttätigem Verhalten. Dieses ist es, was in Zukunft zu einer großen Gefahr für unser friedliches Zusammenleben in Deutschland führt. Ein türkischer Bekannter äußerte, dass heute bei uns die Türken die Stellung der Juden im Dritten Reich einnehmen würden. Wir wissen, was geschieht, wenn sich deutschnationalistische Tendenzen auf Grund von Problemen und Not verstärken und Menschen beginnen, einen Schuldigen zu suchen!

Dabei liegen die Probleme eindeutig im jetzigen System begründet. Kinder und Jugendliche sind unsere Zukunft. Trotzdem werden sie einem Schulsystem ausgesetzt, das einem großen Teil von ihnen außer Noten hauptsächlich psychische Probleme bringt. Wenn sich ein Jugendlicher in den Prüfungen, trotz gutem Abschluss, über das Verhalten bestimmter Lehrer beschwert und betont, bevor er von der Schule geht, werde er es ihnen erst noch heimzahlen, ist etwas grundsätzlich schiefgelaufen. Wenn eine Schülerin als Reaktion auf den Bericht über den Amoklauf eines Schülers in Deutschland äußert, sie warte nur darauf, dass in der eigenen Schule so etwas stattfindet, ist das kein Einzelfall, sondern deutet auf die strukturelle Nachlässigkeit und Ignoranz der Verantwortlichen von Regelschulen hin. Wegzuschauen und nicht darüber zu sprechen, ist in Lehrerteams üblich und wird hier noch immer als Tugend eingeübt. Dies ist eigentlich als grob fahrlässiges Verhalten von Seiten der Verantwortlichen im Kultusministerium zu werten.

## Die soziale Krise

Es zeichnet sich zunehmend ab, dass sich die Probleme von der wirtschaftlichen Ebene auf die soziale verlagern. In Zukunft werden soziale Probleme deutlicher werden und die Folgen, die jahrzehntelange Missachtung von Umweltzerstörung und Technisierung bewirkten, in ihrer Auswirkung auf den Menschen als Lebewesen noch mehr zutage treten. Diese Probleme werden und sind schon heute weitreichender als die Finanzkrise und ähneln in ihrer Langzeitwirkung dem Problem mit der Endlagerung von Atomabfällen.

Die größte Steigerung der Kosten für Landkreise sind die Ausgaben für die Jugendhilfe. Daneben steigen die Zahlen der psychisch Kranken. Heute hat schon fast jede Familie Erfahrung mit Besuchen von Verwandten oder Bekannten in psychiatrischen Anstalten. Bedenkt man die demographischen Veränderungen, den Rückgang von Kindern im öffentlichen Leben, den Anstieg des Prozentsatzes von Migranten mit eher mehr Kindern, so verengt sich der Blick auf das Thema »Familie und soziales Netz«. Schon Antonowsky betonte, dass eine professionelle Behandlung in Form von Einzelberatungen nicht die Versäumnisse wettmachen kann, die in der Kindheit geschahen. Das Gefühl, mit der Welt in Verbindung zu sein, vermittelt sich zuallererst über das Zusammenleben in einer Gemeinschaft. Die Salutogenese betont, dass der Mensch einen überschaubaren, geordneten Lebensraum benötigt, in dem er als Mitglied anerkannt ist. Das Auseinanderbrechen von Zusammenhängen und die Zerteilung der Lebenswelt in viele Splitter spiegelt sich im Sozialen und Psychischen wider. Die Integrationskraft der Persönlichkeit ist an ihre Grenzen geraten. Die psychische Globalisierung führt zu einer Inflation von psychischen Inhalten. Die psychischen Probleme, die daraus entstehen, sind weitaus schwerwiegender als eine Inflation auf finanziellem Gebiet, da eine gesunde Gemeinschaft mit materieller Not umgehen kann. Psychisch labile Menschen jedoch haben in Situationen mit materieller Not keine Zukunft. Ein Dorf, eine gewachsene Siedlung, war ein geschützter Raum, der durch die Ordnung der Familien seinen inneren Rhythmus fand. Wo das nicht mehr existiert, ist die Familie den sie auflösenden Außenkräften preisgegeben. Damit hat die einzelne Persönlichkeit keinen Halt mehr. Momentan werden Kranke nach allen Regeln der Wissenschaft und modernen Erkenntnissen behandelt, betreut, gepflegt. Die Zahl der Kranken sinkt dadurch nicht, auch die pflegebedürftigen Alten werden nicht weniger. Erst, wenn das Geld nicht mehr da ist, um die Massen von Bedürftigen professionell zu versorgen, dann erst wird man nachdenken, wie das einmal früher war. Vielleicht wird man erkennen, dass die moderne Form des Lebens krank macht, unfähig, im Leben zurechtzukommen, dass Leben nicht aus Straße, Autofahren, Schreibtisch, Bankkonto, Einzelkind, Schule, Zeugnis, Urlaub und Eigenheim besteht, aus Leisten, Anstrengen für eine Zukunft, ein besseres Leben. Erst dann werden manche erkennen, dass es ein Leben nur im Jetzt gibt, und sie werden versuchen, ihr Umfeld, da wo sie wohnen, so zu gestalten, dass das Leben Raum hat. Der bayerische Ministerpräsident Horst Seehofer sagte bei seiner Neujahrsansprache 2012: »*Das Ehrenamt bewirkt mehr, als die Politik jemals könnte. Menschen in unserer nächsten Umgebung sind das stärkste soziale Netz, das wir haben.*«

Das Leben als Eigendynamik zeigt sich ähnlich dem Wachsen von Pflanzen ohne ständige Kontrolle und Beschneidung, was fälschlich als Pflege benannt wird. Dabei ähnelt der einzelne Mensch immer mehr den Topfpflanzen in den Gärten – einer neuen Mode, bei der normal in der Erde wachsende Pflanzen herausgerissen und durch Rasen ersetzt werden, auf dem dann Pflanzen in Töpfen aufgestellt werden. Das Bild zeigt die fortgesetzte Tendenz, Leben vom Ursprung zu trennen, ihm seine Selbstversorgungsmöglichkeit zu nehmen. Dies zeigt eine falsch verstandene Auffassung von Zivilisation, bei der alle Lebensvollzüge über ein künstliches System organisiert werden. Dabei übersieht man, dass das Versorgungssystem auch von Menschen verwaltet werden muss. Hängen die auch in der Luft? Unsere Finanzblase erweckt den Anschein, als müsste man dies glauben!

Der Verlust von Gemeinschaft schafft ein Vakuum, das zwar von wirtschaftlichen Kräften ausgenutzt wird, das Individuum aber nur binden kann, wenn jeder, auch die Frauen, gut bezahlte Arbeitsstellen bekommen kann. Das weiß die Regierung. Deshalb kämpft sie mit aller Macht genau dafür. Deshalb vertritt sie den Glauben an das Wirtschaftswachstum, teilt die Welt in eine Erste und eine Dritte oder Vierte und ruft dazu auf, sich anzustrengen, um bei den Ersten dabei zu sein. Dass es nur Erste gibt, weil es auch Letzte gibt, wie es nur Reiche geben kann, wenn es Schuldner gibt, unser Wohlstand also nur auf Kosten anderer, auch Menschen (!), möglich ist, wird unter den Tisch gekehrt. Dass diese unsere Demokratie, so wie sie jetzt gestaltet ist, auf einem System von struktureller Ungerechtigkeit basiert und nur ein Spielfeld bietet für eine neoliberale Politik, mag man nicht sehen. Denkt man einen Takt weiter, so wird klar, dass es auf der Welt immer Unterschiede gab, dass es ein Auf und Ab gibt und dass ein System, das auf dem Nachteil anderer beruht, einmal kippt und in die Gegenposition fallen muss.

Wo eine Regierung, eine Nation, in der Krise ist, kann sie nur gesunden und überleben mit Hilfe der regenerativen, gemeinschaftsbildenden Kräfte und Fähigkeiten, die an der Basis, so hofft man, vorhanden sind. Was bleibt bei uns, wenn das Sozialversicherungssystem zusammenbricht? Schon jetzt ist dieses System für viele Bürger nur eine Art Feigenblatt, das Armut wie auch Krankheit nur verdeckt, aber nicht beseitigt. Im Alltag kann man jedoch nicht von Hoffnung und der Anpreisung einer besseren Zukunft leben. Dies ist es allerdings, was viele Jugendliche in Europa hören. Arbeitslose ältere Bürger in Deutschland, auch wenn sie gut ausgebildet sind, können sich nicht einmal mehr auf Glauben und Hoffen verlegen. Das Wissen, mit Sicherheit auf eine Altersarmut zuzugehen, steht ihnen jeden Tag vor Augen. Hier hat keine Partei, keine Regierung etwas anzubieten.

Die Fähigkeiten, die man braucht, um in Gemeinschaft zu leben, sind bei den Bürgern in den Entwicklungsländern noch vorhanden. Bei uns sind soziale Fähigkeiten verschwunden, parallel zur Artenvielfalt in der Natur. In einer Regierungs- und Wirtschaftskrise könnten uns nur mehr all die Ausländer retten, die in den letzten Jahren nach Deutschland gekommen sind und ihre sozialen Fähigkeiten gegenseitiger Hilfe noch bewahrt haben. Schon jetzt sind Pflegekräfte für unsere alten Menschen aus dem Osten nicht nur wegen der geringen Kosten gefragt, sondern auch wegen ihrer menschlichen Haltung im Rahmen ihres Berufsverständnisses. Leider haben sich inzwischen immer mehr die berühmt-berüchtigte deutsche Gefühlskälte angeeignet und machen nur mehr ihren Job zum Geldverdienen.

Wo die Firmen die Freunde und die Nachbarschaft ersetzen, bleibt nur mehr Einsamkeit bei formaler Sicherheit. Dahin geht die moderne Massenversorgungsgesellschaft. Dazu braucht es den auch geistig und sozial völlig verarmten Menschen. Das Ende des Lebens ist die Isolation in dem technisch gut ausgestatteten Appartement, angeschlossen an das zentrale Informationszentrum der Sozialpflege, nach dem Motto der drei S: sauber, sicher, satt. Ähnlich wie bei den Telefonanbietern wird diese Zentrale dann nicht am Wohnort sein, sondern überregional. Eventuell werden die Dienste dann ausgelagert, bestimmte Versorgungsbereiche in die USA, wie es schon bei mancher Krankenversicherung geschieht, aber in Zukunft wird die Steuerung dann wohl in China sein.

Die Frage ist, ob die Meldungen über wirtschaftlich finanzielle Bonitäten eine wirkliche Aussage darstellen über den Zustand eines Landes oder doch nur den Finanzsektor und die Lage der Regierungen betreffen. Würde man den sozialen Status der Bevölkerung, die Ressourcen an menschlicher Aufmerksamkeit und Zeit dafür und an sozialen Kompetenzen, das Ausmaß existierender sozialer Ordnungen, das Funktionieren eines persönlichen sozialen Netzes mit einbeziehen, so wäre Deutschland wohl am Ende der Weltliste, noch hinter Irak und Angola. Für die Zukunft zählt nur die Leistungsfähigkeit von familiären Gemeinschaften, die eingebunden sind in sozialen Netzen. Denn diese sind es, die die psychosozialen Grundlagen für jedes menschliche Leben schaffen und erhalten. Resilienz ist nur möglich in sozialen funktionierenden Zusammenhängen. Entweder versteht das eine Regierung freiwillig, solange sie noch über Steuerungsmöglichkeiten verfügt, und zieht die Konsequenzen, indem sie dies fördert. Anderenfalls wird sie mit Eigendynamik, Anarchie und unkontrollierter Selbstorganisation konfrontiert. Je früher eine Regierung dies begreift, desto schneller lässt sich das Ruder herumreißen. Die Zukunft hängt also davon ab, inwieweit in echter Basisdemokratie Menschen als Gemeinschaften in die Lage versetzt werden, ihre eigenen Angelegenheiten wieder selbst zu regeln. Eine Massengesellschaft hat den Weg der Demokratie endgültig verlassen. Geht dieser Prozess weiter, so wird die Finanzkrise die Geldordnung bis zum Ende treiben und unkontrollierbare Menschenmassen übrig lassen, die nur mehr von Stimmungen gesteuert werden, ähnlich einem Fischschwarm. Folgen sind Bürgerkriege und Flüchtlingsströme. Die Anfänge sind schon sichtbar in den Protestbewegungen in und um Europa, inzwischen auf der ganzen Welt, sowie in den Wanderungsbewegungen von afrikanischen Flüchtlingen.

Da der Mensch kein Einzelgänger ist, können nur soziale Strukturen das Überleben garantieren. Bei Kindern und bei Senioren ist nachgewiesen, dass die reine materielle Versorgung, z. B. mittels Dienstleistungen und Geld, dem Einzelnen keinen Sinn für sein Leben vermitteln kann. Grundsicherung, Sozialhilfe wie auch Krankenversorgung können nur greifen, wo ein individuelles Netz von persönlichen Beziehungen existiert. Fehlt dies, werden Menschen krank und arbeitsunfähig. Wo eine Gesellschaft die persönlichen sozialen Netze zerstört, indem sie auf Grund von vermehrten Anforderungen an berufliche Flexibilität Familien überlastet und auseinanderreißt, vernichtet sie die Existenzgrundlagen der Gesellschaft, den Lebensmittelpunkt, den Ort, an dem Kinder geboren werden können, an dem kranke und alte Menschen betreut und versorgt werden könnten.

Menschen haben das Recht auf eine funktionierende Gemeinschaft, nenne man diese Familie oder auch anders. Wesentlich ist, dass diese Gemeinschaft die ursprüngliche Funktion von Familie erfüllen können muss. Orientieren kann man sich hier nach den Vorstellungen der Salutogenese, denn unser Hauptproblem in der modernen Gesellschaft ist die Gefährdung der Gesundheit. Wenn Dauerarbeitslosigkeit dem Betroffenen Selbstbewusstsein nimmt und ihm Zweifel an sich selbst erzeugt, so ist das eine Kränkung von Seiten des gesellschaftlichen Systems. Nur persönliche Beziehungen können ihm hier eine Alternative bieten. Wenn die Gesellschaft es nicht schafft, diese zu unterstützen, werden andere Kräfte neue Gruppen entstehen lassen, die sich jedoch dann gegen die Gesellschaft wenden werden. Das hatten wir schon einmal.

## Der Verlust von demokratischen Strukturen

*»Lebendige Demokratien fordern von den Regierungen die Rechte und Verantwortlichkeiten zurück, die in die Gemeinde und in die Zivilgesellschaft gehören, und sie verlangen von globaler Ebene, was auf die nationale oder lokale Stufe gehört.«*

(Shiva, S. 134)

Demokratie beruht auf der persönlichen Erfahrung, die eigenen Angelegenheiten möglichst selbständig organisieren zu können. Diese Erfahrung machten die Menschen in unserem Lande bisher kaum. Obrigkeitsdenken von unten her und Durchführungsmacht von oben her sind aus der Zeit vor der Demokratisierung weitgehend erhalten geblieben. Demokratie baut sich auf über die Grunderfahrungen des Kindes, die eigenen Lebenszusammenhänge zu verstehen und über eigene wesentliche Angelegenheiten in einem Dialog mit anderen bestimmen zu können. Dies muss in der Familie erfahren werden können und braucht ein lebendiges Lebensumfeld. Wo Kinder erleben, dass Vater wie auch Mutter sich angesichts neuer Verordnungen und Regelungen hilflos fühlen, Zusammenhänge nicht verstehen und sich ohne Nachfragen dem Druck beugen und anpassen, geschieht politische Bildung im Sinne eines hierarchischen Verhaltenslernens in Richtung Anpassung. Die Politikferne von Kindern ist schon so eingeprägt, dass sie nicht in der Lage sind, Hilfsmöglichkeiten für sich selbst zu nutzen. Im Jugendamt jedes Landratsamts gibt es Stellen, an die sich auch Kinder wenden könnten. Die Politik hatte bisher allerdings kein Interesse daran, dies Kindern nahezubringen. Eine Sozialpädagogin, die hier zuständig ist für die Zusammenarbeit mit Schulen, fragte ich, wie schon beschrieben, ob auf sie auch manchmal Schüler zukämen, die sich z. B. ungerecht behandelt fühlten oder nicht mehr weiterwüssten. Erstaunte Blicke waren die Antwort. Kein Kind oder Jugendlicher kommt zu dieser Stelle, die eigentlich dafür da wäre, Kinder zu schützen. Alle Angebote im Rahmen von Schule, Bildung, Kinder und Jugendliche sind Durchführungshilfen für die Institutionen der oberen Schicht. Die Frage ist nur: Wo sind die Kinder? Immer sprechen andere für sie, geben vor, ihre Probleme zu kennen, zu wissen, was sie wollen.

Diese Erfahrungen in der eigenen Kindheit haben die heute Erwachsenen geprägt und sind der Grund für das Misstrauen gegenüber jeglicher Politik. Demokratie muss von Kindheit an erfahren werden können. Dazu braucht es die Möglichkeit für Kommunikation und echte Auseinandersetzung schon in den ersten Lebensjahren. Damit ist nicht gemeint, Kinder schon mit zwei Jahren ständig danach zu fragen, was sie anziehen oder essen wollen, wodurch sich die Verhältnisse umkehren und die Mutter zum Dienstboten wird, die die heranwachsende Tochter schließlich nach Wunsch zum Ballett oder zur Freundin fährt. Auch das ist ein Ergebnis des Lernens, zu funktionieren, unter dem heute sehr viele Mütter leiden. Im Zuge der Anpassungserziehung in ihrer eigenen Jugend und durch das Vorbild, das ihre Mütter ihnen gab, haben sie nicht gelernt, ihre eigenen Bedürfnisse ernst zu nehmen und sie gleichzusetzen mit denen anderer. Und hier schließt sich der Kreis.

Das Gesetz zum Schutz der Familie hebelt sich selber aus, wenn es ein Verständnis von Familie zulässt, das ausgehöhlt nur mehr die sogenannte Rumpffamilie übrig lässt. Unter Familie wird auch das Ehepaar mit Kind verstanden, wo der Vater während der Woche auswärts arbeitet, oder die Alleinerziehende mit zwei Kindern, die auf Grund ihrer Teilzeitarbeit weit entfernt von den eigenen Eltern lebt. Eine Pseudofamilie, die mit der Pflege der alten Mutter überfordert ist, verdient nicht die Bezeichnung Familie.

Unsere Gesellschaft entwickelt sich hin zu einer Massenverwaltung und -betreuung von Menschen. Hier ist kein weiter Weg hin zur Massenvergewaltigung, zwar nicht sexuell, aber als Einschränkung der Möglichkeit, sein Leben selbst zu gestalten. Auch das ist Missbrauch! Dies bedeutet die Vernichtung von demokratischen Strukturen. Die augenblicklichen Perspektiven für ein Leben im Alter sind ein gutes Beispiel: Die Leitung und Organisation eines Altenheims liegt in den Händen von überregionalen Betreibergesellschaften. Hier haben die Bewohner keine Mitspracherechte, geschweige denn Rechte zur Selbstorganisation in entscheidenden Dingen ihres Alltags. Die Organisation der Pflege liegt in Händen zentraler Wohlfahrtsorganisationen, die jedoch eigentlich Wirtschaftsunternehmen sind. Man muss sagen, dass die meisten zu Pflegenden nicht so dement sind, dass sie nicht äußern könnten, was sie brauchen. Zudem sollte es die erste Pflicht jeder Pflegekraft sein, eine Beziehung zum Pflegenden zu entwickeln, die es ihr erlaubt, dessen Bedürfnisse zu erkennen. Wie ist es überhaupt möglich, mit Menschen so umzugehen, sie nicht einzubeziehen, nicht zu fragen, kein Feedback zu erwarten. Was sind das für Qualitätsansprüche, die die Hauptpersonen außen vor lassen. »An den Früchten sollt ihr sie erkennen«, sagt schon Jesus. Was für eine Demokratie ist das, wo alte Menschen nach einem Leben in Selbständigkeit und Leistungsbereitschaft hospitalisiert werden. Ein demokratisches System sollte sich dafür schämen. Genauso geben Gemeinden ihre Selbstbestimmungsmöglichkeiten auf, wenn sie Grund und Boden wie auch Wasserrechte etc. verkaufen. Damit geben sie die Macht in die Hände von profitorientierten globalen Unternehmen.

Es ist zu hoffen, dass möglichst viele Menschen erkennen, dass sie sich nicht auf äußere Strukturen und neue Programme von Seiten der Politik verlassen können, dass sie selbst es sind, die ihre Angelegenheiten in die Hand nehmen und ihre Zukunft gestalten müssen. Dies ist es, was zu neuen und ganz anders gestalteten Aufgaben führt, die im nächsten Kapitel erläutert werden.

In dem Moment, in dem Mensch erkennt, dass er im eigenen Bereich Gestaltungsmöglichkeiten hat, hat er die Krise hinter sich gelassen. Gemäß dem Wortsinn von crisis ist die entscheidende Wendung vollzogen und damit die Krise überwunden.

Kapitel 10
# Nachhaltigkeit heißt Umkehr zu regionalen Organisations- und Entscheidungsformen

»*Es geht um nichts Geringeres als um einen strategisch angelegten Umbau der Gesellschaft und damit alle Male um den Umbau des Sozialen, d. h. auch der Sozialsysteme und der Sicherungsnetze, die gegenwärtig immer später gespannt werden. Wir wissen eigentlich alles, aber wir tun, eingemauert in unsere eigene Funktionalität, gar nichts, abgelenkt und oft überfordert durch die täglich anwachsende Aufgabenbewältigung.*«

(Otto 2008)

## Die Bürgergesellschaft

Seit längerem wird das Modell einer Gesellschaft diskutiert, die von den Bürgern selber getragen wird. Für fortschrittlich denkende Bürgermeister und Gemeinderäte ist es klar, dass ein Gemeindeleben nur funktionieren kann, wenn sich die Bürger am Gemeinwesen aktiv beteiligen. Im Idealfall sind es die örtlichen Vereine, die in enger Zusammenarbeit mit dem Bürgermeister bei speziellen Anforderungen, aber auch bei der längerfristigen Planung mitbeteiligt sind und als Erstes gefragt werden. An vielen Orten bauen Vereine in Eigenregie Vereinsheime und führen Arbeiten aus, die ansonsten viel Geld verschlingen würden. In einer aktiven Gemeinde werden Lösungsvorschläge für Probleme eingeholt und deren Umsetzung durch die Aktiven der jeweiligen Gemeinde vorangetrieben. Die Ausrichtung von Festen und Gemeindeveranstaltungen ist überall selbstverständlich, aber die

Durchführung von Planungen in Eigenregie, das, was früher eine Selbstverständlichkeit war, wird zusehends weniger. Das Konsumverhalten des Gemeinderates zeigt sich, wenn sich die Gemeinderäte von der Präsentation eines Architekten berauschen lassen, der die perfekte Lösung, z. B. für die Versorgung der älter werdenden Gemeindemitglieder in Form eines Altenheims, anbietet. Teuer, aber repräsentativ.

Bürgerschaftliches Engagement hat seinen ursprünglichen Platz in der Familie, Nachbarschaft und Gemeinde. Viele Kirchengemeinden leben nach diesem Prinzip. Das Formulieren der eigenen Probleme und die Entwicklung von Lösungswegen müssen immer am Ort und von den Betroffenen selbst geschehen. Alle Initiativen, die auf diese Weise entstehen, fördern die Entwicklung des Gemeinwesens. Dazu gehören Nachbarschaftsprojekte, Tauschringe, Wohnprojekte, Solidargemeinschaften. Bürgerschaftliches Engagement hat seinen absoluten Vorrang in der eigenen Lebenswelt und im eigenen sozialen Netz. Deshalb können solche Prozesse nicht verordnet und von oben herab oder von Institutionen organisiert werden. Die Wiege des bürgerschaftlichen Engagements ist die Gemeinde. Hier kann Eigenaktivität Wurzeln schlagen und Beziehungen können sich gestalten zu funktionsfähigen Strukturen des Miteinander.

Im Frühjahr 2011 wurde in Bayern der schon beschriebene Wettbewerb durchgeführt, an dem viele Landkreise und Gemeinden teilnahmen. Es ging um »Grüne Begegnungs- und Erlebnis(t)räume«, naturnahe Gestaltung von öffentlichen Anlagen, Kindergärten, Schulhöfen, und die aktive Beteiligung der Bürger. Deutlich sah man, welche Gemeinde/Stadt Infrastrukturmaßnahmen vor allem durch Fremdaufträge mittels Geld durchführen ließ und wer im anderen Fall Bürgern Freiraum in der Gestaltung und Mitarbeit gewährte. Hierbei wurden die Arbeiten von den Bürgern selber ausgeführt und die übrigen notwendigen finanziellen Kosten über Spenden erbracht. Das Spendenwesen, ob Zeit- oder Geldspenden, ist in den USA eines der das Gemeinwesen tragenden Systeme. Jedem Nordamerikaner ist klar, dass es des aktiven Engagements des Einzelnen bedarf und dass die Gesellschaft ohne dies nicht funktionieren kann. Bei uns wird bei Infrastrukturfragen als Erstes bemängelt, dass kein Geld da ist, um das Nötige machen zu lassen! Nach diesen Kriterien konnten es bei diesem Wettbewerb auch kleine Gemeinden mit Städten aufnehmen. Sieger war eine kleine Gemeinde, die ihre Grünflächen kreativ nutzte, für alle Bürger zur Verfügung stellte. Der Kindergarten hatte keinen extra gestalteten Abenteuerspielplatz, die einzelnen Gruppen gingen in den nahe gelegenen Wald, in dem gemeinsam mit den Kindern verschiedene Erlebnisräume geschaffen worden waren. Bewusst waren im Gemeindebereich kleine Bachläufe als Experimentierfelder für Kinder belassen worden, sodass Kinder dort spielten, wo schon ihre Eltern ihre ersten Wassererfahrungen gemacht hatten.

In Zukunft geht es darum, sensibel umzugehen mit dem noch vorhandenen natürlichen Umfeld und seine Funktion für das Zusammenleben von Natur und Mensch zu erfassen, bevor man sich entscheidet, etwas zu verändern. Nicht so wie ein Gartenvereinsmitglied, das ehrenamtlich die Grünanlagen der Gemeinde pflegt und sich darüber beschwert, dass nichts wächst, weil hier immer die Kinder spielen. Bezeichnend in dieser Gemeinde ist das Fehlen von Grün im Straßenverlauf.

Der eigentliche Wert erschließt sich in Zukunft in der sozialen Nachhaltigkeit. Das bedeutet, eine Investition, egal ob in Form von Geld oder Zeit oder Wissen, hat nur nachhaltige Wirkung, wenn sie das soziale Miteinander fördert, also gemeinschaftsbildend ist. Was ist ein Kindergarten wert, der – mit Rollrasen ausgestattet – keinem natürlichen Wachstum Raum gibt, mit fertigem Baumhaus ohne Baum und viereckig eingezäuntem Werkbereich? Wir wissen, dass es keinen Sinn hat, für Jugendliche ein perfektes Jugendzentrum zu bauen. Das Erste, was sie machen, ist, das für sie extra Hergestellte herunterzuwirtschaften und kaputtzumachen. Nur Gestaltungsräume die anregen fördern die Gemeinschaftsbildung. Auch eine perfekte Umgebung regt an. Man kann hier nur noch kaputtmachen, was jedoch natürlich nicht im Sinne der Erbauer ist.

Für viele stellt sich die Frage, wie solche Prozesse eingeleitet und gefördert werden können. Beteiligung von Bürgern braucht einen gemeinsamen Raum, gemeinsame Zuständigkeit. Beteiligungskiller sind die modernen Lösungsformen wie Anträge, behördliche Zuständigkeiten, Professionalisierung und schließlich natürlich die Privatisierung. In allen Fällen stellt eine fremde Stelle die Diagnose, gibt die Lösung vor und führt die Planung aus. Alle Prozesse, die dahingehen, Probleme zu institutionalisieren, entmündigen den Bürger und nehmen ihm Handlungsmöglichkeit. Das Dumme ist dann, dass er all das auch noch bezahlen soll.

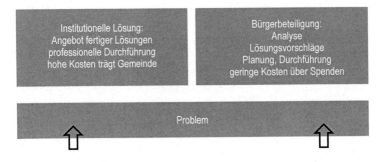

Jugendliche sind ein gutes Beispiel. Im Laufe der letzten Jahrzehnte gewöhnte sich das Gemeindemitglied an Versorgung, Verwaltung, Reglementierung. Genau die Kinder dieser Bürger sind es, die Ansprüche anmelden, aber nicht auf die Umgebung schauen wollen und ihren Abfall überall liegen lassen. Die Versorgungsgesellschaft hat ihre Zuständigkeiten, auch für Abfall. Die Jugendlichen können es nicht, weil sie es nicht gelernt haben. Schließlich arbeiten sie im Rahmen eines Ein-Euro-Jobs im Bauhof in der Landschaftspflege. Gerade schwierige Jugendliche sind immer auf der Suche nach Aktion, aber auch nach einem Ort, wo sie sich aufhalten können. Vielerorts wurde das pädagogisch genutzt und mit einem anderen Konzept angegangen. Sie erhalten ein Terrain, auf dem nichts vorhanden ist. Als Erstes werden sie es in Besitz nehmen und sich Sitzgelegenheiten besorgen. Jeder Handgriff wird gemeinsam verhandelt und entschieden, das Erreichte verteidigt. Schließlich braucht es ein Dach gegen Regen. Nun geht es um das Verhandlungsgeschick mit den Zuständigen, der Gemeinde. Der Ball kommt ins Rollen. Es bilden sich soziale Ordnungen, Ansprechpartner unter den Jugendlichen. Die Gemeinde, die Anlieger fordern die Einhaltung von Normen, wie z. B. Lautstärke, Abfallbeseitigung etc., dafür bietet die Gemeinde Material und Hilfe. So beginnen sich tragfähige Beziehungen zu entwickeln und zu wachsen.

Auf Protest, z. B. bei der Zentralisierung der Wasserversorgung, wurde in Deutschland mit Ignoranz und Unterdrückung reagiert. Hier hat sich für den einzelnen Bürger nichts geändert. Seine eigene Meinung ist nicht gefragt. Es gibt einen Unterschied zur früheren DDR: Er kann zwar seine Meinung äußern, aber niemand hört zu. Verständnisvolle Politiker geben sich leutselig und gehen darauf ein, das Gesagte findet aber nirgends Eingang in die offiziellen Gespräche. In Bezug auf die Wasserversorgung ging Österreich einen anderen Weg. Es gibt Beratungsmöglichkeit für Interessierte, durch die eine individuelle Lösung gefunden werden soll, auf welche Weise der eigene Brunnen genutzt werden kann.

Eine Bürgergesellschaft schafft man nicht durch Wahlmöglichkeit oder Beschwerdemanagement. Die individualisierenden Angebote der öffentlichen Ämter fördern nur die Massengesellschaft mit der Notwendigkeit vermehrter Bürokratie. Hier ist der Unterschied zu sehen zwischen ehrenamtlicher Arbeit und der Bürgergesellschaft. Ehrenamtliche werden einzeln eingesetzt, im Begriff Bürgergesellschaft geht es dagegen um eine Gemeinschaft, eine gesellschaftliche Gruppierung, es geht um ein Gemeinwesen. Da dies immer regional angesiedelt ist, bezieht es sich auf eine bestimmte Region. Damit sind die Themen und Bereiche schon vorgegeben. Rein formal rechtlich ist die Beteiligung der Bürger in unseren Gemeinden schon grundgelegt. In der Realität jedoch wird noch immer vorwiegend verwaltet und geregelt. Das Gefühl, verantwortlich zu sein, braucht Zuständigkeit. Die Lösung kann nicht sein, von der Gemeinde aus eine Umweltgruppe zu gründen mit der Absicht, die Pflege der Verkehrsinseln auf diese Weise kostengünstig erledigt zu bekommen. Leider verstehen dies die meisten unserer Verantwortlichen unter ehrenamtlicher Arbeit. Nochmals: Bürgerschaftliches Engagement hat nichts, aber auch gar nichts zu tun mit kostenloser Dienstleistung. Es geht um die Förderung des Gemeinsinns, und ein Gemeinwesen ist nur dann gesund, wenn es getragen ist vom Gemeinsinn der Bürger. Gemeinsinn bedeutet Eigenverantwortlichkeit. Diese entsteht aus der Freiheit, sich zu engagieren, aus der Übergabe der Verantwortung durch die verwaltende Gemeinde in dem Sinn, dass echte Entscheidungen möglich sind. Im anderen Fall fühlen sich Engagierte missbraucht und nicht genug wertgeschätzt.

Es muss ein Prozess in Gang gesetzt werden, der Verantwortung zurückführt auf den Bürger selbst. Ähnlich wie die Entscheidung im letzten Jahr, dass nicht der Waldbesitzer, sondern der Spaziergänger selber verantwortlich ist, wenn ihm im Wald ein Ast auf den Kopf fällt, müssen andere Bereiche »ent-sorgt« werden. Das bedeutet, die staatlichen Stellen sollten ihre ständige Sorge lassen. Die Entmündigung des Erwachsenen in unserem Land muss aufhören. Da diese ja dadurch entstand, dass das persönliche soziale Netz nicht mehr die Sorge für den Einzelnen übernahm, muss die Gemeinschaft gestärkt werden, um im Falle von Alter, Krankheit und Arbeitslosigkeit für die Grundversorgung da sein zu können. Das sogenannte Gesundheitssystem ist hier die größte Verfehlung. Es kann doch nicht sein, dass der Beitrag für die Krankenkasse beinahe so hoch ist wie der Satz für den Grundbedarf eines Hartz-IV-Empfängers!

Die Pflicht zur Eigenverantwortung beinhaltet, dass sich jeder Bürger für seine Belange einsetzt und zunächst eigene

Ressourcen aktiviert. Diese sind das Wissen und die Kenntnisse seines persönlichen sozialen Netzes. Auf diese Weise könnten viele Fragen im Vorhinein gelöst werden. Die Bereitschaft, sich Zeit zu nehmen, die Angelegenheiten des anderen ernst zu nehmen, würde Not und Probleme im Vorhinein vermeiden. Oft handelt es sich um selbstverständliche Tätigkeiten, wie nachbarschaftliche Aufmerksamkeit und ein Angebot zur rechten Zeit. In früherer Zeit gab es dafür Orte der Kommunikation, wie den Dorfladen. Geschichtlich gab es Gemeinschaftsaufgaben und -arbeiten, bei denen die ganze Gemeinde mit einbezogen war.

Die eigene Tätigkeit, die der Pflege und Aufrechterhaltung des eigenen sozialen Netzes dient, braucht den Schutz des Staates. Die Möglichkeit, dies zu tun, gehört zum Grundrecht jedes Menschen. Dabei handelt es sich nicht um Arbeit im Sinne von Arbeitsamt oder Finanzamt, die stundenmäßig begrenzt werden kann. Es ist keine ehrenamtliche Tätigkeit im Sinn einer freiwilligen Tätigkeit speziell für andere. Diese Tätigkeit schafft die Grundlagen dafür, selber im Alltag genügend Unterstützung zu erhalten, um selbständig leben zu können. Im Gegenteil ist es rechtswidrig, wenn schon Familien gezwungen sind, ihre ureigenen Aufgaben zugunsten von Fremdarbeit zurückzustellen, wie es heute der Fall ist. Zu früheren Zeiten gab es einen festen Haushaltstag, der dem Lohnarbeitenden zustand. Dann wurden die Wochenarbeitsstunden zwar reduziert, vom Einzelnen jedoch gefordert, bis zu 90 Minuten Anfahrt zum Arbeitsplatz in Kauf zu nehmen. Die Kosten dafür muss er meist selbst tragen. Soziale Arbeit im Sinne von Gemeinwesenarbeit ist die Pflicht jedes Menschen. Dort, wo noch funktionierende soziale Systeme existieren, brauchen sie Schutz und Förderung vor Auflösungserscheinungen des modernen Lebens.

Neben den offiziell von der Regierung oder der EU angeregten und geförderten Prozessen des bürgerschaftlichen Engagements in Form von kostenintensiven Programmen gibt es schon immer die Parallelgesellschaft der Alternativen, der NGOs, der

Nichtregierungsorganisationen. Leider besteht noch immer das Vorurteil, alle, die in unserem schönen offiziellen Gesellschaftsmodell nicht mitmachen, wären Protestler mit dem Ziel, das offizielle System zu beseitigen. Schaut man sich in den Foren, auf Tagungen, Kongressen der Alternativszene näher um, liest man entsprechende Zeitschriften und Bücher, so tut sich eine ganze Welt von neuen und alten Erfahrungen auf, Experimenten des friedlichen Zusammenlebens, des nachhaltigen Umgangs mit Natur, Ressourcen, Alltagsmanagement zum Wohle aller. Kennzeichen ist die Solidarität von Menschen jeden Alters, jeder Nationalität, damit der Schwerpunkt auf einem neuen Miteinander der Menschen untereinander sowie mit der sie umgebenden Natur.

Die Ergebnisse der selbstorganisierten Modelle und Experimente sollten die offizielle Wissenschaft wie auch die Verantwortlichen in der Regierung würdigen als einen großartig angelegten Feldversuch, an dem viele Individuen ihren Idealismus und ihr ganzes Können ehrenamtlich ungefragt einbringen. Die entsprechende Auswertung ergäbe eine Fülle von Erkenntnissen für nachhaltiges menschliches Verhalten, wie wir es für das Leben in Zukunft dringend brauchen werden.

Eine dieser Initiativen ist die »Transition Town«-Bewegung, die wohl in den USA ihren Anfang nahm und nun über England auch in Deutschland ankommt. Es geht hier um den Umbau der Grundversorgung zugunsten des regionalen Handelns und der Selbstversorgung mit Gemüse, vor allem mittels Permakultur. Widersprüchlich ist, dass in dem einen Fall nahe London einerseits die regionalen offiziellen Gemeindevertreter gegen die Initiative kämpfen und mit großem Polizeiaufgebot das Gelände, bestehend aus Gärten, Hühnern, Bienen und hier tätigen Menschen, durchsuchten. Andererseits besuchte, wie Karsten Winnemuth in der Zeitschrift OYA berichtet, eine Abordnung im Rahmen eines EU-Bildungsprogramms gerade solche Projekte, in denen es um das Thema Nachhaltigkeit und um den Austausch von praktischen »Best Practice«-Modellen geht. In diesem Projekt werden Lernpartnerschaften zum Thema »Transition to Resilience« gefördert. Es ist zu hoffen, dass Fördergelder zunehmend dort landen, wo Menschen wirklich etwas zu Wege bringen.

**Regionales Handeln bedeutet eine menschen- und naturbezogene Wirtschaftsweise**

> *»Entscheidungsbefugnisse dürfen [...] nur dann auf übergeordnete Ebenen verlagert werden, wenn die untergeordneten Ebenen nicht die nötigen sachlichen Kompetenzen und organisatorischen Möglichkeiten besitzen. Ethisch ist hier das Prinzip der Subsidiarität maßgeblich.«*
>
> (Bayern-Agenda 21: 18)

Am konsequentesten wurde das Prinzip der Regionalisierung durch die Agendaprozesse umgesetzt. Gezielt ging und geht es hier um eine Dekonzentration von Organisationsstrukturen mit dem folgenden Argument:

> *»Regionale und kommunale Konzepte für die Umsetzung von Nachhaltigkeit können in ihrer Sach- und Bürgernähe oft besser auf die spezifischen sozioökonomischen, politischen und kulturellen Gegebenheiten eingehen.«*
>
> (Bayern-Agenda 21: 18)

Die Förderung von Nachbarschaften, Familienselbsthilfe und sozialen Netzen wie auch vom bürgerschaftlichen Engagement hat den größten Effekt für den Bürger, wenn sie auf der Ebene des Gemeinwesens ansetzt. Gerade in der Gemeinde, am Wohnort, hat dies auch einen nachhaltigen Effekt. Bei Entscheidungen, wo Interventionen ansetzen sollen, um Probleme anzugehen, ist die nächstmögliche Ebene die sinnvollste. Menschen werden direkt dort unterstützt, wo sie leben. Dies erzeugt einen Synergieeffekt auf alle anderen Lebensbereiche. Dies betrifft neben der Familie auch Wohnen, Bildung und Arbeit. Menschen, die sich am eigenen Wohnort engagieren, fördern zugleich ihr persönliches soziales Netz. Damit sichern sie sich präventiv die Bereitschaft der Menschen an ihrem Wohnort, auch ihnen beizustehen, wenn sie es einmal nötig haben. Dies dient der sozialen Sicherung der Zukunft. Zugleich dient dies der Entwicklung ihrer gesamten Lebenswelt. Das konkrete Lebensumfeld des Bürgers muss wieder in seine Zuständigkeit fallen. Zunehmend wurden ihm alle Möglichkeiten von Eigenarbeit genommen. Die Arbeit durch die eigenen Hände verlor an Wert und auch die Kenntnisse, die eigenen Angelegenheiten zu regeln, wurden nicht gefördert. In den letzten Jahrzehnten fand eine große Enteignung statt und es ist Zeit, diese wieder zurückzuführen. Die Chance dazu erhalten wir durch einen Zusammenbruch der Finanzwirtschaft. Leider muss es erst so weit kommen, dass das Geld nicht mehr da ist, bevor Menschen sich darauf besinnen, dass sie ja selber etwas können und dass sie auch ohne Geld handeln können. Unterhält man sich mit älteren türkischen Frauen, so erfährt man, dass sie eine Fülle von Fähigkeiten beherrschen. Sie machen Betten aus Daunen der eigenen Gänse, häkeln und stricken, bauen das Gemüse des Gartens an. Die Töchter dieser Frauen sind deutsch integriert, haben eine Ausbildung, aber können nicht mehr handarbeiten. Man kann sich ja hier alles kaufen! Die Manipulation ist jedoch schon so weit fortgeschritten, dass Menschen glauben, nur mittels Geld überhaupt leben zu können. So wird im Falle eines Zusammenbruchs der Finanzwirtschaft der Großteil der Menschen verzweifeln und sich durch Angst beherrschen lassen. Das Beispiel von Wörgl zur Zeit der Weltwirtschaftskrise 1932/1933 bleibt unübertroffen, als der Bürgermeister beschloss, ein Freigeld einzuführen. Durch das Verbot des Modells nach einem Dreivierteljahr zeigte sich das wahre Gesicht des Kapitalismus, dem es nur darum geht, mittels Geldkreisläufen Kapital für bestimmte

Kreise von Eliten zu akkumulieren. In jeder Gemeinde gibt es Menschen mit Wissen und Fähigkeiten, die Zeit haben. Zugleich gibt es auch Aufgaben, nötige Arbeiten. Mittels Zeitgutschriften können all diese Tätigkeiten getan werden. Unser heutiges System funktioniert gerade andersherum. Die Gemeinde muss den billigsten Anbieter aus anderen Gegenden nehmen und gibt so ihr Geld nach außen weg. Damit wird sie arm. Das Gleiche macht jeder Bürger, wenn er Produkte kauft, die woanders hergestellt werden. Er gibt sein Geld aus. Wenn die Gemeinde oder der Bürger das Geld bei sich ließe, im eigenen persönlichen sozialen Netz, und das andere auch täten, gäbe es am Ort für jeden Bürger wie auch für dessen Nachkommen genug Beschäftigung, und jeder könnte alles bekommen, was hier erhältlich ist. Damit würden die Menschen in ihrem eigenen Umfeld ihr eigenes Geld einnehmen, wovon sie selber profitieren würden.

Susanne Elsen geht in ihrer Arbeit konsequent den Weg der Bürgergesellschaft.

> *»Die (Wieder-) Aneignung, Erhaltung und Bewirtschaftung der Commons (Gemeingüter) könnte die praktische Voraussetzung für ein solidarisches Wirtschafts- und Gesellschaftssystem schaffen. (Henning Ulrike). Commons sind das gemeinsame natürliche und kulturelle Erbe einer (spezifischen) Gemeinschaft. Zu den Commons zählen nicht nur die natürlichen Lebensgrundlagen Wasser, Boden, Wälder, Fischgründe, Luft, Landschaften, Artenvielfalt etc., sondern auch soziale Organisationsformen, wie öffentliche Räume, Daseinsvorsorge, Sozialversicherungssysteme, Gesetze. Zu den kulturellen Gemeingütern zählen Bildungs-, Wissens- und Kommunikationsformen, Sprache, Riten, Traditionen.«*
>
> (Elsen 2011: 100)

Die Beschreibung der Commons beinhaltet an und für sich genau das, was die ökologische Sichtweise beschreibt. Damit ist sie nicht neu. Susanne Elsen fordert, dass jeder Mensch ein Recht haben muss, Zugang zu diesen Lebensgrundlagen zu haben, unabhängig von seiner finanziellen Situation.

*»Dies aber erfordert einen Paradigmenwandel von einer reaktiven und individualisierenden, hin zu einer gestaltenden und kooperativen Sozialpolitik und Sozialen Arbeit, die Idee des Gemeinwesens als Ort aktiver Teilhabe und Integration, kollektiver Selbstorganisation und nachhaltiger Entwicklung.«* (Elsen 2011: 103)

In Zeiten von drohenden Krisen gibt es keinen anderen Weg, als sich diesem Gedanken zu öffnen und den Enteignungsprozess rückgängig zu machen. Im Weiteren braucht es ein Management von Gemeingütern. Möglich ist hier die Organisation durch die Gemeinde oder eine genossenschaftliche Form der Beteiligung.

## Das Gemeinwesen der Zukunft

*»Nachhaltigkeit und Zukunftsfähigkeit stehen zugleich für die Vision eines sinnerfüllten Lebens und einer neuen solidarischen Sozialkultur.«*

(Bayern-Agenda 21: 17)

Eine nachhaltige Gemeinwesenentwicklung muss das wichtigste Kriterium bei politischen Entscheidungen sein, denn es gibt keine Zukunft für einen Staat ohne lebensfähige Gemeinden. Jede Maßnahme fördert oder hemmt die Entwicklung des Miteinander, von Kommunikation, Partizipation von Bürgern, die Bereitschaft, sich zu engagieren und Verantwortung zu übernehmen.

Die Gemeinde hat die Aufgabe, den Rahmen zu gewährleisten, damit das persönliche soziale Netz funktionsfähig bleibt und seine Funktionen erfüllen kann. Nur dann ist die Selbständigkeit des Bürgers möglich und Eigenverantwortung für seine Belange kann von ihm erwartet werden. Lücken im persönlichen sozialen Netz erkennt die Gemeinde über Gespräche mit ihren Bürgern. Hier werden die entsprechenden Bedürfnisse erfragt und mit engagierten Bürgern Hilfepläne entwickelt. Diese beziehen sich auf die Förderung der normalen Familienselbsthilfe und Nachbarschaftshilfe. Familienbeauftragte sollten zusammen mit den Bürgern soziale Aufgaben formulieren und aktiv angehen. Heute fallen immer mehr Bürger aus dem regionalen sozialen Netz ihrer Gemeinde. Es geht darum, Bürger wieder in ihre Gemeinde zu integrieren, indem sie als natürliche Mitglieder der regionalen Hilfestrukturen anerkannt werden.

Soziale Dienste können die Aufgaben des persönlichen sozialen Netzes und damit der Gemeinde nicht ersetzen, genauso wenig, wie sie Familie ersetzen können. Soziale Beratung fördert die individuelle Selbsthilfe, lässt aber den Betroffenen in seinem alltäglichen Leben allein. Die Betreuung und die Erziehung von Kindern betreffen zunächst das Wohnumfeld und die Möglichkeiten, hier Beziehungen zu knüpfen und Unterstützungsstrukturen zu schaffen. Die sozialen Beziehungen am Ort sind ein absolut nötiges Bindeglied, das nicht von Dienstleistern übernommen werden kann. Die örtliche Gemeinde hat hier eine Aufgabe und Fürsorgepflicht.

Die Gemeinde selbst bestimmt die Grenzen von Selbsthilfe und eigenen Möglichkeiten. Erst wenn für den Betroffenen und sein persönliches soziales Netz ein über die eigenen Möglichkeiten hinausgehender Bedarf deutlich wird, werden professionelle Pflege und Betreuung zu Rate gezogen. Dies muss der Betroffene klar äußern und wollen. Hier beginnt der Aufgabenbereich der sozialen Dienste. Weiterhin ist jedoch das Ziel, dass der Einzelne seine eigenen Angelegenheiten im Zusammenleben mit seinen Angehörigen und Menschen am Wohnort wieder selbständig klären kann. Es geht um die Förderung von Selbsthilfe, Familienselbsthilfe, um den Aufbau von Unterstützungsstrukturen des persönlichen sozialen Netzes. Es geht nicht um Dienste, die geleistet werden, sondern darum, Menschen Räume zu geben, wo sie ihre eigenen Selbsthilfefähigkeiten wiederfinden können. Die eigentliche Not ist, dass sich Menschen nicht mehr gegenseitig unterstützen, dass der Nächste nicht mehr der Nächste ist. Heute tut Hilfe zur Selbsthilfe Not.

Die Gemeinde hat weiterhin die Aufgabe, die Möglichkeiten zu schaffen, dass der Einzelne dies in Zukunft wieder selbst übernehmen kann. Sinnvoll ist es, mit Einrichtungen der sozialen Beratungsstellen zusammenzuarbeiten, um hilfebedürftige Bürger, die sich dort melden, wieder in die Gemeinde zu integrieren. Ähnliche Probleme, die sich am Ort häufen, müssen im Gemeinderat benannt und angegangen werden. Jeder hat seinen Platz und ist eingebunden in ein System von Geben und Nehmen. Als lebendes System hat eine Gemeinde die Fähigkeit, alle Bedürfnisse zu organisieren. Dabei werden alle Menschen, die hier wohnen, gebraucht. Prinzip sollte sein, zunächst das Angebot an Zeit und Arbeitskraft mit dem örtlichen Bedarf zu verbinden. Diejenigen, die noch keine Aufgabe (Arbeit) gefunden haben, brauchen ein Angebot vor Ort. Der Schwerpunkt sollte hier bei den Jugendlichen und älteren Menschen liegen.

Tätigkeit hat sich immer mehr zu bezahlter Leistung entwickelt. Alltagsarbeiten in Familie, Haus und Hof, Betreuung und Sorge haben an Wert verloren. Teile davon wurden professionalisiert. Trotzdem bleibt der Teil der unbezahlten Tätigkeit ein Großteil des Lebens. Nur er bringt ein Zusammengehörigkeitsgefühl für die Beteiligten. Das Miteinandertun war früher in Gemeinden Prinzip. Es gab ungeschriebene, aber auch geschriebene Gesetze zum Thema Gemeinschaftsarbeiten, wie das Beispiel der Allmende zeigt, die gemeinsam bewirtschaftet und gepflegt wurde. Auf der ganzen Welt gibt es die Pflicht, sich in der eigenen Gemeinde bei bestimmten Tätigkeiten zu beteiligen. Die Ausweitung dieses Bereiches könnte dazu führen, dass sogenannte Arbeitslose sich nicht mehr arbeitslos fühlen, dass sie für sich einen Platz finden und Wertschätzung erfahren. Die geleistete Zeit müsste in der Gemeinde gutgeschrieben werden. Ähnlich wie bei den Tauschringen könnte die angesparte Zeit in Notzeiten oder im Alter wieder zurückgegeben werden. In Zeiten des Geldmangels sollten sich die Gemeinden bewusst machen, wie viel Zeit und Arbeitskraft in ihrer Gemeinde vorhanden ist und auf Einbindung wartet. Gemeinsames Tun war immer der Kitt für eine Gemeinschaft. Auf diese Weise entsteht und stabilisiert sich das persönliche soziale Netz.

## Eigenarbeit – Selber machen

> »[…] bewusst zu machen, dass ›gut leben‹ und ›viel haben‹ nicht unbedingt gleichzusetzen sind und dass ein undifferenziertes ›weiter, schneller, mehr‹ nicht ein Modell für die Welt von morgen und die Länder des Südens sein kann. Die vielfältigen Bedürfnisse des Menschen werden nicht einfach durch höchstmöglichen Konsum befriedigt. Die Umkehr zu einem einfacheren Lebensstil kann zu einem Gewinn an Lebensqualität und kultureller Entfaltung führen.«
>
> (Bayern-Agenda 21: 17)

### Zurück zum einfachen Leben

Dass unsere jetzige Lebensform des Nutzens und Selbstbedienens ausgedient hat, wird zunehmend jedem klar. Denn mit Hilfe der Technik gelingt es dem Menschen sehr effektiv, von der Erde, dem Wasser, das zu bekommen, was er braucht. Es geht sehr schnell, mühelos und mit wenig menschlicher Arbeitskraft. Der Mensch erreicht viel in kurzer Zeit, mit wenig Mühe. Das jedoch verführt zu »mehr und schneller« und zu der Illusion, es gebe dabei keine Nachteile. Zugleich wird jedoch Natur, unsere Lebensgrundlage, zerstört. Da der Mensch selber auch Natur ist, zerstört dies zugleich die Grundlagen der menschlichen Gesundheit. Das rein technische Denken und Handeln hat das Leben zurückgedrängt und den Menschen in eine Sackgasse geführt. Im Bewusstsein dieser Zusammenhänge organisieren sich immer mehr Menschen, um die Grundlagen für den Erhalt des Lebens für sich und ihre Kinder in einer intakten äußeren Natur zu bewahren oder wiederherzustellen. Dabei wird deutlich, dass eine Rückkehr zu einem eher nachhaltigen Lebensstil unabdinglich ist, bei dem Materialien als Wertstoffe geschätzt werden. Die hier billig eingekauften Waren werden in anderen Ländern mit viel menschlicher Energie und dortigen Ressourcen hergestellt, wofür das Land und die Menschen nur einen Bruchteil bekommen. Es wird nicht mehr lange dauern, dann ziehen sie nach und wollen unseren Standard und dementsprechende Löhne. Sie folgen unserem Vorbild. Dann werden unsere Kinder und Enkel in Armut leben. Die nächste Aufgabe für unsere Gesellschaft wird es sein, eine Lebensweise einzuführen, die Ressourcen als Wertstoffe würdigt und schont. Dabei geht es nicht um Sparen, sondern um Bewusstwerdung der Kosten, die der Welt durch unsere Lebensweise entstehen. Hier ist Griechenland sicher sparsamer und nachhaltiger als Deutschland. Es muss Kriterien geben, die überflüssige Märkte und Produkte begrenzt. Schon jetzt gibt es ein Gesetz zur Verträglichkeitsprüfung für alle Neuerungen. Dieses muss umgesetzt werden, und zwar für alle Ebenen, auch für die soziale. Es geht nicht, dass ein Elternteil zum Geldverdienen sinnlose Tätigkeiten verrichtet und dafür das eigene Kind in eine Krippe muss! Eine Arbeitsagentur, die den Einzelnen dazu zwingt, eine solche Arbeit anzunehmen, handelt gegen die Verfassung. Wir müssen unterscheiden lernen, welche Tätigkeiten wirklich wichtig sind, was wir wirklich brauchen. Dabei ist Zeit ein wertvolles Gut, das bisher zu wenig beachtet wird.

In der Bayern-Agenda des Bayerischen Staatsministeriums wird das Leitbild wie folgt dargestellt:

»*Das Leitbild der nachhaltigen Entwicklung ist Ausdruck des Beginns einer grundlegenden Neuorientierung. In ihm zeichnet sich die Ablösung des neuzeitlichen Fortschrittsdenkmusters durch die Leitvorstellung einer in die Stoffkreisläufe und Zeitrhythmen der Natur eingebundenen Entwicklung ab. Als Fortschritt kann künftig nur bezeichnet werden, was von der Natur mitgetragen wird. Im Hinblick auf ein ökologisches Wohlstandsmodell gilt es, die Ausrichtung an den Zeitrhythmen und Entfaltungsbedingungen der Natur sowie die Qualität des natürlichen Lebensraums des Menschen als einen positiven Bestandteil von Lebensqualität wahrzunehmen. Dies bedeutet zugleich eine Entkoppelung kultureller Zielvorstellungen und Wohlstandsdefinitionen von einem umweltverbrauchenden Konsum und ein Innehalten in der beschleunigten Jagd nach rein materiell bestimmten Lebenszielen.*«

(Bayern-Agenda 21: 16)

Im Rahmen des Agenda-21-Prozesses wurde auf regionaler Ebene ein Bewusstseinswandel in Gang gesetzt. Die Aufgabe war, ausgehend von der Konferenz in Rio, in den regionalen Gemeinden Agendagruppen ins Leben zu rufen, die die konkreten Themen der Gemeinde benennen sollten, die den Auftrag hatten, Lösungsvorschläge zu erarbeiten und selbst eine Umsetzung in die Wege zu leiten.

Es gibt viele Beispiele für Experimente mit neuen Lebensformen. Siebenlinden ist eine soziale Gemeinschaft im Norden Deutschlands, in der vor einigen Jahren das Experiment begonnen wurde, ohne Strom ein Haus zu bauen. Die Balken wurden mit Zugtieren an ihren Ort gebracht und per Hand bearbeitet. Das entstandene Haus dient jetzt als Gemeinschaftshaus für gemeinsame Treffen.

**Die Naturabhängigkeit des menschlichen Organismus**
Der menschliche Organismus funktioniert nach einem uralten System, angepasst an die Bedingungen und Veränderungen einer natürlichen Umwelt. Dementsprechend haben sich soziale Ordnungen entwickelt, die effektiv eingestimmt sind auf eine ganz spezielle Umgebung und Klimazone. Das Wissen ist gespeichert in unseren Genen und kommt zur Anwendung, wenn entsprechende äußere Reize vorhanden sind. Nicht umgehen kann unser Organismus mit den Veränderungen, die wir auf Grund der Technisierung eingeführt haben und die zu einer künstlichen Umwelt führten. Hier entstand eine bestimmte entfremdete Umgebung. Zum einen die direkte Umwelt, wie die Versiegelung des Bodens mit Beton, auf dem unsere Füße krank werden, zum anderen Bedingungen, die zu einer sitzenden Lebensweise führen und Haltungsschäden verursachen, des Weiteren das Fehlen der sensorischen Anregungen von Seiten von Pflanzen durch einen Alltag ohne jeden Kontakt zur Natur, die einen Mangel an für den Erhalt unserer Gesundheit nötigen basalen Informationen für unser Nervensystem bewirken. Damit verarmen unsere sozialen Fähigkeiten durch die immer weiter zunehmende Individualisierung. Dies hat zur Folge, gesellschaftliche Krisen nicht ausgleichen zu können, was schon immer die Aufgabe des persönlichen sozialen Netzes war. Ohne soziale Gesundheit kann eine Gesellschaft nicht überleben.

In der Öffentlichkeit wird nicht akzeptiert, dass der Mensch eine bestimmte Ausstattung hat, die ihm auf physischem, psychischem und sozialem Gebiet einerseits vieles ermöglicht, ihm aber andererseits klare Einschränkungen vorgibt. Von der modernen Gesellschaft wird der Mensch als Lebewesen zu allen möglichen Zwecken missbraucht. Kriterien sind meist nicht die Förderung und Entwicklung des menschlichen Wesens, sondern die Einpassung und Programmierung für eine moderne, technisch orientierte Umwelt und Arbeitswelt. Am deutlichsten sieht man die Möglichkeiten wie auch die Grenzen an Heranwachsenden. Die moderne Gesellschaft möchte nicht wahrhaben, wie der Mensch wirklich ist. Mittels Medikamenten werden Kinder ruhiggestellt und damit in ihrer Entwicklung beeinträchtigt, zu seelischen Krüppeln gemacht. Unter Bildung versteht man die Einpassung in unsere moderne Gesellschaft. Dabei ist Lernen keine moderne Errungenschaft. Man könnte sogar sagen, dass der Mensch vom Wesen her ein Lernspezialist ist, etwas, was ihn wirklich vor allen Tieren auszeichnet. Die Folgen für die zwangsweise Verformung von Menschen, für das Fernhalten von Lernchancen, wie es in unserer Zeit durch die sozial verarmte Familie und die Regelschule geschieht, werden in Zukunft schlimmere Auswirkungen zeitigen als die Umweltsünden der modernen Welt. Die Auswirkungen werden sich auf sozialem Gebiet zeigen als extreme soziale Armut als Kennzeichen moderner Gesellschaften. Wo der Notfallknopf, der an einem Band um den Hals der alten Dame hängt, als größte Errungenschaft eines langen Lebens und einer modernen technischen Entwicklung gilt, zeigt die Einsamkeit, die das Ergebnis der programmierten Individualisierung ist: der Mensch am Schluss des Lebens alleine mit der Technik, angebunden an der Nabelschnur der professionellen Pflege mit Namen Sozialstation.

**Altes Wissen finden und aktivieren im Sinne der Nachhaltigkeit**

> *»Höchst ironisch ist die Tatsache, dass der weiße Mann, will er überleben, seine dollarjagende Zivilisation aufgeben und zu einem stammesorientierten Wildjäger- und Beerenpflückerdasein zurückkehren muss. Er muss seine Vorstellung von der Erde als einer teilbaren Landfläche, mit der er Geschäfte machen kann, aufgeben. Die Ländereien der Vereinigten Staaten müssen wieder in Gemeineigentum übergehen und zur Wildnis werden, wenn der Mensch leben will.«*
> 
> (Deloria 1996: 103)

In den letzten Jahrzehnten begannen Einzelne wie auch Gruppen, sich von der Lebensweise des Konsumierens und Verbrauchens abzuwenden, auf der Suche nach Formen, mit der Erde und ihren Ressourcen schonender umgehen zu können. Die verschiedensten Experimente wurden gemacht. Dabei wird deutlich, dass die Suche nach neuen Formen zunächst zurückgeht in die Geschichte der Menschheitsentwicklung. Es ist verständlich, dass der Mensch in der Krise zunächst untersucht, was früher war. Er forscht nach den eigenen Quellen, früheren Lebensformen. Die Erinnerung daran lässt ihn Altes wieder aufleben, erproben in unserer Zeit. Neben materiellen Selbstversorgungsformen werden die alten sozialen Lebensordnungen wieder erprobt. Dabei sieht man, dass das eine nicht ohne das andere geht. Das heißt, Tun ist immer gebunden an einen sozialen Kontext. Das eine hängt vom anderen ab, eines beeinflusst das andere. Dabei wird deutlich, dass frühere Versorgungsformen immer in sozialen Beziehungsnetzen geschahen. Dementsprechend ist eine Gesellschaft, die die Erwerbsarbeit im Mittelpunkt hat, in der sozialen Entsprechung ein Individualisierungssystem im Gegensatz zum Sozialsystem. Das Soziale übernimmt der Staat, als Sozialstaat.

Spezialisten suchen nach den Ursprüngen. Mittelaltermärkte sind Formen, sich der Vergangenheit zu erinnern. Handwerkskunst vom Weben über das Schmieden bis zur traditionellen Küche, die Herstellung von Gewändern, Borten wie auch die Kampfkunst mit Kettenhemd ..., alles ist hier zu finden und lässt eine Atmosphäre des Lebens unserer Vorfahren nachspüren. All diese Erfahrungen öffnen die Schleusen zum eigenen Urwissen, das in den Tiefen der Gene ruht. Das alte Wissen ist ein Notvorrat, der dem Normalbürger im Alltag nicht so einfach zur Verfügung steht, aber aktiviert werden kann. Er ist ein Schatz, der gehoben werden kann. In Zeiten der Unsicherheit, des Wandels bietet es sich an, hier zu forschen. Dabei helfen einem Erinnerungen, die durch sinnliches Tun, Berührungen mit Erde, einfache Tätigkeiten wie Schnitzen, Töpfern, Steinbearbeitung aktiviert werden können. Auch äußere Bilder wie ein Mittelaltermarkt können Erinnerungen wecken, Lust machen auf Werken, Handarbeiten.

Noch weiter in die Vergangenheit zurück geht die Suche nach den eigenen Ursprüngen in enger Verbindung mit der Natur, dem Boden, Steinen, Holz, dem Leben der Steinzeitmenschen. Immer mehr Menschen haben das tiefe Bedürfnis, zu erfahren, wie es ist, wenn man selber Feuer macht mit Hilfe von Feuerstein, wie man sich primitive Hütten im Wald aus Ästen und Zweigen macht, sich auf Spurensuche begibt. In Keltendörfern und Wildnisschulen taucht man ein in das Leben der Vorfahren, in Ritualen zur Sommer- und Wintersonnwend wird ein neues Bewusstsein für die Jahreszeiten gefunden. Jugendliche erlernen wieder den Umgang mit Pfeil und Bogen, gehen auf Visionssuche, um den Weg ins Erwachsenwerden zu finden. Die Erfahrung, eine oder mehrere Nächte alleine im Wald zu verbringen, dockt an an alte Formen der Erkenntnisgewinnung über Visionen und Träume, eine auf der ganzen Welt verbreitete Art und Weise, Antworten auf Fragen zu erhalten. Die Möglichkeit, auf eine neue Art und Weise mit der Natur in Berührung zu kommen, führt zu einem Gefühl von Verwurzelung und Sicherheit.

Ein ganzes Jahrzehnt begleitete uns das Schicksal der Indianer, über Karl May, die Verfilmung seiner Werke – und eine ganze Generation ließ im Fasching diese Welt wiederaufleben. Weiterhin gibt es auch bei uns einen Westernkult mit Wagenburgen und traditioneller Kleidung. Westernreiten ist seit neuem im Trend.

In einem Interview erzählt Joachim Fuchsberger:

> *»[...] auf unserem Grundstück gibt es zwei gewaltige Bäume, die Buche und eine Birke. Ich bin die Buche. Nach meiner dritten Herzoperation hatte ich so unsagbare Schmerzen, dass ich bald verrückt geworden bin. Es kam ein Chinese, der mit sehr langen Akupunkturnadeln arbeitete. Er sprach kein Wort Deutsch, seine Frau*

*übersetzte. Sie schaute aus dem Fenster, sah meine Buche, sagte: ›Du musst an den Baum.‹ Der Mann redete auf mich ein. Er wollte, dass ich den Baum umarme, meine Stirn an seine Rinde lege und mit ihm rede. Meine Schmerzen waren so, dass ich mir sagte: ›Ich mache alles mit, jeden Unsinn.‹ Ich hatte Angst, so viel Morphium zu bekommen, dass ich abhängig werden könnte. Also bin ich zum ersten Mal an den Baum und habe gesagt: ›Sei mir nicht bös, der Chinese hat gesagt, ich soll mit dir reden.‹ Ich hielt mich für ziemlich bescheuert. Und plötzlich ... spürte ich etwas. Ob es ein Rieseln war oder Wärme? Ich spürte etwas. Ich war dann eine Woche bei dem Baum. Die Schmerzen, mit denen ich monatelang im Krankenhaus gelegen hatte, waren weg.«*
(Welt am Sonntag, Nr. 27, 03.07.2011)

Diese Geschichte ist kein Einzelfall. Die Erfahrung, dass die Verbindung zu einem Baum ausgleichend, heilsam wirken kann, machen viele Menschen. Es ist davon auszugehen, dass damit präventiv schon die Folgen innerer Spannungen vermieden werden und damit Krankheiten erst gar nicht auftreten. Die Heilkräfte, die wir in der Natur finden, wenn wir uns dafür öffnen, sind traditionelles Wissen des Menschen. Die TCM (Traditionelle Chinesische Medizin) ist seit 20 Jahren ein Erfolgsmodell im Westen. Vergessen wird dabei unsere eigene jahrtausendealte Tradition, nicht des Mittelalters, sondern aus der Zeit davor. Das alte Wissen aus vorchristlicher Zeit wurde später von den Klöstern als traditionelle Klostermedizin erhalten und steht uns zur Verfügung.

## Lebenslanges Lernen

Aber nicht nur in der Vergangenheit der Menschheitsgeschichte wird geforscht nach Lebensweisen, die mehr Zufriedenheit bringen, mehr Lebensgefühl, die Intensität des Lebens wiederbringen, das uns in einem durchorganisierten Alltag immer mehr verlorengeht. Überall, wohin man schaut, öffnen sich Menschen für neue Formen, das Leben zu erfahren. Der Aufbruch zu neuen Ufern zeigt sich im Alltag am Wunsch nach Weiterbildung: der Besuch von Kursen, Reisen in andere Länder, neue Hobbys. Ob sich hier jemand eher für sportliche Aktivitäten interessiert, zeichnerisch kreativ wird oder Sprachen lernt, jeder Mensch findet in einer Vielfalt von Angeboten das für ihn Passende. Dabei wird zusammen mit der Übungsform Yoga zugleich eine ganze Weltanschauung transportiert. Der Buddhismus verhilft dem gestressten Zeitgenossen zu mehr Gelassenheit und Abstand vom Weltgetriebe. Am Übergang zu neuen Lebensformen beginnt der Einzelne, über seinen Tellerrand hinauszusehen. Er macht sich auf zu neuen Ufern, verändert seine Alltagsroutine, seine Kleidung, bildet sich fort in Kreistanz mit Tänzen aus Afrika und Brasilien, lernt Didgeridoo statt Flöte und Chinesisch statt Italienisch. Täglich sitzt er meditierend im Schneidersitz und besucht zu Ostern das buddhistische Frühlingsfest statt den christlichen Gottesdienst. Auf der anderen Seite wird so mancher Gottesdienstbesucher überrascht vom schwarzen Pfarrer, der in der hiesigen Gemeinde für ein paar Wochen zu Besuch ist und die Messe hält.

Inzwischen gibt es auf der ganzen Welt in allen größeren Städten Yogazentren, Naturkostrestaurants, Fitnesscenter, Sprachschulen, ganz zu schweigen von Sportzentren und Schwimmhallen. Der moderne deutsche Bürger kann seine Lebensweise überall auf der Welt ohne große Probleme fortsetzen, während er seine Kinder in die deutsche Schule schickt und mit anderen Deutschen sein Weltbürgertum genießt.

### Werken – Basteln – Selbermachen

Schon seit den 80er-Jahren boomt der Markt der Selbstwerker. Hobby- und Baumärkte werden von jedem Häuslebesitzer genutzt, um das Gefühl des Selberkönnens über das Selbermachen für sich zu bewahren. Der Hobbykeller mit den wichtigsten Maschinen, mit Werkbank und Säge ermöglicht alle Kleinreparaturen am Haus, bis hin zur Herstellung von Weihnachtsgeschenken aus Holz für den Enkel.

In regelmäßigen Abständen kommt die Stricksucht. Läden mit Wolle in allen Qualitäten und Farben fördern die Lust am Selbergestalten. Jede freie Minute wird dann genutzt, um mit Nadeln zu klappern, und so manchen Dozenten brachte die Angewohnheit einiger Studenten, in der Vorlesung ihren Pullover weiterzustricken, zur Weißglut. Wolle, Nadel und Faden haben weiterhin Hochkonjunktur, obwohl bei uns Kleidung extrem billig zu kaufen ist. So manche ältere Dame frönt dem Sticken von Bildern und Tischdecken oder Weben und Knüpfen von Polsterüberzügen oder Läufern. Dahinter wird das tiefe Bedürfnis deutlich, die eigene Handfertigkeit zu erleben und sich im eigenen Wohnumfeld mit Selbstgemachtem und selbstgestalteten Stoffen zu umgeben.

Für die meisten Hausbesitzer ist Gartenarbeit ein wesentlicher Teil ihres Lebens. Der Kontakt zu Pflanzen, zur Erde draußen in der frischen Luft, bei jedem Wetter, regeneriert, entspannt, erdet, gleicht aus. Natürlich gibt es auch hier Absonderheiten, die nichts mehr zu tun haben mit Natur oder gesundem Verhalten, wenn der Garten vorwiegend zum Vorzeigeobjekt wird, der Stolz am englischen Rasen das eigene Selbstbewusstsein prägt und das Schneiden nur mehr Ausdruck von Kontrollsucht ist. Genügend Hausfrauen leiden unter Migräne oder Rückenschmerzen, weil sie sich unter Dauerdruck setzen, um all ihren eigenen Vorstellungen zu entsprechen. Dann wird diese Tätigkeit zur Krankheit, unter der auch der Garten leidet, wie der aufmerksame Passant bemerken kann.

Tun ist nicht gleich Tun. Verbreitet ist bei uns eine Art der Aktivität, in der Menschen in ständiger Hetze, verkrampft und verbissen, Tätigkeiten vollbringen. Dahinter steht eine bestimmte Arbeitshaltung, bei der der Einzelne mit Aktivität Anstrengung und Mühsal verbindet. Tun ist hier begleitet vom Gedanken an

Müssen, Sollen. Zufrieden ist der Einzelne dann erst, wenn er fertig ist, es hinter sich hat. Seine Freude während der Arbeit ist dann eigentlich eine Vorfreude darauf, dass er etwas geschafft haben wird, was er sich vorgenommen hat, darauf, dass etwas fertig ist, abgeschlossen. Der Einzelne hat die Vorstellung, das Leben begönne erst nach der Arbeit, nach dem Tun. Er wartet auf die Pause, das Hinlegen, das Nichtstun. Der Grund, warum er das tut, ist für ihn die Pflicht, seine Vorstellung, wie er etwas haben möchte oder wie er meint, dass man es machen muss. Oft beherrscht den Einzelnen die Angst davor, was wohl die Nachbarn sagen. All das ist hier in diesem Kapitel jedoch nicht gemeint.

Die Einstellung des modernen Menschen zu Aktivität ist durch das System der Berufstätigkeit in Form von Fremdarbeit grundsätzlich gestört. Der Zweck des Geldverdienens rechtfertigt heute jedes Tun. Fragen, wozu das dient, was produziert wird, ob es mir, dem anderen, unserem gesamten Wohl dient, sind tabu. Auf technischem Gebiet ist der kleine Arbeiter nur ein Rädchen im Getriebe der Weltwirtschaft. Ernst Friedrich Schumacher prägte schon vor einem halben Jahrhundert den Begriff der mittleren Technologie. Von Technik forderte er, sie solle »klug und raffiniert« sowie reparaturfreundlich sein, dabei wenig Investitionen benötigen. Eine solche Technik solle für die Menschen in der Region da sein und den lokalen Gegebenheiten entsprechen. Genau dies benötigt der Einzelne, möchte er seine Umwelt durch Eigenarbeit aktiv gestalten. (Börger 2011 in Oya: 27)

Es geht um das Aktivsein, Sichbewegen, Ausdrücken, das mit Freude verbunden ist. Äußere Aktivität gibt es in diesem Sinne nur, wenn der Einzelne innerlich angerührt, bewegt ist. Dann ist der Impuls da, dieses innere Gefühl auszudrücken. Dies kann sich zeigen in Form von Bewegung, in Gestaltung der Umwelt, im Befassen mit Materialien. Der Einzelne geht dann im Tun auf, es ist wie eine Meditation nach eigenen Gesetzen, Regeln, Rhythmen. Bei Kindern kann man so oft beobachten, wie sie selbstvergessen in der Beschäftigung mit einer Sache versunken sind. Wir nennen dies Spielen. Aber es ist Tun und zugleich Lernen. Leider haben viele Menschen dies vergessen – ein Ergebnis der Regelschule. Wir können diese Art von Aktivität jedoch wieder für uns erwecken. Dann brauchen wir keine Erholung, denn die Einheit mit dem Tun ist schon Erholung. Eigenarbeit muss nach diesen Regeln erfolgen. Arbeit im Garten wirkt auf diese Weise heilsam. Die Pflanzen wenden sich einem zu, arbeiten mit, zeigen sich in ihrem Sosein. Allerdings hat man dann Schwierigkeiten, die Brennnessel auszureißen. Jede Pflanze erscheint dann als etwas Besonderes ..., was sie ja auch ist. Zufriedenheit ergibt sich nicht im Machen, im Bild, das nach der Aktivität da ist, sondern im Kontakt im Tun, im Hinwenden zum Außen. Das Erleben von Beziehung ist möglich mit allen Materialien. Dies bringt das Gefühl, in Verbindung zu sein, lebendig zu sein.

## Gemeinschaftsbildung in der modernen Gesellschaft

> »[...] ein schöpferisches, schönes und erfülltes Leben zu führen. Ich glaube, dass der Stamm dabei eine vorrangige Rolle spielt, denn der Stamm ist die Gruppe, in der der Mensch sich selbst zum Ausdruck bringen kann und sich dessen bewusst werden kann, dass er wirklich Mensch ist, mit bestimmten Maßstäben, Wertvorstellungen, Hoffnungen und Wünschen.«
>
> (Deloria 1996: 70)

Die Meinung, eine Gemeinschaft würde die Selbstbestimmung einschränken, unterliegt einem weitverbreiteten Irrtum. Gerade wenn sich Menschen in ihren Eigenarten kennen und akzeptieren, fördern sie den Selbstausdruck und die Entfaltung der Persönlichkeit. Neue Gemeinschaftsmodelle haben regen Zulauf. Es sind Wahlgemeinschaften, die sich aus Idealisten und Pragmatikern zusammensetzen, denen klar ist, dass sie für sich nur zufrieden leben können, wenn sie sich einer Gemeinschaft anschließen oder selber eine gründen. Spätestens nach der Berufsphase wird vielen deutlich, dass es im Alter nur eine Zukunft in Selbstbestimmung geben kann, wenn sie in einer Gemeinschaft leben, die aus Menschen besteht, die sich selbst organisieren und ihre Angelegenheiten selber regeln. Dafür muss man bald anfangen. Denn sobald sich im Singledasein nach der Familienphase die eigenen Vorstellungen von den Abläufen im Alltag fixieren, ist man nicht mehr in der Lage, flexibel über die Eigenheiten anderer hinwegzusehen und nur mehr schwer bereit, sich anzupassen.

Die heute existierenden Gemeinschaften haben eine Anzahl von Organisationsmodellen erarbeitet, wie Selbstbestimmung über gemeinsame Entscheidungen geschehen kann, sodass jedes Mitglied die eigenen Meinungen und Bedürfnisse in direkter Demokratie einbringen kann. So ist es wichtig, dass die Gemeinschaft eine gewisse Größe hat, die Privatheit und Rückzug erlaubt und die verschiedenen Kontaktbedürfnisse der Mitglieder befriedigt. Dazu ist eine Zahl von 12 bis ca. 30 erwachsenen Mitgliedern ideal. Hier ist eine gewisse Vielfalt von Fähigkeiten und Bedürfnissen vorhanden und es können sich aktive wie auch mehr passive Mitglieder ihre passenden Lebensräume gestalten.

An den existierenden Gemeinschaften sieht man, wie Computernutzung und Medienarbeit eine sinnvolle Ergänzung finden. Gemeinschaften bauen ihre Gebäude selber aus, renovieren, richten ein. Sie entwickeln Modelle und bieten der Bürgerschaft auf dem eigenen Gelände Kinderbetreuung wie auch Betreuung von Senioren. Die Kommune Niederkaufungen bei Kassel besteht aus einer Lebens- und Arbeitsgemeinschaft und betreibt gemeinsame Ökonomie. Sie bietet eine Tagesbetreuung für Senioren in modernen ansprechenden Räumlichkeiten durch eigene Fachkräfte. Außerdem gibt es ein Tagungshaus zu moderaten Übernachtungspreisen. Als offizielle Gemeinschaften in Form von gemeinnützigen Vereinen oder Genossenschaften können solche Gemeinschaften Fördergelder erhalten. Aber die modernen Gemeinschaften sind gut informiert, was Geschäftsmodelle angeht, und wählen danach, welche Form für sie und für das entsprechende Projekt günstig ist. Die modernen Gemeinschaften sind fit bezüglich aller Neuerungen unserer Gesellschaft.

Die innere Arbeitsteilung ermöglicht das effektive Arbeiten wie in einer Firma, andererseits führt die gemeinschaftliche Grundorientierung dazu, dass die Arbeitsweise sich nach den Bedürfnissen der eigenen Mitglieder richtet, also nach Kindern und zu Unterstützenden, und dass der Erfolg wie auch der Profit in erster Linie wieder der Gemeinschaft zufließen. Moderne Gemeinschaften öffnen sich, wo es z. B. neue Methoden und Techniken zur Gebäudesanierung und Energieeinsparung gibt. Sie sind in der Lage, schnell zu handeln und Neuerungen umzusetzen, wenn sie sich Vorteile versprechen, natürlich unter ökologischen Gesichtspunkten.

In einer solchen Gemeinschaft kann der Mensch wieder das tun, was er schon immer am liebsten tat: in einer sicheren Umgebung seiner Neugier frönen. Das sieht dann so aus wie überall: vor dem Computer sitzen und sich informieren, sich mit anderen austauschen über Neuigkeiten. Die archaischen Anlagen des Urmenschen kommen hier voll zum Tragen, der Jäger und Sammler ist in seinem Element. Und hier existiert ein großer Unterschied im Vergleich zum Normalbürger im Dreipersonenhaushalt: Einmal hat dieser nur wenig Zeit, eigene Wege zu gehen. Sein Surfen im Internet kann meist nur Hobbycharakter haben. Zum anderen hat er fast keine Möglichkeiten, Neuerungen durchzuführen, da meist das entsprechende Kapital fehlt. Außerdem muss er selber in allen Gebieten zum Fachmann werden, um sinnvolle Kaufentscheidungen zu treffen.

Zu beobachten ist, dass Menschen in Gemeinschaften die meisten Vorhaben auch umsetzen. Das Wohnumfeld bietet sehr oft die Möglichkeit, Neues zu versuchen und auszuprobieren, seien es ein Naturkostladen, ein Laden für Geschenke mit Selbstgemachtem oder ein Abenteuerspielplatz. Jedes Mitglied findet seine Betätigungsmöglichkeit und Unterstützung, vorausgesetzt, er kann andere überzeugen und begeistern.

**Hindernisse bei der Gemeinschaftsbildung**
Und hier ist der Schlüssel zum Leben in der urmodernen Gemeinschaft: Das A und O ist die Sozialkompetenz der Mitglieder. Seit den Anfängen vor 30 Jahren bis heute finden sich Menschen zusammen, die wenig soziale Kompetenzen mitbringen. Die meisten geben wieder auf, manche kämpfen sich über Jahre hinweg durch alle Frustrationen. Es gibt eine Menge von Fehlern, die gemacht werden müssen, durch die der Einzelne lernt, wie Gemeinschaft funktioniert. Das erste Hindernis ist schon die Vorstellung, wie es sein sollte. Finden sich 10 Menschen zum ersten Treffen, so hat jeder eine andere Vorstellung davon, wie er leben möchte. Jeder stellt sich dar und betont, was ihm wichtig ist. Einerseits ist es das Bedürfnis, sich als Individuum darzustellen. Man möchte sich unterscheiden. Andererseits ist es das Konsumverhalten, das alles als Supermarkt begreift, das Menschen trennt und nicht mehr wiederkommen lässt. Für den Urmenschen war es lebensnotwendig, sich abzugrenzen, wenn er auf andere Menschen aus einem anderen Stamm traf, und so produziert der moderne Mensch dasselbe Verhalten in der Neuzeit. Seine Fragen sind: Was will ich, was kann ich bekommen, was habe ich davon? Dabei geht der Urmensch immer davon aus, dass er im Rücken seine Urhorde hat. Der Urmensch der Moderne hat auch eine Urhorde im Rücken, allerdings in anonymer Form als Staat mit Grundsicherung, Rente und Hartz IV. Und so zieht der Gemeinschaftssuchende die vermeintliche formale Sicherheit staatlicher Fürsorge der Unsicherheit neuer Beziehungen vor.

Neu ist in unserer Zeit, dass man nirgends dazugehört. Der Mensch hat kein adäquates Verhalten für eine solche Situation. Früher mussten Menschen, die keine Familie hatten, die ausgeschlossen wurden, hungern und verhungern. Sie hatten nur die

Möglichkeit, sich zu verdingen, gegen Lohn und Bett. Und so verhält sich der Mensch heute gegenüber ihm Unbekannten, als hätte er eine Gemeinschaft hinter sich. Er tut so, als hätte er die Freiheit, in Beziehung zu treten oder nicht, als gäbe es eine Alternative. Die vermeintliche Freiheit hält einen davon ab, sich einzulassen. Es sind auch die vielen Erfahrungen aus der Vergangenheit mit Gemeinschaften wie der Familie, die Menschen ausnutzten, zu völliger Selbstaufgabe zwangen, zu viel Anpassung forderten. Das Trauma an der traditionellen Gemeinschaft lässt den modernen Individualisten zögern. Misstrauen und Unsicherheit erzeugen Spannungen und führen leicht zur Bestätigung von eigenen Meinungen. Negative Bilder kommen hoch und lassen einen ins eigene Schneckenhaus zurückkehren. Individualisierung ist in dieser Situation eine Falle, die einen zurückwirft in die Versorgungssysteme der Massengesellschaft. Nur da, wo dieses bewusst wird, kann sich der Einzelne entscheiden, den Schritt nach vorne zu wagen, in Beziehung zu kommen.

Gemeinschaften sind Netzwerker. Sie verarbeiten Neuerungen in jeglicher Hinsicht, seien es Errungenschaften der modernen Gesellschaft oder Erkenntnisse anderer Gemeinschaften. Bestimmend für Entscheidung und Handeln ist der Bezug zur Natur, der Aspekt der Nachhaltigkeit gegenüber den nachfolgenden Generationen. Die Gemeinschaft beschränkt sich, wo die Nachhaltigkeit in Frage gestellt ist. Dies kann je nach Gemeinschaft unterschiedlich entschieden werden. Dass es nicht sinnvoll ist, Kartoffeln aus Ägypten zu kaufen, ist jedem einsichtig, da diese das Wasser verbrauchen, das dort nur in Grenzen zur Verfügung steht. Ob man nur regionales Gemüse nach jahreszeitlichem Angebot isst oder schon früher Ökotomaten aus Spanien, ist sicher Teil der Diskussionen in Gemeinschaften und kann unterschiedlich entschieden werden.

Aus diesem Grund sind in allen Gemeinschaften ethische Grundsätze vorhanden, an denen fortlaufend gefeilt und verbessert wird. Dies geschieht meist bei gemeinsamen Essen oder

Sitzungen. Es gibt keine Gemeinschaft ohne ethische Vereinbarungen. Das hat inzwischen die moderne Unternehmensführung von Firmen erkannt und sich ein Leitbild erarbeitet, in dem solche Grundsätze festgelegt sind.

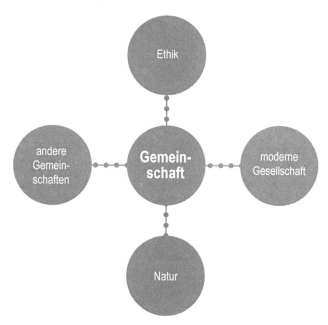

Die gemeinsame Ethik muss von allen erarbeitet werden. Hier hilft keine Religionszugehörigkeit. Unsere moderne Welt ist so komplex, dass man aus den Heiligen Schriften der verschiedenen Religionen keine wirklichen Handlungsableitungen machen kann. So ist es auch nicht wichtig, welchen kulturellen Hintergrund ein Gemeinschaftsmitglied hat. Jeder trägt bei, was er weiß und kann, gleich, vor welchem Hintergrund. Und so kann eine Gemeinschaft in Deutschland zufällig dieselbe ethische Grundlage haben wie eine Gemeinschaft in Brasilien oder Australien. Die konkrete Umsetzung muss jedoch immer am Ort selber geschehen.

# Das globale Dorf

## Die Rolle der Religionen

> »*Und grundlegend im Menschenleben ist nun einmal die Bindung an eine Lebensrichtung, an Lebenswerte, an Lebensnormen, an Lebenshaltungen, an Lebenssinn und dies – wenn nicht alles täuscht – transnational und transkulturell.*«
>
> (Küng 1990: 50 f.)

Die Welt braucht ein neues Ethos, so Hans Küng, katholischer Theologe. Er erforschte das Gemeinsame der großen Weltreligionen auf der Suche nach der Basis, die im globalen Miteinander tragen kann. Heute wird jede Kommunikation mitbestimmt von dem ethischen Hintergrund der beteiligten Personen. Die jeweilige Ethik zeigt sich in Einstellungen im sozialen Miteinander, die von der jeweiligen Kultur und Religion bestimmt sind. Wenn auch unbewusst, so spielen in christlicher Sozialisation erworbene Meinungen wesentlich bei Entscheidungen und Verhaltensweisen des Europäers mit. Dementsprechend ist es bei Angehörigen anderer Religionen. Da die ethische Ausrichtung eine Mischung aus Kultur und Religion darstellt, kann es auch zwischen Menschen mit gleicher Religionszugehörigkeit große Unterschiede geben. Im Umgang mit Menschen anderer Religionszugehörigkeit wird so manches Verhalten nur verständlich, wenn man weiß, wie derjenige aufgewachsen ist. So kann es passieren, dass Türken Türken nicht verstehen, obwohl sie dieselbe Sprache sprechen. Für eine hier aufgewachsene Türkin ist es manchmal unmöglich, zu verstehen, warum sich eine in der Türkei aufgewachsene Türkin in ihre vier Wände zurückzieht und sich nicht um mehr Bildung bemüht. Dabei sieht man die Bedeutung der jeweiligen Kultur, durch die eine Religion ausgedrückt wird. So kann man heute Verhaltensweisen und Ansichten nicht mehr eindeutig einer Religion zuordnen. Jede Religion ist ein Konglomerat von Stammesgeschichte, Offenbarung und Zeitqualität. Auch dort, wo die Ansicht vertreten wird, eine einmal gegebene Offenbarung hat überzeitliche Gültigkeit, hängt das Verstehen ab von dem Hintergrund, in dem der heute hier lebende Mensch aufgewachsen ist. Jeder Begriff, jedes Wort hat Bedeutungsverschiebungen und -veränderungen erfahren, jede Aussage wurde in einem bestimmten Zeit- und Erlebnishorizont getroffen, und so kann sich heute kein Mensch mehr an bestimmten Begriffen und Sätzen festhalten, sei das Buch auch noch so heilig. Man darf nicht vergessen, dass es Menschen sind, die ein Buch für heilig erklären. Verstehen ist ein lebendiger Prozess, das Ergebnis einer Beziehung. In der Religion ist das eine spirituelle Erfahrung. Es gibt nur die eine Wirklichkeit, die Quelle des Lebens, ein Zentrum, das als der persönliche eine Gott in den monotheistischen Religionen, als Tao, Sein, Bewusstsein, All-eins-Sein in Buddhismus, Hinduismus, Konfuzianismus und Taoismus bezeichnet wird.

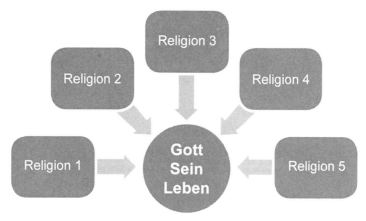

Menschen erklären in gemeinsamen Gesprächen über Religion, dass sie die einzelnen religiösen Richtungen als Wege ansehen, die alle zum gleichen Ziel führen. Jede spezielle Ausprägung hat die

Aufgabe, zu Gott zu führen. Die Aufgabe der heutigen Religionen ist es, die Eigenverantwortung des Einzelnen für sein konkretes Verhalten zu betonen und die Gemeinsamkeiten darzustellen. Die gemeinsamen Grundlagen aller Religionen können gefunden werden. Dabei müssen sich die etablierten religiösen Organisationen jedoch sicher in Frage stellen lassen und beginnen, selber zu forschen, inwieweit ihre Gesetze und Vorstellungen der Entwicklung des Menschen dienen oder – wie es in der Geschichte oft geschah – eher dem Machterhalt von Herrschenden. Sie müssen Selbstverständlichkeiten auf ihren Sinn hin überprüfen, um überzeugende Antworten geben zu können. Gesetzestreue erweist sich nicht an der äußeren Befolgung ohne inneren Vollzug. Äußerlichkeiten in Form von Ritualen, bestimmten Verhaltensweisen und Erscheinungen, die aus früheren Zeiten stammen, sind in unserer neuen Zeit sinnlos, da dies die alte Zeit widerspiegelt. Es braucht neue Rituale, die erwachsen müssen aus einem erneuerten Glauben, aus einer neuen Erfahrung. Wo der Mensch neu wird, entstehen neue Formen des Ausdrucks. Dabei wird auch hier deutlich, dass es weltüberspannende gemeinsame ethische Grundlagen geben muss sowie regionale Rituale und Bräuche. Die wirkliche Religion ist die gemeinsame regionale Praxis des Miteinander, der Glaube an eine höhere Weisheit, die Achtung vor der Schöpfung. Hier ist die nominelle Religion zweitrangig.

In der jetzt angebrochenen Zeit von Freiheit und Individualität ist jeder Einzelne gefordert, seine ethische Haltung zu globalisieren. Nur aus dem Verständnis eines Weltbürgers heraus können gemeinsame ethische Richtlinien entwickelt werden, die der Religion des Kapitalismus etwas entgegensetzen können. Solange sich Menschen in dem Glauben bekriegen, ihre eigene Religion verteidigen zu müssen, werden sie, ohne es zu merken, von der herrschenden Religion des Materialismus gefressen werden. Waffenkäufe wie auch Zerstörungen fördern die Industrie der entwickelten Staaten und so den Turbokapitalismus. Die beste Methode für den Neuanfang einer Volkswirtschaft ist die

Zerstörung in großem Ausmaß, siehe Deutschland nach 1945. Auf Grund von Chaos oder Terrorismus unterentwickelte Völker sind im Endeffekt passende Zuarbeiter und Konsumenten für die Massengesellschaft. Sie brauchen erst mal Truppen zur Friedensstiftung, müssen entweder im eigenen Land oder als Asylanten versorgt werden, brauchen Hilfslieferungen und Großprojekte, der Großauftrag für die globalen Wirtschaftsunternehmen, vermittelt durch die Welthandelsorganisation (WTO) und ihre Kredite.

Das Zusammenleben muss neu gelernt werden. Das Zusammenleben von Menschen braucht Grundlagen für Regeln. Dazu ist ein gemeinsamer ethischer Kodex nötig, der Machtansprüchen Einzelner Grenzen setzt. Kleingruppen, die meinen, keine entsprechende soziale Organisation aufbauen zu müssen, unterliegen dem Missverständnis, das einfache Zusammensein von Menschen mit gutem Willen und Idealvorstellungen würde jede Ungleichheit und Ungerechtigkeit beseitigen und verhindern.

Globalisierung wird als die große Chance für die Versorgung der Menschen, für den Aufbau von neuen Märkten sowie für die Forschung und Entdeckung von neuem Wissen und Ressourcen gepriesen. Die Öffnung von vorerst regional operierenden Unternehmen nach außen, über Staatsgrenzen hinweg auch auf andere Kontinente, ist jedoch kein einseitiger Prozess und kann deshalb auch nicht von diesem Unternehmen kontrolliert werden. Das Zielland hat eigene Interessen und nutzt die Ankömmlinge für den eigenen Bedarf. So, wie Waren und Nahrungsmittel von der einen Seite exportiert und Südfrüchte importiert werden, so nutzt man die neuen Kommunikationswege auch von der jeweils anderen Seiten her. Inzwischen wandern hier nicht nur Menschen und Waren, sondern auch Krankheiten, Pflanzen und Tiere werden mobil. Warum ist man bei uns der Meinung, bei all den Straßen und Wegen handle es sich um Einbahnstraßen, die nur dem gehören, der sie baute? Eine freie Gesellschaft wird proklamiert und damit für sich das Recht beansprucht, frei reisen, sich überall frei bewegen und auch gleich alles nutzen zu können, was woanders möglich ist. Selbstverständlich ist dabei, dass das westliche Gedankengut und die Lebensart das Beste und Höchste sind, was es gibt. So empfindet es der Europäer als Entgegenkommen seinerseits, wenn er in ein anderes Land kommt, und erwartet, als Vertreter der modernen Industrienationen geschätzt und anerkannt zu sein. Mit Erstaunen, schließlich Entrüstung reagieren nicht nur die Unternehmen, sondern auch die Bürger wie auch die Politik darauf, wenn darauf uneingeladen die Menschen des anderen Landes zu uns kommen und teilhaben wollen an der Freiheit und dem Wohlstand dieses Landes. Hinter einer Maske von Freiheit und Demokratie erscheint dann das Gesicht eines raffgierigen, erbarmungslosen Schmarotzers, der zwar alles von allen anderen haben und nutzen möchte, selber aber nichts abgeben möchte von seinem Profit. Wir wissen, dass es in der Welt nicht gerecht zugeht.

Die Folgen von Mobilität, Reisefreiheit, global operierenden Unternehmen sind, dass Menschen unabhängig von ihrer Nationalität oder Volkszugehörigkeit wandern. Eigentlich war das schon immer so. Nur ist das natürlich heute auf Grund des Austauschs über Internet und der vermehrten Informationen über das Zielland für noch mehr Menschen möglich. Wie wir gesehen haben, gehört Wandern zur stammesgeschichtlichen Ausstattung des Menschen. Dabei sind hier manche Völker aktiver, andere eher beharrender. In unseren Zeiten, da die Volkszugehörigkeit nicht mehr viel aussagt über das Verhalten des Einzelnen, ist Wandern oder Bleiben eine Möglichkeit für den Einzelnen.

**Multikulturelle Schichten**
Die Frage der multikulturellen Gesellschaft erübrigt sich dadurch. Nicht die Abstammung zählt, sondern die Lebenswelt, in der man zu Hause ist. Aussehen und Haarfarbe sagen an sich nur aus, aus welcher Region der Erde die Vorfahren dieses Menschen einst kamen. Ob man sich versteht, gleiche Interessen entdecken kann, liegt nicht am Äußeren. Vielleicht fühlt man sich von Menschen

in der eigenen Nachbarschaft nicht verstanden. Reist man in einen anderen Erdteil, so entdeckt man vielleicht in einem Café eine Wesensverwandtschaft mit einem Einheimischen. Beziehungen halten über Kontinente hinweg. Ein Lehrer versteht sich, egal wo, mit einem Lehrer, ein Handwerker mit einem Handwerker. Das Material ist überall das gleiche. Das Wissen, wie ein Stein bearbeitet werden kann, kann ausgetauscht werden, kulturelle Erfahrungen und Traditionen können diskutiert werden. So, wie es vor kurzem mit einem Spezialisten aus Japan geschah, der hier in Bayern einen speziellen Stein entdeckte, der für seine Zwecke optimal ist. Er freundete sich mit dem örtlichen fränkischen Steinmetz an und arbeitet seitdem mit ihm zusammen. Wissenstransfer auf wissenschaftlicher Ebene gibt es schon immer. Heilkundige reisen schon immer die Handelswege entlang zwischen Europa, Afrika und Asien. Seit der Öffnung des Ostens können endlich die Ergebnisse der auf beiden Seiten erfolgten Forschungen zu denselben Themen erörtert werden und sich fruchtbar ergänzen.

Multikulturelle Schichten kennen keine nationalen Grenzen. Die Wissensgesellschaft geht durch alle Völker und Bereiche. Inzwischen erkennt man den Wert von Wissen, das nicht in Gestalt eines Professors und einer Hochschule daherkommt. Das Interesse an Pflanzen bildet eine eigene Welt, in der die Alpenhexe, der Doktor der Biologie wie der Schamane aus dem Amazonasgebiet einen Raum zur gegenseitigen geistigen Befruchtung finden.

Horizontale Schichten umspannen die ganze Welt. Überall, auf der ganzen Welt, bei allen Völkern, gibt es Experten für Gemüseanbau, Tierhaltung, Hausbau, zur Behandlung von Krankheiten, aber auch Moderatoren und Coaches, die Menschen in Alltagsfragen beraten, wie dem Zusammenleben von Mann und Frau, Erziehung, Dorfgemeinschaft. Menschen, die einer bestimmten Fachrichtung angehören, haben ähnliche Fragen und Interessen und finden sofort Gesprächsstoff.

Beziehungen knüpfen sich so nicht nur mit Menschen anderer Länder. Auch bei uns kann es ganz schnell gehen. Eine ältere Dame hat in einem kleineren Ort einen großen Garten und war es gewohnt, jedes Jahr Tomaten anzubauen. In diesem Jahr war sie jedoch auf Grund ihrer Krankheit verhindert, wie jedes Jahr ihre Tomaten vorzuziehen. Am Ort existiert ein Gesprächskreis von türkischen Frauen, zu dem diese deutsche Dame dazukam. Im Gespräch kam man auf das Thema Garten und die Dame erzählte, sie hätte dieses Jahr noch keine Tomatenpflanzen. Natürlich hat jede Türkin mit Garten Tomatenpflanzen, und so gab es eine kleine Exkursion in den Garten. Am Ende zog diese Dame mit einem Beutel Pflanzen nach Hause.

Projekte wie die interkulturellen Gärten entstehen, es gibt Studentenaustausch, Freiwilligenarbeit im Ausland in sozialen und ökologischen Projekten, Ärzte ohne Grenzen. Arbeiter verstehen Arbeiter, Bauern Bauern, Gartenbesitzer Gartler. Natürlich ist die Religionszugehörigkeit Bindeglied vor allem dort, wo die Menschen einer bestimmten Religion in der Minderheit sind. Auf der gleichen Ebene erlebt man Solidarität und Verständnis, unabhängig von der eigenen Nationalität oder Volkszugehörigkeit. Die intimste Verständnisebene ist das Verständnis, das Mütter füreinander haben. Wären Mütter zuständig für Verteidigung, so würden Kriege aussterben ...

**Kulturgruppen**

> *»Die Generalversammlung der Vereinten Nationen erklärt, dass alle Völker zur Vielfalt und zum Reichtum der Zivilisationen und Kulturen beitragen, die das gemeinsame Erbe der Menschheit darstellen, in der Erkenntnis, dass die Achtung indigener Kenntnisse, Kulturen und traditioneller Praktiken zu einer nachhaltigen und ausgewogenen Entwicklung und einer ordnungsgemäßen Bewirtschaftung der Umwelt beiträgt ...«*
> (Erklärung der Vereinten Nationen

über die Rechte der indigenen Völker)

Das traditionelle Verständnis von Zusammengehörigkeit bezieht sich auf Nationen, Völker. In einem gewissen Sinne ist es sinnvoll, die eigene Zugehörigkeit zu pflegen und zu schützen. Wie schon dargestellt, braucht der Mensch die Sicherheit der Zugehörigkeit, und nur aus dem inneren Wissen, wo seine Heimat ist, kann er sich aufmachen in die Fremde.

In Anbetracht der allgemeinen Nivellierung und Angleichung von Lebensweisen auf der ganzen Welt ist es wichtig, Traditionen zu pflegen und weiterzuentwickeln. Wo eine technisierte Umwelt und ausgeräumte Landschaft nur mehr ein funktionelles Leben zwischen Supermarkt und Arbeitsplatz bietet, wird Zukunft endlich. Wir brauchen die Existenz möglichst vieler verschiedener Lebensweisen und Lebensordnungen, müssen Räume bewahren, in denen diese weitergepflegt werden können. Mit Vorsicht und Achtung vor dem Anderssein können wir in einen Dialog treten und von anderen Ländern lernen. Es geht weniger darum, andere Sprachen zu kennen, als vielmehr darum, die Weltsicht des anderen verstehen zu können. Sicher kann derjenige, der am Meer lebt, sich nur schwer einfühlen in einen Bergbewohner und aus diesem Grunde vieles nicht nachvollziehen, was dieser für wichtig hält. Die Freiheit, zu reisen und im Ausland zu arbeiten, gibt uns die Möglichkeit, die Lebensweise anderer Völker kennenzulernen. Wir können Erkenntnisse für unser eigenes Leben gewinnen und unseren Lebensstil von anderen Anschauungen und Praktiken befruchten lassen. Wenn der Mensch sich dort öffnet, kann er wie in dem oben beschriebenen Sinne erfahren, dass Menschen einfach Menschen sind und dass sie ähnliche Bedürfnisse haben. Im Dialog erkennt er, dass sie verschiedene Antworten und unterschiedliche regionale Lösungen finden. So kann der Reisende auch an einem anderen Ort fern der ursprünglichen Heimat sich selber finden und einen Platz in einer Gemeinschaft finden.

Es halten sich leider noch alte Vorurteile und Vorstellungen, nach denen sich Menschen nach Völkern sortieren sollten. Diese Meinung haben auch vielerorts die Menschen selber. Sie spalten sich ab und konservieren Traditionen, Wissen und Verhalten in einem Raum von Volkszugehörigkeit. Dabei verbindet viele Menschen oft nicht mehr als die Sprache und die Gegend, aus der ihre Eltern einst kamen. Viele Menschen leiden darunter, nicht rauszukommen aus dem Dorf, dem traditionellen Beruf, dem sozialen Kontext. In diesem Sinne fördert die globale Reisefreiheit eine Entwicklung des Einzelnen, die Ausweitung des Horizonts.

Meist wandern ganze Gruppen aus. Wenn am Zielort versäumt wird, Begegnungsräume zu schaffen, wird die Integration verhindert. Es entstehen Parallelgesellschaften. Deutschland ist ein Auswandererland wie viele andere auch. Es leben mehr Deutsche im Ausland als Ausländer in Deutschland. Auswandererwellen gab es immer wieder. Die Angst vor der Überfremdung, dem Verlust der eigenen Identität war zu früheren Zeiten wesentlich bestimmender als heute und führte überall auf der Welt zu deutschstämmigen Enklaven.

Identität wird aus gemeinsamer Erfahrung und Geschichte mit der eigenen engen sozialen Umgebung und dem Land gewonnen, in dem man aufwächst. Positive Erfahrungen geschehen in geschützten, privaten Räumen. Kulturelle Gepflogenheiten bilden einen Raum, in dem man sich vertraut und wohl fühlt. Aus dieser Sicherheit heraus ist es möglich, nach außen offen zu sein. Toleranz kann nur aus dieser inneren Sicherheit her entstehen, dass das Eigene von anderen anerkannt und bewahrt wird. Wo dies geschieht, ist es möglich, den anderen sein zu lassen, wie er ist. Die Folge ist eine entspannte Gelassenheit im Umgang miteinander, ein Zusammenleben verschiedener Lebensweisen und -formen. Jeder schätzt den anderen in seiner Besonderheit, die das gesamte Miteinander befruchtet und weiterentwickelt. Die Vorteile der einzelnen Anschauungen können sich ergänzen und anspornen für mehr Wohlstand und Wohlbefinden im gesamten Gemeinwesen.

*»Artikel 31: 1. Indigene Völker haben das Recht auf die Bewahrung, die Kontrolle, den Schutz und die Weiterentwicklung ihres kulturellen Erbes, ihres traditionellen Wissens und ihrer traditionellen kulturellen Ausdrucksformen sowie der Erscheinungsformen ihrer Wissenschaften, ihrer Techniken und ihrer Kultur, einschließlich ihrer menschlichen und genetischen Ressourcen, ihres Saatguts, ihrer Arzneimittel, ihrer Kenntnisse der Eigenschaften der Tier- und Pflanzenwelt, ihrer mündlichen Überlieferungen, ihrer Literatur, der von ihnen geschaffenen Muster, ihrer Sportarten und traditionellen Spiele und ihrer bildenden und darstellenden Künste ...«*

(Erklärung der Vereinten Nationen
über die Rechte der indigenen Völker)

# Regionale Lebensgemeinschaften

Man wird erkennen, dass es der Einsatz der nächsten Angehörigen am eigenen Wohnort ist, der Familienangehörigen, der Freunde und Nachbarn, der die Welt, auch die moderne Welt, zusammenhält. Die Politik wird erkennen, dass die Vereinzelung nicht weiter bezahlbar ist, dass die Sozialversorgungssysteme nicht in der Lage sind, alle notwendigen Bedürfnisse des einzelnen Menschen über finanzielle Hilfen zu erfüllen. Die Grenzen des Finanzsystems sind klar. Außer Geld braucht man Beziehungen. Der Mensch kann leben ohne Geld, aber nicht ohne persönliche Beziehungen, die ihn im Alltag tragen. Gesund alt werden kann Mensch nur in einer Gemeinschaft. Der tägliche Kontakt in der eigenen Wohnung mit der Pflegekraft, dem Ehrenamtlichen begründet keine menschlichen Lebensbedingungen. Für viele alte Menschen, die einsam in ihrer Wohnung lebten, war der regelmäßige Besuch des Zivildienstleistenden in der Vergangenheit der einzige Lichtblick und Kontakt am Tag. Unsere materielle Anschauung lässt den Menschen zu Materie verkommen, aus der das Leben auszieht. In der Meinung, die physische Versorgung sei das Beste und Wichtigste, übersieht sie den Menschen in seinen sozialen Bedürfnissen. Hier wird nur mehr die reine physische Funktion erhalten, während die Seele schon längst in anderen Gefilden weilt. Der direkte Ausdruck dieses Zustandes ist die Krankheit Alzheimer, eine Reaktion auf ein Lebensumfeld, in dem der Betroffene keinen Platz mehr für sich sieht.

**Die Wahlgemeinschaft: eine Sozialordnung nach archaischem Vorbild mit moderner Ausprägung**
Grundlage eines jeden Modells, das Menschen nutzt, ist das Verständnis dafür, wie der Mensch eigentlich ist. Ohne das Wissen und die Akzeptanz des Soseins wird es in Sicherheit keine Zukunft geben. Krankheit ist immer ein Zeichen falscher Lebensverhältnisse und einer falschen Lebensweise. Alle Gemeinschaftsprojekte von Menschen seit ungefähr 20 Jahren haben als Zentrum eine bestimmte Ethik und fußen auf drei Aspekten: der Gruppe, der Verbindung zur Natur und der Selbstversorgung. Diese Lebensform existiert seit Urzeiten und bildet eine Art soziales Urmodell. In der letzten Zeit bezog sich Gemeinschaft in unserer Kultur nur auf verwandtschaftliche Beziehungen. In unserem Land neu ist in unserer Zeit, dass sich Menschen zusammentun, die nicht miteinander verwandt sind. In anderen Völkern jedoch geht Gemeinschaftsbildung nicht speziell über die Verwandtschaft. In spanischsprachigen Ländern werden den eigenen Kindern Bekannte als tía, Tante, vorgestellt, und fragt man auch Erwachsene nach ihren Verwandtschaftsverhältnissen, so wissen diese oft nicht, ob die tía oder der tío »echt« ist oder nicht.

Das Modell der Wahlgemeinschaft kann sehr gut mit den Errungenschaften unserer modernen Gesellschaft verbunden werden. Die Basis ist das gemeinsame Wohnen an einem Ort. Dies ist gegeben in einer Siedlung, in einem kleinen Dorf, in der

Gemeinde. Wahlgemeinschaft kann eine Gruppe von engagierten Menschen sein, die sich an einem Ort zusammentun, um sich im Alltag gegenseitig zu unterstützen. Ethische Prinzipien sind die Selbstorganisation und gegenseitige Selbsthilfe in der Gruppe, die individuelle Entwicklung der Persönlichkeit in Freiheit und Selbstbestimmung, sowie ökologische und dezentrale

Wirtschaftsformen. Zentral ist die ständige Verbesserung von Strukturen, die ein friedliches, wertschätzendes Zusammenleben von Menschen ermöglichen und die Einübung in demokratische Verhaltensweisen fördern. Das Modell der Wahlgemeinschaft ist die Basis für Zufriedenheit und Selbstregulation. Jeder Aspekt hat seine Funktion.

Die **Gruppe** bildet ein Umfeld, in dem sich der Mensch wohl fühlt. Hier kennt jeder jeden, weiß, wen er bei welchen Bedürfnissen und Problemen fragen kann, erhält Rat und Unterstützung. Die Gruppe ist das eigentliche Forum für die Verarbeitung von Erlebnissen, für die Deutung der gegenwärtigen Situation, die Benennung von Problemen und das Ausprobieren von Lösungsansätzen (good practice). Dies vermittelt ein Gefühl von Sicherheit und Schutz. Dies gilt als die beste Stressprävention. Gemäß der Salutogenese ermöglicht dies, dass die Ereignisse im Leben strukturiert, vorhersehbar und erklärbar sind.

Die **Verbindung zur Natur** ist möglich durch Besitz oder Nutzungsrechte der Gemeinschaft. Eine Gemeinde, die nach dem Urmodell organisiert ist, kann dem Bürger Nutzungsrechte am öffentlichen Grund gewähren, wie es früher die Allmende war, der Dorfanger, der Bürgerwald. In jedem Lebensalter bietet das natürliche Umfeld Ressourcen für den eigenen Bedarf an sinnerfüllter Beschäftigung. Im Sinne der Salutogenese gibt es das, das innere Wissen, dass alles da ist, was man braucht, um die Alltagssituationen bewältigen zu können. Es gibt Raum für Erholung und Aktivität, für Selbstverwirklichung und Experimente mit Erde und Wasser. Nur die Verbindung zur Natur bringt Kreativität zutage, die heilsam wirken kann.

**Selbstversorgung** mit Grundnahrungsmitteln ist durch Kleingärten und Kleinviehhaltung möglich. Saft- und Marmeladenherstellung ist weit verbreitet. Von Reparaturen bis zum Hausbau kann das meiste selber gemacht werden. Jeder Heranwachsende erlernt die grundlegenden Fertigkeiten der Alltagsarbeit. Handarbeit und handwerkliche Fähigkeiten werden gefördert. Das Selbermachenkönnen bringt Selbstvertrauen und Wissen in eigene Fähigkeiten und Talente. Die Bedürfnisse der Gemeinschaft werden erkannt als Aufgaben, die im Miteinander bewältigt werden können. Im Sinne der Salutogenese bedeutet dies, dass Aufgaben als positive Herausforderungen begriffen werden. Eigenaktivität und Engagement vermitteln ein Gefühl, etwas Sinnvolles zu tun. Dies wurde als grundlegender Faktor für die Gesunderhaltung erkannt. Der Beitrag jedes Einzelnen, den er zur Erfüllung der Grundbedürfnisse der Gemeinschaft bringt, wird anerkannt, gleich, wie groß dieser ist. So erhält jedes Mitglied die Chancen, Wertvolles zu leisten und anerkannt zu werden, unabhängig von seinem Alter und seinen faktischen Möglichkeiten. Jeder ist so akzeptiert, wie er ist.

Gemeinschaften in ganz Europa sind organisiert und vernetzt. Regelmäßig wird ein aktualisiertes Verzeichnis, »Eurotopia«, herausgegeben. Weltweit gibt es Initiativen, die versuchen, die verschiedenen Aspekte des Lebens wieder zusammenzubringen und auf einen Lebensmittelpunkt zu beziehen. Arbeit wird verwandelt in aktive Teilhabe im Miteinander. Selbstversorgung in Eigenverantwortung wird erreicht durch eine Gemeinschaft von Menschen, die füreinander da sind. Neben vielen Gemeinschaftsformen besteht seit circa fünf Jahren eine soziale Bewegung, die sich gemäß dem Begründer Rob Hopkins Transition Town nennt.

»*Transition Towns sind kommunale, von der Bevölkerung getragene Bündnisse, die sich dem Wandel hin zu zukunftsfähigen, krisenresistenten Lebensweisen in einer ›postfossilen‹ Welt widmen.*«

(Gathen 2011, in Oya: 16)

Es geht um eine »lokale Resilienz« im Sinne der Widerstandsfähigkeit der Kommunen gegenüber Versorgungsproblemen auf Grund von Erdölknappheit und Klimawandel. Der Weg ist im Sinne einer »fortschrittlichen Rückbesinnung«, mehr selber zu machen und anzubauen. Eine deutsche Initiative ist in Göttingen.

**Solidarkreise**
Ein Solidarkreis ist eine Wahlgemeinschaft, die sich auf ein spezielles Gebiet konzentriert. Schwerpunkte können hier die Kinderbetreuung sein, Hausaufgabenhilfe, Fahrdienste oder die Unterstützung bei der Versorgung der eigenen pflegebedürftigen Eltern. Kleine Gruppen von vier bis sechs Leuten sind in der Lage, sich gegenseitig das Leben im Alltag zu erleichtern. Abwechselnd kann hier Mittagessen für die eigenen und die nachbarschaftlichen Grundschulkinder angeboten werden. Kinder können abgeholt werden, ohne dass ein weiteres Auto gekauft werden muss. Vielerorts bilden sich Freundeskreise von selber, die sich so gegenseitig helfen. Aber im Allgemeinen sind Menschen nicht in der Lage, dies selber zu organisieren. Zu bestimmend sind die allgemeinen Normen in Abgrenzung und die Vorstellung,

jeder ist für die eigenen Angelegenheiten zuständig, andere gehe das alles nichts an. In großen Wohnblocks ist es nicht üblich, sich gegenseitig einzukaufen, miteinander und abwechselnd zu kochen, sich bei Fahrten abzusprechen. Auch wenn hier viele ältere Menschen leben, bleibt jeder für sich. Sicher gibt es Menschen, denen das genügt und die zufrieden sind. Sehr oft jedoch muss die weit entfernt lebende Tochter einspringen und kommen, um zu helfen. Außer bei Notfällen möchte man den Nachbarn nicht in Anspruch nehmen, obwohl man selber wohl dazu bereit wäre, sich auch bei normalen Alltagsfragen abzusprechen.

Gemeinden, die ein Interesse daran haben, die Eigeninitiative und die gegenseitige Selbsthilfe ihrer Bürger zu fördern, können hier den Start erleichtern und solidarisches Verhalten initiieren. Im Rahmen eines Workshops können sie Interessierte einladen. Hier lernen sich Menschen kennen, die offen sind für ein Miteinander, und können ihre Vorstellungen austauschen. Dies kann die Initialzündung sein für regelmäßige Treffen, an denen Möglichkeiten der gegenseitigen Unterstützung entwickelt und erprobt werden.

**Neue Wohnformen – Wahlgemeinschaften**
»Ich werde gesehen, also bin ich« anstatt »cogito, ergo sum«.

Das neue Motto löst das alte ab. Der alte pflegebedürftige Mensch, der in seinem Einzelzimmer liegt, hätte genug Zeit, nachzudenken. Einsamkeit lässt jedoch auch die Gehirnaktivitäten verstummen. Pfleger sehen nur den Bedarf, nicht die Person, das Ich des alten Menschen. Erst das Gefühl, gesehen zu werden, schafft die Überzeugung, zu existieren.

Immer mehr Menschen wird bewusst, dass unsere Art zu wohnen ein wesentlicher Schlüssel für Wohlbefinden und Wohlstand ist. Als Lebensmittelpunkt beschreibt der Wohnort das Zentrum eines sozialen Netzes. Besonders Kinder, Jugendliche und alte Menschen brauchen die sichtbare Nähe zum Anderen. Der Nächste muss berührbar sein, anwesend. Um das Gefühl zu bekommen, zu leben, zu existieren, braucht man das Gefühl, gesehen zu werden. Dies ist auch die Voraussetzung dafür, dass fachliche Betreuung und Pflege in ihrer Professionalität wirken können. Wo keine persönliche Beziehung vorhanden ist, kann nur der Körper versorgt werden, nicht die Seele. Sorge ist echte Anteilnahme. Dies jedoch kann sich nur entwickeln, wo sich Menschen im Alltag begegnen und miteinander im Gespräch sind. Kinder erfahren Beziehung in Nähe und Grenzen direkt am Wohnort durch Besuche, Hingehen und wieder Heimgehen, Raus- und Reingehen, Zusammensein auf den gemeinschaftlichen Plätzen, Umgehen mit Regelungen und Grenzen. Wo das durch Straßen oder Kontaktsperren nicht möglich ist, sind Kinder gehindert in ihrem Beziehungslernen. Für alte Menschen bedeuten Straßen sowie das Fehlen von Kontaktmöglichkeiten in nächster Nähe eine Verarmung des Lebensumfelds.

Das Wohnen in Anonymität, wo jede Notwendigkeit durch Dienstleistungen erkauft werden muss, werden wir uns in Zukunft nicht mehr leisten können. Die soziale Grundsicherung wurde früher und wird auch zukünftig wieder über Nachbarschaftshilfe erfolgen müssen. Nur wer eingebunden ist in ein persönliches soziales Netz, wird in Wohlbefinden und Wohlstand alt werden können. Neue Wohnformen sind damit keine Sonderform für eine bestimmte Menschengruppe, sondern ein Hinweis auf zukünftige Formen des Wohnens im Allgemeinen. Neue Wohnformen sind daher zum Teil alte Wohnformen. In Zeiten der Mobilität sind allerdings die meisten persönlichen sozialen Netze zerrissen. Neue Netze knüpfen sich nicht von selbst. Die moderne Kleinfamilie ist nicht in der Lage, neue Strukturen aus sich heraus zu erschaffen und zu erhalten. Dazu braucht es die Unterstützung von Gemeinden und Fachkräften.

Bei der Ausweisung eines Baugebietes braucht es nicht nur die Planung der materiellen Infrastruktur, sondern auch der sozialen. Wesentlich ist hier die Beteiligung der Bewohner von Anfang an bei allen sie betreffenden Belangen. Dazu dienen die Bewohnerversammlung und Organisationsformen, mit Hilfe derer Menschen ihre Angelegenheiten wieder selber in die Hand nehmen können. Augenmerk gelegt werden sollte weniger auf Dienstleistungen und Versorgungseinrichtungen, sondern vielmehr auf die Unterstützung von Nachbarschaftshilfe und Selbsthilfefähigkeit. Selbstverwaltung beginnt bei der eigenständigen Verwaltung von Gemeinschaftsanlagen. Auf diese Weise ist eine kommunikative Ebene geschaffen, die es erlaubt, auch andere Themen anzusprechen, wie Kinderbetreuung, Carsharing, kleine Hilfen in Gegenseitigkeit. Individuelle Notlagen können infolgedessen unproblematisch aufgefangen werden. Wo sich ein Bewohner nicht mehr selber helfen kann, vermittelt die Bewohnerversammlung Sozialdienste. Wohnen braucht eine Kultur von nachbarschaftlicher Anteilnahme einerseits und Toleranz vor dem individuellen Lebensstil des Nächsten andererseits.

Kennzeichen von neuen Wohnformen sind die Selbstverwaltung und Selbstorganisation der eigenen Angelegenheiten. Die Bewohnerversammlung stellt den Bedarf fest und bestimmt, was selbst getan werden kann, wofür man Berater benötigt und welche Dienstleistungen von außen in Anspruch genommen werden. Es gibt keine Organisation, die pauschal einen fiktiven Bedarf im Vorhinein regelt und selbst organisiert, wie es beim betreuten Wohnen der Fall ist. Somit stehen Selbstverantwortlichkeit und Selbsthilfe im Vordergrund. Erst wenn die freiwilligen Kräfte und das Wissen der Bewohner nicht ausreichen, ist eine Unterstützung von öffentlicher Hand nötig.

Es existiert ein großer Unterschied zur herkömmlichen Wohnform. In herkömmlichen Hausgemeinschaften geht es um das Haus selber und um die Gemeinschaftsflächen. Das soziale Miteinander ist hier kein Thema. Regelungen werden meist über eine anonyme Hausverwaltung getroffen in Bezug auf Reparatur und Dienstleistungen sowie Eigenbeteiligung in Bezug auf Putzdienste. Meist gibt es nur Eigentümerversammlungen, aber keine Bewohnerversammlungen. Ergebnis ist, dass man von vielen Bewohnern wenig weiß und dadurch leicht Vorurteile entwickelt werden. Notfälle und Probleme Einzelner erfährt man eventuell nicht, Unterstützung ist kaum möglich, auch wenn Einzelne bereit dazu wären.

In Siedlungen ist die Distanz noch größer, da es nicht einmal Eigentümerversammlungen gibt und auch keine Gemeinschaftsflächen vorhanden sind, über deren Verwaltung man miteinander sprechen könnte. Grenzstreitigkeiten sind verbreitet. Die Einstellung ist da, jeder sei für die eigenen Angelegenheiten zuständig. Gerade in Notfällen ist man der Meinung, das gehe einen nichts an, der andere wird das schon irgendwie regeln.

Neue Wohnformen fördern die Kommunikation unter den Bewohnern. Eine gute Hausgemeinschaft entsteht jedoch nicht von selber. Jeder Einzelne muss dafür etwas tun. Rücksichtnahme, Toleranz und Gespräche sind die Voraussetzung für gegenseitiges Verständnis. Dann ist es erst ermöglicht, dass jeder sein Privatleben ungestört genießen kann und sich trotzdem nicht alleine fühlt. Die Voraussetzung dafür ist, dass man etwas vom anderen erfährt, dass man weiß, wie es ihm geht in Bezug auf sein Leben am Wohnort. Der Raum muss dafür da sein, Fragen stellen zu können, Anliegen zu äußern. Dies schafft das Vertrauensklima, in dem auch Bitten um Unterstützung sowie Hilfsangebote möglich sind. Bewohner können dies alles selber in die Hand nehmen und durchführen. Hilfreich und zeitsparend ist jedoch für die ersten circa zwei Jahre die Begleitung durch eine sozialpädagogische Fachkraft, um die Bewohnerversammlung zu moderieren. Über die Bewohnerversammlung werden Verantwortliche für einzelne Bereiche gemeinsam bestimmt. Hier geht es um folgende Themen:
- Organisation der Gemeinschaftsangelegenheiten (z. B. Kinderbetreuung, Mitfahrdienste)
- Nachbarschaftshilfe (soziale Sicherheit, Urlaubshilfe, bei Problemen und Notfällen)
- Schutz der Privatsphäre (Störungen, Lärm)
- Pflege und Verwaltung der gemeinsamen Räume und Flächen

- Organisation und Vermittlung von Betreuung von Kindern, Pflege (auf Wunsch) von kranken und alten Menschen.
Neue Wohnformen gibt es auch im Bestand. In einer Straße, in einer Siedlung z. B., können sich engagierte Bewohner zusammenschließen, sich regelmäßig treffen, um Kinderbetreuung zu organisieren, Fahrdienste und Einkäufe abzusprechen. In einem Wohnblock kann sich eine Hausgemeinschaft gründen, die kleine Hilfen in Gegenseitigkeit abspricht, wöchentlich ein Mal gemeinsam zum Essen einlädt. Ältere Bewohner vereinbaren eine Notfallpräsenz.

Eigenarbeit der Bewohner fördert wiederum die Kommunikation und den Zusammenhalt. Das Gefühl, nicht auf anonyme Fremdhilfe angewiesen zu sein, auftretende Probleme gemeinsam selbst lösen zu können, gibt Selbstbewusstsein und Vertrauen in die Zukunft.

# Schlusswort

»*Immer mehr Menschen definieren Demokratie neu als Entscheidungsbefugnis über ihren eigenen Alltag.*«

(Shiva 2006: 139)

Jede Demokratie beginnt damit, dass der Bürger seine eigenen Bedürfnisse kennt, denn Demokratie baut auf Selbständigkeit und Eigenverantwortung auf. Gerade weil ich für meine eigenen Bedürfnisse und Gestaltungswünsche eintreten und sie im Gemeinwesen äußern kann, habe ich Chancen, das Gemeinwesen gemäß meiner Bedürfnisse zu formen. Ich kann nur dann die Bedürfnisse anderer ernst nehmen, wenn ich meine eigenen anerkenne. Nur dann kann ich Verantwortung für mich übernehmen und die manchmal auch negativen Folgen tragen. Andere verantwortlich macht nur, wer nicht gelernt hat, für die eigenen Belange einzutreten, sei es, weil er keine Gelegenheit dazu hatte, weil die Strukturen, in denen er lebte, ihm nicht die Möglichkeit boten, oder weil andere immer für ihn dachten und regelten.

Demokratie lernt man nur in einer überschaubaren Gemeinschaft, denn nur dann wird der Einzelne wieder direkt mit den Folgen der eigenen Entscheidungen konfrontiert. Deshalb kann Demokratie nur überleben, wenn sie das persönliche soziale Netz jedes Einzelnen schützt. Dies war der Sinn des Gesetzes zum Schutz der Familie. In einer unsicheren Zeit wie der jetzigen muss der Mensch wieder zu sozialen Strukturen zurückkehren, die erwiesenermaßen seit Urzeiten sein Überleben sicherten. Das waren die dörflich-familiären Strukturen in den regionalen Kreisläufen. Heute kann sich der Einzelne nicht auf die Gesetzgebung und auf die organisatorischen institutionellen Angebote seiner Regierung verlassen. Wie man sieht, wissen die augenblicklichen Machthaber nicht, wo es hingeht, plötzliche Ereignisse überraschen, Veränderung wird unkontrollierbar. Alle Prognosen, auch von Wissenschaftlern, beziehen sich immer auf vergangene Erfahrungen und den augenblicklichen Stand der Erkenntnis. Daraus werden auf politischer Ebene grundlegende Entscheidungen getroffen, die oft nicht länger als ein halbes Jahr verfolgt werden. Bei Fehlentscheidungen tritt der Zuständige zurück oder wird abgesetzt. Damit muss er nicht für die Folgen seines Handelns aufkommen, im Gegenteil, er hat in jedem Fall einen finanziell abgesicherten Lebensabend. Der Bürger jedoch hat die Folgen am eigenen Leib zu tragen. Aus diesem Grund ist es unerlässlich, dass sich der Bürger ein eigenes Urteil bildet und die eigenen Ressourcen überdenkt. Er muss beginnen, sein Leben zu verstehen, seine Bedürfnisse zu organisieren, ohne auf Regelungen von oben zu warten.

Ein menschenwürdiges Leben wird in Zukunft vor allem im Alter nur haben, wer inzwischen gelernt hat, dem eigenen Nachbarn, der Freundin mehr zu vertrauen als der Kranken- oder der Rentenversicherung, geschweige denn der Arbeitslosenversicherung. Auch heute ist nur in Not, wer keine Angehörigen hat, die ihn unterstützen könnten. Selbständigkeit bedeutet nicht, keine Unterstützung anzunehmen. Hierbei handelt es sich um ein Missverständnis. Arm ist nicht der, der sich von anderen unterstützen lässt. Arm ist, wer keine persönlichen Beziehungen hat, in denen es ein gegenseitiges Geben und Nehmen gibt, arm ist, wer Beziehungen nicht aufbauen und pflegen kann, arm ist, wer nur eine Rente hat.

Ungebildet ist, wer nicht auf andere zugehen kann, wer nicht konfliktfähig ist, wer keine gemeinsamen Entscheidungen für den Alltag treffen kann, wer also nicht mehr mit anderen zusammenleben kann. Was hilft die Kenntnis des Lesens und Schreibens, wenn der Einzelne nicht mehr in der Lage ist, mit dem Nächsten zu reden, was helfen Fremdsprachenkenntnisse, wenn sich Nachbarn, die Eltern, ihre Kinder gegenseitig nicht verstehen können, wenn sich der Einzelne selber nicht versteht? Rechnen kann bei uns, das ist, glaube ich, inzwischen allen durch die Finanzkrise deutlich geworden, keine Regierung, am wenigsten die dafür ausgewiesenen Fachleute, die Ökonomen!

In den nichtindustriellen Ländern gibt es noch funktionierende Gemeinschaften, in denen jeder jeden kennt und auch mit ihm spricht und ihn versteht. Auch hier gibt es unterschiedliche Meinungen. Aber jeder ist noch eingebunden in Formen, diese Meinungen kundzutun und auszutauschen. All das sind Fähigkeiten und Verhaltensweisen, die hier selbstverständlich sind. Jedes Kind wächst hier auf in einem sozialen Umfeld, in dem einer auf den anderen schaut, Anteil nimmt, gibt, wenn er heute etwas hat, ohne an morgen zu denken.

Wie in diesem letzten Teil beschrieben, werden zwei parallele Gesellschaften existieren. Auf der einen Seite steht die Versorgungsgesellschaft für den individuell lebenden Bürger in einer großen verarmten Masse, in der Notfallhilfe und ehrenamtliche Arbeit ein wesentlicher Bestandteil sein werden. Auf der anderen Seite werden sich vernetzte regionale Gemeinschaften bilden, die selber für ihre eigenen Lebensgrundlagen sorgen.

Wohnprojekte werden nicht mehr isolierte experimentelle Wohnformen bilden, sondern mit den regionalen Gemeinden zusammenarbeiten, ganze Siedlungen werden sich zusammenschließen zu einem eigenen Versorgungssystem im Verbund mit Regiogeld und Tauschringen. Als Organisationsform dafür hat sich, wie beim Projekt »Sterntaler« in Bayern, die Genossenschaft bewährt.

Ein neuer Beschäftigungssektor wird sich zusätzlich zur Erwerbstätigkeit und zur Familienarbeit gründen. Hier geht es um die in der Gemeinde und in der regionalen Gemeinschaft organisierte Eigenarbeit und gegenseitige Hilfe. Diese wird durch Zeitgutschriften honoriert werden, die gegebenenfalls angespart werden oder auch übertragen werden können und deren Verwaltung in der Hand der Gemeinde liegt. Für Zeiten von Schwangerschaft, Krankheit und Alter können diese dann als Zeitgutscheine genutzt werden. Das bisherige zentralistische Versorgungssystem wird rückgebaut zu einer regional organisierten Versorgungsstruktur, die auf persönlichen Kontakten von Menschen beruht, nicht auf Kunden- oder Klientenbeziehungen. Professionelle Arbeit ist weiterhin gefragt und wichtig, aber konzentriert auf wirkliche fachliche Notwendigkeit. Fachleute werden als einen Teil ihrer Aufgabe sehen, die Menschen in ihrem sozialen Verband wieder zu befähigen, ihre Angelegenheiten selber in die Hand zu nehmen. Daher werden die Anleitung und die Unterstützung von Angehörigen Pflegebedürftiger z. B. Vorrang haben vor der Übernahme von Aufgaben durch Fachleute, die gemeinschaftliche Kinder- oder Altenbetreuung von Eltern und Angehörigen wird Vorrang haben vor Fremdbetreuung in einer Institution. Fachlichkeit wird dann vor allem dazu benötigt, die Gemeinschaft zu befähigen, ihr Problem zu analysieren und Wege zu finden, es zu lösen, oder Einzelne zu trainieren, soziale Kompetenzen zu entwickeln, die sie gemeinschaftsfähig machen. Die bisherige Individualisierung von Problemen, die dazu führte, dass eine Fachkraft vonnöten war, wird vermieden, das Problem als Ausdruck der Gemeinschaft gesehen. Die Probleme allgemeiner Lebensvollzüge werden damit wieder in die Hand der Betroffenen selber gelegt, und über Selbstermächtigung werden sie angeregt, diese selber in der Gemeinschaft zu lösen.

Gesetzlich braucht es Regelungen, die kleine Gemeinschaften schützt, die der Selbstversorgung im regionalen Umfeld Vorrang gibt vor privatwirtschaftlicher Dienstleistung und die die Eigenarbeit in Familie und Nachbarschaft höher bewertet als Fremdarbeit. Solche Regelungen müssen länderübergreifend wirksam sein können. Die Menschenrechte müssen konkretisiert werden und erweitert auf den Schutz von regionalen Lebensgemeinschaften. Nur so werden Jugendliche in Zukunft eine Beschäftigungsperspektive am Herkunftsort haben. Zugleich wachsen sie in einem Lernfeld auf, das die grundlegenden Lernsituationen für die Bewältigung von Alltagsaufgaben und Anreize zum Erwerb von Grundkompetenzen in einer Vielfalt von Tätigkeiten bietet. Wenn Menschen einen großen Teil ihrer persönlichen Angelegenheiten im Rahmen einer Solidargemeinschaft wieder selber regeln können, haben technische Errungenschaften sowie globale Unternehmen ihren Sinn, das Leben zu erleichtern, ohne natürliche Ressourcen zu sehr zu verbrauchen. Pflichtarbeitszeiten werden dann auf ein Drittel beschränkt werden, sodass jeder Zeit für Alltagsarbeit und soziale Tätigkeiten haben wird, dafür, die eigene Mutter, den eigenen Vater, das eigene Kind zu versorgen, es in nachbarschaftlicher Gemeinschaft zu fördern und zugleich dafür, sich im örtlichen Verein zu engagieren und das Gemeinwesen zu gestalten. Im Grunde ergibt das Vollbeschäftigung und Wachstum an Wohlstand und zugleich Wohlbefinden.

Vielleicht ist es dann auch möglich, dass Menschen ohne Not in Wohnwägen und Jurten leben können, Kinder die Straße besetzen, an ungepflegten Ecken Wildkräuter wachsen.

Vielleicht gibt es dann mehr Zeit dafür, dass der Vater den Kinderwagen vorbeischieben kann, statt im Auto vorbeizurasen, dass Menschen wieder draußen auf der Bank sitzen und sich unterhalten und Jugendliche jemanden finden, der sich mit ihnen unterhalten möchte.

Vielleicht ist es dann auch möglich, dass es im Gemeindewald Raum gibt für eine eigenwillige entlaufene Kuh, sich selbst überlassen, selbstverantwortlich und doch in Obhut …, und dass es in den Höhen der Alpen wieder Bären gibt.

# Literatur

Antonowsky, Aaron, Franke, Alexa (1997): Salutogenese. Zur Entmystifizierung der Gesundheit. Tübingen: dgvt-Verlag.

Bauer, Joachim (2006): Warum ich fühle, was du fühlst. Intuitive Kommunikation und das Geheimnis der Spiegelneurone. München: Heyne Verlag.

Bayerischer Landesverband für Gartenbau und Landespflege (Hrsg.): Grüne Begegnungs- und Erlebnis(t)räume im öffentlichen Grün. In: Fachblatt zur Förderung von Gartenkultur und Landespflege.

Bayerisches Staatsministerium für Landesentwicklung (Hrsg.): Bayern – Agenda 21 … für eine nachhaltige und zukunftsfähige Entwicklung in Bayern. München. Eichstätt.

Beck, Ulrich, Beck-Gernsheim, Elisabeth (1994): Riskante Freiheiten. Individualisierung in modernen Gesellschaften. Berlin: Suhrkamp.

Beckmann, Gudrun (1994): Die Familie: Eine Bestandsaufnahme über 1000 Jahre. In: Psychosozial 17. Jg., Heft III. (Nr. 57).

Börger, Renate (2011): Small is Beautiful. In: Oya, anders denken, anders leben. 2011/10.

Braun, C.: Maienzeit. Album der Mädchenwelt. Stuttgart, Berlin, Leipzig: Union Deutsche Verlagsgesellschaft.

Busse, Hermann Eris (1939): Der Erdgeist. Saga vom Oberrhein. Leipzig: Paul List Verlag.

Caesar, Gaius Julius: De bello gallico. Stuttgart: Reclam.
Caesar, Gaius Julius (1951): Der gallische Krieg. Stuttgart: Reclam.

Deloria, Vine (1996): Nur Stämme werden überleben. Göttingen: Lamuv.

Demoll, Reinhard (Hrsg.) (1960): Im Schatten der Technik. München: Bechtle Verlag.
Dorsch, John Wolfgang (2010): Ohnmacht der Mächtigen. Aufdeckung der größten Lüge unserer Zeit: Das Märchen von der Macht des Volkes. Halle: Projekte-Verlag.
Dschuang Dsi (1969): Das wahre Buch vom südlichen Blütenland. Düsseldorf: Diederichs.

**Eibl-Eibesfeld** (1970): Liebe und Hass. Zur Naturgeschichte elementarer Verhaltensweisen. München: Piper.
Elsen, Susanne (1998): Gemeinwesenökonomie – eine Antwort auf Arbeitslosigkeit, Armut und soziale Ausgrenzung? Neuwied: Luchterhand.
Elsen, Susanne (Hrsg.) (2011): Ökosoziale Transformation. Solidarische Ökonomie und die Gestaltung des Gemeinwesens. Neu-Ulm: AG SPAK.

**Gathen**, Lea (2011): Der aktive Traum vom Wandel. In: Oya, anders denken, anders leben. 2011/10.

**Haywood**, John (2002): Die Zeit der Kelten. Ein Atlas. Frankfurt am Main: Zweitausendeins.
Heidegger, Martin (1986): Sein und Zeit. Tübingen: Max Niemeyer Verlag.
Heinrichs, Johannes (2005): Sprung aus dem Teufelskreis. Sozialethische Wirtschaftstheorie, Band I. München: STENO Verlag.
Hiebl, Ewald, Witzany, Günther (Hrsg.) (2006): Leopold Kohr. Die Lehre vom rechten Maß. Salzburg: Otto Müller Verlag.
Huber, Gerald (2010): Rauhe Nächte, stille Tage. Frankfurt: Societäts-Verlag.

**Jung**, Carl Gustav (1963): Erinnerungen, Träume, Gedanken. Stuttgart: Rascher Verlag.

Krüsselberg, Hans-Günter u. a. (1986): Verhaltenshypothese und Familienzeitbudgets. Stuttgart.
Krüsselberg, Hans-Günter (2001): Familienökonomik in: Das Online-Familienhandbuch. www.familienhandbuch.de.
Küng, Hans (1990): Projekt Weltethos. München. Piper.

**Lange**, Udo, Stadelmann, Thomas (1996): Spiel-Platz ist überall. Lebendige Erfahrungswelten mit Kindern planen und gestalten. Freiburg: Herder.
Laschtuvka-Reyes, Liane (2009), in: Herholz u. a. (Hrsg.): Funktionelle Entspannung. Das Praxisbuch. Stuttgart: Schattauer.
Laschtuvka-Reyes, Liane (2003): Erfahrungen aus 13 Jahren Schwangerschaftsberatung. Mühldorf: Donum Vitae.
Lein, Karin, Perschl, Gerhard (2009): Naturerlebnisraum Donautal. Konzeptionspapier über Ökologie, Tourismus, Wirtschaft und Hochwasserschutz. Deggendorf.
Lorenz, Konrad (1973): Die acht Todsünden der zivilisierten Menschheit. München: Piper Verlag.
Lorenz, Konrad (1973): Die Rückseite des Spiegels. Versuch einer Naturgeschichte menschlichen Erkennens. München: Piper Verlag.

**Markale**, Jean (1989): Die Druiden. Gesellschaft und Götter der Kelten. München: Wilhelm Goldmann.

**Noelle**, Hermann (1974): Die Kelten und ihre Stadt Manching. Pfaffenhofen: Verlag W. Ludwig.

**Opaschowski**, Horst (2010): WIR! Warum Ichlinge keine Zukunft mehr haben. Hamburg: Murmann Verlag.
Opoczynski, Michael (2007): Wunderland ist abgebrannt. München: Droemer.
Ottawa-Charta zur Gesundheitsförderung: Grundsatzerklärungen der ersten Internationalen Konferenz zur Gesundheitsförderung am 21. November 1986 in Ottawa.

Otto, Hans Uwe: In welcher Gesellschaft leben wir – Soziale Arbeit unter kapitalistischen Bedingungen. In: Neue Praxis. 2008/2.
Ottomeyer, Klaus (1977): Ökonomische Zwänge und menschliche Beziehungen. Soziales Verhalten im Kapitalismus. Hamburg: Rowohlt.

**Preis**, Wolfgang, Thiele, Gisela (2002): Sozialräumlicher Kontext Sozialer Arbeit. Eine Einführung für Studium und Praxis. Chemnitz: RabenStück.

**Scheppach**, Joseph (1996): Leben im Einklang mit der inneren Uhr. München: Kösel Verlag.
Schirrmacher, Frank (2008): Minimum. Vom Vergehen und Neuentstehen unserer Gemeinschaft. München: Pantheon Verlag.
Schwangerschaftsberatungsstelle Mühldorf am Inn (2011): Jahresbericht; Träger Donum Vitae.
Shiva, Vandana (2006): Erd-Demokratie. Alternativen zur neoliberalen Globalisierung. Freiburg: Rotpunktverlag.
Sölle, Dorothee (1992): Gott im Müll. Eine andere Entdeckung Lateinamerikas. München: Dtv.
Sölle, Dorothee (1995): Gegenwind. Erinnerungen. Hamburg: Hoffmann und Campe.

**Tacitus** (1968): Germania. Stuttgart: Reclam.
Tuiavii (1977): Der Papalagi. Reden des Südseehäuptlings Tuiavii aus Tiavea. Zürich: Tanner und Staehelin.

**Voss**, Jutta (1988): Das Schwarzmondtabu. Die kulturelle Bedeutung des weiblichen Zyklus. Stuttgart: Kreuz Verlag.
Voß, Elisabeth (2010): Wegweiser Solisarische Ökonomie. Anders wirtschaften ist möglich! Neu-Ulm. AG SPAK Bücher.

**Weltgesundheitsorganisation** (1991): Ziele zur »Gesundheit für alle«. Die Gesundheitspolitik für Europa. Kopenhagen: WHO-Regionalbüro für Europa.

Wikipedia: Liste der keltischen Stämme.
Wulff, Dirk Hinrich (2009): Kapitalismus – wie weiter? Halle: Projekte-Verlag.

Ziegler, Jean (2008): Das Imperium der Schande. München: Goldmann Verlag.

## Weiterführende Literatur

Abdel-Samad, Hamed (2010): Der Untergang der islamischen Welt. Eine Prognose. München: Droemer Verlag.

Baier, Andrea u. a. (2007): Wovon Menschen leben. Arbeit, Engagement und Muße jenseits des Marktes. München: Oekum Verlag.
Bauer, Joachim (2002): Das Gedächtnis des Körpers. Wie Beziehungen und Lebensstile unsere Gene steuern. Frankfurt: Piper.
Blech, Jörg (2003): Die Krankheitserfinder. Wie wir zu Patienten gemacht werden. Frankfurt: Fischer Verlag.
Blüchel, Kurt G. (2004): Heilen verboten – töten erlaubt. Die organisierte Kriminalität im Gesundheitswesen. München.

David-Néel, Alexandra (2005): Magier und Heilige in Tibet. München: Wilhelm Goldmann Verlag.

Fromm, Erich (1976): Haben oder Sein. Die seelischen Grundlagen einer neuen Gesellschaft. Stuttgart: Deutsche Verlagsanstalt.
Fromm, Erich (2003): Wege aus einer kranken Gesellschaft. Eine sozialpsychologische Untersuchung. München: Dtv.
Fleischhauer, Steffen Guido (2005): Enzyklopädie der essbaren Wildpflanzen. München: AT Verlag.

Galeano, Eduardo (1973): Die offenen Adern Lateinamerikas. Die Geschichte eines Kontinents. Wuppertal: Peter Hammer Verlag.

**Janitzki**, Axel, Burkart, Walter (Hrsg.) (1992): Alternativen zu Mietwohnung und Eigenheim – gemeinsam finanzieren, selbst verwalten. Stuttgart: Verlag Freies Geistesleben.

**Klein**, Naomi (2001): No Logo! Der Kampf der Global Players um Marktmacht. Ein Spiel mit vielen Verlierern und wenigen Gewinnern. München: Riemann Verlag.

**Moreau**, Jacques: Die Welt der Kelten. Gütersloh: Phaidon Verlag.
Menchú, Rigoberta (1993): Klage der Erde. Der Kampf der Campesinos in Guatemala. Göttingen: Lamuv.
Mutz, Gerd (Hrsg.) (2003): Die Gesellschaft umbauen. München: SOS-Kinderdorf.

**Riegler**, Josef u. a. (2004): Welt in Balance. Zukunftschance Ökosoziale Marktwirtschaft. Hamburg: Global Marshall Plan Initiative.
Romppel, Joachim, Lüters, Rosemarie (Hrsg.) (2005): Erfolgsgeschichten der Gemeinwesenarbeit. Bonn: Verlag Stiftung Mitarbeit.

**Schneider**, Norbert u. a. (2002): Berufsmobilität und Lebensform. Schriftenreihe des BMFS, Band 208. Stuttgart: Kohlhammer.
Stengel, Martin, Kommerell, Julia (2009): Eurotopia-Verzeichnis. Einfach Gut Leben.
Stiftung Mitarbeit (Hrsg.) (2002): Alltagsträume. Lebensführung im Gemeinwesen. Bonn: Verlag Stiftung Mitarbeit.
Stiftung Mitarbeit (Hrsg.) (2008): Mitmachen – Mitgestalten – Mitentscheiden. Strategien für eine lebendige Bürgerkommune. Bonn: Verlag Stiftung Mitarbeit.

**Vester**, Frederic (1984): Neuland des Denkens. Vom technokratischen zum kybernetischen Zeitalter. München: Deutscher Taschenbuchverlag.

**Werlhof**, Claudia von u. a. (2003): Subsistenz und Widerstand. Alternativen zur Globalisierung. Wien: Promedia.

WHO: WHO-Generaldirektorin Dr. Margaret Chan auf der Tagung des Leitungsgremiums der WHO in Kopenhagen/Tiflis, 17. September 2008.

## Zur Autorin

**Liane Laschtuvka-Reyes** wurde 1952 geboren. Sie wuchs in Mühldorf am Inn auf.

Nach der Schule nahm sie das Studium der Pädagogik, Soziologie, Philosophie und Religionswissenschaft auf und schloss es als Diplompädagogin (Univ.) und Dipl. Sozialpädagogin (FH) ab.

Die Erfahrung der menschlichen Widersprüche von dem inneren Bedürfnis nach Selbstverwirklichung und gesellschaftlichen Vorstellungen und Strukturen begleitete die Autorin bisher. So entwickelte sie zunächst Stressbewältigungsmethoden für Gruppen. In längeren Auslandsaufenthalten in Peru unterstützte sie verschiedene Entwicklungshilfeprojekte. Ab 1990 arbeitete Liane Laschtuvka-Reyes in der staatlichen Schwangerschaftsberatung und initiierte den regionalen Tauschring sowie Selbsthilfegruppen. 1992 wurde ihr Tochter Adelaide geboren. Seit 2010 arbeitet die Autorin in einem Migrationsprojekt des Bundesamts für Migration und Flüchtlinge mit dem Schwerpunkt der Integration türkischer Bürger.

Mitautorin: Funktionelle Entspannung. Das Praxisbuch. Herausgegeben von Ingrid Herholz, Rolf Johnen und Dorothee Schweitzer (2009). Stuttgart. Schattauer Verlag.

Hans-Heinrich Stricker

**Richten wir uns selbst zugrunde?**

Der Autor war lange Jahre internistischer Chefarzt einer Klinik. Neben der Medizin interessierten ihn immer schon theologische, soziale und kultur-anthropologische Themen. Zwangsläufig ergaben sich daraus zahlreiche Grundfragen unseres Lebens; z. B. »Muss man die Entwicklung unserer Gesellschaft in ihrer gegenwärtigen Ausprägung nicht überwiegend kritisch beurteilen, bzw. welchen Beitrag kann der christliche Glaube zu einer Verbesserung leisten?« Stricker möchte sein Buch insgesamt als eine große Anfrage verstanden wissen. Gleichwohl hält er es für unverzichtbar, dass sich unsere immer permissiver werdende Gesellschaft wieder an den bewährten Grundwerten orientiert. Diese sollte man keinesfalls aufgeben oder dem Zeitgeist anpassen. Andernfalls dürfte man kaum mehr glauben können, dass »unsere Zukunft noch eine Zukunft hat«.

ISBN 978-3-86237-552-3           Hardcover
19,50 Euro                        150 Seiten, 20,5 x 25,5 cm

Rolf Luther

**Die Weisheit des Lebens**

In diesem Buch sollen Gesetze und Gebote aufgezeigt werden, die vor allem zum Gelingen zwischenmenschlicher Beziehungen beitragen. Sie zeigen ein über Jahrtausende bestätigtes Menschen-, Welt- und Gottesbild, nach welchem sich Menschen gerichtet haben, um psychisch und physisch gesund zu sein, gesund zu bleiben bzw. wieder gesund zu werden.
Hierbei wird aus zahlreichen Quellen geschöpft. Die Bibel bildet dabei den größten Brunnen.
Die in einem ersten Teil übersichtlich dargestellten Gesetze und Gebote werden im zweiten Teil durch eine Fülle von Texten ergänzt und vertieft.
Der Vergleich von ewigen Gesetzen mit von Menschen gemachten Gesetzen macht darauf aufmerksam, dass viele Gesetze der Menschen einer Verbesserung bedürfen.
Immer wieder ergibt sich die Schlussfolgerung, dass wir vor allem dann eine bessere Gesundheit, eine größere Freude, ein insgesamt glücklicheres Leben gewinnen, wenn wir die dafür bedeutsamen Gesetze und Gebote kennen und uns danach richten.
Nur so können wir auf das beste sein, was wir überhaupt sein können.
Wir können nicht so leben, wie wir wollen, sondern müssen so leben, wie es die ewigen Gesetze und Gebote des Lebens vorschreiben.
Es wird hoffentlich erkennbar sein: So leben zu können – das eben ist Weisheit.

---

ISBN 978-3-86634-636-9  Hardcover
12,50 Euro  163 Seiten, 14,5 x 20,2 cm